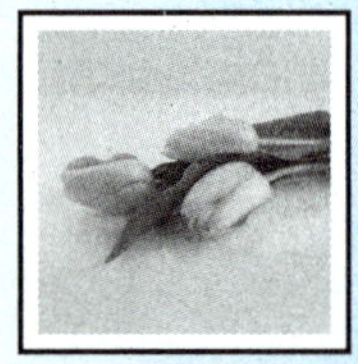

清华版·高等院校
旅游与饭店管理专业规划教材

饭店督导管理

刘 纯 主编

清华大学出版社
北京

内容简介

本书是普通高等教育“十一五”国家级规划教材，同时也是教育部“高等教育面向 21 世纪教学内容和课程体系改革计划”的研究成果。

督导管理即基层管理，管理的对象是一线员工。在饭店业，督导是一个关键环节，对饭店业的成功至关重要。目前关于饭店管理的专著和教材大多为中高层管理者编写，很少涉及管理一线员工的督导及产品和服务管理的核心问题，并且谈及人员管理艺术的也不多，本书在一定意义上填补了国内空白。本书以丰富的实践经验和资料为基础，从全新的角度，全面、系统、翔实地阐述了饭店业督导原理及其在饭店管理实践中的应用。

本书不仅可作为高等学校旅游管理专业的教材，亦可供饭店业、餐饮业以及相关行业管理人员学习和参考。

图书在版编目(CIP)数据

饭店督导管理/刘纯主编. —北京：清华大学出版社，2008.6（2021.8重印）
(清华版·高等院校旅游与饭店管理专业规划教材)
ISBN 978-7-302-17616-9

Ⅰ. ①饭… Ⅱ. ①刘… Ⅲ. ①饭店—监督管理—高等学校—教材 Ⅳ. ①F719.2

中国版本图书馆 CIP 数据核字(2008)第 069199 号

责任编辑：温　洁　汤涌涛
封面设计：常雪影
版式设计：北京东方人华科技有限公司
责任校对：李玉萍
责任印制：宋　林
出版发行：清华大学出版社
　　网　　址：http://www.tup.com.cn, http://www.wqbook.com
　　地　　址：北京清华大学学研大厦 A 座　　**邮　　编：**100084
　　社 总 机：010-62770175　　**邮　　购：**010-62786544
　　投稿与读者服务：010-62776969, c-service@tup.tsinghua.edu.cn
　　质量反馈：010-62772015, zhiliang@tup.tsinghua.edu.cn
　　课件下载：http://www.tup.com.cn, 010-62791865
印 装 者：三河市铭诚印务有限公司
经　　销：全国新华书店
开　　本：185mm×260mm　　**印　张：**26　　**字　数：**557 千字
版　　次：2008 年 6 月第 1 版　　**印　次：**2021年 8月第14次印刷
定　　价：58.00 元

产品编号：020183-03

EDITORS

教育部面向21世纪
旅游管理专业教育教学改革工程项目配套教材
清华版·高等院校旅游与饭店管理专业规划教材

从书序

FOREWORD

进入21世纪以来，随着中国社会经济的飞跃发展，综合国力的不断增强，国民生活水平的显著提高，中国旅游业迅速发展起来，并且保持着持续发展的活力。根据世界旅游组织的预测，2020年中国将成为世界第一大旅游目的地国，并成为世界主要旅游客源国之一。在21世纪的起始阶段，中国旅游业的发展将本着“大力发展入境游，积极发展国内游，规范发展出境游”的方针，逐步发展成为出入境旅游并举的旅游客源输出大国和旅游目的地大国。

中国能够快速发展成为全球最主要的旅游市场之一，首先需要大量优秀的专业人才做支撑。旅游产业的发展运行需要管理、策划、营销、服务等多方面和多层次的专业人才体系来支撑，涉及面包括了从旅游资源的规划与开发到旅游产品的策划与设计，从旅游活动的组织创意到旅游线路的营销推介，从旅游企业的管理运营到旅游项目的筹划运作以及到各种旅游服务的实际提供与操作等等；同时，随着现代旅游产业发展呈现出的多元化、国际化趋势，旅游节庆、旅游会展、旅游地产、旅游电子商务等新型旅游产业迅速发展起来，对现代旅游从业人员提出了新的要求，也是对当前旅游管理专业的高等教育提出了新的挑战。

当前，我国旅游管理专业教学建设已有了一定的发展基础，在中国步入“十一五”新的发展时期，中国旅游专业人才的培养需要一套具有新理念、新思维、高水平的精品教材，以培养出一批符合未来中国旅游产业发展需求的合格人才。为此，清华大学出版社策划组织了国内一流旅游院校中的部分院系著名专家教授和学科带头人参与编写了这套能够适应中国旅游业发展需要的高等院校系列教材。本套教材是教育部面向21世纪旅游管理专业教育教学改革工程项目的系列配套教材，由清华大学出版社组织出版。本套教材的宗旨是进一步完善全国旅游管理专业的高等教学体系，总结中国旅游产业发展的理论成果和实践经验，推进中国旅游管理专业的理论发展和学科建设，并希望有助于提高中国现代旅游从业人员的专业素养和理论功底。

在编制本套教材的过程中，我们力求系统地、完整地和准确地介绍旅游管理专业的基本理论和知识，并体现资料全、观点新和体系完整的特色，尽可能地将当前

FOREWORD

国内外旅游产业发展的前沿理论和热点、焦点问题收纳进来。本套教材既可作为全国高等院校旅游管理专业教育教学的专业教材，也可作为旅游企业专业人才培训的参考用书。本套教材由教育部工商管理教学委员会委员马勇教授和田里教授担任总主编，由华侨大学郑向敏教授、重庆师范大学罗兹柏教授和上海师范大学高峻教授担任副总主编。

本套系列教材将于2006年秋季陆续出版发行，其中刘纯教授的《现代饭店督导管理》、郑向敏教授的《现代饭店经营管理》已评为教育部国家级“十一五”规划教材。在教材的编制过程中，清华大学出版社特别邀请了全国旅游教育界和企业界的知名教授和专家学者进行了严格的审定，借此机会对支持和参与本套教材编、审工作的专家、学者表示衷心的感谢。

欢迎全国旅游高等院校师生和旅游专业人士的选用，并提出宝贵意见，以利于今后本套系列教材的修订与完善。

编委会

2006年7月

前　言

十多年来，得益于党的改革开放政策，并在星级标准的引导下，我国饭店业繁荣发展，规范有序，并逐步成为与国际接轨最为顺畅的行业之一，可谓成果显赫。

与饭店业的发展相适应，我国的饭店管理教学和研究的整体水平也得到了相应的发展和提升。近年来，饭店管理方面的专著和教材在我国陆续出版，对填补我国在饭店管理领域的教学和科研方面的空白起了积极的作用。饭店业是劳动密集型行业，饭店业的发展需要大量的基层管理人员，即督导管理人员。因此，培养高素质的饭店督导管理人员是饭店管理教育一项刻不容缓的任务。目前的现实是，多数关于饭店管理的专著和教材都是为饭店中高层管理者编写的。书中很少涉及管理一线员工的督导及产品和服务管理的核心问题，并且涉及人员管理艺术的也不多。

自1986年起，作者先后在上海旅游高等专科学校和上海大学讲授“饭店督导管理”这门课程。22年来，作者在授课过程中搜集与研究了相关领域的国外与国内文献资料，同时承担了一系列有关饭店管理的科研课题。为了教学和科研的需要，作者先后兼任了数家饭店、餐馆、娱乐场所的总经理一职，取得了丰富的饭店管理实践经验。本书就是在教学、科研以及饭店管理实践的基础上完成的。

本书共十四章，内容涉及饭店督导管理的理论及其在饭店管理实践中的应用，包括督导和管理过程，督导的地位与作用，计划与时间管理，制定政策和解决问题，有效的授权，有效的沟通，员工激励，有效的领导，团队建设，实施控制，冲突管理和压力，招聘和培训员工，绩效评估和纪律管理以及教练活动和变化管理等。

本书荟萃了20世纪90年代以来的最新研究成果，对近几年来引起督导管理领域极大关注的热点问题做了详尽的论述和分析。本书结构严谨，逻辑清晰，深入浅出。书中以大量的图表和图例来诠释所要说明的内容，采用了大量的案例和事例，运用通俗的语言描述问题，使本书更具可读性。总之，作者力求使本书具有前瞻性、主动性、可操作性和新颖性。

本书不仅可作为高等学校旅游管理专业的教材，还可作为饭店业、餐饮业管理人员的培训教材，以及旅游管理专业研究生的学习和参考用书。

上海大学旅游管理专业研究生杨文、郭著名、卢伟等同学参加了本书案例的搜集和整理工作。

由于本人学识和经验有限，书中难免存在疏漏之处，敬祈专家学者及广大读者不吝指正。

刘　纯

2008年4月于上海

目　录

第一章 督导和管理过程

【学习目标】

学完本章，应该能够：掌握督导的概念；解释管理在所有类型的组织中都是必要的；描述管理者的不同层次；说明管理的职能；区分领导、管理和督导；了解管理思想的演进。

【关键词】

组织(organization)
管理(management)
领导(leadership)
督导(supervision)
全球化(globalization)
工作人员多样化(work force diversity)

饭店督导管理者是饭店执行任务的骨干，他们的工作直接影响饭店的服务质量与效率。

在这一章，首先将明确管理的定义，解释管理的职能，区分管理者和操作者。接着，探讨督导的概念，说明督导管理在饭店业中的地位和作用，并分析领导、管理和督导这三个概念的差异。最后，用较多的篇幅阐述管理思想的演进，因为了解管理的历史有助于我们理解今天的管理理论和实践，这对成功的督导工作是至关重要的。

第一节　督导的概念

为了弄清楚督导的概念，首先需要了解组织、管理以及管理职能等有关概念。

一、组织

一群人为了一个共同的目标而按照一定的结构组织在一起工作便形成了组织(organization)。一个组织可以是一所学校、一家公司、一个宗教团体、一个政府机构、一支武装力量、一支运动队或是一个类似的机构。这些机构的主要目标是生产某种产品或提供某种服务，其他的目标则可能是使组织成员满意，为组织成员提供就业和福利，为公众提供产品以及给投资者以回报(通常以利润的形式)。为达到这些目标，管理层必须进行三方面的基本工作：①运营(operation)，即在组织中生产产品或提供服务；②营销(marketing)，即销售或分配组织的产品或服务；③财务(financing)，即为生产和分配组织的产品或服务而提供及使用资金。这些工作几乎在所有的组织中都是必须进行的——无论它们是否以赢利为目的。

任何组织都具有三个共同的特征。

(1) 每一个组织都有一个明确的目的，这个目的一般是以一个或一组目标来表示的。

(2) 每一个组织都是由人组成的。

(3) 每一个组织都发育出一种系统性的结构，用以规范和限制成员的行为。例如：建立规则和规章制度；选拔出某些成员作为“老板”，给予他们领导其他成员的职权；或者编写职位说明书，以使组织成员知道他们应该做什么。因此，组织是指一种由人组成的、具有明确目的和系统性结构的实体。

二、管理

(一)管理的定义

组织是人们达到目标的途径。人们组织起来工作比单独工作更有成效，但是整合组织中多位成员的努力需要管理来协调。没有管理，组织中的个人就会单独行动，试图独立于他人实现组织目标。小的组织如果缺少管理，成员的劳动就会虚耗，而较大的、重要的组织如果缺少管理，就会阻碍工作进行，很可能无法实现目标。总之，管理在所有类型的组织中都是必需的。

管理是人类各种活动中最重要的活动之一。自从人们组成群体来实现个人无法达到的目标开始，管理工作就成为协调个体努力必不可少的因素。由于人类社会越来越依赖于集体的努力来完成任务，以及随着许多有组织的群体的壮大，管理人员的工作也就愈发重要了。随着社会的发展和进步，管理的含义、内容、方法和手段也在不断地变化和充实。

关于管理的定义，可谓众说纷纭，不同管理学家对管理下的定义也不尽相同。总的来说，他们对管理的理解随着社会经济条件的变化而变化，随着学派的不同而不同。例如，在 20 世纪初，“管理科学之父”泰勒对管理仅理解为生产劳动管理，主要是以提高劳动生产效率为目的的车间管理；以梅奥为代表的人际关系学派，则把管理理解为做人的工作；后来的决策学派代表人西蒙则认为管理就是决策。可见，在不同的历史条件下，会出现不同的学派，而它们理解管理的侧重点也不同。

管理(management)可以定义为一个过程，即领导和组织成员通过有效的决策和可利用资源的整合实现组织目标的过程。任何组织的基本资源有：人力资源(human resource)，指组织运转所需要的人员；物质资源(physical resource)，指组织运转所需要的各种物品。如建筑物、陈设品、设备、原材料和供应品；金融资源(financial resource)，指组织运转所需要的现金、资本和债权等。图 1-1 表明管理的最重要任务：通过整合资源和行为来形成有效的系统，以实现组织的目标。

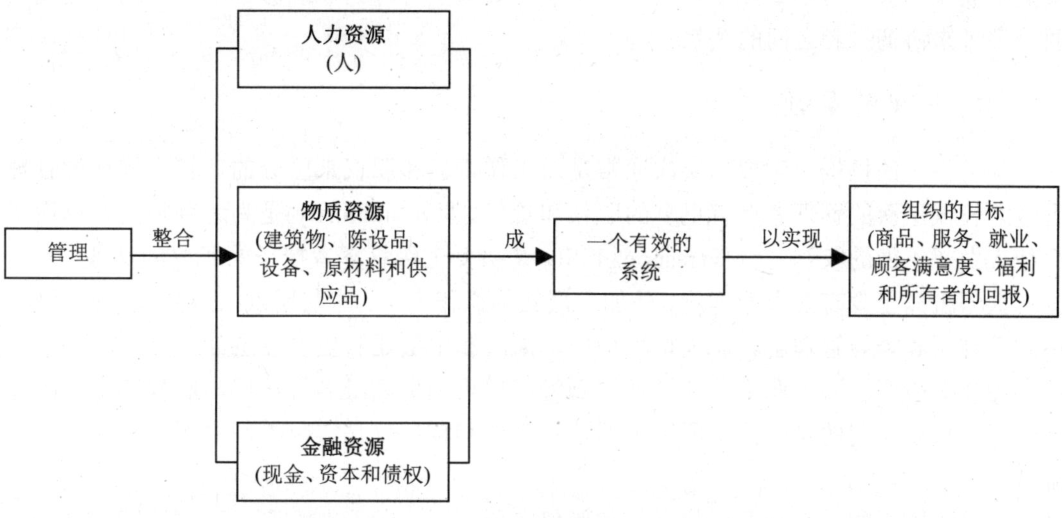

图 1-1　管理将组织的资源整合为一个有效的系统

案例

彼得·波尔顿经营着一家个体家庭旅馆。他几乎自己包揽了全部工作，包括接受订单、招呼顾客、换洗布草、维护设备、记录账目、支付账单和借取现金等。

(你认为彼得是在从事管理工作吗？我认为他没有，他只是在使用物质和金融资源。他和顾客打交道时，没有利用其他的人力资源，除了顾客，但顾客并没有替他工作，彼得使用的唯一的人力资源就是自己。现在来看看彼得的新境遇。)

彼得的生意非常火爆，他便又租了一间更合适的店面，并将墙打通，使铺面扩大了5倍。他雇了8个雇员：其中5个作清洁服务，3个作接待。现在彼得必须进行管理了。在第一种情况下，彼得是个实干家，包揽了全部工作；而在第二种情况下，他必须管理和指导其他人的工作。此时，对他工作技能的要求就大不相同了。

这个简单的例子解释了为什么许多人在非管理的岗位上(如售货员、技术员、操作员和各种专业职位)做得很成功，而在督促管理的职位上却屡屡失败。本书就是探讨在督导管理职位上获取成功必须具备的各类技能。

在正确理解“管理”这一概念的过程中，必须重视与协调好过程与结果的关系。我们所追求的目标是过程的高效率导致效果的高成就。所谓管理过程的高效率即管理者必须有效利用稀缺的经营资源(资金、人员和设备等)，使资源的成本最小化。而所谓结果的高成就，即管理者必须使活动实现预定的目标。当管理者实现了组织的目标，就可以认为管理是有效果的。效率取决于管理活动的方式，而效果指的是活动的结果。因此，管理也可以理解为利用现有资源达到既定目的的全过程。

效率和效果是高度相关的。一般来说，高效率可取得效果的高成就，低效率导致效果的低成就，甚至达不到预期的效果。当然，高效率有时并非能够带来高成就，这就需要管理者来协调二者之间的关系。

(二)管理的层次

除了很小的机构，管理的层次通常是以工作责任和职权来区分的。较高层次的管理者较之较低层次的管理者拥有更多的职权和责任。职权(authority)是为达到特定目标而指挥他人做或不做的权利。责任(responsibility)是接受上级管理者授予的职权的义务。

大型机构至少有三个管理层，外加一层实际操作人员。这些层次大致是高级管理层、中级管理层和督导管理层。在大型机构中，高层和中层还有更多分层。

图 1-2 表明了随着职位从非管理层到管理层再到更高级的管理层，职权和责任的递增情况。需要说明的是，图中所列出的这些头衔和称号仅是实际组织中所使用的很小一部分。

尽管不同组织各个管理层的责任和职权有所不同，但可以概括如下：高级管理层(top management)负责组织的全面管理，或者统领组织的一个重要部分或组织的一项基本活动；中级管理层(middle management)负责组织的某一重要部分(一个项目、工程、计划、分部或部门)；督导管理层(supervisory management)控制较小的组织单位的运行(例如一条生产线、一个操作小组、办公室或实验室)，负责管理非管理层的基层职员，同时也是大多数职员接触最多的管理者。

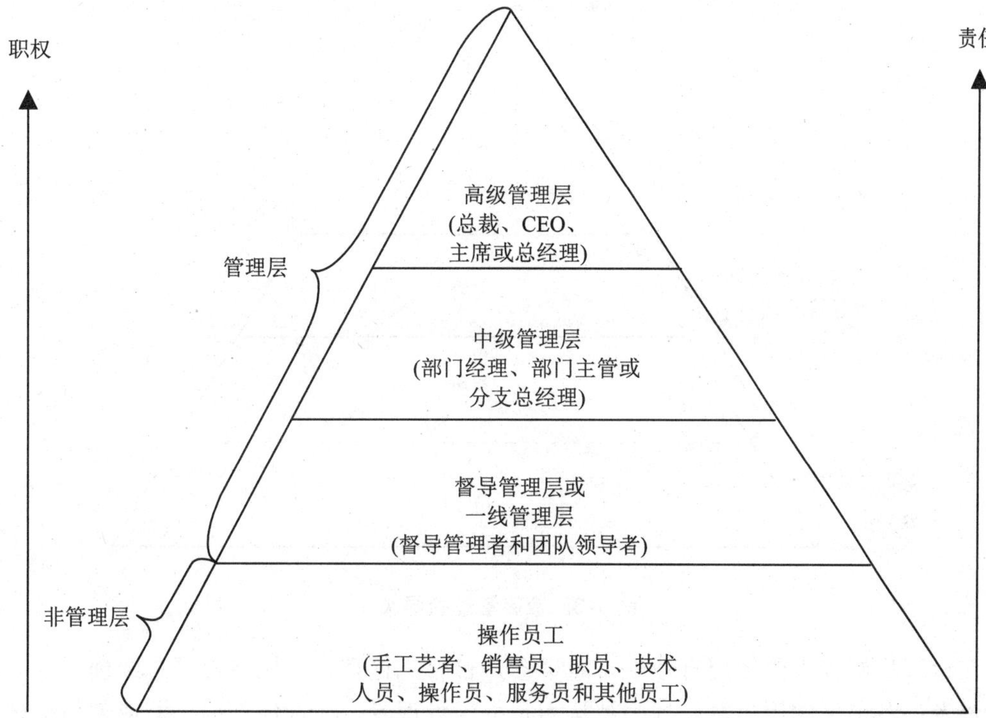

图 1-2　随着层次的提升，管理职权和责任增加

不同层次管理者的另一种差异是他们耗费在筹划或从事不能授权的工作、和同级管理者合作以及与下属一起工作等不同活动上的时间不同。

本书主要讨论一线管理者，也就是督导管理者。

大多数饭店的组织结构具有三个管理层面，如图 1-3 所示。

饭店管理的结构呈三角形。作为高级管理层的总经理、副总经理、总经理助理或驻店经理人数最少，他们的主要职责是对企业的重大问题如企业经营目标、发展方向、重大管理问题做出决策，因而称之为“决策管理层”；作为中级管理层的部门总监或部门经理，人数不太多，他们的主要职责是执行最高领导层提出的目标和重大决策，组织完成属于本部门的任务，因而称之为“执行管理层”；而作为一线管理层的主管和领班，是饭店中人数较多的第一线管理人员(first-line manager)，他们处于工作第一线，往往出现在生产、销售或服务的现场，直接指挥员工的操作，因而又称之为“现场或操作管理层”。既然身临现场直接对饭店的各种资源(尤其是对员工)进行管理，则其担负的职责中很大部分是检查、监督和指导员工的工作，因而，习惯上又把主管和领班合称为“督导管理层”。顺便提一下，有的饭店规模小、员工少，因而，这样的饭店往往不设主管，由部门经理直接领导领班。由此可见，**督导管理**(supervision management)是指饭店的主管、领班等基层管理人员对饭店的资源通过以监督、指导为主的一系列管理职能进行饭店现场的管理。

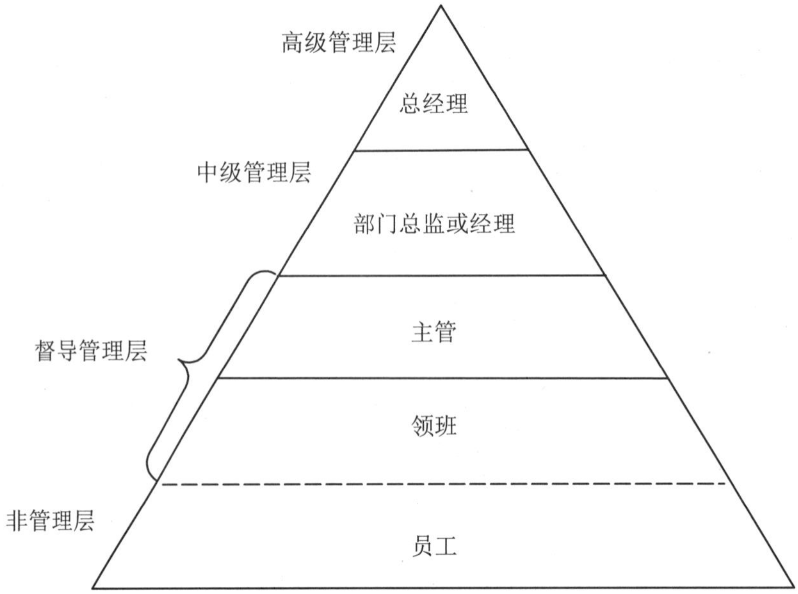

图 1-3　饭店管理的层次

在运营机制较大的饭店行业中，董事会，首席执行官，全国或地区总经理可视为高层管理者；各地区的饭店总经理则被认为是中层管理者，而饭店部门总监或部门经理就成为督导管理者。

督导对饭店业的成功至关重要。面对员工，督导代表着上层管理者。相反，面对高层管理者，他们又代表普通员工的利益。因此，整个饭店业中，督导是一个关键环节，起着承上启下的沟通作用。

三、管理职能

人们对于管理职能的认识是逐步演化的。20 世纪初期，亨利·法约尔(Henri Fayol)提出，所有的管理者都履行着 5 种管理职能：计划(plan)、组织(organize)、指挥(command)、协调(coordinate)和控制(control)。20 世纪 50 年代中期，哈罗德·孔茨(Harold Koontz)和西里尔·奥唐奈(Cyril O’Donnell)采用计划、组织、人事、领导和控制 5 种职能作为管理教科书的框架，在此后的 20 年中，他们合著的《管理学原理》一书成为销量最大的管理教科书。时至今日，最普及的管理教科书仍按照管理职能(management function)来组织内容。不过一般已将 5 个职能精简为 4 个基本职能：计划、组织、领导和控制(见图 1-4)。下面扼要阐述一下这 4 个基本职能的内涵。

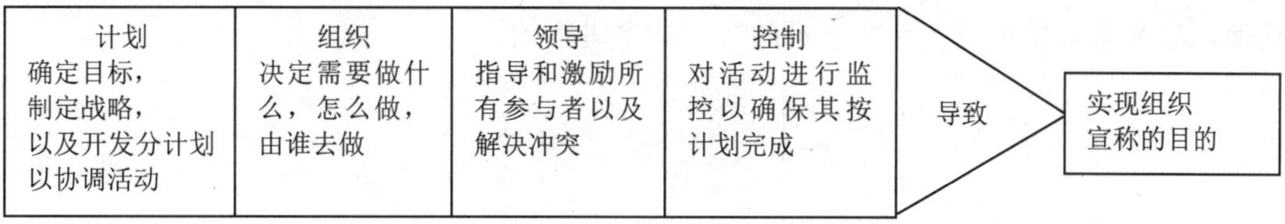

图 1-4　管理职能

1. 计划职能

如果头脑中没有任何特定的目的地，那么任何道路都可以选择。由于组织的存在是为了实现某些目的，因此需要有人来规定组织要实现的目的和实现的方法，这就是管理的任务。计划职能(planning)包含确立组织的目标，制定整体战略以实现这些目标，以及将计划逐层展开，以便协调各种活动。

2. 组织职能

管理者还承担设计组织结构的职责，我们称此为组织职能(organizing)。它包括制定以下内容：组织要完成什么任务；这些任务由谁完成；这些任务怎么分类；谁向谁报告；以及各种决策应在哪一级上制定。

3. 领导职能

每一个组织都是由人组成的，管理的任务是指导和协调组织中的人，这就是领导职能(leading)。当管理者激励下属、指导他们的活动、选择最有效的沟通渠道和解决组织成员之间的冲突时，他就在进行领导。

4. 控制职能

管理者要履行的最后一个职能是控制职能(controlling)。当设定目标之后，就开始制定计划，向各部门分派任务，雇用人员，对人员进行培训和激励。尽管如此，有些事情还可能出错。为了保证事情按照既定的计划进行，管理者必须监控组织的绩效，必须将实际的表现与预先设定的目标进行比较。如果出现任何显著的偏差，管理者的任务就是使组织回到正确的轨道上。这种监控、比较和纠正的活动就是控制职能的含义。

职能方法之所以广泛沿用，是由于它简单明了，但它是否确切地描述了管理者实际的所作所为呢？遵循职能方法，很容易回答管理者在做什么的问题，他们在计划、组织、领导和控制。但是所有的管理者都是如此吗？法约尔最初提出的职能框架，并非来自对成百个组织的上千个管理者的仔细调查，这些观点仅仅代表了他本人在法国煤炭工业管理经验方面所得到的观察结果。

尽管所有机构中的各层管理者都必须履行这 4 项职能，但不同层次的管理者实现这些职能的方式和侧重点有所不同。一项或几项职能在特定的管理层可能会被更加突出地强调。例如，高级管理层更注重计划，督导管理层更注重领导和控制。但是，如图 1-5 所示，所有的职能都是相互联系、相互作用、相互依赖的。尽管在执行时次序可以任意变换，但基本上是以图 1-5 中所示的数字顺序进行的。

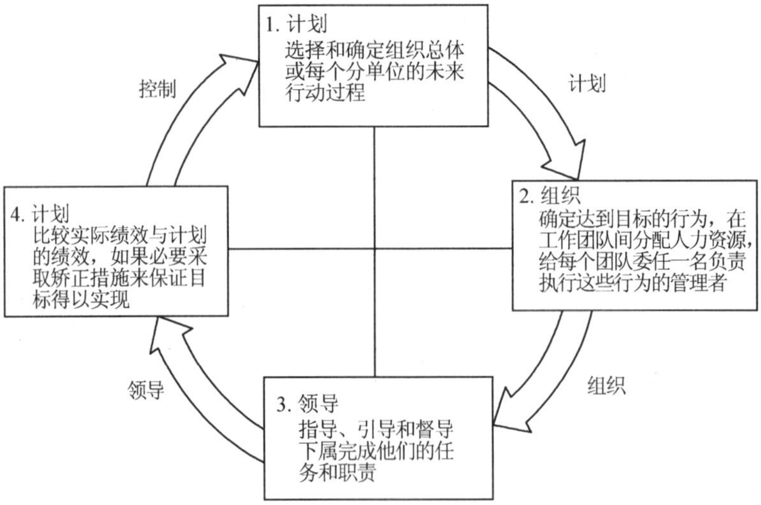

图 1-5　管理职能的联系

第二节　区分领导、管理和督导

领导、管理和督导三者之间存在一定的差异和联系，具体如下所述。

一、领导与领导者

领导，是人类所独有的一种特殊社会现象，无论是在原始部落，还是在现代社会，凡有以群集方式共同活动的地方必定有领导存在，领导是人类社会的伴生物。群体活动所必需的人际合作、协调和统一运作是领导现象存在的前提。

19 世纪工业革命前的自然经济是一种缺乏生产分工的综合劳动体系，各种不同的具体劳动统一在一个经济主体——农业劳动者身上，以宗法关系为纽带而结成的家庭作坊、手工工场等经济单位都是独立经营和生产的，社会化仅仅表现为一种自发的协作，没有建立起社会关系网络。各种经济单位往往与血缘组织、亲缘组织或地缘组织相结合，多为家庭的同质放大，经济单位内的社会关系直接为自然所决定，其地位和权利的获得并非取决于自身的能力，而是由血缘、种族等非人格因素所赋予的。因此，在这种经济体制下，领导就是家长或工场主，其本质为世俗权力的象征、权威的神圣偶像和至高无上的“天然尊长”，并非真正意义上的领导者。而工业革命正是对自然经济的叛逆，它把科学和技术融合于直接的生产过程，使劳动过程的社会结合方式发生了根本变化，由自给自足的自然经济的劳动转变为专业化分工劳动，由区域性生产转变为社会化生产，创造一个依赖于科学技术而生存发展的经济模式，一个超越自然地域、产生巨大的社会生产力的经济模式。劳动结构的变化反映在具体企业中，表现为在最短的时间内生产出更多的产品，获得更多的剩余价值，从而导致市场不断扩大，生产规模随之扩大。在这种情况下，要求企业具备周密的组织、有力的领导，防止整个生产陷入无政府状态。因此，领导是决定事业成败的关键。具有良好心理素质的领导者，能促使集体成员共同努力，推动组织的良性运作；相反，心理素质低劣的领导者自身就构成组织运行和发展的障碍。

关于领导的概念，众说纷纭。一位管理学家说，有多少管理学家为领导下定义，就有多少个领导的定义。在这里我们使用的是领导的广义定义，它包含目前有关这一主题的所有观点，即领导(leadership)是指引和影响他人或群体在一定条件下实现某种目标的行动过程。在这个过程中，承担指引任务或发挥影响作用的个人称为领导者(leader)。

领导既是一门科学，又是一门艺术。首先，领导是一门科学，是探索领导者、被领导者和环境三要素如何相互作用的科学；其次，领导是一种艺术，是寻求如何达到领导者、被领导者和环境三要素和谐统一的艺术。

领导者是领导过程三个要素中的核心，是在正式组织或非正式组织履行职责时，必须产生的一种社会角色。领导者用角色行为支配或强化被领导者的行为，而被领导者则在角色知觉和角色期望的基础上，把领导者的行为作为群体行为的楷模。因为领导者是领导过程中各种人际关系以及人与情景相互作用的核心，领导者的素质与领导水平是企业成败的关键。

领导者可分为两种：正式领导者和非正式领导者。

二、领导与管理

领导与管理之间是否有区别？这一问题成为近年来的热点话题，很多专家在这方面有着不同的看法。

比如，哈佛商学院的亚伯拉罕·扎莱兹尼克(Abraham Zaleznik)指出，管理者和领导者是两类完全不同的人，他们在动机、个人历史及想问题做事情的方式上存在着差异。他认为：管理者如果说不是以一种消极的态度，也是以一种非个人化的态度面对目标的；领导者则以一种个人的、积极的态度面对目标。管理者倾向把工作视为可以达到的过程，这种过程包括人与观念，二者相互作用就会产生策略和决策；领导者的工作具有高度的冒险性，他们常常倾向于主动寻求冒险，在机遇和奖励很高时尤其如此。管理者喜欢与人打交道的工作，他们回避单独行为，因为这会使他们焦虑不安，他们根据自己在事件和决策过程中所扮演的角色与他人发生联系；而领导者则关心的是观点，以一种更为直觉和移情的方式与他人发生联系。

同在哈佛商学院的约翰·科特(John Kotter)却从另一角度指出了管理与领导的差异。他认为：管理主要处理复杂的问题，优秀的管理者通过制定正式计划、设计规范的组织结构以及监督计划实施的结果而达到有序而一致的状态；相反，领导主要处理变化的问题，领导者通过开发未来前景而确定前进的方向，然后他们把这种前景与他人进行交流，并激励其他人克服障碍达到这一目标。科特认为，要达到组织的最佳效果，领导和管理具有同等的重要性，二者不可或缺。但是大多数组织总是过于强调管理而忽视了领导的重要性，因此我们应更加注重开发组织中的领导的作用。因为，今天的主管过于注重按时完成工作任务，不超过经费预算，昨天干了什么工作，然后在过去的基础上仅提高5%。

如果比较领导与管理的含义，两者的相同之处是都属于一种动态的行为过程，两者的差别是领导的概念比管理的概念广泛得多。管理是指一种特殊的领导，是指引和影响个人或组织在一定条件下实现组织目标的过程。换句话说，管理的最高目标就是实现组织目标。领导虽然也同个人与群体共同来实现目标，但是这些目标不一定就是组织目标，可能包括个人目标、小群体目标或者组织目标。

如果比较领导者与管理者的含义，两者的共同之处是都属于非直接生产人员，两者的差别是管理者的范围要大于领导者的范围。例如在现代企业中，凡是从事行政、生产、经营管理和群众团体工作的干部，均称为管理者。凡具有领导地位，并指引群体达到既定目标的人都称为领导者。因此，可以说领导者是一种特殊的管理者，管理者的范围要大于领导者的范围。

在理想情况下，所有的管理者都应是领导者。但是并不是所有的领导者必然具备完成其他管理职能的潜能，因此，并不是所有的领导者都适合在管理岗位上。一个人能够影响别人这一事实并不表明他同样也能够计划、组织和控制。既然在理想条件下所有的管理者都应是领导者，本书便从督导管理的角度上探讨这一主题。

三、领导、管理与督导

通过上述的分析，理解领导这个概念的关键词是影响。如果没有施加影响，那么严格地说就是没有进行领导。但是，过分的、强制性的影响手法，例如用枪威胁别人就不属于领导。无论是否拥有正式的“经理”或“主管”头衔，都可以发挥领导能力。一个饭店的夜间值班经理可能一星期工作5个晚上，总是非常令人满意地完成工作。客人、雇员和饭店的老板都很高兴。他的老板有时会检查工作，看看工作进展如何，但很少与他接触，他在没有人影响他的情况下表现良好，他因此不需要领导。

因为影响他人是一门复杂的艺术，所以领导是一个宽泛的话题。我们对领导的研究主要集中在以下方面：领导能力和领导地位的本质；影响他人能力的运用；不同的领导风格；如何发挥你的领导能力。

管理是与个人或群体一起工作，并通过他们来完成组织目标。它包括为了完成目标而协调人力和物力等资源。

督导管理实质上是基层管理或一线管理。这里有必要将督导和督导者作一个区分：督导是一种基层管理活动，是与个人或群体一起工作，并通过他们来完成组织目标的行动过程。在这个过程中承担督导任务的人，也就是执行基层管理任务的人，称为督导者(supervisor)，他们是对制造产品或提供服务的员工进行管理的管理者。本书中所说的督导，有的是指督导(supervision)，有的是指督导者(supervisor)。

因而，领导、管理和督导这三个概念并不完全相同。管理和督导包括范围很广的一系列活动，例如计划、控制、组织、实践安排和领导。许多人精于管理和督导工作，但是很少有人能称为有效的领导者。在理想情况下，所有的督导管理者都应是领导者。

第三节　管理思想的演进

本节旨在表明，了解管理历史有助于我们理解今天的管理理论和实践。本节将介绍许多当代管理概念的起源，并说明管理概念是如何反映组织和社会的变化要求而不断演进的。我们还将介绍许多管理当前面临的重要趋势和问题，以便将过去与未来联系起来，说明管理是一个不断发展的领域。

一、历史背景

在某些人的监督下将人们的努力组织起来，这些监督者负责计划、组织、领导和控制，这种活动已存在了几千年。埃及的金字塔和中国的长城表明，几千年前人类就能够完成规模浩大的、由成千上万人参加的大型工程。金字塔是个特别有趣的例子。建一座金字塔要动用 10 万人干 20 年，谁来吩咐每个人该干什么，谁来保证在工地上有足够的石料让每个人都有活干？答案是管理。不管当时人们怎么称呼管理，总之需要有人计划要做什么，需要有人组织人们和材料去做这件事，需要有人指挥人们去做，需要有人采取某些相应的控制措施来保证每件事情按计划进行。

甚至《圣经》中也提到管理的概念。例如，《圣经》中有段引文戏剧性地说明，一个大型组织的管理者，需要授权和只过问那些较低层管理者不能解决的例外问题。

案例

摩西的岳父对他说："你这种做事的方式不对头，你会累垮的。你承担的事情太繁重，光靠你个人是完不成的。现在你听我说，我要给你一个建议……你应该从百姓中挑选出能干的人，封他们为千夫长、百夫长、五十夫长和十夫长，让他们审理百姓的各种案件。凡是大事呈报到你这里，所有的小事由他们去裁决，这样他们会替你分担许多容易处理的琐事。如果你能够这样做事，这是上帝的旨意，那么你就能在位长久，所有的百姓将安居乐业。"

罗马天主教会是另一个关于管理的有趣的例子。教会今天的组织结构基本上是在公元 2 世纪建立的，那时，教会的目标和教义规定得更加严格，最高权威集中于罗马。教会建立了一个简单的权力等级结构，由 5 个层次组成：社区教士、主教、大主教、枢机主教和教皇。2000 年来，这种结构基本上没有变化。

上述案例表明，组织在我们中间已存在了几千年，管理实践也是如此。但是，只是在过去的几百年中，尤其是在19世纪，管理才被系统地加以研究，逐渐形成一种共同的知识体系，成为一门正式的学科。

在经济学课程中经常提到亚当·斯密(Adam Smith)的名字，因为他对古典经济学说做出了主要贡献。在他1776年发表的《国富论》一书中，含有他对组织和社会将从劳动分工中获得巨大经济利益的光辉论断。所谓劳动分工(division of labor)，即将工作分解成一些单一的和重复性的作业。他列举了制针行业的例子。斯密注意到，10个工人每人从事一项专门的工作，每天能生产48 000根针。但是，如果每个工人独立完成所有制针工作，这10个工人最快也不过每天制作200根针。他们每个人都得拔丝、矫直、切断、敲针头、磨针尖、将针头和铁杆焊在一起，一个人每天完成10根针，手艺就算不错的了。

斯密得出结论，劳动分工之所以能够提高生产率，是因为它提高了每个工人的技巧和熟练程度，节约了由于变换工作而浪费的时间，以及有利于机器的发明和应用。今天广泛普及的工作专业化(如服务业中的教学和医疗，以及汽车厂的装配线等)，无疑是由于斯密在200多年前提出的劳动分工所产生的经济效益。

或许，20世纪前对管理最重要的影响还是工业革命(Industrial Revolution)，它开始于18世纪的英国，在美国国内战争结束后又传到了美国。机械力迅速取代了人力，并且使在工场中制造商品更加经济。例如，在产业革命之前，毛毯都是由人们在家中制作的，工人要剪羊毛、纺毛线、染毛线，在家中的手工织布机上织成毛毯，然后将织好的毛毯卖给走乡串户的商人，由他们带到地区性的集市或市场上卖。而机械力的引入加上劳动分工，使得在大型的高效率的工厂中采用动力驱动设备进行生产成为可能。在有100个工人的毛毯厂中，有些工人专门纺线，有些工人专门染色，另一些工人专门织毯，这样的工厂能制造大量的毛毯，而成本比原来低得多。但是，在这种工厂中需要管理技能，管理者需要预测需求，保证手头有足够的羊毛用于纺线，向每个工人分派任务，指挥每天的生产活动，协调各种活动，保证机器正常运转和保证产品的质量，以及为产品寻找市场，等等。在家中制作毛毯时，人们很少关心效率，但是，工厂突然雇用100个工人，并且要按期付他们工资，如何使工人满负荷工作就变得非常重要了。于是，计划、组织、领导和控制就成为必不可少的了。

机械装置的出现，大量生产，随着迅速扩展的铁路系统而来的运输成本的降低，以及几乎没有任何政府法令的限制，这一切促进了大公司的发展。约翰·D. 洛克菲勒(John D. Rockefeller)建立了垄断性的标准石油公司(Standard Oil)，安德鲁·卡内基(Andrew Carnegie)控制了钢铁工业的2/3，类似的企业家们建立了其他大型企业，这些企业需要正规化的管理。同时，对于规范的管理理论的需求也应运而生。然而，直到20世纪初叶，建立正式管理理论的尝试才迈出了决定性的一步。

二、多样化的时期

20世纪的前半期是一个管理思想的多样化时期。科学管理从如何改进作业人员生产率的角度看待管理；一般行政管理者关心的是整个组织的管理和如何使之更有效；一批管理研究人员强调人力资源或管理的“人的方面”；而另一批人则专注于开发应用数量方法。

下面，我们将描述这4种方法对管理的贡献。记住，每一种方法都与同一个对象有关，它们之间的差异反映出研究者不同的背景和兴趣。正如盲人摸象这则寓言所比喻的：第一个人摸到大象的躯干就说它像堵墙；第二个人摸到大象的鼻子就说它像条蛇；第三个人摸到大象的腿就说它像大树；第四个人摸到大象的尾巴就说大象像条绳子。每一个盲人触到的都是同一头大象，而他们对大象的认识取决于他们各自所站的位置。类似地，下面的每一种观点都是正确的，并且都为我们理解管理做出了重要贡献，但是，每一种观点都有它的局限性。

(一)科学管理

如果人们要确认现代管理理论诞生的年代，那么有充足的理由将其定在 1911 年。就在这一年，弗雷德里克·温丝洛·泰勒(Frederick Winslow Taylor)的《科学管理原理》一书出版了。这本书阐述了科学管理(scientific management)理论——应用科学方法确定从事一项工作的“最佳方法”。它的内容很快被世界范围的管理者们普遍接受。泰勒的理论和研究活动，确立了他作为科学管理之父的地位。

泰勒的大部分工作生涯，是在美国宾夕法尼亚州的米德韦尔和伯利恒钢铁公司度过的。作为一位有着清教徒背景的机械工程师，他始终对工人的低效率感到震惊。工人们采用各种不同的方法做同一件工作，他们倾向于用“磨洋工”的方式工作。泰勒确信工人的生产率只达到应有水平的1/3，于是，他开始在车间里用科学方法来纠正这种状况。他花了20年时间以极大的热情寻求从事每一项工作的“最佳方法”。

理解泰勒在米德韦尔钢铁公司亲眼目睹的现象是很重要的，正是这种亲身感受唤起他改进工厂中工作方式的决心。在那个时候，工人和管理者没有明确的责任概念，实际上不存在有效的工作标准，工人们有意慢条斯理地干活，管理者作决定都是凭预感和直觉，分派工人干什么工作时很少或完全不考虑他的能力和才能是否适合从事这项工作。更严重的是，管理当局与工人们都认为，他们之间存在着固有的对立，他们不是为相互的利益而合作，他们之间的关系是一种“零和”对策——任何一方的收益同时又是另一方的损失。

泰勒寻求在工人和管理当局双方掀起一场思想革命，其方式是通过明确规定提高生产率的指导方针。他定义了4项管理原则，如图1-6所示。他据理力争，遵循这些原则，会给工人和管理当局双方带来繁荣，工人们会挣更多的钱，同时管理当局会获得更多的利润。今天，这些原则在联合邮包服务公司(United Parcel Service，UPS)的应用，继续为泰勒的预言提供支持证据。UPS 送货司机的工资是每小时 18 美元，加上加班收入，他们每年的平均收入超过 50 000 美元，同时，管理当局也能够持续地产生高利润。

1. 对工人工作的每一个要素开发出科学方法，用以代替老的经验方法。
2. 科学地挑选工人，并对他们进行培训和教育，使之成长(而在过去，则是由工人自己挑选工作，并尽自己的可能进行自我培训)。
3. 与工人们衷心地合作，以保证一切工作都按已形成的科学原则去进行。
4. 管理当局与工人在工作和职责的划分上几乎是相等的，管理当局把自己比工人更胜任的各种工作都承揽过来(而在过去，几乎所有的工作和大部分责任都推到了工人们头上)。

图 1-6　泰勒的科学管理四原则

最广泛引用的科学管理实例或许是泰勒的生铁装运试验。工人们要把 92 磅重的生铁块装到铁路货车上，他们每天的平均生产率是 12.5 吨，泰勒相信，通过科学地分析装运生铁工作以确定最佳的方法，生产率应该能够提高到每天 47～48 吨。

试验开始了，泰勒首先寻找一位体格强壮的受试者。泰勒找到的这个人是个高大、强壮的荷兰移民，名叫施米特。施米特像其他装卸工人一样每天挣 1.15 美元，这在当时只能维持生存。正如下面引自泰勒书中的一段文字所表明的，泰勒用钱(每天挣到 1.85 美元的机会)作为主要的手段，使施米特这样的工人严格照他说的去做。

“施米特，你是个值高价的人吗？”“我不懂你的话是什么意思。”“噢，我的意思是，我想知道你是否是个值高价的人呢？”“我还是不明白你的意思。”“那好吧，你来回答我的问题。我想知道你是想每天挣 1.85 美元，还是和你那些廉价的伙伴们挣得一样多，挣 1.15 美元就满足了？”“我一天真能挣 1.85 美元？我怎么不是个值高价的人？我是个值高价的人。”

用金钱来激励施米特，泰勒着手使他按规定的方法装生铁，泰勒试着转换各种工作因素，以便观察它们对施米特的日生产率的影响。例如，在某几天中施米特可能弯下膝盖搬生铁块，而在另外几天中，他可能伸直膝盖而弯腰去搬生铁。在随后的日子里，泰勒还试验了行走的速度、持握的位置和其他变量。经过长时间科学地试验各种程序、方法和工具的组合，泰勒成功地达到了他认为可能达到的生产率水平。通过按工作要求选择合适的工人并使用正确的工具，通过让工人严格遵循他的作业指示，以及通过用大幅度提高日工资这种经济刺激手段来激励工人，泰勒达到了他每天装运 48 吨的目标。

泰勒进行的另一个试验是确定铁锹的大小。他注意到工厂中的每个工人都使用同样大小的铁锹，不管他们铲运的是何种材料。这在泰勒看来是不合理的，如果能找到每锹铲运量的最佳重量，将使工人每天铲运的数量达到最大。于是泰勒想到铁锹的大小应当随着材料的重量而变化。经过大量试验，泰勒发现 21 磅是铁锹容量的最佳值，为了达到这个最佳重量，像铁矿石这种材料应该用小尺寸的铁锹铲运，而像焦炭这样的轻材料应该用大尺寸的铁锹铲运。根据泰勒的发现，领班们将不再仅仅是吩咐工人“去铲那边的那一堆”，而应该按照要铲运的材料性质，决定工人使用何种尺寸的铁锹完成工作，当然，这样做的结果是大幅度提高了工人的生产率。

采用类似的方法，泰勒便能确定做每一件工作的最佳方法，然后，选择适当的工人并培训他们严格按最佳方法从事工作。为了激励工人，泰勒主张采用刺激性工资计划。总的来说，泰勒取得了生产率在 200%甚至更高范围内的持续改进。他重申了管理者在计划与控制方面的作用。他的《科学管理原理》一书和他的其他论文，把他的思想不仅传播到美国各地，而且传播到法国、德国、俄国和日本。引起美国公众对科学管理发生兴趣的一个最大的推动事件之一是在 1910 年期间，他们听到效率专家宣布通过应用科学管理，铁路每天可以节约 100 万美元的运行费用(相当于 1994 年的 1400 万美元)，这意味着铁路票价可以大幅度降低。由于美国制造公司较早地接受了科学管理方法，从而使它们比外国公司处于相对优势的地位，至少在其后的 50 年里，美国制造业的效率一直令世界羡慕。

泰勒的思想激起了人们研究和发展科学管理方法的热情，他的最杰出的追随者是弗兰克(Frank)和莉莲·吉尔布雷斯(Lillian Gilbreth)夫妇以及亨利·L. 甘特(Henry L. Gantt)。

弗兰克·吉尔布雷斯曾经是一位建筑承包商，1912 年，当他在一次专业会议上聆听了泰勒的演讲后，放弃了他的承包商生涯转而致力于研究科学管理。同他的心理学家的妻子莉莲一起，他研究了工作安排和消除手及身体动作浪费的问题。吉尔布雷斯夫妇还在设计和采用适当的工具与设备使工作绩效最优化方面进行大量试验。弗兰克·吉尔布雷斯最著名的试验，恐怕要数关于省略砌砖动作的研究。

通过仔细地分析砌砖时的工作过程，吉尔布雷斯将砌外墙砖的动作从 18 个减少到了一半甚至 4 个，将砌内墙砖的动作从 18 个减少到 2 个。他开发了一种新的堆放砖的方法，利用专门设计的脚手架减少弯腰动作，甚至重新调配了灰浆的浓度，从而减少了砌砖工为了使砖放平每次都要用泥刀敲击砖的动作。

吉尔布雷斯夫妇是率先采用动作摄影来研究手和身体动作的研究者之一。他们发明了一种瞬时计，用来记录 1/2000 秒的时间，把它置于要拍照的研究现场，以决定工人在每个动作上花费的时间，从而能够辨认出被肉眼忽略的浪费动作并将其省去。吉尔布雷斯夫妇还设计出一种分类体系，用来标识手的 17 种基本动作(诸如，“寻找”、“选择”、“抓取”、“持握”等)，他们称之为基本动作元素(therblig，gilbreth 一词的反向拼写)，这套体系使吉尔布雷斯夫妇能够以更精确的方式，分析任何操作者手的运动包含的动作要素。

亨利·L. 甘特是泰勒在米德韦尔和伯利恒钢铁公司的一位亲密同事，是位年轻的工程师。像泰勒和吉尔布雷斯一样，甘特寻求通过科学的调查研究提高工人的效率，他扩展了某些泰勒最初的思想，并加入自己的理解。例如，甘特发明了一种奖金制度，对那些以少于标准规定的时间完成工作者给予额外奖励。他还引入一种针对领班的奖金制度，只要领班手下的所有工人都完成了定额，不仅工人而且领班本人也可以得到一份额外的奖金，从而使科学管理的应用对象不仅包括操作者还包括工作的管理者。

或许甘特最著名的发明是创造了一种线条图，称为甘特图，使管理者能够利用它来进行计划和控制。甘特图(Gantt chart)在一个坐标轴上表示出计划的工作与完成的工作，在另一个坐标轴上表示出已经过去的时间，这在当时称得上是一项革命。甘特图使管理者能够随时看到计划的进展情况和及时采取必要的行动保证项目按时完成。甘特图及它的各种改进，今天仍广泛用于各种组织，作为安排工作进度计划的手段。

当然，泰勒和其他人提出的许多改进生产率的指导原则，在今天来看已成为常识。例如，可能有人会说，作为管理者显然应该在工人承担工作之前仔细甄别、挑选和培训他们。

为了理解科学管理的重要性，应当考虑泰勒、吉尔布雷斯夫妇和甘特生活的时代，那时生活水平还很低，生产还是高度人力密集型的。米德韦尔钢铁公司在20世纪初时，还雇用着20名或30名工人专门从事将生铁锭装到铁路货车上的工作。今天，那些人一天的工作量，由一个工人开着液压装卸车在几个小时内就可以完成，而那个时代没有这种机器设备。同样，如果能想到在那个时代大多数建筑物都是用砖砌的，土地很便宜，工厂和住宅建筑的主要成本是材料(砖)和人工成本的话，就会认识到科学管理的重要意义了。科学管理之所以重要，是因为它能够提高整个国家的生活水平。此外花费6个月甚至更多的时间研究一项工作的最佳方法(像泰勒所做的生铁搬运试验)，只是对许多人从事同一种工作的劳动密集型工作程序才有意义。

在饮食业的一些快餐连锁店里，科学管理方法的影响仍然可以看到。一切都有固定的体系，工人只需要学会操作机器，遵守规定，使用统一的语言。铃一响，工人就要翻转烤架上的汉堡包。要做糕饼，就敲一下蛋面糊配给机，不允许有任何改动。这样的标准化对企业有许多好处。它能使各部分的产品统一。还可以雇用非熟练工，而且培训既快捷、简便，又节约资金。这对头一次干该工作的短期员工尤其适用。但如此彻底的标准化在另外一些场合，对另一种类的员工，效果就不那么理想了。由于不允许有任何变动的余地，创新的机会将被剥夺，工作的单调性也无法得到缓解，致使员工流动性相对较低的企业在培训中和士气上都会出现问题。

科学管理理论也体现在下列事情中：标准化的菜谱、标准化的问候、标准化的住店登记手续和标准化的铺床方式。不过总的来说，科学管理理论在餐厅和饭店中并未被大规模地采用。我们了解它的方法和技巧，但很少使用。我们或许有标准的菜谱，但除了烤制面点，许多厨师根本不看那些菜谱。我们也会统一程序，但不做硬性要求。在急缺人手的情况下，只要有人来求职，就立刻上岗。我们用的是魔术围裙训练法——给新员工一个围裙，说声“去吧”，就行了。我们认定有些初级的工作任何人都知道怎么做。低效率的员工，我们也不敢放走，因为担心下一个来求职的更糟。至于对他们工作的监督，谁还有时间管？也许是饭店和饮食业的特殊性质决定了这里不适合采用完全的科学管理理论。然而，这一方法中的某些重要因素可以用来提高生产力，使产品保持一致，使顾客满意，利润增加，也使管理者的生活更轻松。而上述一切都是以不用把工人变成人力机器为前提的。

(二)一般行政管理理论

与科学管理同时代的另一批思想家也在思考管理问题，不过他们关注的焦点是整个组织。我们称这些人为一般行政管理理论家(general administrative theorist)。在发展更一般的管理理论方面，即解释管理者的工作是什么以及有效的管理由哪些要素构成方面，他们发挥了重要的作用。由于他们的著作为当代管理和组织思想建立了框架，故他们与科学管理思想家们通常被称为古典理论家(classical theorist)。他们中的杰出代表是亨利·法约尔(Henri Fayol)和马克思·韦伯(Max Weber)。

亨利·法约尔把管理看作一组普遍的职能，即计划、组织、指挥、协调和控制。因为他的著作非常重要，所以后文会更仔细地介绍一下他的理论。

法约尔写作的年代与泰勒在同一时期，但是，泰勒关心的是车间层的管理，采用的是科学方法，而法约尔关注的是所有管理者的活动，并且把他的个人经验上升为理论。泰勒是一个科学家；而法约尔作为法国一家大型煤炭企业的经理，是一个实践者。

法约尔将管理实践看作有别于会计、财务、生产、分销和其他典型生意职能的一种功能。他强调指出，管理是工商企业、政府甚至家庭中所有涉及人的管理的一种共同活动。然后他进一步提出了 14 条管理原则(principles of management)，即基本的和普遍的真理，如图 1-7 所示。

1. 工作分工。这条原则与亚当·斯密的“劳动分工”原则是一致的。专业化通过使雇员们的工作更有效率，从而提高了工作的成果。
2. 职权。管理者必须有命令下级的权力，职权赋予管理者的就是这种权力。但是，责任应当是权力的孪生物，凡行使职权的地方，就应当建立责任。
3. 纪律。雇员必须遵守和尊重管理组织的规则，良好的纪律是有效的领导者造就的。对管理者与工人间关系的清楚认识关系到组织的规则。明智地运用惩罚以对付违犯规则的行为。
4. 统一指挥。每一个雇员应当只接受来自一位上级的命令。
5. 统一领导。每一组具有同一目标的组织活动，应当在一位管理者和一个计划的指导下进行。
6. 个人利益服从整体利益。任何雇员个人或雇员群体的利益，不应当置于组织的整体利益之上。
7. 报酬。对工作人员的服务必须付给公平的工资。
8. 集中。集中是指下级参与决策的程度。决策制定是集中(集中于管理层)还是分散(分散给下属)，只是一个适当程度的问题，管理层的任务是找到在每种情况下最适合的集中程度。
9. 等级链。从最高层管理到最低层管理的直线职权代表了一个等级链，信息应当按等级链传递。但是，如果遵循等级链会导致信息传递的延迟，则可以允许横向交流，条件是所有当事人同意和通知各自的上级。
10. 秩序。人员和物料应当在恰当的时候处在恰当的位置上。
11. 公平。管理者应当和蔼地和公平地对待下级。
12. 人员的稳定。雇员的高流动率是低效率的，管理层应当提供有规则的人事计划，并保证有合适的人选接替职务的空缺。
13. 首创精神。允许雇员发起和实施他们的计划将会调动他们的极大热情。
14. 团队精神。鼓励团队精神将会在组织中建立起和谐和团结。

图 1-7 法约尔的 14 条管理原则

马克思·韦伯是德国社会学家。在 20 世纪早期，韦伯发展了一种权威结构理论，并依据权威关系来描述组织活动。他描述了一种他称为官僚行政组织(bureaucracy)的理想组织模式。这是一种体现劳动分工原则的、有着明确定义的等级和详细的规则与制度、非个人关系的组织模式。韦伯认为，尽管这种“理想的官僚行政组织”在现实中是不存在的，但它代表了一种可供选择的现实世界的重构方式。他把这种模式作为推理的基础，用来推论在一个大的团体中，应当有哪些工作和应当如何从事这些工作。他的理论成为设计许多今天的大型组织的原型。韦伯的理想官僚行政组织结构的详细特征概要地描述在图 1-8 中。

1. 劳动分工。工作应当分解成为简单的、例行的和明确定义的任务。
2. 职权等级。职位应当按等级来组织。每个下级应当接受上级的控制和监督。
3. 正式的选拔。所有的组织成员都是依据经过培训、教育，或正式考试取得的技术资格选拔的。
4. 正式的规则和制度。为了确保一贯性和全体雇员的活动，管理者必须倚重正式的组织规则。
5. 非人格性。规则和控制的实施具有一致性，避免掺杂个性和雇员的个人偏好。
6. 职业定向。管理者是职业化的官员而不是他所管理的单位的所有者，他们领取固定的工资并在组织中追求他们职业生涯的成就。

图 1-8 韦伯的理想官僚行政组织

(三)人力资源方法

管理者是同人们一起实现组织任务的，这就是为什么一些研究者从组织的人力资源方面来考察管理的原因。这方面的研究构成了目前的人事管理领域，以及关于激励和领导的当代观点。这些研究成果都出自同一类型的研究方法，我们称之为管理的人力资源方法(human resources approach)。

1. 人力资源方法早期倡导者

在 19 世纪和 20 世纪早期，尽管毫无疑问有许多人都认识到人的因素对组织成功的重要性，不过作为人力资源方法早期的倡导者，最突出的有 4 个人：罗伯特 •欧文(Robert Owen)、雨果 • 明斯特伯格(Hugo Münsterberg)、玛丽 • 帕克 • 福莱特(Mary Parker Follett)和切斯特 • 巴纳德(Chester Barnard)。

罗伯特 • 欧文是一位成功的苏格兰生意人，他于 1789 年买下他的第一家工厂时才 18 岁。由于憎恶他所见到的苏格兰各处工厂中的粗劣做法(诸如雇用的童工许多年龄甚至不满 10 岁，13 个小时工作日，以及恶劣的工作条件)，使得欧文成为一位改革者。他谴责工厂主们关心他们的设备胜过关心他们的雇员，他说他要买最好的机器，但不是雇用最廉价的劳动力去操纵它们。欧文指出，把钱花在提高劳动力素质上是企业经理最佳的投资之一。他认为关心雇员既能为管理当局带来高利润，同时又能减轻人们的痛苦。

欧文设想了一个乌托邦式的工作场所。正如一位作者所评论的，欧文的成功没有载入管理史，人们记得的是他减轻工人阶级痛苦的勇气和承诺。早在 1825 年，他领先于他生活的时代 100 多年提出，应在法律上规定工作日时间，制定童工法，普及教育，由公司提供工作餐，以及企业参与社区发展计划。

雨果 • 明斯特伯格开创了工业心理学领域—— 对工作中的个人进行科学研究以使其

生产率和心理调适最大化。他的著作《心理学与工业效率》发表于 1913 年。在这本书中，他论述了对人类行为进行科学研究以辨认出一般模式和解释个人之间差异的重要性。明斯特伯格建议用心理测验来改进雇员的选拔，用学习理论评价培训方法的开发，以及对人类行为进行研究，以便搞清什么方法对激励工人是最有效的。有趣的是，他看出了科学管理与工业心理学之间的联系，二者都是通过科学的工作分析，以及通过使个人技能和能力更好地适合各种工作的要求，寻求提高生产率。我们今天关于甄选技术、雇员培训、工作设计和激励的知识，很多都建立在明斯特伯格的研究工作基础上。

最早认识到应当从个人和群体行为的角度考察组织的学者之一，是玛丽·帕克·福莱特。作为一个变革者，她的著作虽然写作于科学管理时代，但却提出了更富人本导向的思想。福莱特是一位社会哲学家，但她的思想澄清了管理实践中的许多内在假设。福莱特认为，组织应该基于群体道德而不是个人主义，个人的潜能只有通过群体的结合才能释放出来，否则永远是一种潜能。管理者的任务是调和与协调群体的努力，管理者和工人应将他们看作合作者—— 看作共同群体的一个部分。因此，管理者应当更多地依靠他的知识和专长去领导下属，而不是依靠他的职务的正式权力。福莱特的人本思想影响着我们看待动机、领导、权力和权威的方式。

同样作为一个变革者，切斯特·巴纳德的思想在古典管理观点和人力资源观点之间架设了桥梁。像法约尔一样，巴纳德也是一位实践者，他曾任新泽西贝尔电话公司的总裁。他读过韦伯的著作并深受其影响。但是与韦伯对组织的机械论和非人格性观点不同，巴纳德将组织看作一个社会系统，这个系统要求人们之间的合作。他的《经理的职能》一书中阐述了他的这种观点，该书出版于 1938 年。

巴纳德认为组织是由具有相互作用的社会关系的人们组成的，管理者的主要作用是在沟通和激励下级方面尽最大努力。在巴纳德看来，组织成功主要取决于获得员工的合作。他还指出，成功取决于与员工和组织与之打交道的外部机构保持良好关系。基于组织依赖于投资者、供应商、顾客和其他外部机构的认识，巴纳德引入了管理者必须审视环境，然后调整组织以保持与环境的平衡状态的思想。不管一个组织的生产多么有效率，如果管理者不能确保材料和资源的连续投入，或不能为其产出找到市场，则组织的生存就会受到威胁。

巴纳德关于权威的富于启发性的思想同样是重要的。他所处的时代，占统治地位的是权威的传统观点(traditional view of authority)：下级必须严格服从上级的权力，这种权力首先在最高层建立起来，然后自上而下贯穿一个组织。按照传统的观点，管理者权威的最终来源是组织赖以建立的社会制度。巴纳德提出一个相反的观点，他认为权威(authority)来自下面而不是上面。这种权威的接受观点(acceptance view of authority)提出，权威来自于下级接受它的意愿。按照巴纳德的观点，没有本身就代表着权威的人，有的只是他的权威被承认的人。如果一个雇员不服从上级的命令，这种不服从是对命令权威的拒绝。当然上级也许能够惩罚那些不照他命令去做的下级，但是，上级的命令没有被照办这件事已经发生了。

2. 霍桑研究

毫无疑问，人力资源方法对管理的最重要的贡献来自霍桑研究(Hawthorne studies)，该项研究是在西方电气公司(Western Electric)设在伊利诺伊州西塞罗的霍桑工厂中实施的。此项研究始于1924年，最后在20世纪30年代早期又扩大范围继续研究了几年。最初，研究是由西方电气公司的工业工程师们设计的，目的是检查不同的照明水平对工人生产率的影响。研究人员建立了试验组和对照组，试验组被给予不同的照明强度，而对照组则保持原有的照明强度。工程师们原来估计个人的产量与光线亮度有直接关系，但是，他们发现当试验组的亮度增加时，两个组的产量都增加了。更令工程师们惊异的是，当试验组亮度水平下降时，两个组的生产率继续提高。事实上，只当光线亮度降至月光的水平时，试验组的生产率才有所下降。工程师们提出结论，照明强度与生产率没有直接关系，但他们不能解释他们所目睹的工人的行为。

1927年，西方电气公司的工程师们邀请哈佛大学的埃尔顿·梅奥(Elton Mayo)教授作为顾问加入研究。于是试验又重新开始，一直持续到1932年。新的试验包含大量的试验方案，其中有工作的重新设计，改变工作周和工作日的长度，在工作中间引入休息时间，以及个人工资计划和群体工资计划的比较等。例如，其中一项试验设计是用于评估群体计件奖金制度对群体生产率的影响，结果表明，奖金计划对工人生产率的影响小于群体的压力、接纳和安全感的影响，由此得出结论，群体的社会准则或标准是决定工人个人行为的关键因素。

学者们公认霍桑研究对管理思想的演变方向有显著的影响。梅奥的结论是：行为和情绪是密切相关的；群体对个人的行为有巨大影响；群体工作标准规定了单个工人的产量；在决定产量方面，金钱因素比群体标准、群体情绪和安全感的作用要小。这些结论导致在组织如何发挥功能和获取目标方面对人的因素的新的重视，同时也导致家长式管理的增多。

对霍桑研究不会没有批评意见的。一些人对试验的程序、现象的分析以及结论的导出提出了批评。但是，从历史的观点来看，霍桑研究在学术上是否严谨，以及其结论是否得到证明并不是很重要，重要的是，它激起了对人的因素的兴趣。霍桑研究对改变当时那种认为人与机器没有差别的流行观点起了很大作用。

3. 人际关系运动

人力资源方法的另一个团体，以其使管理实践更人道的坚定信念，在管理历史中占有重要一席。人际关系运动(human relations movement)的成员，一致相信雇员满意的重要性——一个满意的工人定会是一个富于生产性的工人。这个运动的代表人物有：戴尔·卡内基(Dale Carnegie)、亚伯拉罕·马斯洛(Abraham Maslow)和道格拉斯·麦格雷戈(Douglas McCregor)。他们个人观点的形成，更多地来自他们个人的哲学观点而不只是大量的研究证据。

戴尔·卡内基常常被管理学者们忽略，但是他的思想和教学实践有着巨大的影响。

在 20 世纪 30 年代、40 年代和 50 年代里，上百万的人读过他的《怎么赢得朋友和影响人们》一书。此外，在此期间，成千上万的人参加了他的管理讲座和研讨班。

卡内基的书和课程的主题是什么？实质上，他认为成功的方式是争取其他人的合作。卡内基告诫人们成功之路在于：①通过对人们努力的真诚赞赏使人们感到他们自己是重要的；②建立良好的第一印象；③通过让别人讲话，对其表示同情，以及“从不对一个人说他错了”的方式，使人们接受你的思维方式；④通过赞扬人们的优点和给予反对者机会来维护他们的面子的方式，改变人们的态度。

亚伯拉罕·马斯洛这位人本主义心理学家，从理论上提出了人类需要的 5 个层次。它们依次是：生理需要、安全需要、社会需要、尊重需要和自我实现需要。从动机的角度来看，马斯洛认为：需要层次中的每一步必须得到满足，下一层次的需要才会被激活；一旦某种需要被充分满足，它就不再对行为产生激励作用。此外，马斯洛相信自我实现(即发挥出一个人的全部潜能)是人类生存的最高需要。那些接受了马斯洛的需要层次论的管理者，试图改变他们的组织和管理实践，以消除雇员们自我实现道路上的障碍。

道格拉斯·麦格雷戈最著名的理论，是关于人性的两套系统性假设—— X 理论和 Y 理论。简要地说，X 理论基本上是一种关于人性的消极观点，它假设人们缺乏雄心壮志，不喜欢工作，总想回避责任，以及需要在严密地监督下才能有效地工作；另一方面，Y 理论提出了一种积极观点，它假设人们能够自我管理，愿意承担责任，以及把工作看作像休息和玩一样自然。麦格雷戈相信 Y 理论假设最恰当地抓住了工人的本质，对管理实践具有指导意义。

把人际关系理论的倡导者们，包括卡内基、马斯洛和麦格雷戈，联系在一起的共同线索，是对人的能力的不可动摇的乐观态度。他们坚信他们的事业和从不动摇的信念，甚至在面对矛盾的证据时也是如此，再多的反例和研究证据也不会改变他们的观点。当然，尽管其观点缺乏客观性，但人际关系运动的倡导者们确实影响了管理理论和实践。

例如，麦格雷戈在麻省理工学院教了 12 年书后，受聘担任安蒂奥什(Antioch)学院的院长。6 年后，他决定返回麻省理工学院。在他的告别演说中，麦格雷戈似乎认识到他的哲学未能符合组织生活的现实，他说：

> 我相信，一个领导者作为他的组织的劝导者可以运作得很成功，我认为我应该避免成为“老板”。我怀疑我是不是真是无意的，我希望逃避那些不愉快的但却不得不做的事情，包括制定困难的决策，在许多不确定的选择下为某个行动承担责任，犯错误和为此承担后果。我认为或许我能管理得使每一个人都会像我一样，靠“良好的人际关系”来消除一切不合与争执。我不会再犯错误了，虽然花费了两年时间，但是我终于开始认识到一个领导者是不能够回避行使权力的，也不能回避对他的组织发生的一切承担责任。

4. 行为科学理论

人力资源方法的最后一种类型始于一群心理学家和社会学家，他们依靠科学方法研究组织行为。与人际关系运动和其理论家不同，行为科学理论家(behavioral science theorist)对组织中的人的行为进行客观的研究，他们小心谨慎，力图使他们的个人信仰不卷进他们的工作中，他们追求严格的研究设计，从而使他们的研究能够被其他行为科学家复制。他们这样做的目的，是希望建立组织行为的科学理论。

这些心理学家，如弗雷德·菲德勒(Fred Fiedler)、维克托·弗鲁姆(Victor Vroom)、弗雷德里克·赫茨伯格(Frederick Herzberg)、埃德温·洛克(Edwin Locke)、戴维·麦克莱兰(David McClelland)以及理查德·哈克曼(Richard Hackman)，对我们今天理解领导、雇员动机和工作设计做出了重要贡献。具有社会学背景的研究者也使我们对组织行为的理解取得了显著进展。例如，杰弗里·普费弗(Jeffrey Pfeffer)、肯尼思·托马斯(Kenneth Thomas)和查尔斯·佩罗(Charles Perrow)，对我们理解权力、冲突和组织设计增加了重要的见解。

科学管理和一般行政管理理论家都把组织看作机器，而管理者是工程师。他们确信只要有可用的输入，机器就可保持正常运转。任何由雇员造成的未能产生期望的结果的问题，都被看作工程问题，可以重新设计工作，或是通过向雇员提供刺激性工资计划的方式润滑组织这部机器。但是，人们还会为多那么一点钱而更辛苦的工作吗？显然，大多数人都不会这样做了。在联合邮包服务公司(前文讲述科学管理原则时提及)中，由于工作太辛苦，大量司机离开了这家公司。正如一位离职的司机所言："他们从我们身上榨取每一点精力，我们总在忙碌，不能轻松地工作。"人力资源方法(human resource approach)的贡献者们促使许多组织的管理者，重新评价那种简单化的机器模型观点。

(四)定量方法

我们以对管理研究的定量方法的考察，结束我们对管理演进的多样化时期的讨论，这种方法还被称为运筹学和管理科学。

管理的定量方法是从第二次世界大战中对军事问题的数学和统计解法的基础上发展起来的。例如，当英国面临如何使有限的空军力量在与德国大规模空军力量的对抗中取得最佳效果的问题时，他们转向数学家们寻求最优的配置模型。同样，美国反潜战斗队，为了提高穿越北大西洋的同盟军船队护航的生存概率，以及为了确定飞机和水面舰艇袭击德国 U 型潜艇的最佳投弹深度，采用运筹学技术解决上述问题，获得了满意的效果。

战争结束后，许多用于解决军事问题的定量方法被移植到工商领域。20 世纪 40 年代中期，一个号称"神童"的军官小组加入福特汽车公司，并且立刻开始用统计方法改进公司的决策制定工作，其中最著名的神童之一是罗伯特·麦克纳马拉(Robert McNamara)。后来，麦克纳马拉被提升为福特汽车公司的总裁，随后又成为美国国防部长。在国防部，他通过成本-效益分析寻求资源分配决策的定量化。他最终在世界银行主席的位置上退休。

那么，所谓的定量技术是什么？它们对当今管理的贡献是什么？

管理的定量方法(quantitative approach)包括统计学的应用、最优化模型、信息模型和计算机模拟等。例如：线形规划方法可以使管理者改进资源分配的方案；关键路线分析可以使工作进度计划更有效；经济订货批量模型可以辅助企业决定应维持的最佳库存水平。

定量方法最直接的贡献是在管理决策方面，特别是计划与控制决策。不过，绝不是要贬低定量方法的贡献，但应当注意到定量方法从来没有达到像人力资源方法对管理实践的那种影响程度。这无疑是由于多种因素造成的：许多管理者不熟悉定量工具；行为问题涉及面太广而又很直观；绝大多数学生和管理者可以直接了解组织中现实的、每天发生的人的问题，诸如激励下级和减少冲突等，而无需借助建立定量模型这种更抽象的活动。

三、近年来的趋势

以上讨论描述了管理的 4 种观点：监工和领班的观点，整体组织管理者的观点，作为引导和指导人力资源的管理者的观点，以及作为开发定量模型以制定最优决策的管理者的观点。每一种观点都是有效的，但没有一种方法是包治百病的万灵药。在多样化的时期，偶尔也有过试图将主要的观点和学派综合为一体的尝试。例如，20 世纪 40 年代初期，林德尔·厄威克(Lyndall Urwick)出版了《管理的要素》一书，他注意到科学管理和一般行政管理理论家们在思想和术语方面存在很大的相似性，但这种尝试不过是一种例外。考虑发展一种统一的管理理论框架，只是到了 20 世纪 60 年代初期才真正开始。像大多数研究领域一样，管理学在进入成熟阶段后，也在趋向一体化。

(一)过程方法

1961 年 12 月，哈罗德·孔茨(Harold Koontz)教授发表了一篇论文，详细地阐述了管理研究的各种方法，并认为存在着“管理理论的丛林”。孔茨先是承认每一种方法都对管理理论有一定贡献，然后他进一步指出：①人力资源方法和定量方法与其说是一种管理理论，倒不如说是管理者采用的一种方法；②过程方法能够包含和综合当今的各种管理理论。过程方法(process approach)最初是由亨利·法约尔提出的，它是基于管理职能的，这些职能(计划、组织、领导和控制)被看作一个连续的循环过程。

虽然孔茨的文章激起了大量的争论，大多数管理学教师和实践者都紧抱住各自的观点不放，但孔茨树立了一个标志。当今大多数管理教科书都采用过程方法这一事实，证明了过程方法越来越成为一种可行的统一框架。

(二)系统方法

从 20 世纪 60 年代中期开始的 10 年中，一种认为组织应当按照系统框架来分析的思路获得很多人的赞同。系统方法(system approach)将系统定义为一组相互联系和相互制约的要素按一定方式形成的整体。社会是系统，汽车、动物以及人体都是系统，生理学家用系统观点来解释动物是怎样通过获得输入和产生输出而保持一种平衡状态的。

系统有两种基本类型：封闭系统和开放系统。封闭系统(closed system)不受环境影响，也不与环境发生相互作用。弗雷德里克·泰勒的人和组织的机械论观点基本上是一种封闭系统观点。相反，开放系统(open system)方法认识到系统与环境间的动态相互作用，虽然巴纳德早在20世纪30年代就孕育了组织是一个开放系统的思想，但他的见解被人们广泛接受又经过了30年时间。今天，当谈到组织是一个系统时，指的是开放系统，即承认组织与环境之间处在不断的相互作用之中。

图1-9表示作为一种开放系统的组织。对于工商企业，输入也许是一种材料、劳动力和资本，转换过程将这些输入转化为产品和服务。系统的成功取决于与环境之间的成功的交互作用，即与其所依赖的外部团体和机构之间的交互作用。这些团体和机构可能包括供应商、工会、金融机构、政府机构和顾客。正如我们在下一章中将要讨论的，管理者必须理解他的环境以及环境施加的种种约束。

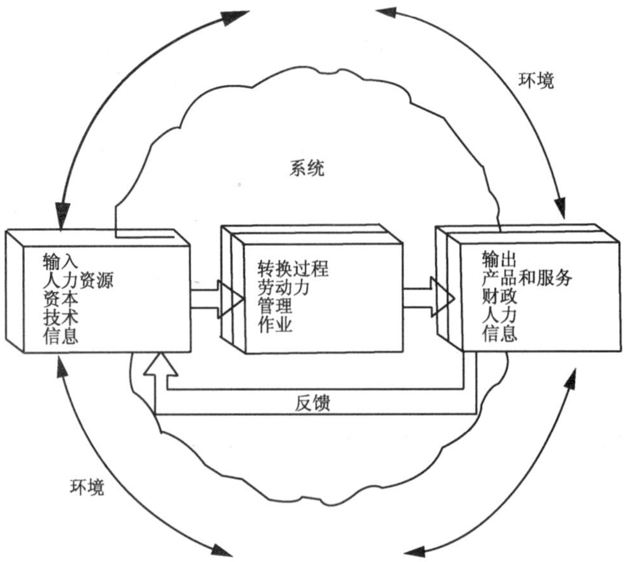

图1-9　系统方法

系统观点是怎么试图把各种管理方法综合在一起的呢？主张系统观点的学者将组织想象成是由“相互依赖的各种因素，包括个人、群体、态度、动机、正式结构、相互作用、目标、状态和职权”组成的，管理者的任务是协调组织的各个部分以实现组织的目标。例如，按照管理的系统观点，无论生产部门多么有效率，如果营销部门没有预测到顾客需求的变化，以及没有能够与产品开发部门合作，开发出顾客需要的产品，组织的整体绩效将受到损害。

此外，开放系统方法认识到组织不是自我包含的，它们依赖于从环境获取维持生命的输入，并将环境作为吸纳自身输出的源泉。没有一个组织能够无视政府的法令、供应商关系或大量的顾客而长期生存下去。

(三)权变方法

如同生活本身一样，管理不是依据一些过分简单化的原则。保险公司知道每一个人遭遇交通事故的概率是不一样的，诸如年龄、性别、过去的开车记录以及每年行车的里程之类的因素都是影响事故率的偶然性因素。同样，不能武断地说学生在小课堂的学习效果就一定比大课堂好。大量的研究表明，一些偶然因素，像课堂内容、教师的教学风格都对班级大小与学习效果的关系有影响。这并不是一种巧合，在各个学院里，心理学的导论课都是在大课堂里讲授的——课程内容本身的性质决定了这种直接演讲的形式。权变方法(contingency approach)有时称为情境方法，近年来被用来取代过分简单化的管理原则，以综合各种各样的管理理论。

早期的管理理论贡献者，如泰勒、法约尔和韦伯，给我们建立了管理原则和普遍适用的组织假设。但是后来的研究发现，存在不符合许多原则的例外现象。例如，劳动分工无疑在许多情况下是有价值的，但工作也可能会变得太专业化。像美国的旅行者保险公司(Travelers)和路德教教友互助协会(Aid Association for Lutherans)这样的保险公司发现，通过扩大而不是缩小工作范围可以成功地提高生产率。官僚行政组织作为一种组织形式在许多情况下是很理想的，但也有许多情况其他的结构设计更有效。允许员工参与决策制定有时是有效的领导方式，但并非所有的时候都是如此，不少情况下领导应当专断地做出决策，然后告诉雇员应该怎么做。

对于管理研究来说，权变方法有一种直观的逻辑性。因为组织是多样化的(在规模、目标和任务等方面)，所以，如果真的发现在各种情况下普遍适用的原则，反倒会令人吃惊。当然，说“全都取决于”是一回事，说究竟取决于“什么”是另一回事。因此，管理研究者们试图辨别那些起决定作用的变量。图 1-10 描述了 4 种一般性的权变变量，这当然不是全部，如果全部列出来则不下 100 个变量。这 4 个权变变量有助于了解所谓权变方法的含义是什么。

1. 组织规模。组织的人员数量对管理者的工作起着主要影响，当组织规模扩展时，协调的问题也随之增多。例如，适合于 5 万名雇员的组织结构类型，很可能对只有 50 名雇员的组织来说是低效率的。
2. 任务技术的例常性。组织为了实现自己的目标，需要采用技术，就是说，要从事将输入转化为输出的过程。例常性技术所要求的组织结构、领导风格和控制系统，不同于用户定制化和非例常性技术的要求。
3. 环境的不确定性。由于政治、技术、社会文化和经济变化的不确定性程度影响管理过程，在稳定的和可预见的环境下做得很好的工作，也许完全不适合变化迅速的和不可预见的环境。
4. 个人差异。个人在成长、自主等方面的愿望方面是不同的，这些还有其他一些个人差异对于管理者选择激励方法、领导风格和工作设计尤其重要。

图 1-10　一般性的权变变量

四、当前的趋势和问题

我们今天处于什么位置？那些当前的管理概念和实践正在塑造“明天的历史”吗？在下面的内容中，我们将通过引入大量正在改变管理者行为的趋势和问题来回答上述疑问。这些问题主要有全球视野的管理、管理的道德困境和变化中的管理实践等。

(一)全球化

管理不再局限于国家的边界。麦当劳(McDonald's)在莫斯科卖汉堡包；号称美国公司的埃克森公司(Exxon)，75%的年收入来自美国之外的销售；丰田汽车公司在肯塔基州生产汽车，通用汽车公司(General Motors)在巴西生产汽车，而二者共同拥有加利福尼亚州的汽车厂；福特汽车公司(Ford Motor Co.)的“维多利亚皇冠”牌轿车的零件来自世界各国，如墨西哥(座椅、挡风玻璃和油箱)、日本(减震器)、西班牙(发动机电子控制装置)、德国(反锁刹车系统)和英国(关键轴类零件)。这些例子说明世界已成为一个全球市场，有效的管理者需要适应不同的文化、不同的制度和不同的技术。同时也说明从全球观点看待管理的重要性，以及它怎么改变管理者的工作方式。

(二)工作人员多样化

20 世纪 80 年代以前，北美的大部分工作人员是男性白种人，从事全日制工作以供养做家务的妻子和上学的孩子。现在这种雇员已成为组织中的少数。例如，在莱维·斯特劳斯公司(Levi Strauss)的 23 000 名美籍雇员中，56%是少数民族，它的高层管理班子由 14%的非白种人和 30%的妇女组成。今天的组织特征是工作人员多样化(work force diversity)，即员工们在性别、民族和种族方面更具有异质性。多样化的含义还包括任何不同性质的人，如残疾者、上年纪者甚至是体重超重者。

直到不久以前，我们还用“溶化锅”方法来处理组织内的差异，我们假定不同的人会在某种程度上自动同化。但现在我们认识到，当雇员们参加工作时，他们并没有把他们的文化价值和生活方式搁在一边。因此，管理面临的挑战是，通过处理不同的生活方式、家庭需要和工作风格，使组织更能够包容多样化的人群。“溶化锅”假定正在被承认和欢迎多样化所取代。

工作人员的多样化已经对管理实践产生了重要影响。管理者们将不得不改变他们的哲学，从同样对待每个人转向承认差别和适应差别，从而确保雇员的忠诚和更高的生产率，而又不发生性别和种族歧视。这样的组织能向它们的管理者们提供复杂的多样化培训计划，以帮助他们更好地沟通、激励和领导。

(三)道德

许多观察者确信我们正经受着道德危机的困扰，曾经被看作应受谴责的行为(撒谎、欺骗、歪曲或掩盖错误)，已经在一些人眼里变成可接受的甚至是必要的做法。管理者通过非法地利用知情者的信息获取利润，甚至学校的学生似乎也被这股浪潮所俘获。鲁特格尔大学(Rutgers University)调查了 600 多名学生，发现在打算选择工商业生涯的学生中，76%的人承认他们至少在 1 次考试中作过弊；19%的人承认他们至少有过 4 次或更多次的作弊记录。

对于这种明显的道德标准的下降有两个层次的解决办法：第一个层次，道德教育被广泛地列入学院的教学大纲，例如，现在商业学校的主要评审机构要求他们的成员把道德问题贯穿在其工商管理教学大纲中；第二个层次，组织自身正在建立道德准则，并正在引入伦理学培训计划。

(四)激励、创新和变革

泰勒、法约尔、韦伯甚至孔茨描述过的有组织的世界已不复存在。管理者现在面对的是正在以前所未有的速度发生变革的环境，新的竞争者层出不穷，而老的竞争者通过合并、兼并或由于跟不上市场的变化而消失。在计算机和电子通讯技术领域中持续的创新，加上全球化的产品和金融市场，造成了一种混乱状态，其结果是，许多过去的指导原则(为相对稳定和可预见的世界建立的原则)已不再适用。未来成功的组织，将是灵活的、能够快速反应的、在新型管理者领导下的组织，这些管理者能够有效地发起大规模的和革命性的变革。

对创新和变革的需要正要求许多组织重新创造自己。管理者们通过取消不必要的管理层次，削减多余的职能，撤销绩效不佳的经营单位来重构他们的组织。而管理者自己也在改变风格，他们把自己的角色从老板转变为团队领导者。越来越多的管理者发现，当他们不再是吩咐人们应该做什么，而是关注激励、指导和鼓励时，他们会变得更有效。

(五)全面质量管理

无论工商企业还是公共组织都在发生一场质量革命，描绘这场革命的通用术语是全面质量管理(Total Quality Management，TQM)。这场革命是由一小群质量专家掀起的，其中最突出的是一位名叫 W. 爱德华·戴明(W. Edwards Deming)的美国人。

1950 年，戴明去日本向许多日本企业的高层管理者教授如何改进他们的生产效率，其管理方法的核心是采用统计方法分析生产过程的变异性。按照戴明的观点，一个管理得好的组织，应当用统计控制减少变异性，从而产生均匀的、可预见的产出质量。戴明发展出一套 14 点计划来实现组织的这种转变。

今天，戴明的最初计划已经扩展为 TQM——一种由顾客的需要和期望驱动的管理哲学(见图 1-11)。

特别重要的是，TQM 中“顾客”一词的含义已经超出了传统的定义，它包括每一个与组织的产品或服务打交道的人，无论是内部的还是外部的。其目标是建立组织对持续改进的承诺。

TQM 代表了一种与早期管理理论家相反的观点。传统的观点认为，低成本是提高生产率的唯一途径，其实美国汽车工业就是一个典型的例子，它说明当注意力仅仅集中在降低成本上会出什么问题。像通用汽车公司、福特汽车公司和克莱斯勒汽车公司生产的汽车，被很大一部分买车的大众拒绝。并且，如果计入不合格品成本、修理成本、退货成本以及质量控制的昂贵费用，则美国制造商的生产率和效益低于许多外国竞争者。日本企业的实践说明，最高质量的制造商，完全可能是成本最低的生产者。直到最近，美国汽车制造商才认识到 TQM 的重要性，开始实施许多 TQM 的基本要素，如质量控制小组、过程改进、组织工作团队、改善与供应商的关系，以及倾听顾客的愿望和需要等。

1. 强烈地关注顾客。顾客的含义不仅包括外部购买组织产品和服务的人，还包括内部顾客(诸如发送和回收应收账款的人员)，他们向组织中的其他人提供服务并与之发生相互作用。
2. 坚持不断地改进。TQM 是一种永远不能满足的承诺，“非常好”还不够，质量总能得到改进。
3. 改进组织中每项工作的质量。TQM 采用广义的质量定义。它不仅与最终产品有关，并且与组织如何交货、如何迅速地响应顾客的投诉、如何有礼貌地回答电话等都有关系。
4. 精确地度量。TQM 采用统计技术度量组织作业中的每一个关键变量，然后与标准和基准进行比较以发现问题，追踪问题的根源，消除产生问题的原因。
5. 向雇员授权。TQM 吸收生产线上的工人加入改进过程，广泛地采用团队形式作为授权的载体，依靠团队发现和解决问题。

图 1-11　全面质量管理的含义

(六)授权

我们在讨论科学管理时曾提到，弗雷德里克·泰勒主张在管理者和工人之间明确分工和划分职责，他要管理者从事计划工作和思考工作，要工人只是按管理者的吩咐去做。泰勒的药方在 20 世纪初也许是一个很好的建议，但是，今天的工人所受的教育和培训远比那时要好得多。事实上，因为许多工作的复杂性，使今天的工人通常比他们的管理者更清楚如何把工作做得更好。管理者们认识到，他们可以通过重新设计工作和让工人来决定那些与工作有关的事情，使质量、生产率和雇员的责任感得到改进。我们把这种过程称为向雇员授权(delegation)。

授权的思想最初来自于人力资源理论家。多少年来，许多组织压抑了它们员工的才能，它们使工作过度专业化并将员工当作不会思考的机器。近年来，授权于雇员在许多公司中取得了成功。例如，美国电话电报公司(AT&T)、科尔盖特-帕尔莫利夫公司(Colgate-Palmolive)、德尔塔航空公司(Delta Airlines)、联邦快递公司(Federal Express)、摩托罗拉公司和沃尔玛公司(Wal-Mart)，它们认为，公司的未来在于发挥工人在工作中的作用，而不是实行泰勒的分割责任的方法。

(七)工作人员两极化

过去，在钢铁工业、汽车工业、橡胶工业以及类似的产业中，有着大量的低技能工作，而付给这些工作的工资却是实实在在中产阶级的工资。例如，一个匹兹堡的年轻人可能只上完高中，就能立刻在当地的钢铁厂得到一份报酬优厚的工作，而且还有就业保障。这份工作可能会使他买一栋房子，买一辆或两辆轿车，供养一个家庭，以及享受其他的中产阶级生活方式。但是，这一切都已成为历史。在第一世界的工业化国家中，制造业中的这种美差已经不复存在——低技能的工作或者被自动化设备所取代，这些重新组织的工作要求相当高的技术技能，或者这些工作被转移到其他国家，那里的工人从事同样的工作，但只需付给他们较少的工资。结果是在工业化国家中形成工作人员两极化(bi-modal work force)，即雇员们趋向于或是从事低技能服务工作，挣到接近最低工资水平的工资，或是从事高技能的工作，收入可以维持中产阶级甚至上层阶级的生活方式。

大多数组织的雇员政策是保持和激励那些工资较高的制造雇员和那些高工资的技术工人，但是，这些公司看来没有照顾到那些低技能的、低工资的工人。

今天，低技能工人不能进入中产阶级行列，并且，他们的晋升机会也是有限的。这使管理者面临着一个主要的挑战：怎么激励这些拿低工资且几乎没有大幅度增加工资或者晋升机会的工人？有效的领导方式管用吗？能通过重新设计这些低技能工作来鞭策他们吗？管理者有这种道德责任增加这些人的工资吗？管理者应当取消这类工作岗位吗？这些问题只是在近 20 年里才引起管理者的关注。

复习自测题

1. 解释下列概念：

(1)管理；(2)组织；(3)督导。

2. 比较领导、管理和督导三个概念，说明它们之间的异同。
3. 科学管理与当今的管理实践有什么关系？
4. 以实例说明了解管理思想的历史有助于我们成为更好的管理者。

第二章　督导的地位和作用

【学习目标】

学完本章，应该能够：掌握督导角色的概念；描述督导与不同群体的关系；了解督导在管理中的地位；说明督导对业主、顾客和员工的义务；解释有效督导所必需的基本技能；了解督导的来源和面临的挑战。

【关键词】

角色(role)
人际关系(human relation)
媒介(intermediary)
义务(duty)
技能(skill)
心理品质(psychological quality)

本章主要研究督导管理者在饭店中的地位和作用。

首先，明确督导所扮演的角色，阐述督导在饭店中的地位和作用。然后，论述有效督导所必需的技能，探讨督导个人的素质和技能，以及督导管理者应具备的心理品质。最后，分析督导管理者的来源，研究 21 世纪督导管理者面对的挑战。

第一节　督导的角色

一、督导扮演的角色

1. 督导角色的概念

所谓督导的角色(role)，是指督导在其职能运行中所处的地位和所起的作用。

根据第一章所讨论的管理职能，或许会认为督导的工作是井然有序、组织有效、系统的且运作协调，然而事实并非如此。督导履行这些职能时，从事的是大量不同的、无序的、琐碎的并且往往是没有任何联系的活动。这些活动持续时间可能很短，也可能会延续很长一段时期。

在这些活动中，督导的角色似乎更像是实践者。这些角色迅速不断地变换着。人们划分了 10 种督导的角色，可以归纳如下：①人际关系角色；②信息传递角色；③决策制定角色。表 2-1 表明督导是如何扮演每种角色的。

和管理职能一样，不同组织或同一组织不同层次管理者角色的侧重点也有所不同。管理者在对自己的角色诠释时，不同角色的时间分配以及各种角色的重要程度是不同的。通过训练和实践，督导管理者会学会高效率地完成任务。

不管督导管理者扮演了什么样的角色，他们的目标是一致的——提高产量、保证质量、降低成本、维护高品位，做员工的代言人，同时也是管理层的代表。尽管现在督导管理工作所必备的知识和技能比起 20 多年前大大增加了，但核心目标依然未变——维持良好的人际关系，保证产品或服务的数量和质量。

在同一家公司的两家饭店进行的一份对于督导管理者的调查证明了这一观点。一家饭店保留着传统的组织行为：督导管理者有权力督导管理，决定工作环境，计划工作和实施控制。在另一家饭店，取代督导管理者的是“团队顾问”，他们的工作重点在于推动工作，而不是传统意义上的指导工作。事实证明，无论是被称为督导管理者还是被称为群体建议员，“杰出的”和“一般的”督导管理者的行为表现出各自明显不同的特征。

“杰出的”督导管理者的特征如下所述。

(1) 自信、认真，无论对工作还是对下属都是负责的。

(2) 追求更高质量，目标明确，通过及时和准确的反馈来激励员工。

表 2-1　督导扮演的角色

角　色	内　容	例　子
人际关系角色		
团队象征	作为团队的象征，代表这个团队	接见部门的来访者 参加各种会议和典礼 代表公司参加社区活动
领导者	帮助团队成员实现组织和个人的目标	激励、鼓励、支持营销员 对绩效进行反馈 提高士气
联络者	维持团队和外界的联系	与其他部门的经理和督导管理者会面
信息传递角色		
监听信息者	搜集与团队或组织相关的各种有用信息	参加专业性的会议 了解即将出现的各种变化
信息发送者	向组织成员提供相关的合适信息	向营销员和其他人发送信息 复印部门经理的备忘录，并分发给大家
发言人	在上级面前代表员工，在员工面前代表上级 在其他团队面前代表本团队	代表部门出席每周的例会 对给员工带来负面影响的改革提出意见
决策制定角色		
企业家	处理问题 进行改革来改进团队	引进新设备 鼓励技术革新 促进员工的创新 承担风险
骚乱处理者	对出现的危机和问题做出反应	解决员工之间的冲突 抚平员工对于改革的抵触情绪
资源调配者	分配本团队的资源	制定预算 确定谁可以获得新的设备，谁要加班工作
谈判者	与员工、管理者和外部人员进行谈判	与难以对付的客户协商 与员工、其他部门、自己的部门经理和其他人就有利条件进行谈判

(3) 乐意与他人共享信息，即使组织系统并不需要。

(4) 专心致力于团队的工作，鼓励员工参与决策制定。

(5) 乐意共享技能和知识，将自己看作教练而不是监工。

(6) 从组织的发展而不是从小群体的角度理解什么是必要的。

(7) 积极适应变化和执行新决议。

在两个组织形态不同的饭店里被认为是“一般”的督导管理者也表现出了相同的特征，具体如下所述。

(1) 确定狭义的目标并制定更多的具体业绩标准。

(2) 较少顾及组织的整体目标，较多关注自己的小群体。

(3) 很少为群体提供信息或反馈。

(4) 缺乏弹性、动力，不乐于改变。

(5) 坚持集权控制，不乐于民主参与的管理。

2. 饭店督导管理者的角色

饭店或餐厅及任何其他类型饮食业的运营基本上都要依靠非管理人员的体力劳动。这类人员要做的工作包括烹调、照顾客人、调酒、洗盘子、迎送客人、清扫房间、运送行李和拖地。而其他行业的成功与否极少如此取决于计时工的表现。这些员工能制造产品、为顾客服务，也能把他们赶跑。

而这些员工生产的产品与服务质量的高低主要取决于管理的好坏。如果管理不善，产品和服务质量都会受影响，整个机构也会出现问题。饭店运营成功的关键掌握在管理这些员工的人的手里。

督导是对制造产品和提供服务的员工进行管理的人。督导要对被管理人员的产出，即产品和服务的质量与数量负责，同时也负责满足员工的需求，而且只有通过激励的手段才能使员工各尽其责，使产品和服务质量得到保障。当今的员工已与以前的员工大不一样。他们不再为了工资而自动效忠于管理人员。相反，他们只是赋予了督导领导他们的权力。督导通常是企业当中一个部门的经理，并负责该部门的工作。一个大型企业拥有多个级别的管理层。最高层的管理者负责管理属下的经理，后者则负责管理其他人员，以此类推，一直到一线督导。督导对包括计时工在内的员工进行管理。计时工之所以得名，是因为他们的报酬按小时计算。本书的重点就是讨论一线督导和部门经理的工作。

图 2-1 展示了一家大型饭店中典型的组织结构图。结构图体现了部门之间及部门内部的关系。一线人员(直接从事产品制造和提供服务的个人)和二线人员(辅助人员)图中都列了出来。例如，人力资源部或人事部及培训部会对一线部门(如餐饮部)提供多方面的指导，包括招聘和员工培训等。

组织结构图还可以显示不同层次的管理。权力和职责从顶端向下层传递。权力可解释为以做好工作为目的而做出必要决策、采取必要行动的权威和能力。职责指的是一个人必须履行某些特定责任与行为的义务。一线督导代表最低级别的权力和职责，而计时工则在他们管理下工作。

其他一些需要熟悉的组织方面的词汇还包括特例员工与非特例员工。计时工被称为非特例员工，他们得到最低工资保障，并且在非假日工作超时的部分有加班费。督导则被看作特例员工，即按时计酬法不适用于他们。

虽然在饭店业中，督导超时工作屡见不鲜，但加上小费和加班费后，计时工获得的收入可能要比他们的督导多。

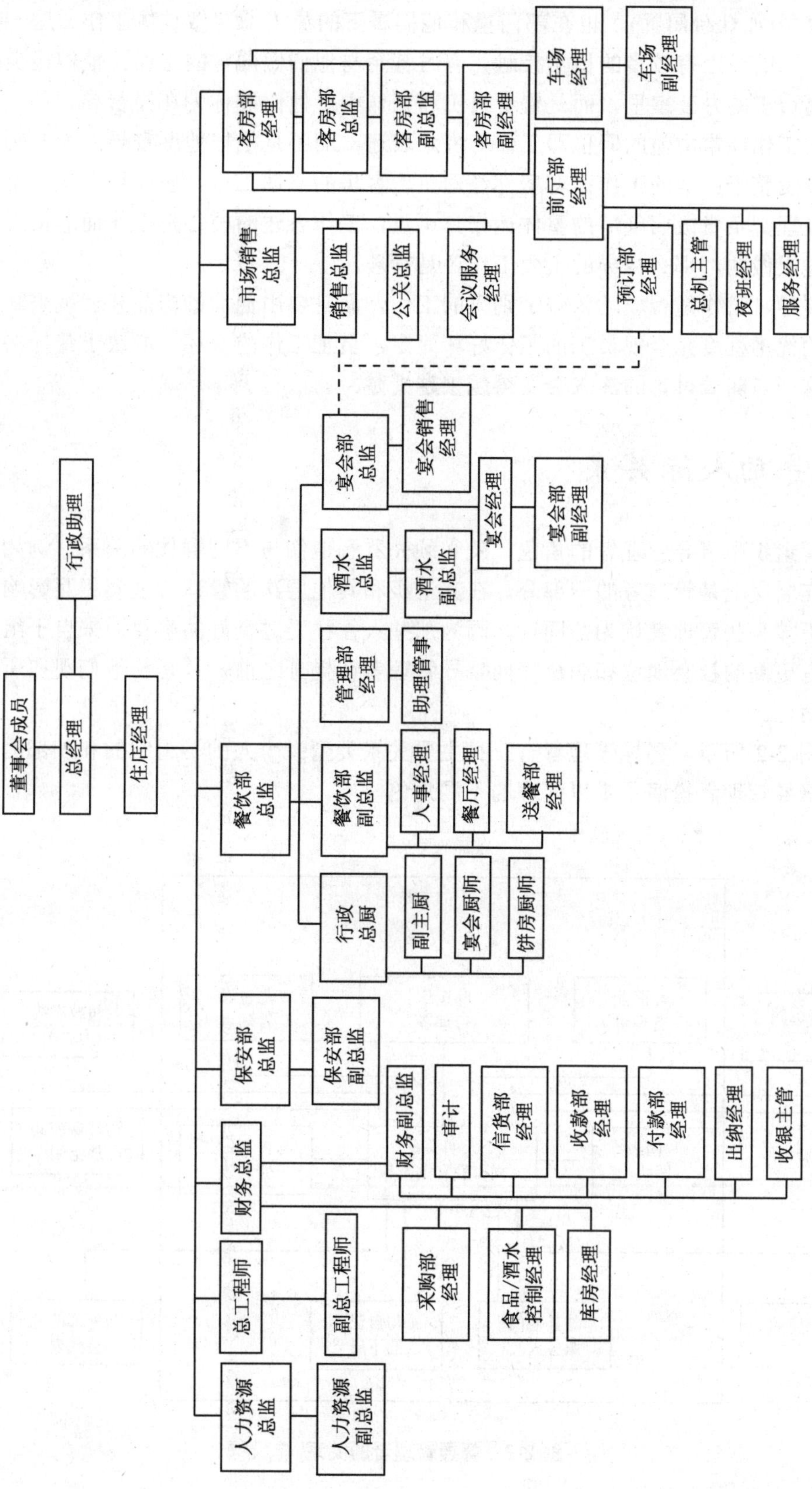

图 2-1　一家大型饭店的组织结构图

许多督导(如灶台厨师)，也在部门里和他们属下的员工一起做具体工作。这一类督导通常与手下的员工有较多的日常接触，有时甚至与他们做同样的工作。他们极少把自己关在远离员工的办公室里，而是置身员工和工作中。他们被称为在岗督导。

督导的工作通常由他的职位即工作范围来表述，而不是根据他所督导的人。例如：副厨师长负责整个厨房的工作；客房部经理负责客房的整理工作；餐厅经理或一个饮食连锁店的经理则负责饭店餐厅的整体运作。可见，工作表述的核心是工作而非员工。但既然工作是人做的，那么督导的主要工作还是管理。

作为督导，工作是否成功依赖于别人的工作，而且要由他们的产品和表现来衡量。督导工作的优劣程度完全视员工的工作好坏而定，员工工作的好坏又取决于督导如何管理他们。这一点随着讨论的深入会变得越来越清楚。

二、督导的人际关系

要了解组织中督导管理者的角色，就必须先看看他们与不同群体的关系。例如，督导管理者在名义上是管理者的一部分，在其上级和其他层次的管理者之间相互影响。但他们常常不被那些管理者认为是同行，因为那些人往往受过良好的教育，来自于组织的外部，拥有更高的社会地位和职位。而督导管理者在提升之前，只是和他们现在所管理的人同级而已。

正如图 2-2 所示，督导管理者有三种主要关系类型：个人的、组织的和外部的。这些关系使督导管理者扮演了难以处理的不同角色。

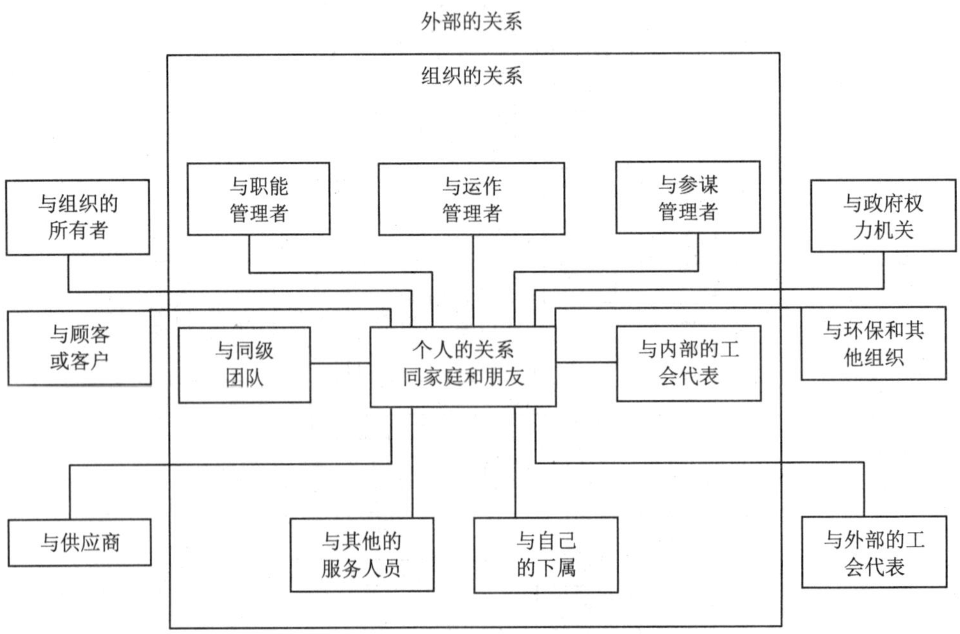

图 2-2　督导管理者的关系

1. 组织关系

在组织中，督导管理者有不同的甚至是经常冲突的关系。这些关系有三个走向：督导和员工之间，督导和同级管理者之间及督导和上级管理者之间(如图 2-3 所示)。

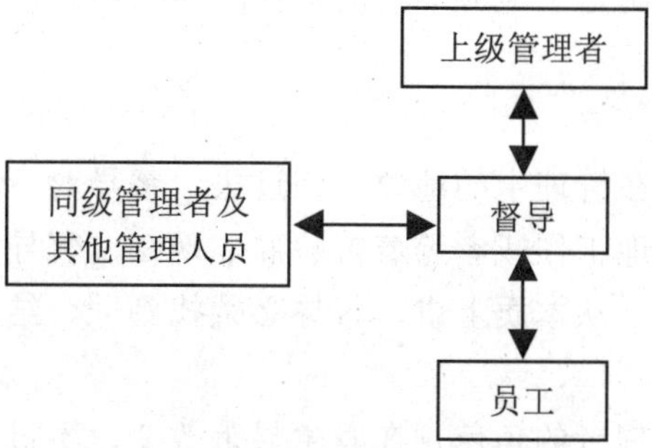

图 2-3 督导管理者的组织关系

(1) 督导与员工的关系。督导管理者必须接近自己的员工以及为其提供帮助的其他部门的员工。如图 2-2 所示，只要存在督导管理者帮助和指导非管理人员这种情况，就存在着管理者与员工的关系。这也显示了督导管理者的重要性。

(2) 督导与同级管理者以及其他管理人员之间的关系。在组织内，督导管理者存在两种基本的水平关系：和其他督导管理者以及和工会代表或其他员工代表的关系。督导管理者需要同级管理者和其他相同地位的人的帮助和支持，但一旦他们共同去争取某一更高层次的位置时，这种关系又会演变为竞争甚至是冲突关系。在有工会的组织中，员工选举一名工会代表(union steward)，代表他们处理与管理层的关系。尽管工会代表与督导管理者不是组织意义上的同级，但在法律意义上却是同级，且代表员工的利益。因此，督导管理者和工会代表的关系是竞争的甚至是相互对立的。这种关系对督导管理者提出了挑战，甚至是一种阻力。例如，督导管理者一般会激励员工提高生产率，而工会代表则会鼓励他们维持现有水平，以防止被裁员。

(3) 督导管理者与上级管理者的关系。督导管理者与上级管理者的关系同管理者与员工的关系正好相反。随着组织扁平化、组织再造、授权等类似的新管理方式的应用，这种关系正在不断升级。其他部门(如法律和科研部门)的经理会指导督导管理者应该做什么，职能经理比如人力资源经理会指导督导管理者如何处理特定行为。从这个意义上讲，督导管理者又成为其管理者的员工，并支持和完善他们的工作。

2. 外部关系

督导管理者必须处理来自外部的人际关系。那些必须服务和迎合的人包括企业所有者、顾客、供应商、更高层次的工会代表、政府权力机关和环境保护组织领导人等。这些关系对于督导管理者来说是非常难以处理且又很容易失败的，因为督导管理者要代表自己的组织，但又常常没有权力做出决定并加以实施。

三、督导在管理中的地位

督导在管理中的地位决定了他应承担的责任(义务)。

(一)督导的地位

现在让我们关注督导在管理中的地位。在过去，督导对下属员工有绝对的权威，在他们面前，员工或者有效地工作或者等着被解雇。现在，督导的概念不再是监督雇员，而是领导和训练一个团队。从本质上讲，督导必须找到一个结合点：既不会过于严苛，又不会成为上司的木偶。

专家们认为，督导管理者的角色正在发生显著改变，不过这一过程是循序渐进的。

现在督导管理者被认为是其下属和上层管理者的媒介(intermediary)或中间人，督导管理者身处团队之中，但在某种意义上他们既属于又不属于这个团队。督导管理者既要向上层管理者汇报，又要作为管理层的代表与雇员联系。督导管理者要传达上层管理者的决议，同时有权力对上层提出自己的建议。换言之，他们是介于员工和上层管理者之间的中间人。

当一个人开始监督别人的工作，他就已经逾越了一条与员工之间的分界线，迈到了管理的一方。在任何工作场所中都存在两种立场：员工的立场及管理方的立场。他们之间的界线非常清楚，没有模糊的边缘，也不存在灰色地带。成为督导之后，就肩负管理者的责任。因此，只有坚持管理方的立场，才能成功履行这些责任。

作为一名饭店业的督导管理者，必须对业主、顾客及员工尽义务，这就把督导置于一种承上启下的地位(见图 2-4)。对员工而言，督导代表着管理方、权力、指令、纪律、休假时间、提高收入及晋升。对业主和上级主管而言，督导是他们与员工和具体工作之间的纽带，督导代表着生产力、食品成本、劳动力成本、质量管理和客户服务，同时又代表着下属员工的需要和要求。对顾客而言，督导和员工代表着整个组织。如果食物好，代表着这是一家好餐厅。如果咖啡馆的门童和柜台服务员的服务质量上乘，这就是一家上乘的咖啡馆。不论督导的职责多么微不足道，他所面临的都是一项艰巨的任务。

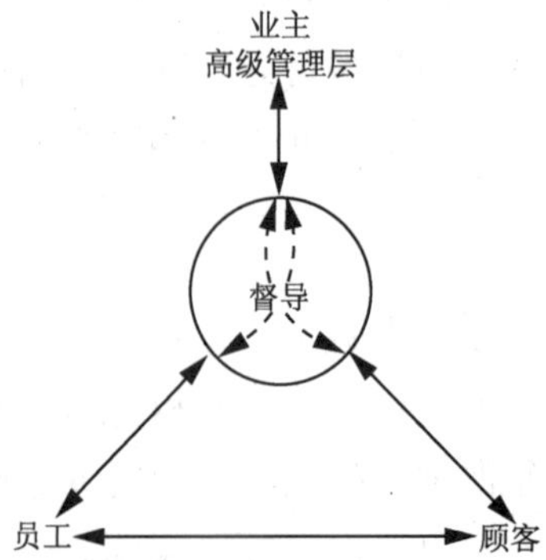

图 2-4　督导在管理中的地位

许多新上任的督导都是从员工的岗位上提拔起来的。突然之间，他们发觉自己要管理一些曾与之并肩工作过多年的人。他们曾经一起工作过，一起喝过啤酒，一起抱怨过公司，一起策划过如何少干点活。现在成为督导后，他发觉自己在界线分明的员工与管理方之间，站到了对面。也许他现在要执行的政策正是自己以前抱怨过的；也许不得不让全体下属节假日加班；也许不得不惩罚最好的朋友。跨过界线后，他会感到很孤独，而想回到朋友身边，回到以前的态度和立场上的诱惑是巨大的。

这就是所谓的“回飞棒式管理”，即又回到旧的起点，这是行不通的。督导必须坚持管理方的立场，必须负起责任，这方面不容许妥协。督导可以同情他的员工，倾听他们，理解他们，但他的决策必须从管理方的立场出发。这才是他的上级所期望的，同时也是他的员工所期望的。他们确实需要督导的管理。

(二)督导的义务

下面将进一步说明督导对业主、顾客和员工三部分的义务。

1. 对业主的义务

(1) 使企业赢利

督导对业主的首要义务是使企业赢利。业主冒风险投资，理所当然期望得到相应的回报。对业主而言，督导的主要职责是为这份回报做好分内的工作。这关系到督导的利益，也是他们聘用督导的原因。

(2) 维系企业的运营体系

业主还希望督导按他们的意图做事。如果他们告诉督导如何去做一件事，督导就有义务照他们说的去做，尽管督导知道有更好的方法。业主付给督导工资，是要督导按他们的方式做事。不论他们要求督导做任何事，只要这件事是合法的，且不违背道德，就有义务去做。

如果业主已经形成了一套完整的体系，他们是不希望督导对其做任何变动的。他们只是要督导监督它的运作。或许督导不赞成他们的制度，或许督导也认为他们在每个盘子里放的薯条太少，认为顾客应多得到一些，而顾客也有此想法，督导能在每一份里多加几根吗？不行！督导应让整个运营体系维持原状。督导只负责监督，以确保组织内的员工也遵守这一运营体系。

即使督导觉得有更好的做法，也不能擅自做出变动。他应该去找业主或是上级管理者，向他们说明自己的想法，然后才能共同决定是否需要做出任何变动。

有时业主并不告诉督导该如何做事。这种情况在餐饮业时有发生——他们雇了督导，安排了一个岗位，却不告诉督导该做什么。业主也许对督导有非常明确的要求，但至多只告诉一半。他们指望督导能了解他们的意图(他们也许只要求督导工作半天，可不告诉是哪半天)。督导必须自己找出答案——去问，把一切搞清楚。宗旨和程序是什么？督导有什么权力？督导有没有或者在哪一部分享有全权？既然督导必须按业主的方式来管理，就有义务弄清他们的想法，领会他们的意图。而且，由于督导与员工和顾客的日常接触比较频繁，督导同时还有义务把他们的要求汇报给业主。

假设督导受雇去管理某所医院的饮食。即使毫无利润可言，督导也有义务绝对遵守定好的制度，否则病人的健康就会受影响。病人的健康是医院的中心任务，而饮食是照顾好病人的基本要素。每份菜谱都要十分精确。每一粒盐都至关重要，每一个卫生步骤都举足轻重。没有权力做的事情绝不能做。

2. 对顾客的义务

除业主外，督导还要履行对顾客的义务。顾客是饭店或者餐厅存在的原因，也是饭店或餐厅利润的来源。他们可以选择光顾饭店，如果招待周到，他们会再来；反之，可能就再也见不到他们了。为顾客服务的重要性显而易见，然而劣质服务却非常普遍，这也是某些饭店经营失败的首要因素之一。造成许多顾客不再光顾的原因就是劣质服务或者是服务员对顾客的需要漠不关心。

请设想下面这个场景：经过长途旅行后，疲惫不堪的你到某饭店投宿。你告诉前台服务员你已经预定了房间。她查了一通电脑后说道："不，你没有预定。"你会有何感受？你窝了一肚子火，因为你知道自己确实预定了。"那，"你问道，"你们还有房间吗？""有，"她答道，"房间还有，不过你确实没有预定。"这时，你不仅一肚子火而且感觉自己不受欢迎。"那，"你说道，"能给我一间吗？"她让你(让你！)住了一间。当你气呼呼地开始拿行李时，她又说道(似乎是对一个做错了事的孩子)，"不过你确实没有预定！"你还会再去那家饭店吗？除非迫不得已。

很显然，那名前台服务员的督导没对她进行过顾客关系的培训。甚至于，她这种态度和行为极有可能来自于她的督导。作为一名督导，当手头有一大堆事情要处理时，你很容易去埋怨顾客太挑剔，太不可理喻，而且你时常觉得，要不是因为顾客，你早就事半功倍了。可你别忘了，要是没有顾客，你就没有工作可做了。作为督导，首先必须满足顾客的愿望和要求，这就意味着要培训你的员工，使他们也承担起这个义务。时刻记住，你的员工就是你的镜子。

在饭店或餐厅里，顾客接触到的通常是服务员。饭店客人见到的是前台服务员、侍者和餐厅里的服务员，还有他们每天早饭后必定看到的打扫房间的客房服务员。这些员工就代表着督导，体现着督导的管理，反映出整个组织的形象。督导有义务让顾客从员工那里得到承诺过的产品和服务，使他们满意而归。其次，督导应该亲临现场。顾客喜欢有经理作主的感觉，而且有督导在场或参与其中，员工会表现得更出色。

如果管理的是医院或疗养院的饮食，那督导就要对病人负责。督导有义务为他们提供医生规定的饮食。食物不仅要卫生、有营养，还应该色、香、味俱佳。因为如果病人胃口不好，肯定不利于康复。

对大多数住院病人来说，吃饭是生活中很重要的组成部分。他们整天躺在床上无事可干，于是，早餐、中饭和晚餐都成了大事。督导有义务让吃饭成为他们的享受，从而加速他们的康复。

如果管理的是学校餐厅，督导就要对学生负责。如果是军队的伙食，则要对国家负责。总之，不论在哪儿工作，督导都要对员工为消费者提供的产品和服务负责。

3. 对员工的义务

作为一名督导，也要履行对所管理的员工的义务。督导要负责为员工提供一个能有效提高他们的生产力的工作环境。这也是出于督导工作的需要，因为督导的成败直接取决于他们。督导是不可能自己承担所有工作的。

员工最看重的是督导对待他们的方式与态度。他们希望督导把自己看作独立的个体，希望督导倾听他们的意见，希望督导明确告诉他们对他们的要求并说明原因。要想使他们努力工作，就需要创造一种使他们感到自己被接纳、被认同，能够坦言相对，具有公平性、归属感的开诚布公的工作氛围。对当今的多数员工而言，以前那种强硬高压的管理方法已经不起作用了。创造一种能使他们心甘情愿为饭店付出的工作氛围不仅是督导对他们的义务，也是督导应该为自己做的。

工作环境是管理中最重要的方面之一。不良的工作氛围会导致员工流失率增高，生产力降低，质量控制变差，这些将最终导致顾客流失。这是饭店或餐厅中普遍存在的问题。业主可以轻易地把这些问题的原因归结为“现在这些员工的素质真差！”，从而把员工看作自己必须设法忍受的烦恼。这种说法也有一定的真实性，要让员工日复一日、年复一年地做好那些单调重复的工作确实不容易：在闷热的厨房里洗盘子；搬运沉重的行李；收拾脏盘子；擦洗同一块脏地板；整理同样的床铺；清洗同样的卫生间；整晚在同一个空荡荡的走廊里来回巡逻。

可事实上呢？由于督导所创造的工作氛围不同，两家从同一劳动力市场招聘员工的公司，其结果可能会有天壤之别。在多元化部门的运作中存在这种现象：总有一个部门的一贯表现要优于其他部门——它更干净，食品和劳动力的成本更低，顾客更满意。这些差别归功于管理者，因为是他创造了一种能让员工有最佳表现的工作氛围。

饭店业中有这样一种说法：“只要经理管理好员工，员工就会照管好顾客，而利润就不用你操心了。”作为一名督导，首先要关心的就是下属的员工。要想让员工全心全意为顾客服务，督导首先要全心全意为他们服务。因为督导对待他们的方式会反映在他们对待顾客的方式中。如果督导能以自己希望他们对待顾客的方式对待他们(细心、周到、尊敬等)，他们往往就能提供优质服务，这就能使顾客满意，从而增加回头客的比率，也会带来更多的生意和利润，从而又使业主满意。对多个公司的研究表明，重视员工价值(通过提供培训和奖励等)的公司通常拥有较高的顾客满意率和利润率。

第二节　有效督导必需的技能

如何做到有效的督导，督导又需要哪些技能和素养呢？

一、有效督导的技能

任何层次的管理都是一门艺术，而不是一门能对问题给出确切答案的科学。这是一门可以学会的艺术，无需天生具备某些特殊的才能或个性。事实上，对许多杰出的高层管理者的研究表明，无法找出一套成功的领导们都具备的相同特征。专家们得出结论，成功的领导者都有自己独特的领导风格。

不过，对各层次的管理来说，仍有某些管理技能是成功管理的基本条件：技术技能、人际关系技能、行政技能和概念技能。对基层管理者来说，技术技能与人际关系及行政技能尤为重要，因为他们主要与产品及产品的制造者打交道。概念技能也必不可少，但没有前三者那么重要。而对大型企业的高层管理者而言，至关重要的则是概念技能，其他三项则用得较少(见图 2-5)。

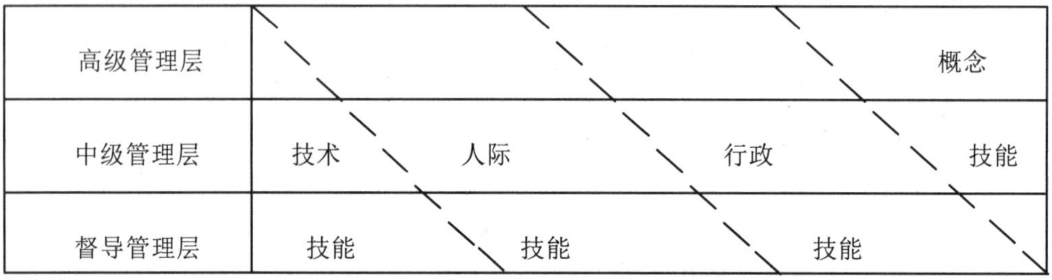

图 2-5　管理技能在不同管理层的相对重要性

这些技能可以通过学习、练习、实践、观察及对自身和他人的了解来掌握。我们将探讨它们如何用于餐饮和饭店业的督导当中。然后，我们还要补充成功管理所必需的第 5 项技能，某些能使你渡过难关并取得成功的个人素质。

1. 技术技能

技术技能(technical skill)亦即实际操作技能，是指能够理解和有效监督具体任务执行所必需的实践和技术能力。督导管理者应拥有足够的技术性技能以保证工作有效运转，而其他管理者应拥有充分的技术技能以保证组织的竞争能力。相对于高层管理者，技术技能对于督导管理者更为重要，毕竟督导管理者更接近实际工作，他们必须经常说明乃至演示，以让下属明白该如何完成工作，他们同时要能判断什么时间做更为合适。督导大约 1/3 的时间用于有关技术性技能的活动，比如电脑操作和信息管理技术等。

一名饭店督导所需要的实际操作技能就是完成下属员工干的工作所需的技能。督导也许没有员工们熟练，也许不会做蛋奶酥，也许不会操作饭店里的电话系统，但是，督导应该了解这些工作的内容并大体知道如何完成该项工作。这些知识对于挑选和培训员工，计划和安排本部门的工作及紧急情况下的应对都是必需的。尤为重要的是，督导拥有实际操作技能可以提高在员工中的可信度。因为当他们知道督导也能胜任他们所担负的工作时，他们要容易接受你、尊敬你。

如果督导做过普通员工，就可能已经掌握了所需的实际操作技能。许多督导是在管理员工的过程中学会这些技能的。在一些大型企业中，一部分督导必须和员工接受同样的技能培训。

2. 人际关系技能

人际关系技能(human relations skill)是指理解他人和有效合作的能力。这些技能对于领导职能的实现是很重要的，包括与员工交流，激励、领导、训练、授权和帮助员工以及与其他人打交道的技能。这些技能不仅对与个人相处很重要，对与群体共处乃至处理群体间关系都很重要。人际关系技能对于所有层次的管理者都是重要的，对于督导管理者尤其如此，因为他们有一半的时间在使用人际关系技能。

督导工作的核心是成功地与人打交道。做到这一点并非朝夕之功，但可以从以下几方面培养。

(1) 诚恳的态度

人际关系技能最重要的组成部分是对员工的态度。作为督导必须首先从理性和感性上认识到员工都是活生生的人。否则的话，如果认为他们只是生产机器中的部件，或者因为你是主管，他们靠擦地板谋生而看不起他们，他们就不会认真为你工作，或者干脆离开，他们不会让你成功。

督导需要与员工建立一种个人对个人的关系。用名字称呼他们，把他们作为平等的人来了解——他们的家庭，他们的兴趣爱好，等等。他们也必须把你看作普通人，这样他才不会怕你，才敢直视你的眼睛。如果督导的行为不只是像个主管，同时又有人情味的话，他们会更愿意听从你的指令，把工作干得更好。

(2) 敏锐的感觉

人际关系技能的第二个组成部分是敏锐的感觉，即感觉每个人的需要、感情、价值观和个性特点的能力。它能使你找到最能发掘每个人潜力的方法。作为一名督导，应该了解到：员工A的英语还不是太好；只要你的话稍微重了一点儿，员工B就会哭上半天；而员工C则需要你大发雷霆才会有所改进；如果员工D上班的时候阴沉着脸，一句话不说，那他肯定是遇上了不顺心的事，你最好想办法开导他，否则他的火就会发到顾客头上去。督导要学会从员工言谈举止的细微差别中，捕捉问题出现的前兆。

(3) 自我概念

人际关系技能的第三个组成部分是自我概念。作为督导，你知道你在员工眼中的形象吗？你应该了解别人怎么看待你的言行举止。例如，你也许出于对质量问题的关注而总是指出员工做得不好的地方。他们也许把你的话都看作批评，从而认为你是一个总爱给人挑错的人。如果你意识到自己的习惯和他们的反应，就可以改变自己纠正他们的方式，在指出错误的同时，也要表扬他们做得好的地方。

作为督导，还需要了解自己的感受、需求、价值观和个性特点，及这些因素对自己与员工打交道的方式的影响。如果督导和所属的员工认识问题的方式不同，沟通起来就会有困难。当处于同一工作任务中，而督导和员工各自有不同的需求和价值观时，就可能出现工作目标的不一致。以一件小事为例。因为你不吸烟，所以在午餐时间与员工 A 交谈时，你把饼干纸和糖纸都塞到烟灰缸里。A 则是一个有机会就抽烟的人，但他也不好说什么，因为你是他的主管。可他很着急，满脑子想的都是一会儿把烟灰和烟头放哪儿，因此他无法专心听你说话。如果你能察觉他的心情，就可以把自己的废纸扔到别的地方或者重新给他找个烟灰缸。

人际关系技能要在实践中培养。作为督导，必须努力把员工看作独特的个体，加强对自己和别人的认识，找出引起问题的个人品质与言行，并找到解决这些问题的方法。这也是灵活管理方式的一种体现——对员工、对自己及形势做出反应。这是一个持久的挑战，因为没有两个人的情况完全一样。人际关系技能的最终目的是要创造一种能使员工感到安全、自在，能对督导开诚布公，愿意为督导努力工作的工作氛围。

3. 行政技能

行政技能(administrative skill)指的是使管理者在履行管理职能的过程中，能够更加有效地利用其他技能的能力。这些技能包括制定和遵守政策及程序的能力，以及井然有序地处理书面文件的能力。通过将协调、秩序和运动引入工作任务，行政技能成为许多人“让事情发生”和“使事情结束”的能力的基础。这些技能类似于那些好学生们拥有的技能——组织有序，能够高效地完成工作。

4. 概念技能

概念技能(conceptual skill)是指以逻辑来获取、分析和预测信息的能力。管理者需要了解所处的环境和环境对于组织的影响，换句话说，管理者应该“看到森林”。高层管理者尤其需要很强的概念技能，因为变化对于他们比对于其他层次的管理者而言更重要。他们大约有 1/3 的时间是在使用概念技能。

概念技能的实质是把握全局，认清部分与整体的关系的宏观管理能力。这种能力在督导工作中不可缺少。督导也许需要安排好每一个部门的工作从而使各个部门间顺利运作。例如，使厨房与餐厅的工作协调起来。或者需要调整本部门的工作，使之与企业中的其他部门配合。再例如，饭店的前台工作人员必须每天发给客房部一份报告，说明哪些房间必须清扫。然后客房部才能通知清扫人员做好准备，清扫并整理好提到的房间。房间整理好后，清扫人员必须报告给客房部，让客房部来验收。通过之后，客房部必须发回给前台一份报告，说明提到的房间已经可以入住了。如果你是前台部的经理，就必须把这一过程看作一个整体，虽然前台关心的只是这一过程的最后环节——客房准备好了吗？但你必须了解到，前台只是一个不停运转的过程中的一部分。这一过程不仅涉及客房部和清扫人员，而且还包括洗衣部、供应部和仓储部等。督导应该了解到前台发出的例行报告对于整个过程、所有相关人员、顾客服务及企业成功与否的重要意义。

在一个所有人都干着同种工作的部门里，很少用到宏观管理技能。但随着督导担负的职责的复杂化，对宏观管理技能的需要也会增加。例如，一名饭店经理就随时需要使用宏观管理技能，因为他在负责饭店的工作同时还要负责生意上的运作。

请看一位新任餐厅经理遇到的事。有一晚生意很忙，一名女服务员过来对他说："没人收拾桌子。""别担心，"他说道，然后开始收拾桌子。另一名服务员过来对他说："厨房里的饭菜上得太慢了。""别着急，"他说，"我去后面帮他们做菜。"在他帮厨的时候，又有一名女服务员过来说："已经没有洗干净的盘子来摆台了。""别担心，我去洗盘子。"他说道。正当他在洗盘子的时候，又有一名女服务员过来说："没人收拾桌子了。"就这样周而复始——桌子、饭菜、碗碟，桌子、饭菜……就在这当口，业主走了进来，问道："你这是干什么呢？""我在忙着洗盘子、收拾桌子、做饭菜。今晚回家之前，我还得把垃圾倒了。"餐厅经理自豪地说。"你瞧瞧成什么样了！"业主喊道，"我雇你是来管理的，不是来收拾桌子、刷盘子、做饭菜的！"

那位经理未能宏观地看待整个局势，未能指挥员工，把他们安排到最缺人手的岗位上去。这些才是管理。督导像回飞棒一样，又回去亲自干活，因为那要比管理容易，也比宏观掌握全局更熟悉些。

这是从员工岗位上提升起来的督导爱犯的错误。只有当督导能宏观地看待形势，操纵全局，才能真正站到管理方这一边。

以上我们探讨的 4 种技能在很大程度上为主要的管理活动奠定了基础。例如：有效的时间管理需要概念技能和行政技能来排列行动的优先次序和处理必需的文字工作；成为一名高效率的培训者则需要技术技能或者了解其主题，并且还要具有人际关系技能来有效地同被培训者进行沟通；政治艺术则需要概念技能和人际关系技能来辨别各类行动的含义和建立战略性的关系。

总之，有效的督导管理需要所有的技能——概念、人际关系、行政和技术技能。不过，根据管理层次和外部环境的差异可以进行适当的搭配。

二、督导的个人素质和技能

1. 自我管理

除了管理别人，督导还必须能够管理自己。这种技能的培养可以通过增强意识及加强实践来实现。自我管理要求，不论面对的是什么，必须做到最好——把最好的一步迈出去；展现最优秀的一面；永远不乱阵脚。它要求督导树立一个好榜样，它要求督导自我约束。如果连自己都把握不好，就无法有效地指挥他人。它还要求督导有自控能力。并且，即使对自己上级的决策或行为持有不同意见，也要表示支持。

2. 积极的思维

自我管理还意味着要积极地思维。思维有两种不同模式：积极型思维和消极型思维。积极型思考者总是着眼于如何建设性地处理当前的问题，而消极型思考者总是把目光集中到问题的难点上，总想退缩。例如你是名督导，今晚负责洗盘子的员工突然请病假不能来了。如果你是名积极型思考者，你会查看一下工作安排，看有谁可以顶替，然后马上联系人。如果你是名消极型思考者，你就会想，没别的办法，只能用一次性盘子了，虽然你也知道那样会增加成本，而且饭菜放在里面也不太好看。督导必须努力学习做一名积极型思考者。如果自己犯了错误，不要自怨自艾，从错误中学习经验就可以了。谁都会犯错误，包括身居高位的领导者。内疚和焦虑会消耗你自己，而接受自己、相信自己则能增加你的能量。

3. 积极、乐观的情绪

作为督导，自己的情绪也会影响员工。这种情绪甚至可以蔓延到整个部门。员工对督导的观察比自己想的要仔细。他们能看出来督导心情很好或者是否刚和老板进行过一次令自己沮丧的谈话。要知道，员工需要的是一位能在工作中始终保持乐观、积极的情绪和态度的上司。

4. 良好的自我形象

督导必须树立一个强有力的、良好的自我形象。督导不仅负有对他人的义务，同时也负有对自己的义务。做了正确的事情时，应对自己有所赞许；犯了错误时，要面对错误，并改正错误，以利于以后的工作。督导需要清楚地了解自己，包括自己的强项和弱点，树立起自己在工作中的个人目标和价值观，了解自己的立场和以后的方向。

5. 给员工以合理的机会

除了相信自己有能力实现目标，督导也要相信，只要给员工以合理的机会，他们就会有出色的表现。督导还应认识到自己要负责员工的发展。这一点可以通过个别指导或提建议等方式做到。

6. 灵活性与创造性

督导另一种非常有用的个人素质是灵活性与创造性。一名缺乏灵活性的督导是不可能在饭店业干下去的。因为他不能对不断变化的形势与问题做出有效的反应，不能在特定的情况下运用相应的理论，不能在没有现成答案的情况下创造性地思考。督导也必须对行业中的变化做出反应。昨天的方法不能解决明天的问题。这些技能同样能够学会并进行实践，不需要天生具备这些技能。

7. 旺盛的精力

一名督导要求有非常旺盛的精力及在高压下工作的能力。饭店业中的时间压力有别于其他许多行业——上菜必须及时；客房必须在下一位客人来之前准备好。所以需要有旺盛的精力来应付这些压力。

8. 成熟的心态

需要反复权衡，考虑清楚，再决定做不做督导。下面三个问题是督导必须问自己的。

首先，这真是你想要做的吗？做一名饭店业(或其他任何行业)的督导确实能提供自己想在工作中找到的责任、挑战和自我实现吗？

其次，代价是什么？你也许会比普通员工挣的钱少——没有小费和加班费。工作时间长，周末别人在玩的时候，你得工作。责任没有止境，很容易有挫折感。你处于所有麻烦的中心，你的业主对你说："我要你降低食物成本和劳动力成本。我要你把这儿收拾干净。"你的员工说道："星期五晚上我不能来，那不是我分内的事儿。你另外找人吧，不然就再加点儿钱。"顾客们说："饭菜是冷的，服务太慢了，价格太高了。"你的家人说："你从不回家，我们从来没有机会一起出去玩。你从来没有时间辅导我们做功课。你上班的时候已经吃了一天了，怎么还让我们给你做点心？"你整天和人打交道，可干的是一份孤独的工作。

最后，值得付出这么多吗？工作本身令你感到满意和充实吗？作为一名专业人士又作为一名普通人，你能得到学习和成长的机会吗？这条路是你要走的吗？你是否有强烈的愿望想做一名饭店督导，从而愿意付出这样的代价？

如果你的回答是肯定的，那就准备付出吧，心甘情愿，无怨无悔，义无返顾。这一点也许是所有素质中最重要的——用一种成熟的心态决定什么是自己想要的，并坦然、乐观地接受这一决定所带来的令人不快的部分。或者就考虑清楚，权衡利弊，然后最终决定，这不是自己想走的路。

第三节　督导的心理品质

各行各业的从业人员，都具有各种与其行业相适应的、独特的心理品质，以调节支配自己的心理活动和行为方式。现代饭店业要求督导管理者具备良好的个性修养和职业道德，熟练掌握督导管理的本领，才能以自己优秀的心理品质出色地完成现代饭店督导管理工作。

一、督导的情感品质

情感(feeling)是人对客观现实事物的特殊反映形式，是人对客观事物是否符合自己的需要而产生的态度体验。能满足需要的事物会引起人的肯定情感；相反，不能满足需要或与人的意向相违背的事物会引起人的否定情感。情感是人所特有的，是由一定的对象所引起的。离开了客观事物，情感就不可能产生。实际上，情感就是个体对客观事物的一种好恶的心理倾向。

督导管理工作面临的客观事物是复杂多变的，因而督导管理者的情感体验也不同。例如，员工的不同个性特征、员工的需要和员工的服务质量等都会引起督导管理者不同的态度，产生不同的情感体验。而不同的情感体验会导致不同的督导行为，即导致积极的行为或消极的行为。丰富的情感是心理活动向深度和广度发展的必要条件，强烈而持久的积极情感可以推动督导进行有益于督导管理的各种活动。健康积极的情感品质主要通过以下几个方面表现出来。

1. 正确的情感倾向

人的情感的起因和指向反映了情感的倾向性。督导应该具有为繁荣饭店业、满足消费者需要的情感，并把这种积极的情感在督导管理工作和为消费者服务的实践活动中充分体现出来。

正确的情感倾向通过正确的道德感、美感和理智感表现出来。

(1) 道德感。道德感是人的言论、行动、思想和意图是否符合道德需要而产生的情感。道德感受社会生活条件和阶级的制约。

作为饭店业的督导应该以自己的祖国而自豪，并维护祖国的尊严，应具备对危害公共道德行为的憎恨感，对旅游事业的义务感、责任感和荣誉感，以及对员工和顾客的友谊感等。

督导应真诚为顾客服务，为顾客、员工和饭店的利益着想，对不顾国格、人格的行为和不良的情感倾向应该坚决反对和抵制。督导的责任感和荣誉感具体反映在对员工和顾客的尊重和体贴上，这种高级情感的深刻与稳定是督导不懈努力提高业务知识和管理技能的内在动力。在督导管理过程中，督导健康积极的情感自然会通过鲜明的面部表情、动作和声音等情绪反应而流露出来，以此表达自己对员工的友爱和关心，有效地感染员工，促进他们强烈的心理体验，从而引发他们积极肯定的情绪，产生良好的督导效果。

(2) 美感。美感是客观事物是否符合个人美的需要而产生的情感。美感与道德感一样，也受社会生活条件的制约，在不同的社会发展阶段、不同的社会制度、不同的文化背景以及不同的阶级中，人的审美标准及美的需要是不同的，因而对各种事物的美的体验也不同。

督导的正确的美感倾向通过他的衣着、举止谈吐、表情、态度等仪表风度给员工和顾客留下良好的第一印象。这些美感的外部表现与人的生活情调、思想修养密切相关。

督导的精神面貌应健康、振作，服饰应舒适、端庄，举止谈吐应亲切、文雅。但是人的仪表应当是心灵美的自然流露，内在美与外表美应协调统一。因此督导应该注重道德规范和品德修养，注重丰富自己的内心世界，提高思想素质，以期取得单纯的修饰所不能达到的效果。

(3) 理智感。理智感是人在对客观事物的认识过程中和智力活动过程中所产生的情感体验，它与人的求知欲、认识兴趣、解决问题的需要等满足与否相联系，正如列宁所说："没有'人的感情'，就从来没有也不可能有人对真理的追求。"缺乏情感的认识不可能将认识引向深入。理智感是在认识过程中产生和发展的，反过来推动人的认识进一步深入，成为人认识世界和改造世界的一种动力。

督导正确的理智感倾向应该是具有强烈的探索管理科学、钻研督导业务的求知欲，表现为热爱真理、厌弃偏见和迷信。

道德感、美感和理智感这三种高级的社会情感是在人们认识世界和改造世界的实践活动中交叉发展的，是人从事学习、工作和劳动的动力。如果督导的情感没有正确的目的倾向，把情感分散在偶然的客体上，并为偶然的原因而发生，就可能因为同员工之间发生的小矛盾而无原则地发怒，甚至爆发消极的情绪，影响饭店的正常运行。

2. 深厚而持久的积极情感

情感在人的心理活动和行为表现中的反映程度有所不同，有的人比较稳定持久，而有的人则短暂易变。一般来说，与人的理想、信念、期望有密切联系的情感是一种深厚的情感。深厚的情感可以起到积极的增强作用，并渗透到生活中的各个方面。

督导只有树立了坚定而远大的生活目标、理想和信念，才能产生对饭店督导工作深厚的积极情感，并把这种情感稳固而持久地维持在做好督导管理、提高服务质量的行动上。

应该指出的是，有的人情感的鼓舞力在实践活动中能发挥极大的作用，而有的人的情感却只是停留在“体验”上，很少体现在行动上，这就是情感的行为效应。督导应该努力把自己深厚而持久的积极情感和督导实践密切结合，给员工和顾客以愉快的、肯定的、积极的情感体验。而员工和顾客的积极情感反过来也会加深督导的深厚而持久的积极情感。

二、督导的意志品质

意志(will)是人为了达到一定的目的，自觉地组织自己的行动，并与克服困难相联系的心理过程。人的意志表现在：行动开始之前能善于做出决定，并选择恰当的行动方式；在行动开始之后能顽强克服行动过程中的种种困难，把行动坚持到底。

督导活动面临复杂的社会情境，督导的个体因素与复杂的客观因素之间往往会引起督导心理上的冲突。要正确解决各种心理冲突，服从督导活动的目标，有赖于督导坚强的意志品质。意志品质表现在意志活动过程中。

1. 意志的自觉性

意志的自觉性是指人在行动中有明确的目的性。如果一个人对于自己的观点、原则和愿望，及行动的目的、方式和步骤等都有明确的认识，坚信它们是正确和必要的，因而积极、主动地组织自己的行动，百折不挠地为实现既定目的而行动，那么，他就是一个有意志自觉性的人。

督导意志的自觉性首先表现在明确饭店管理和服务工作的社会意义，深刻意识到饭店服务质量与祖国和人民的荣誉以及社会风尚等息息相关。

其次，能不受外界影响独立支配自己的行动，排除各种干扰和诱惑，与影响其行动的消极因素与错误观点作斗争，在工作中，不依赖、不推诿、不避重就轻，自觉遵守组织纪律，独立完成督导工作任务。

最后，督导应能正确地认识自己，虚心倾听别人的意见，并敢于坚持真理、修正错误。工作中不惧艰险，不怨天尤人，处处时时信心百倍。而不具备意志自觉性的督导往往容易受他人的暗示及外界因素的引诱和干扰，放弃原定的努力方向，做出与愿望相违背的事。

2. 意志的果断性

意志的果断性是指善于明辨是非、当机立断、毫不犹豫地做出决定的能力。具有果断性品质的人，善于对客观问题进行分析、判断，迅速而正确地做出行动的决定。意志的果断性是以意志的自觉性为前提的。

饭店督导工作复杂而繁琐，经常要与各种不同类型的员工和顾客打交道，同时还要与同级管理者、其他管理人员、上级管理者，以及来自外部的政府机关、供应商等沟通，各种矛盾在所难免。因此，明辨真伪、当机立断，迅速而合理地处理问题，一旦条件许可便毫不犹豫地采取行动，是督导意志品质的重要方面。此外，督导意志的果断性还表现在一旦情况发生变化时，能立即停止或改变已经执行的决定，或等待时机重新做出决定。相反，不具备意志果断性的督导遇事往往举棋不定，患得患失。如果情况紧急，则更是惶惶然不知所措，徒然在犹豫不决中耗费时间，或者不经思考，草率决定，鲁莽行事。

3. 意志的坚韧性

意志的坚韧性也就是毅力，表现为一个人能够不畏艰险、不怕挫折，坚决地去完成规定的活动或任务，体现出锲而不舍、一往直前的品质。坚韧性是与对自己行动的目的、意义以及社会价值的深刻认识密切联系的。

饭店督导工作与其他形式的工作相比，工作时间长，没有规律、固定的工作时间，是非常繁重的劳动。面对一系列饭店督导管理工作程序，如果没有充沛的精力与意志的坚韧性是难以做到的。缺乏毅力的督导，尽管思想上也愿意搞好督导管理工作，但这种主观愿望常常难以实现，或虎头蛇尾，或有始无终，使事情半途而废。

4. 意志的自制性

意志的自制性就是善于控制和支配自己行动的能力。一个有自制性的人善于自己去执行已做出的决定，并战胜徘徊、犹豫、恐惧、羞怯、懒惰等对执行决定有妨碍的一切因素，善于抑制行动过程中可能出现的消极情绪和冲动行为。

在饭店督导管理情境中，员工和顾客的需要、气质与性格各不相同，产生的行为表现也各不相同。面对员工或顾客提出的一些不易解决的问题，甚至是不合理的要求，督导的自制力和忍耐性显得格外重要。在这种情况下，督导应以平静、耐心的态度向员工或顾客说服和解释，以期得到员工或顾客的理解和赞同。如果因不能做到这一点而流露出不耐烦的情绪或和员工或顾客争吵，必然会影响饭店的正常运作，有损饭店的形象。

饭店督导管理实践证明，督导的情绪状态对督导管理工作有很大的影响。督导的情绪不可避免地受到各种主客观消极因素的影响。因此，督导应该有较强的自制力，在紧急情况下沉着冷静，不感情用事，自觉调节和控制自己的言论和行动，保持心平气和、热情耐心。督导意志的自制性不仅对员工和顾客产生极其明显的心理影响，并能抑制员工和顾客某些消极情绪的爆发。

督导的意志品质的培养应从以下两个方面入手。

首先，要树立正确的世界观和崇高的理想，才能对自己提出培养意志品质的要求。

其次，长期自觉地在督导管理实践活动和其他实践活动中努力不懈地锻炼自己，处处要求自己说到做到，尽最大努力去完成所承担的任务。相反，一次又一次地以种种借口原谅自己，不去完成既定的任务，只会使自己的意志越来越薄弱。

三、督导的能力品质

能力(ability)，是人顺利完成某种活动所必须具备的最基本的心理特征，是个性心理特征的一个重要方面。例如，作家的语言表达力、科学家的周密思考力、画家的视觉记忆力、工程师的技术想象力、音乐家的音乐听觉力等，都是他们顺利完成所从事的相应活动所必需的最基本的心理特征。

作为一名称职的饭店督导，单凭一种能力是不够的。督导管理工作要求督导必须具备各种能力。

饭店督导工作内容的复杂性和特殊性决定了要求督导能力结构的复杂性和特殊性。督导除了应具备熟练的技能，还要求具备饭店管理和服务所需要的观察能力、注意能力、判断能力、记忆能力、思维能力、想象能力和表达能力等心理品质，其中观察能力、注意能力和表达能力尤其重要。

1. 观察能力

观察，是对某种事物有目的、有计划、有步骤的知觉，是知觉的高级形态。观察能力是指能发现事物典型特征的能力。督导要有通过员工和顾客的外部表现来了解他们的心理活动和个性特征及其需要的观察能力。

具有敏锐观察能力的督导，不仅能够从员工和顾客的言谈举止、面部表情准确地判断他们的需要和意图，还能够由此了解他们的兴趣指向和气质特点。气质可以影响人的情感和行为，饭店督导管理者也要注意针对不同气质类型的员工，采用不同的管理方法。胆汁质的人易于冲动，脾气暴躁且难自制。同他们交流，就应该冷静理智，努力使他们心平气和，如果一开始就形成剑拔弩张之势就很难收场了。多血质的人反应敏捷，活泼多变，但有时较为轻浮，似乎什么也无所谓。对他们不妨敲一下警钟，如果随便打个哈哈，他可能根本不会往心里去。粘液质的人外柔内刚，情绪含而不露，有话爱闷在肚子里。对他们有时不妨稍微刺激一下，使他们倾吐心头之急。抑郁质的人敏感多疑，自尊心极强，你若稍有损害他的自尊或委屈了他，他就可能从此对你闭上心灵的窗扉。然而，正因为他们羞怯内向、不善言谈，所以当你能处处表现出对他们的理解和尊重时，他们就会把你当成难得的知己，你的话就可能具有极大的说服力。

要想从观察中有所收获，需具备以下几个条件：第一是要具有了解员工和顾客需要的强烈兴趣，怀有强烈的兴趣就能观察到许多细节；第二是要具有高度集中的注意力，只有注意力稳定集中才能观察到自己所需要的东西；第三是要进行积极的思维活动，一面观察，一面思考；第四是要具有稳定而愉快的情绪状态，以及摒除臆造的错觉等。而观察技术是从督导实践中锻炼和培养得来的，具体可以从以下几个方面着手。

(1) 制定明确的观察任务，做到心中有数，以免临场失策，坐失良机。

(2) 从不同角度去观察。苏东坡登庐山时曾写过这样一首诗：“横看成岭侧成峰，远近高低各不同，不识庐山真面目，只缘身在此山中。”说明只有从不同的角度全面地去观察，才能了解和掌握事物的本来面目。

(3) 注意观察细节。人的心理活动是不易观察的，这主要是因为人的心理活动具有隐蔽、主动和灵活的特点。这正如美国大文学家马克·吐温所说：“每一个人像是一轮明月，他呈现光辉的一面，但另有黑暗的一面从来不给别人看到。”因此，善于察颜观色，注意员工和顾客的动作、表情和言谈上的细节以及细微变化对督导来说极为重要。

(4) 观察前要有一定的知识准备。督导管理实践证明，观察的成功主要依赖于具备一定的知识和经验。督导的知识经验可以帮助他了解员工和顾客心理现象与行为产生的原因，及迅速准确地对观察到的材料进行分析综合，做出正确判断。

2. 注意能力

注意，是心理活动对一定对象的指向和集中。注意是人的一种意向活动，它使人的认识活动和行动有一定的方向，以保证这样的认识活动和行动得以有效地进行。

督导在管理过程中，不仅要同员工打交道，还要同饭店内外的有关人员打交道。为此，督导不但要有稳定的注意能力，同时还应尽量扩大注意的广度，以及具备分配注意的能力。比如在一个餐厅中，有数名员工在服务，同时还有几十名甚至几百名顾客，督导必须把握住每个员工甚至每一位顾客，因此，没有广泛的注意能力以及分配注意的能力是做不到的。同时，督导还要根据管理活动的安排及时转移自己的注意对象，避免顾此失彼，使督导管理活动有条不紊。

督导培养良好的注意品质主要从以下几个方面入手。

(1) 培养对饭店管理和服务工作的兴趣，因为任何注意都依赖于兴趣。厌恶督导工作的督导是不可能注意督导活动的对象的。

(2) 做注意的主人，不能做注意的奴隶。培养自己把注意集中到所需要注意的客体上去的能力。

(3) 同分心做斗争，有意识地锻炼自己注意的稳定性。

3. 表达能力

督导的表达能力是指督导在与员工或顾客打交道时运用言语、表情传递有关信息的能力。

在心理学里，语言和言语是两个概念。语言是社会生活的客观现象，是人类交际的工具；言语则是心理现象，是人们进行交际的一种特殊形式，是一个人运用某种语言进行思考，并用以表达思想情感和影响别人的心理活动过程。在督导活动中，督导的各种心理品质主要是以言语体现出来的，督导活动过程也主要是和员工或顾客言语交往的过程。因此，具备较好的言语表达能力是做好督导管理工作的关键因素。

督导良好的言语表达能力有助于创造和谐的工作氛围，促进督导与员工或顾客的互动。文明礼貌、真挚和善的言语能引起员工发自内心的好感；明确、简洁、适当、中肯的言语能增强员工或顾客的信任感；富于情感、生动形象的言语能激发员工或顾客的兴趣感；适应对象、灵活变换的言语，能给员工或顾客以亲切感。

督导的言语应该是文明的。言语是人际交往中最敏感的刺激物，督导的言语应是艺术性的言语，应该做到文明礼貌，讲究语言美。

督导的言语应该具有针对性。督导应针对不同个性的员工或顾客运用不同的言语表达方式。

督导的言语应该是生动的。生动、活泼的言语必然会引人入胜，而呆板、生硬的言语表达听起来索然无味，必然会使员工或顾客在心理上产生厌烦的情绪体验。

督导的言语应幽默风趣。由于寻求愉快是正常人的心理需求，而幽默风趣的言语可以使员工或顾客产生愉快的情绪体验。幽默感既是一种美感，也是一种理智感。英国心理学家策动心理学学派的创始人麦独孤(W. McDougall)认为幽默是人的一种本能，这种本能使人以快乐的态度处理事情，即使在失意的时候也能自慰，一笑了之。员工或顾客愉快的笑，是一种增力的情绪体验，有益于身心健康。

心理学的研究表明，一个人的言语表达能力与其家庭环境、受教育程度、气质、性格、兴趣和需要有关。督导要想提高自己的言语表达能力，应该从以下几个方面着手。

(1) 主动借鉴他人。通过和各种人积极交往，从中学习、借鉴他人的言语表达能力，以提高自己的言语表达能力。

(2) 学习并掌握丰富的词汇。因为词是言语的意义单位，词汇越丰富、越多样，言语也就越丰富、越发展。然而丰富的词汇只有通过学习才能获得。

(3) 讲话前做好准备工作。这样可使表达的内容思路清晰，避免临场“卡壳”或信口开河。

(4) 讲话时要充满信心，满腔热情。同时要注意员工或顾客的反应，即运用“反馈”信息，不断校正自己的讲话。

督导良好的言语表达能力，总是与督导的记忆能力、思维能力以及想象能力联系在一起的。只有使各种能力得到综合发展，才能有助于言语表达能力的提高。例如：记忆能力强的督导，在需要的时候能迅速地运用词汇，既敏捷又准确地向员工传递信息；思维能力强的督导思路深刻而宽广，灵活而富有逻辑性，他的论说自然有条有理，而且言之有据，持之成理，令人信服；想象能力强的督导言语表达富于感染力，可以引起员工或顾客的有益联想，增强言语的感染力。

第四节 督导的来源和面临的挑战

一、督导的来源

每年数十万的非管理层人员成为督导管理者或其他管理者。教师成为校长，服务员成为主管，护士成为护士长，售货员成为销售主管，训练有素的操作员或技术人员成为督导管理者。大多数督导管理者是从现有雇员中升迁的。

内部升迁有三个优势。第一，内部候选人了解组织和组织文化。而且，如果在原有部门中升迁，他会很清楚需要完成的工作，了解全体职员和同级的督导管理者，甚至包括未来的上司。第二，督导管理者可以拥有第一手员工绩效记录，可以以此作为成功的基点。第三，作为一种奖励，内部提拔能够激励那些有志于从事管理工作和表现其管理才华的员工。

遗憾的是，组织在选拔督导管理者时，通常会犯两个严重的错误。一是挑选目前业绩最好的业务人员。尽管这很容易联想——最好的业务人员可能会拥有出色的技术性技能，但是作为一个督导管理者，技术性技能并不是实现有效管理的唯一技能，其他技能(尤其是人际关系技能)同样重要。另外，出色的技术人员可能会有不切实际的期望，对业绩较差的人没有足够的耐心。而且，由于他们在过往位置上的出色表现，可能无法走出以前工作的影子，他们会继续做具体的业务工作，而忽视了自己的本职——督导工作。

案例

丹尼曾计划与一家大型纸厂负责维护的督导管理者会谈。督导的秘书告诉丹尼由于机器故障他会迟到一会儿。大约一小时后，他走进办公室，袖子高挽着，手上满是油，“对不起，我迟到了，等我先洗一下手。”他说。丹尼从这位督导管理者的下属那里知道，几乎每次机器故障都是他的“主要工作”。他事无巨细，坚持任何事情都要通知他，并常常越俎代庖做技术人员的工作，尤其是有挑战性的那些工作。他的下属很少有机会提高自己的技术性技能，当然也就没有动力。正如一位工作人员所说“我们工作得最好的时候是他(督导管理者)离开的时候，比如他正在休假。”

组织通常会犯的另一个严重错误是雇员在升迁为督导管理者时准备不足。遗憾的是，常常能听到督导管理者提及升迁是这样一个过程——“星期五下班时，我是一名服务员，几乎没有任何的培训和预示，周一早晨我得知自己已经是一名领班了。”理想的情况是，在确认督导管理职位的候选人时，组织应该慎重。一旦选拔出来，就应帮助新的督导管理者适应角色的转变。在正式任命之前，可以确定候选督导管理者，召集并培训他们。制造业公司常常用“确立”这个词来描述这个过程。这样，一旦被“确立”就意味着有可能被最终提拔为督导管理者。在现任督导由于生病或者休假离任时，他们可以暂时填充这个位置或者可以专设另一个“领导职位”，让其实际承担一些督导管理者的责任。

可喜的是，在确定候选督导管理者和通过恰当的培训帮助他们成功完成转变方面，现在组织已经做得更好。本书的主题是讨论那些无论是对于未来的督导管理者、新督导管理者还是有经验的督导管理者而言，都很重要的一些技能。对那些还不是督导管理者的人来说，掌握本书介绍的技能毫无疑问将有助于其成为一名合格的督导管理者。

二、督导面临的挑战

如前所述，现在的督导管理者必须准备去适应那些会挑战其工作的新趋势。这些重大趋势有：①更加多样化的劳动力；②强调团队绩效；③面临技术爆炸时代；④适应职业和产业的变迁；⑤迎接全球化挑战；⑥提高质量和生产率；⑦改进道德修养和社会行为。

(一)面对更加多样化的劳动力

多样性(diversity)指的是区分员工的特征，比如性别、年龄、民族、人种以及其他因素。历史上劳动力从来没有像现在这样多样化，而且这种趋势会持续下去。我们将重点主要集中于性别、人种、民族和年龄的多样化趋势。

尽管男性和女性劳动力以基本相同的速度进入劳动力市场，但男性劳动力却以较快的速度退出。这样，同少数民族雇员一样，女性将更多地进入以往由男性控制的职业领域，包括督导管理层和更高层次的管理职位。

女性的机遇依然明显受到某种限制，因为很多组织中似乎都有一个“玻璃顶棚”(glass ceiling)。所谓的“玻璃顶棚”是一些无形的壁垒，它们阻碍着女性进入组织的更高管理层。因此，督导管理者应该像对待其他所有员工一样，设计各种方案来吸引、发展女性和少数民族职员，为他们提供充分的成长空间。

随着劳动力在性别、人种和民族结构上的变化，劳动力人口也在老化。以美国为例，1986 年 45 岁以上的人群占全部劳动力的 28%，而到了 2006 年，这个群体的数量超过 1000 万，占全部劳动力的 39%。

与数十年前管理相对同一化的劳动群体相比，现在要有效地管理如此多样化的群体需要督导管理者拥有更好的督导技能。

(二)强调团队绩效

当组织试图使员工自动运作时，对督导的需要就变少了。授权(empowerment)的结果是增加了督导管理者同团队的协作。这些团队致力于改进工作以促进各项工作顺利运作，并有效地完成目标。

当督导管理者与团队协作时，角色也就发生了改变。督导不再是“老板”，相反，他们成为领导者、推动者或团队顾问(team advisor)。团队成员在成本和质量控制上分担团队的责任，并促进产品或服务的交付。因此，督导管理者必须为他们的团队提供更多的培训，以便更有效地管理生产过程。

(三)面临技术爆炸

大多数的美国劳动者以创造、加工、利用和分配信息为生。计算机的革命也没有任何迹象表明会减缓，当计算机和其他技术的不断革新取代了数以千计的掌握各种技能的工人时，新的机遇向那些拥有必要的教育和培训背景及品质的人敞开怀抱。反过来，那些只拥有传统技能的员工正在被淘汰。

以计算机为基础的信息技术使组织运转产生革命性的变革，深刻影响了组织执行任务、服务顾客、督导员工等行为。

注意：越来越多的督导管理者能够熟练使用 Word 和 Excel 等软件，并使用 E-mail 与上司、下属以及组织内其他人联系。

技术爆炸对于督导管理者的最主要影响是需要跟上那些可能提高效率的变革，改进员工培训，并使他们消除对变化的抵触情绪。变革会带来不确定，而大多数人都会抵制不确定的东西，所以消除员工对于技术变革的抵制情绪成为督导管理者的工作中日益重要的组成部分。

(四)适应职业和产业变迁

前面提到的技术革新以及随之而来的文化和市场变化共同作用，其结果是职业和产业的变迁。首先，传统产业的重要性不断下降，服务、营销等与人打交道的产业日渐繁荣。

同这些产业变迁相适应，许多组织实现了组织革新(reinvention)，其规模、组织结构和市场都发生了显著变化。许多大公司还进行了流程再造(reengineering)。所谓流程再造，是指重新考虑和重新设计过程以显著地改进对于成本、质量、服务和速度的控制。一个普遍的流程再造的思路是提问："如果启动这个职位，那么在控制成本，提高质量、服务或速度上和以前有什么不同？应该彻底削减掉什么？怎样做才能方便顾客？"不仅是制造业公司在进行流程再造，许多服务性公司也如此。

以上这些同另外一些行为促使了另一个趋势——组织扁平化(downsizing)的出现。它的含义是一个组织通过减少劳动力数量，整合部门及团队，达到更节约、更有效的目的。

最有名气的一些公司，如美国运通(American Express)、塔克·贝尔(Taco Bell)、通用汽车、IBM 和西尔斯公司(Sears)都曾彻底改造和再造过。结果往往是削减了 10%～20%的职位，尤其是管理层的职位。这意味着一线工人和督导管理者必须处理更多的工作，拥有更具创造力的思维以及承担更多责任。因此组织扁平化需要他们更加努力地工作，因而也面临着更大的压力。

由于组织努力降低由于雇用大量劳动力所带来的成本，临时雇员的数目将迅速上升。当临时人员加入正式人员的团队时，督导管理者将面临大量的挑战。正式人员往往认为临时人员的存在减少了他们的加班费和佣金，妨碍他们拿到更高的薪水，而临时人员由于工作时间只有短短几天、几周或数月，也缺少融入团队的兴趣。

(五)迎接全球化的挑战

随着全球化趋势的加剧，那些有志于督导管理工作的人需要理解他们将在全球一体化的市场环境中工作。事实上，我们估计未来将有一半以上的大学毕业生从事各种各样的国际性工作，并且一些产品如汽车、电影或电脑的出口和金融信息及其他服务的出口将会加速增长。

以美国为例。AT&T 公司是一个出口服务的案例，它的目标是成为全球主要的电信服务供应商。1998 年，AT&T 兼并了英国电信，而且从此与日本电信和加拿大的电信巨头 Rogers Cantel Mobile 公司强强联手。

还以美国为例。全球化挑战的后果之一是大量的本地公司，如 Magnavox、Wilson Sporting Goods、Uniroyal 以及 B.F.Goodrich 等被海外控股。所有权的变化导致企业文化以及管理风格的迥异，尤其体现在督导管理层上。

美国的制造业也延伸到墨西哥、南美、亚洲和其他劳动力价格低廉、生产率高的具有竞争优势的国家。当督导管理者到那些地区管理当地的雇员，或本国公司被外国公司兼并时，督导管理者必须学会适应文化的差异性和不同以往的风格。

(六)提高质量和生产率

在过去的数十年间，没有什么组织主题比对质量和生产率提高的探求更为深入。其中一个表现是在过去 10 年中，有超过 200 本关于质量控制方面的书籍问世。这种兴趣的背后是全球竞争的压力。

现在被广泛接受的质量理论——全面质量管理(TQM)，反映了通过不断改进组织的各个过程来满足顾客需要的全面的管理方式。几乎所有的大型公司都采用了 TQM，其重要性不仅在于设计和生产的过程，还包括营销、采购、人力资源管理和其他方面。督导管理者作为管理层与员工联系的纽带，在组织质量管理中起着重要作用。督导管理者的挑战在于如何寻求更好的方法使员工努力提高质量。

生产率的提高和质量提高同样重要。生产率是指一定量的产出所需要的投入，由于生产率是劳动力和生产过程中效率的基本衡量标准，故让下属工作得更有效率，成为督导管理者面对的挑战。

(七)加强伦理道德，规范社会行为

如今的督导管理者正面对着不断升级的伦理困境(ethical dilemma)，也就是说，他们并不知道什么是正确的行为。因此，督导管理者必须同时为自己和下属定义“正确”和“错误”。在 21 世纪，这些伦理问题将变得日益困难。而且，公司处于政府、媒体和社会的压力之下，企业行为必须令社会各方面满意并为社会各方所接受。

复习自测题

1. 解释下列概念：

(1)督导的角色；(2)技术技能；(3)人际技能；(4)行政技能；(5)概念技能；(6)组织扁平化。

2. 为什么说“现在督导管理者被认为是其下属和上层管理者的媒介或中间人”？

3. 简要叙述督导对业主、顾客及员工的义务。这三者中哪一个最重要？为什么？

4. 说出管理需要的 4 种技能。作为督导管理者，如果其中有一项能力不足，那么他是否能够有效地完成自己的工作，并解释其原因。

5. 督导需要哪些人际关系技能？为什么需要这些技能？

6. 举例说明督导所需要的个人素质和技能。

7. 当前，督导管理者面临哪些挑战？它们是如何影响督导管理者的？

第三章　计划与时间管理

【学习目标】

学完本章，应该能够：掌握计划的概念；了解制定计划的基本步骤；熟悉计划的层次和类型；掌握有效管理时间的方法。

【关键词】

计划(plan)
常规计划(standing plan)
单一用途计划(single-use plan)
权变计划(contingency planning)
时间管理(time management)
时间管理矩阵(time management matrix)

计划是基本的管理职能之一。督导管理者制定的计划，无论是日常的还是更具体的，都是其工作的固定部分。

在这一章，我们首先明确计划的概念，解释制定计划的步骤。接着，介绍计划的层次和类型。最后，讨论有效管理时间的一些方法。

第一节 计划

下面对计划的概念以及制定计划的步骤加以讨论。

一、计划的概念

计划(plan)是指为组织积极选择未来行动方向以及决定达到既定目标的方式。正如第一章所述，计划是基本的管理职能之一，任何管理学教材不管列举了4个还是40个职能或活动，计划通常名列榜首。

计划位居第一的原因是它为其他职能和活动，比如组织、人员管理、指挥、协调、控制等提供了基础。首先要有一个计划，才能知道自己的目标和行动方法——怎样组织和管理人员，怎样指挥和协调，怎样控制。计划确定目标和方向以及未来的行动方案。

美国管理学家斯蒂芬·P.罗宾斯曾说：“计划即‘定义组织的目标；制定全局战略以实现这些目标；开发一个全面的分层计划体系以综合和协调各种活动。’计划工作是在现有位置和目标位置之间铺路搭桥。”计划使那些本来不会发生的事件可能发生。尽管很少能准确地预测将来，在控制之外的各种因素也可能干扰拟定得很好的计划，但是如果不做计划，许多事情就只能放任自流。计划工作是一种需要运用智力的过程，要求有意识地确定行动方针，根据目标和知识并反复考虑来做出决策。

具体来说，关于计划工作的概念，可用“5W1H”来表示。

(1) What(做什么)，即明确所要进行的活动内容及要求。例如，工业企业生产计划主要是确定生产的品种、质量、数量和生产进度，在保证按期、按质、按量完成订货合同的前提下，使生产能力尽可能得到充分的利用。

(2) Why(为什么做)，即明确计划工作的原因和目的，并论证可行性。

(3) When(何时做)，即规定计划中各项工作的开始和完成时间，以便进行有效控制以及对能力和资源进行平衡。

(4) Where(何地做)，即规定计划实施的地点或场所，知晓计划实施的环境条件和限制，从而合理地安排计划实施的空间。

(5) Who(谁去做)，即规定计划工作任务由哪些部门和人员负责，哪些部门协助，哪些部门和人员参加鉴定和审核等。

(6) How(怎样做)，即制定实现计划的措施以及相应的政策和规则，对资源进行合理有效的利用，以达到计划的目标。

过去，管理革命的一个重要方面是，各种形式的组织，如工商企业、政府机构、教育系统还有其他一些组织都对计划工作产生了巨大的兴趣。但请注意，对计划工作具有高度的兴趣只是近几年来才出现的现象——虽然在工厂经营方面，强调生产计划工作已有许多年了。生产主管人员早就发现，如果没有计划工作，几天之内就会出现差错，例如，生产线会因为零件不合适或缺乏必要的部件而停工。还有，管理得好的公司在支票被拒付退回之前早就计划好怎样满足现金的需要了。但是，一般说来，计划工作成为社会广泛承认并被积极采用的管理职能，完全是最近的事情。

现在，几乎每个人都做计划。各类企业都在进一步地计划未来，企业所计划的经营活动内容更多了，并且很少依靠直觉和预感来制定计划，而是越来越多地依靠预测和分析。

假如你和朋友们打算周末外出野营，有效的计划应考虑以下问题：活动所受到的限制是什么，比如能够达到的最远距离和可以支配的资金等；你们最感兴趣的活动是什么，远足、划船、钓鱼或爬山；什么地方适合安营，能够提供哪些游玩项目；野营需要哪些设备和物品，能不能得到。只有这些问题妥善解决，计划才能得以进行。你们才可以决定什么时间去什么地方、什么时间动身以及谁应该带什么，或许还可以规划一下各类活动。你们的计划还要预测可能出现的障碍，比如天气或地点被占等。如果估计有雨，是不是要推迟旅行的时间，如果不推迟，是否已带上雨具或准备好室内的游戏和活动，是否提前占好了地方，如果没有，是否已有其他附近的后备地点。

显然，游玩的好坏在很大程度上取决于计划情况，督导管理的计划工作与此类似。督导管理者做的计划无论是日常的还是具体的，都是其工作的固定部分，包括工作计划，维持和发展的预算，工作分配等。督导还常常要为一些不经常发生的大事制定计划，比如，大型仓库的部门经理要为一年一度的库存盘点做计划，饭店的经理要提前一周准备，为一次 600 人参加的会议安排会场和提供食品及饮料。

计划不周的结果是无组织、不协调的行动，进而浪费时间、人力和财力。但由于管理者思想上往往存在障碍，思想过关通常比实际操作还难，所以许多管理者包括督导管理者便忽略了计划制定，放弃对将来的规划。忙于完成当前任务或解决工作中出现的问题，感觉不错，但结果却不尽人意。

对一个督导管理者而言，如果把时间用在扑灭一个又一个“火情”上，似乎永远都扑不完，显然他并没有制定计划。但是具有讽刺意味的是，只要有合适的计划，许多摆在督导管理者面前的短期危机都是可以轻易化解的。正如图 3-1 所示，当一个督导鲜有时间制定计划时，一些短期问题就产生了，比如在最后期限不可能完成任务，出现没有预见的障碍、危机和失败。这些问题又占用了督导的时间，使其无法制定计划。这样，恶性循环就产生了。

案例

汉格·洛林是一名督导管理者，每天的日程都安排得很满。他说：“今天因为天气的原因，我有三个下属未到，我的部门彻底乱了，我赤膊上阵，忙得一塌糊涂，但午餐后还要领着总部的人员参观考察。我还要与劳资关系人见面，就下周将提请仲裁的案件进行磋商。除此之外，芭芭拉·布朗要求调离这个部门，因为她和另外两个人相处得不好，今天就要讨论这件事。下午我还要为财务处准备一些重要的数据。更重要的是，我还要督导手下19名员工，其中3名是新员工，刚刚开始工作。多么紧张的一天呀！不过看看大家好像也都是这样。”

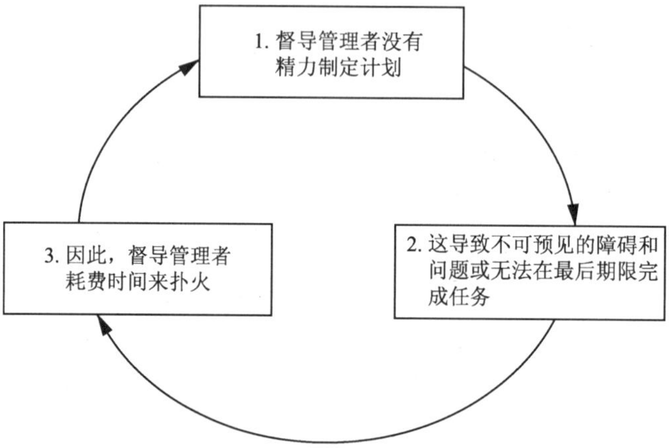

图 3-1　在没有计划时的恶性循环

二、计划的基本步骤

如上所述，计划意味着决定未来要做的事情，换句话说，计划就是向前看。对于如何在解决现有问题和计划未来事情之间分配时间，管理者必须有一套自己的规则。而且，许多计划耗费脑力，是一项艰苦的工作。在第二章中曾讨论过管理者的概念、人际、行政和技术技能，制定计划主要应用概念技能，同时也需要其他技能，尤其是在计划通过和执行时更是如此。

制定计划涉及由简单到复杂、由短期到长期的大范围工作，不过下面列举的三种基本的制定计划的步骤却是普遍存在的，如图3-2所示。

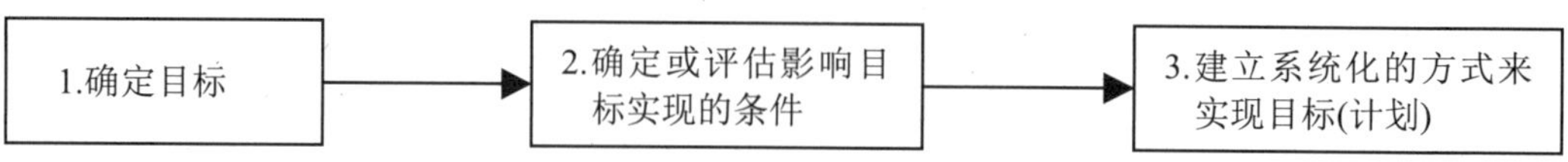

图 3-2　计划的三个步骤

(1) 确定目标；

(2) 估计或确定现在和将来影响目标实现的情况；

(3) 制定系统化的实现目标的方式(计划)。

为实现步骤(1)所制定的目标，另外还有三项必须执行的步骤，尽管它们并非真正的计划过程，列举如下。

(1) 执行计划；

(2) 有效监督计划的执行(控制)；

(3) 评估计划的实现情况(控制)。

后面三项表明计划和其他管理职能尤其是控制之间的密切关系。

(1) 计划的第一步——确定目标，解决想要做什么的问题。

(2) 计划的第二步——估计或确定现在和未来影响目标实现的状况，确认影响目标实现的重要变量。在前面提到的关于野营的例子中，必要的装备、天气情况、地点等因素都应该予以考虑。既然计划涉及未来，就必须对未来的情况做出合理的假设。

(3) 计划的第三步——制定系统化的实现目标的方式，此第三步才真正开始进行计划的制定，其中涉及计划的内容、时间、人物、地点以及方式等问题。这一步的正式、详尽程度主要取决于计划的复杂和重要程度。为一家饭店进行一个能容纳1000人的餐厅扩建工程远比为例行维护而停止使用一台电脑要正式、详细得多。很多日常计划是惯例，并不一定要写在纸上，而应该记在督导的脑子里。

饭店督导计划的大部分内容是根据实际情况决定日常工作的细节内容。由于主要的工作就是按照规定程序重复执行固定的职责，因此督导的日常计划常常仅限于根据可能的顾客量，调整工作内容、人员和工作量。

然而即使是解决这种局限性的问题，计划对于效率来说仍然非常必要。精心的计划能够以最低的成本、最少的浪费、最小的混乱，生产出最佳的产品，提供最好的服务。它可以减少紧急情况的发生——库存短缺，服务速度缓慢，人手不足，沟通不畅，重复或交叉布置任务，服务质量差以及其他一切工作中可能发生的危急情况。

确定目的或问题，制定目标，探索和执行最佳方案大多与决策过程相似。两个过程最大的区别在第二个步骤。在决策过程中，督导关注的是现在，主要收集当前的情况。在计划过程中，不仅收集当前的情况，而且包括过去和可预测的未来的情况。在此基础上，预测未来的情况和需求。

在一定的条件下，过去曾经出现和现在已经出现的情况，在将来有可能再次出现。为了预测，必须查实过去发生的事和现在正在发生的事。如果条件没有发生变化，就可以预测将来会发生什么。饭店业中预测业务是很复杂的一件事，它需要以高质量的分析为基础。预测是一项十分重要的职能，因为它控制着人员管理、采购和生产决策。比如可能要预测明晚的用餐人数，下个周末的客房数，明天午餐选烤牛肉片的客人的数量。又假设要预测明天，星期一午宴的每道菜的份数，就要去查过去30天或60天里，星期一每道菜卖出去多少。如果明天的情况与以前的相同，就可以确定明天的销售量将与以前大致相同。如果情况不同，例如，第二天是重大纪念日。如果饭店在商业区，那么第二天的总销量就会减少，因为公司要放假。如果在购物或休闲区，销售量就可能增加。为了取得相关信息，就要回头查看以前假日的情况。如果菜单或价格已发生变化，也要考虑进去。还有一些影响预期销售量的因素，如天气预报，在报纸上做的广告，特殊的外界情况，如习俗和民间庆典活动，街对面一家新餐馆的开业大酬宾。做预测时这些全部要作为考虑因素。

有时候督导能准确地掌握未来的情况。比如，要举办一次预约的晚宴，数量确定，菜单确定，还有一些订餐，数量确定而菜目不定。这些都是有利条件，有助于根据过去对第二天的情况做预测。

督导的最终决策是根据现有情况做出的最佳估测。它常常不是计划所列的各种方法中的一项，而是逻辑推导的结果。那些方法仅限于应对危险情况。是否要准备超过“足够”数量的菜，冒剩菜的险？是否要确定一桌菜全部上完时的准确的数量，准备一道可以快速上桌的备菜？如果上菜时间内很早就出现点菜量极大的情况，是否准备更多的菜？

未来或多或少总是不确定的。收集相关情况用于预先安排，就减少了不确定程度，减少了风险。如果有不足 1%的相关信息，对情况就完全不确定，风险程度是 99%。也许一个客人也没有，也许宾客满堂，结果无法预知。另一个极端，如果掌握全部情况，就有完全的把握，没有丝毫风险。掌握和用于预测的相关情况越多，确定性越高，风险越小。

有的食品服务行业对第二天的确定性稳定，比如在疗养院，人口稳定，菜单事先定好，或提前预订。尽管医院中的病人流动率高，病床占用率不易预测，但是确定性仍然很高。游船上顾客数量确定，根据以前的情况可以预知顾客的点菜，根据以往的记录为基础可以确定菜单的不同组合。

航班服务可以根据订票数量提前计划，登机牌发放之后可以重新调整。两种选择中乘客会选择哪一种可以通过以往的记录预测，而且结果与预测往往出入很少——最后的乘客也能受到良好的招待，很少有人不吃饭，也很少有人剩饭。这种情况下的计划往往直接在机舱门口(即根据乘客登机数目)制定。

饭店的客房入住率也相当容易预测，因为大多数人事先都预订房间。根据以前的经验也能推测出预订房间的客人数量。前台、客房打扫、行李服务、送餐服务、餐厅和酒吧服务和其他大部分服务都是以可以预见的客房数或入住率为基础的。通常每周举行一次全体经理都参加的预测会议，会上公布诸如“星期一我们的客房入住率在 90%，星期二上升至 98%，星期三降至 50%，然后星期四回升至 75%，星期五下降至 25%。”之类的信息。

由此，每人开始计划和安排各自一周的工作。部门经理根据客房入住率预测可以预知需求。餐厅客人数量除了根据客房入住率外，还根据已知的团队用餐数量和以往记录的没有预约的客人数量确定。客房服务部可以根据客房入住率确定工作量、洗衣量和库房供应。前台、维修部和保安部也是同样。一项预测可为其他所有预测提供依据。

重复性工作的大部分情况确定，或可以预知，风险小，所以做计划时不需要衡量几种方案，而是很容易就能确定最后计划，通常都有一个显而易见的结论。但是如果存在许多不确定或可置疑的因素，应当在时间允许的情况下多考虑几种方案，完全按照决策程序走。准备一个应急方案也可以减少风险。例如，为节日备菜时，准备一个应付方案，应付某种食品售完的情况。安排工作表时，多安排一些员工备用，或准备一份计划，把工作分摊出去。

对于重复性工作，还可以通过做记录，为预测未来提供更多信息，减少风险因素。例如，如果把实际售出和事先准备的数量记录下来，就会发现自己做计划的能力如何，这为将来预测提供了更多的信息。经过一段时间以后，如果有稳定的客源，就能确定一周中每一天所需的标准数量，这个标准数量可以根据实际情况相应变动。

另外一种减少风险的方法是向有丰富经验和技巧的人求教——高层管理者或某些员工，或依据不同问题的实际情况，求教于公司以外的专家。

灵活的管理方式比死板、繁琐的计划更适于饭店业，因为饭店业中情况不断变化，问题常常还未得以解决又发生变化。但是这并不排除计划的必要性，而是需要制定灵活的计划，需要灵活的管理者根据实际情况和牵涉的人员调整计划。灵活的计划需要灵活的管理者以发挥它的最大效用。

一份优秀的计划具有以下特点。不一定每一种计划都符合这些特点，但是这些特点显示了所有计划和计划过程的普遍原则。

(1) 优秀的计划为原来的问题提供可行的解决方法，能达到预期的目标。(能解决问题吗？能执行吗？)这条原则既适用于制定一个5分钟的个人工作计划，也适用于整个公司的长期计划。优秀的计划集中解决问题，不牵涉其他枝节问题。有时要集中注意力很难。如果被鳄鱼包围，你很容易忘记自己的目标是排空沼泽地的污水。

(2) 优秀的计划是全面的。它举出所有相关问题并予以回答。(你考虑到所有的事了吗？)

(3) 优秀的计划把达到目标的风险降到最低点。(这些就是最好的结果吗？可能产生什么差错？)

(4) 优秀的计划对时间、地点，所需的供货、工具、人员(数目、职责和责任)等有详细规定。(别人能明白你的计划吗？)

(5) 优秀的计划是机动灵活的。情况改变时可以改变或由应急方案替代。(如果……你怎么办？)

(6) 灵活性在不可预测的、凡事皆有可能且确实经常发生的饭店环境里尤其重要。

第二节　计划的层次和类型

一、计划的层次

根据管理层的不同，管理计划制定也有所不同。高级管理层更多地进行战略计划制定，其影响时间更长久，范围包括整个组织，并且涉及组织与其外部环境的相互作用。战略计划(strategic planning)计划时间较长，影响整个组织，并且涉及与外部环境之间的相互联系。战略计划包括以下内容。

(1) 任务(mission)。它规定了组织运作的基本目的，确定了其服务、产品和目标客户。

(2) 整体目标(objective)。它驱动着组织的运转，例如对利润、顾客满意程度、雇员间关系、环境保护或其他方面的追求。

(3) 战略(strategy)。通过战略，组织适应外部环境，包括消费者、客户、供应商和竞争者，以及社会、政治、经济和科技环境。

中级管理层则侧重于作业计划的制定。作业计划(operational planning)包括中、短期计划，负责实现高级管理层确定的长期战略计划。如表 3-1 所示，这些计划使那些高层计划得以“可操作”，它们在范围上比高层计划狭窄，在时间上要短得多。

沿管理渠道下行到最基层的一线督导层，计划就变成具体的督导性的职责和责任。计划通常是以一周、一天、一班为时间单位，计划内容是完成每日的工作。然而不管是什么工作，完成这项工作都是执行高层计划者所做的长期计划的一部分。

表 3-1　三个管理层次的计划制定

层　次	计划区间	计划的内容
高级管理层	1～5 年或更长一段时间的中长期战略计划	增长率 竞争战略 新产品 资本投资
中级管理层	1 个月～1 年的中短期计划	如何改进工序和加强协作 如何更好地实施控制
督导管理层	1 天、1 周或 1～6 个月的短期计划	如何完成绩效目标 如何贯彻新政策、采用新方法和履行新安排 如何提高效率(成本、质量等) 员工和督导管理者的假期

无论什么层次和地位，所有的管理者都需要计划。尽管督导管理者的计划比高级管理者的相对简单，不确定性相对少一些，但有效地制定计划仍十分重要。

饭店业，尤其是餐饮服务方面，长期计划一直不是管理思想中的重要部分。传统的企业管理是一种经验式的方法——注重反应性、直觉性和实用性，有时候甚至以不计划作为一种原则。虽然现在这种思想在饭店业中仍然存在，但是管理方法正在发生变化。企业靠一个企业家的每日亲自督导发展壮大到一定规模后，经验式的管理方法就难以招架了。为了生存，公司必须发展以长期计划为基础的专业管理。

不管是老式的企业还是有计划的大公司，大多数督导管理者着眼于较近的一段时间，而不把自己看作一个大计划的组成部分。他们做计划就是为了以最有效的方式完成手头的工作。很多督导很少做计划，而是等事情来了再应付。要计划很久以后的事情或应付一切可能发生的事常常是不可能的。而且即使做了计划，事情往往不按预想的那样发展。

一份好计划应对的正是这种不确定性。从过去和现在推理将来，预见可能发生的情况，减少风险，制定有可能成功的行动方案。

二、计划的类型

(一)常规计划

简化未来计划和管理的一种方法是制定在相同情况下可以重复使用的计划，这种计划称为常规计划。

常规计划是在反复出现或重复的情况下使用的一种固定行为规范模式或行动规划或一套行为惯例。因此，常规计划又称为持续计划或重复使用计划(standing plan or repeat-use plan)。最常见的三种常规计划的类型是政策、规划和程序。

1. 常规计划的类型

(1) 政策(policy)。政策指导决策制定——督导管理者自主行动范围的边界。也就是说，政策限制了决策制定的范围，保证决策和目标相一致，并使之有助于目标的实现。在这一点上所有的政策制定者都是一致的。

督导管理者在两个关键的方面上与政策密切相关。第一，他们在执行上级管理层制定的政策上起重要作用。第二，他们在本部门内制定政策，指导下属员工。以下两个例子可以说明督导管理者在政策制定方面的作用。

① 缺席通知。“只要有可能，所有缺席员工事先要向我请假。”

② 决策制定。“在自己的责任范围内你可以自主地做出决策。”

上级管理者制定的政策应该以书面形式记录下来，因为它们要通过督导管理者下达到作业人员层面。而且，它们通常也是组织和管理层的正式法律文本的基础。不过，像前面提到的那些督导管理政策却可以直接口述表达。有些政策可以是不成文的，或者基于以前的约定，因为“事情实际就是那样的”。

案例

玛丽·奇克工作的第一周，她的督导管理者克拉拉·桑切告诉了她公司的许多规章制度。每天，玛丽都会比规定时间提前几分钟来上班以保证能够准时上班。但是她发现每天至少有 1/3 的同事会迟到 5～10 分钟，不仅是她所在的部门，整个办公楼内的其他部门也是如此。当她问及同事这个问题时，他们告诉她：“大家并不觉得迟到 5～10 分钟有什么可紧张的，而且每次迟到的又不是同一个人。”

上面的例子所要说明的就是当一种行为普遍存在时，督导也会不由自主地将其视为一种政策。只是督导管理者应记住，甚至无所事事也会慢慢被员工视为一种政策，并成为他们的行为准绳。

政策相对来说比较长久，但并不是要“僵化”。环境变了，管理也必须及时检验政策的适应情况。

(2) 规则(rule)。规则和政策一样，规则也提供指导。只是规则给出的指导是最终的、无疑的，在这一点上，规则要比政策表现得更强烈。规则没有弹性，而是必须遵守，否则就会被惩处。如果你所在的饭店有一个规则是“经营场所不得吸烟”，你就不能吸烟。请注意下面的例子中表现出的政策与规则的差异。

① 政策：违反了不准吸烟规则的雇员可以被解雇。

② 规则：违反了不准吸烟规则的雇员自动被解雇。

应该把规则与政策仔细地区别开来。政策的目的是通过划分自由处置权的范围，来指导制定决策时的思想活动。虽然规则也起到指导的作用，但它不允许运用政策中的自由处置权。

为什么要区分规则和政策呢，尤其是当这种差别已很小的时候？第一，作为一个督导管理者，必须知道什么时候工作没有弹性和余地。第二，太多的规则会导致过分管理，剥夺了雇员太多自由选择的权利，会使他们说“好，让我翻翻规则手册的规定，看看我可以做什么”。

尽管在组织中规则很重要，但过分使用会导致很多问题。太多的规则会使督导管理者丧失个人能动性，过分依赖于规则，或者当他们强制执行这些规则时，只能提出不足以让人信服的辩解理由。例如，思考下面的对话。

案例

督导管理者：“凯瑟琳，很抱歉，你打卡迟到三分钟被记下来了。”

凯瑟琳：“可是你知道我 10 分钟前就到了，只是忘了打卡。我一直都在自己的办公桌前。我不能接受被记下来并因此而停职半天。”

督导管理者：“对不起，凯瑟琳，这对我来说也不公平。可是我必须遵守规则手册的规定，规则就是规则。”

(3) 程序(procedure)。对于经常进行的行为，组织或部门通常需要很高的前后一致性，这时，程序便应运而生。程序避免了“重新发明轮子”(reinventing the wheel)的时间浪费，并保证有效地执行顺序。程序列出了特定行动的步骤，“对于缺席请假、通过团体采购来订购、每周清点库存、处理员工的不满情绪等”，组织都有一套对应的程序。

程序和政策两者之间的关系可以用几个例子来很好地阐明。公司的政策规定雇员们可以享受假期，而要贯彻这个政策的程序就要合理安排假期以避免干扰正常工作：确定假期中工资支付方法和比率；进行休假登记，以保证每个雇员都能享受到假期；规定申请休假的方法。又如，有的公司实行订货快速发运的政策，这就要求有周密的程序以确保订货按快速方法处理，这对大公司尤为重要。公司的政策也可能要求它的公共关系部门对雇员们发表的意见进行澄清，而要执行这个政策，就必须建立程序以便最方便地、尽快地使澄清工作做好。

一个规则要求根据某一情况采取或不能采取某个具体的或特定的行动。它指导行动但不规定时间顺序，所以它与程序有关。事实上，程序可以视为一系列的规则。但是，规则可能是，也可能不是程序的部分。例如，“请勿吸烟”是一个不与任何程序相联系的规则；但指导处理订货的程序，可能要把所有订单必须在收到的当天审批这一规则包括在内。这个规则不准人们的行动偏离规定的要求，同时，它也绝不会与处理订单的程序相抵触。又如，所有超过半盎司的零头都应计作一个盎司，或者接收部门的检验员必须清点或称量所有材料重量并与采购订单核对。规则的基本性质就在于它反映出采取或不采取某种行动的管理决策。

2. 饭店的常规计划

饭店的日报告是报告客房数、收入、用餐量、订房量等信息的常规计划，工作手册是完成某些职责、任务的常规计划，菜单是准备一次用餐所需食品的常规计划，菜谱是做一道菜的常规计划。

任何常规计划都将大大简化督导的计划和组织工作。它避免了每次相同情况出现时都要重新计划的麻烦，每次需要做的只是应付不同的实际情况。

这种计划使工作标准化，每个人以同样的方式做事。如果每天的情况相同，员工所受的工作培训相同，那么督导的管理工作就缩减为监督员工是否按工作标准操作和处理计划没有涉及的突发事件。这便是特殊情况处理式管理。

大多数员工更乐于使用常规计划，而不是依赖于督导的指挥工作。知道做什么给他们信心，使他们更独立，沟通的障碍减少到最小程度。如果督导在某个地方忙于处理问题，其他地方的工作也会照样进行下去。

大公司中一般都有用于各种重复性情况的工作计划，尤其是整个公司范围内不断出现的重复性情况。而小公司、大公司独立部门常常缺少应对重复性情况的方法。他们就用各种不同的危机计划、“灭火计划”和即兴解决方法。避免这种情况的办法就是制定常规计划。每日的计划工作，比如安排工作表、计算生产任务、订货、分配房间、应付特殊事件等，可以压缩成一张表格，如表 3-2 所示。通过制定工作标准系统可以为督导的每项工作建立一整套常规计划。

新员工培训、招聘、聘用和工作表现评估都可以使用常规计划。虽然不是每天都使用这些计划，但是需要时马上就可以拿来用，所以值得花时间、花精力去制定。可以吸取过去的经验，用更全面的方法解决问题，获得一致的结果。

对于和健康、安全有关的事情，例如，卫生、防火和事故，每个饭店都必须有常规计划和政策，这是法律规定。通常这些计划包括两部分：预防性常规措施和紧急情况处理措施。督导有责任确保每个部门的计划与公司的计划一致，并有责任为没有计划的部门制定计划。所有紧急计划都有这样的内容：培训员工各种技术和方法，定期测试和练习以确保设备完好，员工知道该怎么做。

公司的制度、规章和政策是另外一种形式的常规计划(见图 3-3)。督导的任务是执行计划而不是制定计划。

表 3-2　西餐厅点菜单常规计划(以某宴会为例)

传送：餐厅督导×××

楼层督导×××

餐厅点菜单

星期_ 日期___月_____日　时间：___________　服务：_________

地点：_________　顾客确定人数：____　餐具：____套

餐厅布置图(请指出服务员岗位) ⑧ ⑤ ① ⑨ ⑥ ② 服务员×××1.2.3.4.5. ⑩ ⑦ ③ 服务员×××6.7.8.9.10. ④	上菜服务员：××× ××× 制服：白衬衫、黑裤子 餐具摆放，服务内容
场地布置图	菜单：蘑菇汤 蔬菜沙拉 意式煎肉 意大利菜豆/杏仁 甜酒蛋糕

所需设备		
餐具 餐刀 餐叉 _____ 正餐叉 _____ 色拉叉 _____ 甜点叉 _____ 餐勺 汤匙 _____ 茶匙 _____ 甜点勺 _____ 调味品 盐&胡椒 _____ 糖&奶油盅 _____	瓷器 餐盘 服务餐盘 _____ 面包碟和黄油碟 _____ 正餐盘 _____ 沙拉盘 _____ 甜点碟 _____ 茶杯和茶托 _____ 汤杯 _____ 水果杯 _____	玻璃杯 水 _____ 其他 _____ 桌布 _____ 餐巾 _____ 杂项(包括租用物品) 咖啡壶 _____ 水罐 _____ 花瓶 _____

特别安排

首桌

装饰

麦克风

音乐

其他

旷工和迟到
政策：所有员工都必须按工作日程安排准时上班，若出勤不合格，将受到纪律处罚。
程序：任何员工若无法按工作日程安排规定的时间上班，应在报到时间以前通知他或她的直接督导。说明缺勤或迟到原因，并说明缺勤持续时间。 出勤不合格的定义是6个月内5次旷工或一个月内迟到超过10分钟两次以上(见纪律管理办法#2)。

图3-3　处理旷工和迟到的常规计划

特殊事件，比如顾客生日、周年纪念日、婚礼、母亲节等，也属常规计划的设定之列。其实，任何一种重复性情况都值得仔细考虑，看是否能够减少计划时间，提高公司的效率。制定常规计划经常要花费大量时间和脑力，但是从长远来看，花在计划上的时间为其他管理工作节省了时间。

常规计划也有一定的缺陷，其一就是死板：如果被动地执行计划，不根据实际情况变动、更新，就会使公司变得缺乏活力，死气沉沉。员工渐渐开始抵制变化，“我们一直这么做”是他们常说的一句话。这反映了他们常见的心态。常规计划应当具备一定的灵活性，以适应每天的实际情况。督导应有一定的想象力和积极性，每日对常规计划做相应的变动。

常规计划的另外一个缺陷，就是实践常常有变化而书面计划跟不上变化。新员工或新督导按书面计划做事而不按照现行的办法，就和其他人不一致。这种情况时常发生，比如一个新厨师刚上岗，仍然按照档案里的老式标准菜谱做菜。

应该做好定期回顾、更新常规计划。这种回顾使督导有机会让员工参与制定新计划或修改现行计划。做实际工作的员工往往比督导看得更清楚，可能想出改善工作的好办法。而且如果让员工参与，他们会更乐于适应变化，更乐于实施新计划，这能提高各方面的工作积极性。

(二)单一用途计划

单一用途计划(single-use plan)，是为完成特定目的而采用的一次性计划。与政策、规则和程序不同的是，单一用途计划指导的行为过程是不重复出现的。单一用途计划包括项目、方案和预算等。与常规计划相比较，具有数目众多、形式多样的特征。

1. 一次性计划的类型

(1) 方案(program)。方案是涉及范围很广的计划，包括目标、政策、规则和较小的项目组合。方案列举出了为达到目标所应该采取的步骤以及为实现目标所需要的时间、资金和人力资源。方案在本质上是指在一段时期内所使用的一套单一用途计划的组合。方案的例子如下：

① 政府实施的旅游市场开发方案；

② 药品生产商为开发防治主要疾病(如艾滋病)的疫苗而采取的研制方案；

③ 为使饭店的外观现代化而进行的高品位设计方案。

(2) 项目(project)。项目是方案中独立的、较小的部分。例如，一个旅游资源开发方案可包括很多项目，如成立旅游开发委员会，向成功的旅游开发方案学习，提高公众对于旅游的关注，以及改进公路上游客服务中心的服务。每一个项目都有自己的目标，都由签订责任状的人来负责。

(3) 预算(budget)。每个人、每个家庭或每个组织都有各自形式的预算。设计成熟的预算同时兼有计划和控制两种功能。简单地说，预算是一段时期内财政资金使用情况的预测。一个部门的预算应包括以下项目：原材料、设备、报废、加班费和个人薪水额等方面花费的预测。

计划表(schedule)列出了要进行的活动和对应的时间。计划表制作的形式很广泛，可以是简单的便条或约会目录，也可以是为一些大型项目如建造一家新工厂或发射航天飞机而制定的计划日程。督导应该熟悉的两种计划表形式有：甘特图和计划评审技术。

(1) 甘特图。甘特图(Gantt chart)是一个直观的过程报告。它以工作进行阶段或活动作为纵坐标，以预计完成的日期作为横坐标。它以其创立者，即管理咨询专家亨利•甘特(Herry Gantt)的名字命名。甘特在20世纪初就创建了甘特图的基本思想。从那之后，甘特图被广泛地应用为计划的工具。图3-4就是一张简化了的甘特图。请注意从合同谈判到工作启动的具体活动及其相对应的时间。也请注意一项活动，长期集中采购可以和制定规划同步进行。在实际实践中，甘特图可以用不同颜色的可移动塑料片来表明计划和实际的进展。一眼看去，管理者或督导就可以明了一个方案是按时进行，还是超前或是落后。尽管甘特图是有效的计划工具，但是它不能直接反映工作中的不同活动是如何相互依赖的。在表明活动间的联系上，PERT网络图更有效。

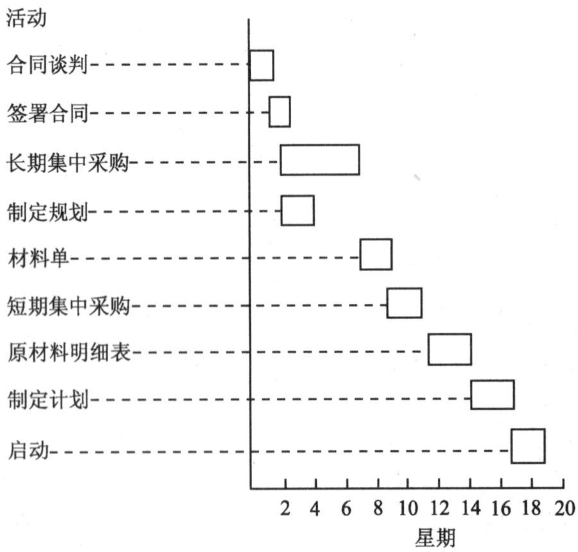

图3-4 简化的甘特图，表明了生产启动过程中所必需的活动

(2) 计划评审技术。计划评审技术(Program Evaluation and Review Technique，PERT)

是一项安排时间的管理工具。它反映了一组活动和事件之间的关系，并以此确定项目完成时间。PERT 一般用于非常复杂的、一次性的项目，比如建造宇宙飞船或完成喷气式飞机的样品，一般都需要使用计算机。

不过，其基本原理也适用于督导管理者，尤其是在计划和安排各类活动的时候。

让我们看一个适合于督导管理层使用的 PERT 图。假定你是一名饭店维修部门的督导管理人员，你的部门负责修理一部重要的机器。你认为要完成任务必须进行如下的工作：

① 将机器从底座移走；

② 将机器托运到维修部；

③ 拆除设备；

④ 从生产商处定购和接收新的配件；

⑤ 修理机器；

⑥ 测试机器；

⑦ 建一个新的机器底座；

⑧ 将修理好的机器移回工厂；

⑨ 将机器安装在新的底座上。

现在，假定由你估计机器能再次使用的时间。你的分析中就可使用图 3-5 所示的 PERT 图。其中，标有数字的方块代表一个事件，它标志着一些工作的完成和另一些工作的开始。比如，事件 2 标记着活动 a 的结束和活动 b、g 的开始。直线代表进行着的活动，那些小时数代表依据经验或别人提供的信息而做出的对活动完成时间的估计。

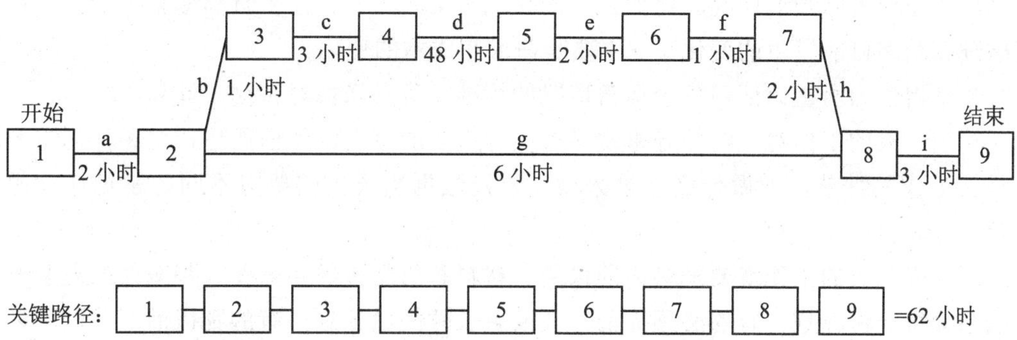

图 3-5　完成机器检修的 PERT 网络图

请注意这项工作估计完成的时间是 62 个小时。这个总时间是最长的线上的一系列活动的必要完成时间累计起来的，这条线称为关键路径(critical path)。包括 a、b、c、d、e、f、h 和 i 在内的一系列活动都在这条线上。它决定了这项工程的完成时间。活动 g 在这个网络图上并不是关键的一步。因为它的开始和结束独立于活动 b 和 i 之间的活动，并不包含在关键路径上。

PERT 网络图的主要优点在于，它能以图表的形式表明一项总的工作中相互关联的部分，即使对于简单的问题也是如此。这样，督导管理者对于要完成的工作就有一个较好的把握。

2. 饭店的一次性计划

如上所述，一次性计划是用于一个事件或目的的一次性计划，这个事件或目的的性质和重要性决定花费在它上面的时间。和做决策一样，必须保证为做计划花费的精力与实施计划产生的效果之间的比例。如果这件事没有重大且持久的意义，危险极小，那么很快就可以制定一个计划，而且如果出了差错，也不会有太大危险。但是有的一次性计划将产生长达数年或永久性的影响，或者会立刻带来灾难性的后果，这时就要认真对待计划过程的每一步。

一次性计划的目的常常是进行某种重大变革。对这种变革，计划过程必须非常深入，必须仔细估量风险，仔细考虑每种方法的影响。这种计划可能涉及一种工作方式的改变，比如餐厅桌边服务介绍、安装新厨房设备或吧台使用自动售酒系统。督导可能要做一个业务提高培训方案计划或工作要求标准系统计划。可能要在自己部门内做一个适用于全公司的计划——例如，整个公司的交易电脑化。

有时督导要做部门预算——一次性计划的又一种形式。预算(见表 3-3)是一个部门一定时期(如一年、6 个月或一个结算时期)内，收入和支出的业务计划。目标或额度通常由上一级管理部门以该部门的组织性预算的形式设定，但有时候督导也参与目标设定。

做预算需要预测劳动成本、产品、供货等。这和其他的预测一样，要以过去的记录为基础，还要考虑当前情况。比如目前的在职员工人数，目前供货和原料的价格。还要考虑预算期间可能发生的变化——主要是需求和成本的变化。

预算将作为衡量该部门资金运营情况的标准，务必谨慎对待这个计划。

计划一天的工作对一线督导来说具有头等重要的意义。如前所述，这种计划主要解决当天工作的细节，即做什么、谁来做，以及根据当天的需要对不同的常规计划进行调整。

要完成当天的工作就要把必需的供货、材料和信息传送到需要这些东西的人手里，有的必须每天做计划，有的必须提前一天或更长时间做计划，有的则提前一周做计划。采购计划根据部门、企业类型或供货商地点的不同，可以分别做日计划、周计划和月计划。工作表计划可以一周一做，根据每天的需要做调整。但是这个行业每天、每小时、每分钟都会有变化，所以提前做的任何计划，每天都要浏览一遍，以确保责任范围以内需要的东西全都有——足够的人手，足够的食品、桌布、酒、清洁用品。

当天的工作开始以前应做好计划，要把这作为日常惯例。许多督导每天早来或前一天晚走几分钟，在安静的环境里做完这件事。

日常惯例可以简化计划过程，但是并不能完全替代它。每天都要查看有什么不同情况，应保持清醒：这个行当没有什么东西一成不变。

尽一切可能提高预测性(更多的实际情况)，增加灵活性(更多的选择)，减少风险，计划可实施的途径越多，能应付的紧急情况越多。

表 3-3　预算

××餐厅

预算　　2004.06—2004.09

项　目	金额(元)
销售额	
食品	650 000.00
饮料	200 000.00
总销售额	850 000.00
销售成本	
食品	230 000.00
饮料	50 000.00
总销售成本	280 000.00
总毛利润	570 000.00
运营开销	
工资(包括社会保险金)	240 000.00
员工用餐	20 000.00
设备	40 000.00
其他运营开销	110 000.00
成本	60 000.00
运营总开销	470 000.00
纯利润	100 000.00

三、权变计划

通过制定权变计划增加计划弹性对于督导管理者来说很重要。权变计划(contingency planning，也称应变计划，应急计划)意味着在问题和变化未产生之前找到解决的方法，当它们真正发生时能够顺利地解决和处理。那些地震频发地区如日本和加拿大的公司必须制定权变计划，以保证一旦灾难(例如席卷全国的地震)发生时，公司能够提供足够的供应品、零部件和其他必需品。

可以把权变计划的制定看成是对于“如果……怎么办”这类严重问题或事件的反应。

权变计划的制定将高效的管理者与低效的管理者区分开来。正确的危机预警可以避免危机的发生。每个公司时刻都在发生大大小小的变革，公司需要适应新情况，提高竞争地位，降低成本，提高效率，改善产品和服务质量。如果一成不变，就会很快过时。

各种变革通常由公司的高层发起，但是需要由督导做计划，把这些变革引入各自的部门。有的督导也能变动公司其他部门的工作，这取决于他们的职权和责任范围。

计划对工作有很大影响的变革时务必谨慎。虽然是一次性计划，但是由于风险高、后果影响大，所以需要投入大量时间和脑力。这种计划有两方面需要考虑：一是计划变革本身；二是计划如何应对变革对工作造成的影响。如果引入变革时没有考虑员工，就会遇到大麻烦。

(一)变革的阻力

1. 习惯和对未知的恐惧

你每次出去吃饭，是否总去不同的餐厅？很可能不是，如果你像大多数人一样，可能会选定几个自己喜欢的地方，然后以某一固定的理由去那里。

人类是有习惯的动物。生活很复杂。我们每天必须做出数百种决策，但不必对这些决策的所有备选方案一一考察。为了应付这复杂性，我们往往依赖习惯化或模式化的反应。但是，当面对变革时，以惯常方式做出反应的趋向就会成为阻力源。

大多数员工抵制变革，因为任何变革都会改变环境、惯例、习惯或关系，所以会使涉及的员工产生焦虑和不安全感。即使不是特别喜欢自己工作的员工也因熟悉工作而产生安全感。他们知道会发生什么，工作稳定、可预测、有归属感、心情放松。变革会改变这一切，已知的将变成未知的，熟悉的将变成陌生的，可预测的变成不确定的。员工忧心忡忡、忐忑不安。他们要适应新环境，学习新的工作方法，和不同的人合作，重新调整关系。他们不知道会发生什么：要更努力地工作吗？能学会做新的工作吗？和新同事能和睦相处吗？会失业吗？

2. 安全和经济因素

安全需要较高的人抵制改革，因为变革会带给他们不安全感。

如果变革意味着损失，如地位降低，工作时间延长，与相处融洽的同事分开，小费减少，工作量增加，他们也会抵制。这会造成怨恨情绪，而怨恨情绪可能比不安全感和焦虑情绪更难对付。

如果变革的一点风声被一个员工觉察了，很快就会流言四起，恐惧情绪在所有员工中扩大并迅速传播。这种情况督导无法避免，所以处理宜早不宜迟。准备一份减少员工抵制情绪的计划，而不要与他们短兵相接，或自恃上司的身份，用高压手段强迫员工接受变革。

(二)处理变革阻力的策略

1. 教育和沟通

通过与员工进行沟通，帮助他们了解变革的理由，可以使变革的阻力减少。这种策略的基本假设是：产生阻力的原因在于信息失真或沟通不良。如果员工了解全部事实、消除了所有误解的话，阻力自然就会消失。沟通可以通过个别交谈、小组讨论、备忘录或报告来实现。

处理对抗情绪的第一个要点就是营造公开交流和信任的气氛。用事实来减少恐慌，制止流言，说明是什么变革，会涉及哪些员工以及会受什么影响，什么时候改变及变革的原因，准确的消息会大大消除员工的疑虑，而且员工适应心中有数的事当然比整日忧心忡忡、担惊受怕过日子容易得多。

但是事实不能完全消除恐慌和疑虑，员工需要自由表达思想，提出问题，并且知道会得到正面的回答，要有机会发泄不满。宣泄情绪是适应新环境的第一步。

有的变革是对员工有利的，当然要予以强调，但不能过分吹嘘。如果竭力劝说，或提建议，或过分庇护变革，厌恶员工的反应，禁止员工抱怨，惩罚不满的人，就从员工的帮助者变成了员工的对头。应让员工觉得督导会尽力使他们更容易适应变革，理解他们的心事，帮助他们适应。督导要让他们安心：他们不会丢掉工作(除非确实有失去工作的可能)，需要什么培训就会有什么培训，公司仍然需要他们，他们仍然很重要，督导会和他们一起共同适应新环境。督导不能许诺可能无法兑现的事，否则会降低员工对督导的信任感。

2. 参与

人们很难抵制他们自己参与做出的变革决定。在做变革决策之前，应把员工，尤其是把持反对意见的人吸引到决策过程中来。如果参与者具有一定的专业知识，能为决策做出有意义的贡献，那么他们的参与就可以减少阻力，获得承诺，并提高变革决策的质量。即使其中有些观点对督导不利，但是至少能够在督导考虑风险和结果时提供另一种角度。不同的观点往往比一致的意见更能帮助督导做出合理的决策。

实际上大多数员工都乐于参与计划与他们有关的变革。这使他们感到对自己的命运有一定的发言权。在为预测提供情况，探索不同的解决方法，权衡风险与结果时他们能发挥很大的作用，如果督导能通过让员工参与计划赢得他们的拥护，那么对抗情绪可能也会消失。员工参与计划过程也将大大有利于计划的实施，因为他们对计划早有所知，而且其成功与否对他们都有利害关系。

3. 促进和支持

变革推动者可以通过提供一系列支持性措施来减少阻力。当员工十分恐惧和忧虑时，给员工提供心理咨询和治疗、新技术培训或短期的带薪休假都有利于他们的调整。

下面举一个权变计划的例子，看它与一般的解决问题的过程有什么相似之处，有什么不同，以及它对员工的影响和应当如何处理。

假设你拥有一家有 100 个座位的家庭式餐馆，开业有 6 年，餐馆以价廉物美著称。但是去年销售额缓慢且持续地下降。有些熟悉的老面孔不来了，也没有新的顾客光顾。

你必须采取措施招揽新顾客，但是采取什么措施呢？

经过一番思考和研究，你决定重新装修餐馆，更换菜单中 2/3 的菜目，采用特别的推销方法招揽附近公寓的新居民。计划的第一部分与新菜目有关，新菜目是整个计划的核心部分，决定计划的成败。

计划的第一步是确定问题，制定目标。

确定问题很容易，销售额在下降。

下面制定目标如下：正餐菜单引入 8 道新菜，保留 4 道最受欢迎的老菜目，目的是招揽新顾客，留住老顾客。将新菜目要考虑的所有因素列在一张清单上(表 3-4)。列出所有问题，回答其中一些之后，写出下列更详细的目标。

(1) 选出 8 道符合下列标准的新菜目。

① 必须在食品类型、价格、品质、口味、外观和种类方面符合现在和预期的顾客的需要，8 道菜之间必须能够相互搭配，与目前菜单的菜目也要能搭配。

② 对目前员工、设备和厨房空间的状况稍加改动就可以制作，如果确实需要，也可以考虑增添新设备。

③ 目前的服务方法稍加改动或不改动。

④ 每道菜的成本必须与成本/价格标准相符，价格必须保证在目前价格范围内。

(2) 对所有菜目进行测试，对最后入选菜目的菜谱进行标准化，设计装盘形式。

(3) 在 6 星期内完成挑选工作。

(4) 对全体厨房员工进行制作培训，对所有餐厅员工进行服务和向顾客介绍新菜目的培训。

(5) 合理安排新菜单引进、装修和促销工作。

(6) 按以下方法使员工参与计划。

① 餐厅督导和副经理参与市场调研。

② 厨师长参与研究新菜目，其他厨房员工自愿加入。

③ 上菜服务员自愿参与市场调研，开发新菜目，参与评价。

④ 对参与行为予以奖励。

权变计划的第二步是从过去、现在和未来搜集情况以预测哪些地方可能成功，并减少风险。

此时就需要做市场调研。只有对顾客，对他们的需要和渴求有充分了解，并对其他餐馆的经营有充分了解时，才能确定什么样的菜目能讨顾客的欢心，他们是否愿意消费，然后才可以开发新菜目。

开始市场调研时可以让员工参与进来。从督导开始，到副经理、餐厅经理和厨师长。把部分市场调研、新菜目开发，甚至部分培训的内容授权给他们做，还可以指导他们运用告知情况、聆听、安慰、鼓励员工出点子的方法处理员工的对抗情绪。

表 3-4　经理计划新菜目的工作清单

需考虑的因素	问　题	必要措施	目标与局限
• 市场 • 顾客吸引力 • 食品类型	• 价格 • 质量 • 外观 • 种类	• 调查市场 • 调查顾客 • 竞争状况 • 附近的潜在商机	最后的选择结果必须在各方面满足顾客的口味
做菜	• 做菜时间 • 所需技术 • 现存问题 • 做菜地点 • 配料是否易获得 • 配料储存 • 与其他菜目(设备和时间)的配合 • 额外人工 • 培训时间	• 测试菜谱的口味、分量和比例 • 使菜谱标准化 • 核对供货商 • 培训厨师	就目前员工和空间状况而言，菜目须具可行性
设备	• 需要新设备 • 成本 • 空间 • 送货时间 • 使用培训 • 特殊餐具和用具	• 避免使用冲突	至少目前没有新需求
服务	• 更多的工作 • 新的服务方式 • 新的装盘和加饰菜方法 • 所需培训 • 培训时间	• 服务培训 • 描述(口味、烹制过程、配料、配用食物……) • 培训	服务方面没有大变化
成本和价格	• 成本/价格比率 • 成本计算承担者 • 预算 • 设备成本 • 测试成本 • 培训成本 • 额外成本	• 成本计算 • 价格计算 • 预算	• 成本必须符合成本/价格标准 • 菜单价格必须保持在目前价格范围内
员工对抗情绪	• 让员工参与计划 • 时间 • 自愿还是必须 • 奖励 • 焦虑情绪 • 竞争 • 什么人需要什么信息	须积极地对待	• 自愿参与 • 奖励

下一步，要向所有人介绍整体计划。要热情投入，让人相信计划能使生意兴隆，人人受益，要讲解每个步骤，欢迎大家提问，出新点子。要邀请员工与顾客交谈，参与市场调研，为新菜目出谋划策，请他们品尝新菜，对新菜做评价。要让他们知道自己在好菜单的开发过程中有多么重要。向他们保证会有时间培训，会有时间让他们适应，任何时候都欢迎他们提问。要继续警惕员工产生对抗情绪，并让督导面对面地解决。

权变计划的第三步是探索不同的方法，权衡每种方法的利弊，分析其风险和收益。这一步首先要让厨师做好各种准备用于测试的菜，让每位员工发表评论。这一步，仍然要让员工有参与的机会，因为品尝新菜给了他们亲身体验的机会，他们会乐意向顾客推荐新菜。可以试着把可能受欢迎的菜作为目前菜单的特色菜推出，让上菜服务员报告顾客对那道菜的反应。这样可以对市场进行测试，还可以减少风险，还能让厨房员工和上菜服务员每次都体验一点变化的感觉。

你希望此时每位员工都能积极参与，团队精神能够形成。但是要知道有的员工会比其他人做得好，这可能产生不安全因素和嫉妒情绪，现行的惯例可能遭到忽略。你希望在保持现有产品和服务水平的同时，保持员工对新计划的热情。要达到这个目的你必须发挥积极的领导作用，还要与督导紧密配合，还可以引进一些奖励机制。

可能需要聘请外援帮助测试菜谱和计算菜谱成本。这个决定要根据厨房员工对此计划做出的反应制定，当然这是一种应急计划。

第四步是对每个方法用决策过程的 5 个重要问题进行衡量后，做出必要的决策。5 个问题即风险与收益、经济性、可行性、可接受性和目的。

做最后评价需向督导们了解情况，不仅要考虑每项新菜目的受欢迎程度，而且要考虑推出新菜目可能带来的影响，比如制作过程中的困难，额外工作，服务停顿等。

最后的决策由你做，最初让员工参与时就要说明这一点。

决策过程计划完毕后，写出详细而灵活的工作表，转向装修和促销工作的计划，还将向外界请求帮助。

权变计划的最后一步是将计划付诸实施，如果计划做得很认真、很详细，实施将会很顺利。此计划应达到本章早些时候提到的好计划的所有标准。

实施计划既要培训上菜服务员，又要培训厨房员工。确定最后菜目后，要完成培训计划(谁？什么？何时？何地？怎样实施？)时就知道需要多少培训，督导对额外责任如何反应，员工投入程度如何。还要随菜单的变化，调整采购、新菜单卡和推销计划。

此时可以心满意足了。新菜目的挑选和引进计划灵活、可行，实施之时一切都将井然有序。

可见权变计划与其他计划大致类似，主要区别在于预测程度，风险大小，应对变革对员工产生的影响。也许这个例子能让你对基础工作的必要性有所了解，即预测、市场研究、测试、认真制定标准、详细制定计划和采取行动前考虑将带来的结果的必要性。

变革必然导致风险，但是无所作为有时更危险。精心制定的计划可以最大限度地减少变革的风险。

第三节 时间管理

组织的三种资源是人力资源、物质资源和金融资源。一些管理专家将时间列为第四种资源。毫无疑问，时间是一个督导管理者所拥有的最丰富的资源之一。因此，有效的时间管理对有效的督导管理来说是重要的。

一、时间管理的概念

时间管理(time management)就是在应该做某件事情时有能力安排时间做这件事。另一个定义是“计划在可使用的一定时间内完成你要做的事情”，反映了计划制定和优先排列。没有这个能力，其他技能都等于零。即使督导有很好的人际关系技能，糟糕的时间管理也会使自己心烦意乱没有心情去处理下属的问题。或者压力会使自己无法清楚地思考问题，从而根本无法使用自己的概念技能。甚至没有时间去给新下属演示技术准则以表现自己的技术技能。所以，作为一个有效的管理者，必须能有效利用自己的时间。

时间对于督导永远是珍贵的资源。几乎没有任何督导能获得足够的时间来完成自己的工作。每天只有 24 小时，这是任何复杂深奥的管理模式或先进的技术发明都不可能更改的。这种局限性要求督导必须有效地管理自己的时间。

虽然工作是头等重要的职责，督导还必须抽出足够的时间去关心家庭和个人生活及职业的发展，当然还要拥有自己的闲暇时间。圆满协调各方面关系的督导，能使自己的生活充实愉快。但如果处理不当，督导就成为人们所称的工作狂——一个把工作倾注于生活的各个层面的怪人。如果能有效地管理和使用时间，就能协调好个人与职业间的关系，同时也能减轻工作压力。

二、时间日志

时间管理专家称有效管理时间的第一步就是确定时间实际都用在了哪些地方。而得到此类信息的一个好办法就是认真地填写类似表 3-5 中所列出的日志表。

饭店业督导工作的最大问题就是时间紧缺。督导总是没有时间做计划和反思，甚至连安排自己工作的整段时间都没有。而且，大部分管理工作的内容就是应对随时发生的事情，怎么可能计划自己的时间，怎么可能计划应对哪些事情？安排时间不会增加时间，一天的时间是有限的。安排时间是使自己更有效地利用工作时间。

表 3-5 日志表

<table>
<tr><td colspan="7">日志
姓名 ________________
日期 ________________
这份日志上记录着督导一个工作日所完成的活动，保证将每件做过的事比如打电话、谈话、休息、阅读等都包括进去，这样连续地做一段时间，就可以反映出平常的“工作日”里督导的活动。一个星期通常就应该足够了。</td></tr>
<tr><td rowspan="2">时间段</td><td rowspan="2">时间长度</td><td rowspan="2">活动内容</td><td rowspan="2">涉及人员</td><td colspan="3">优先次序</td></tr>
<tr><td>A</td><td>B</td><td>C</td></tr>
<tr><td></td><td></td><td></td><td></td><td></td><td></td><td></td></tr>
<tr><td></td><td></td><td></td><td></td><td></td><td></td><td></td></tr>
<tr><td></td><td></td><td></td><td></td><td></td><td></td><td></td></tr>
<tr><td></td><td></td><td></td><td></td><td></td><td></td><td></td></tr>
<tr><td></td><td></td><td></td><td></td><td></td><td></td><td></td></tr>
<tr><td></td><td></td><td></td><td></td><td></td><td></td><td></td></tr>
<tr><td></td><td></td><td></td><td></td><td></td><td></td><td></td></tr>
</table>

分析应如何使用目前的时间，是学会时间管理的第一步。饭店督导可采用日志的形式。在制定日志时应真实可行。因为只有督导是唯一接触、使用日志的人。如果一名员工或来访者前来，你们双方谈论了非工作的事宜，应把使用的时间记录在案。每项活动都应附有具体的说明，如果工作超时，也应注明原因。

每日工作结束后，应注明该日的工作属于正常、超出原计划还是未达到预定数额。把主要活动所用的时间加在一起，并把每项活动的评注解释记于日志下面。必要时可使用背面。

为使记录准确，应详细记录一周内每日的工作情况。在每周结束时，要仔细研究所记录的事况信息：事情是否具有规律性？哪些是最耗时解决的问题？如何加以解决？是否真正分配了任务和职责？什么人、为什么经常打断你的工作？应如何控制或消除这些工作中的干扰？

一般来说，饭店督导的工作要求用以下几种方式度过一天的时间。

(1) 计划、组织和传达当天的工作。

(2) 及时应对其他人(顾客、员工、上司、推销员、送货员、卫生督察等的需求、要求和询问)。

(3) 管理员工：聘用、培训、指导、辅导、评价和采取纪律措施。

(4) 处理危机和解决问题。

(5) 写报告、做记录和执行规定(维持工作程序)。

(6) 如果是一线工作的督导，应完成自己分内的某些工作。

一天之中有些时候督导会被工作所控制，顾客多，如前台的登记、结账时间，客房部的清晨接班时间，用餐时间，厨房的烹调时间，餐厅的服务时间等，依督导管理者所督导的范围不一而足。这时候督导管理者需要听从所有人的派遣，他们需要督导管理者回答问题、解决争端、处理危机，做出唯自己能做的决定，检查员工的工作情况。这时，督导务必随叫随到，尤其是员工直接服务于顾客时。要招呼客人，让他们觉得督导个人对他们很关心，对他们受到怎样的服务很关心。员工有督导在身边很重要：他们能感到督导的支持，督导以身作则。这就是管理的可见性。

这些时间是督导无法安排的，只有把它们专门单列出来，区别对待。一天中还有一些固定的时间督导必须完成某些职责——客房部报告、交班销售额计算、现金清算等。剩下的时间督导还要完成其他分内的职责。

一旦明确时间都用在了哪些地方，就可以分析各种时间分配方式是否是合理的。并不是每个人都能做他想做的事情，而做自己想做的事情的秘诀就在于将时间用在那些最重要、最紧急的事情上。这样有助于最好地完成工作。

要想有效地使用时间日志，必须建立一个活动等级表格，以此区分一天内所有要完成的活动的优先等级。例如：

(1) A 活动是最重要的——他们对你的工作十分关键。

(2) B 活动是次重要的——重要，但重要性不如 A。

(3) C 活动是最不重要的——例行的事情相对不重要。

较为有效的督导管理者会将他时间的很大一部分用于 A 类活动上。

督导管理者将大部分时间往往放在“扑火”一类的事上，也就是 B 甚至 C 类级别的活动。在下一部分的内容中，我们将讨论督导如何学会将大部分时间用在 A 类活动上。

一天中处理的许多事情可能都是浪费时间的行为——没有效率地使用自己的时间(见下文所述)。可能包括一些别人可以处理的日常事务，过多的社会交际和那些没必要处理的文件。

以下是普遍存在的 8 类浪费时间的行为：

(1) 注意力不集中和受到干扰；

(2) 不能确定事件的优先次序；

(3) 拖延时间；

(4) 处理那些下属能够完成的常规工作；

(5) 踌躇不决；

(6) 个人的无条理性；

(7) 不能授权；

(8) 过多的或不必要的文件处理。

督导管理者的各项工作对时间的需要是很不相同的。这就是为什么要坚持记录日志的原因，它是改变时间管理习惯的重要第一步。以下就是关于“必须做的事情”的一个广泛的清单，这或许会有助于督导更有效地使用时间。

如何更有效地利用时间，可参考以下内容。

(1) 确定各类活动的优先级。

① 确定 A、B、C 类活动。

② 确定每日活动的优先级。

③ 重点放在优先级高的活动上。

(2) 不要拖延时间。

① 将大的工作分割成若干小的部分。

② 开始工作，即使是从最小的部分开始。

③ 首先做那些最不喜欢做的部分。

④ 如果做到了按照计划推进工作，就奖励自己。

(3) 有效地管理电话。

① 如果可能，让其他人接听和处理电话。

② 在一天内的某个固定的时间处理需要回复的电话。

(4) 让会议更有效。

① 会议之前做好准备，并宣布会议的日程。

② 准时召开会议。

③ 围绕着会议日程上的主题进行。

④ 做出决定或得出结论。

(5) 学会授权。

① 对那些消耗时间的琐事进行授权。

② 对那些能帮助员工成长的工作进行授权。

③ 对那些员工可以比你做得更好的工作进行授权。

(6) 有效处理各类造访。

① 某段时间内闭上房门。

② 站起来，一直到客人走。

③ 会见那些罗嗦的人时，就到他的工作区，这样你可以随时离开。

④ 使上司和团队尊重你的时间。

(7) 遇事果断。

① 给自己的决策制定一个最后期限。

② 一旦了解到事实，则当机立断。

(8) 做事情有条理。

① 每天都使用时间表。

② 执行现有的程序。

③ 参见上面的(1)中的②。

(9) 从各类文件中超脱出来。

① 同样的文件只处理一次。

② 直接手抄较短的信息，并且发送给有关人员。

③ 让其他人根据文件的重要性进行分类。

(10) 避免精力分散和干扰。

① 保持桌面干净，容易分心的工作和文件放在另一张桌子上。

② 尽量留出不被打扰的时间。

③ 不要去看他人，回到你的工作中。

三、成功的组织

高效率地安排各项事务称为组织。使各项事务高效率、有效地进行称为管理。

解决时间问题的常规计划有更广泛的一层意义：使部门效率更高，更有效地运转。这种计划的目的就是有效组织。一个组织有序、高效率的部门中应具备以下 4 个条件。

(1) 职权和责任划分清晰，且严格遵守。

(2) 工作内容、工作程序和工作标准清晰明确，且严格遵守。

(3) 员工知道做什么，怎么做，且付诸行动。

(4) 质量标准、数量标准和工作表现标准规定明确，且达到标准。

饭店业大多数督导上任时的环境都是已被别人或好或坏地组织起来的。如果组织得好，在公司组织中的地位就很清楚，他们知道向谁报告，他们的职权和责任清晰明确，知道自己部门的目的(目标和作用)和自己的工作内容。每项工作内容规定明确，且有详细的工作方法手册。所有必要的标准得以制定，员工接受过达标培训，对反复出现的情况有常规计划应对。

但是许多部门并不像这样组织有序。缺乏组织正是造成危机管理的主要原因之一。如果你接手的部门组织混乱，你会像前任督导一样，忙于应付，无法控制事态，反而由事态控制吗？养成不做计划的习惯吗？这种习惯极易养成，而且具有诱惑性：它让你有一种权力感，一种被需要的感觉。

这是短效、近视的办法，对你在此行业的发展不利。更好的做法是努力把事情组织得更好。怎样做？

第一步是了解需要了解的自己工作的情况。谁是你的上司(谁指导你，你向谁负责)？你有什么职责和职权，你负责什么？你的工作和你的部门在整个公司中的作用是什么？

第二步是调查什么环节组织不力造成了问题。什么环节出问题最多就首先调查该环节。下面是要调查的地方。

(1) 命令链(职权和责行线)。所有员工都知道向谁报告吗？谁有权告诉他们做什么，谁对他们做什么负责？有人要听从两人以上的命令吗？一个基本的组织原则就是一个人只有一个上司(此原则称为统一指挥)。

你督导多少人？另一个组织原则是一个人能有效督导的人数有限(称为管理幅度)。100 人太多，也许 50 人也太多，一般 20～30 人是一个人能有效督导或领导的最大限度。如果你负责督导的人太多，就可以把某些职责授权给部门中的骨干员工，换句话说，就是在命令链中，在你下面再增加一个等级。

(2) 工作内容和程序。工作内容是否以职责、任务、方法、合格的表现标准的方式明确规定了？每项工作是否有工作程序手册配套?文字材料是否过时？是否有些工作内容未经分配而有员工在做或应当做而未做？有重复分配的工作吗？相同的责任是否分配给多人？员工是否履行责任，按正确的方法工作？是否有的员工工作太多，而有的员工工作太少？

(3) 培训。员工是否知道做什么，怎么做，应达到什么标准？是否接受过良好的培训？是否达到标准了？

(4) 评估和控制。是否制定了质量、数量和工作表现标准？员工是否达到这些标准了？是否使用评估和控制标准管理产品和服务？是否有工作表现回顾的制度？

(5) 常规计划。是否已制定常规计划应对重复性工作、例行报告和危急情况的处理？报告、记录、信息和控制是否使用固定表格？员工能否正确使用这些表格？

对这些问题的回答能使你充分了解部门当前的组织状况及其应当达到的运行状况。

第三步是计划如何改进公司的组织，提高效率。工作情况介绍帮你明确工作内容，设置工作表现标准，制定工作程序手册，为招聘、培训和评估方案提供基础。

通过授权、充实工作内容、员工参与的形式至少可以重新组织某些工作，达到改进的效果。你可以从枝节问题中解脱出来，扩大员工的责任范围，获得更多的时间用于管理，常规计划能将重复工作的管理简化为对特殊情况和事件的处理。

四、授权

管理者通过别人来进行工作。这一描述表明任何管理者的时间和知识都是有限的，因此有效的管理者应懂得授权的价值及其操作程序。

(一)授权

授权(delegation)就是将权力分派给其他人以完成特定的活动。它允许下属做出决策，也就是说，将决策的权力从组织中的一个层级移交至另一个层级，即一个更低的层级(见图 3-6)。授权不应与参与相混淆。在参与决策中，实行权力共享，而授权则是由下属自己做出决策。

授权的概念与管理的基本定义非常相似：“通过他人来完成工作。”但这绝不是简单的工作分配。所谓分配工作任务，是要求员工完成基本工作中的具体部分。而授权是指，首先审视哪些工作可以向员工授权，然后决定如何帮助员工顺利地完成该项任务。授权并不是放弃权利，虽然可以向员工委派工作任务及完成任务的权利，但必须要求员工向你负责。换句话说，就是督导要对所有委派出的工作任务负责。由此可见，成功的授权在很大程度上取决于你帮助员工顺利完成工作任务的意愿和能力。

授权为什么如此重要？首先，这是督导为自己节省时间的最佳选择之一；其次，督导个人不可能承担起所有的工作重任，这是显而易见的。但许多督导仍然试图去尝试，因为“这些工作实在太重要了，不能分配给他人去做”，“任务必须圆满完成”，“我是唯一能准时准确完成任务的人”，或其他原因。作为督导，应牢记，工作中的主要构成部分是管理他人的工作，而不是去做属于他人的工作。

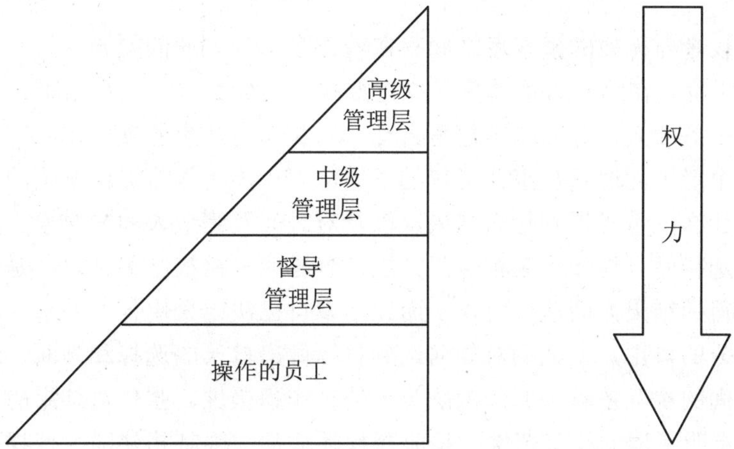

图 3-6　有效的授权

授权对于员工也是至关重要的。如果你愿意授权，则显示出你相信并尊重自己的员工。员工为此能引以为自豪，因为他们能行使决策权。这还能增强他们的参与感和责任心。向员工委派工作任务时，则向员工提供了个人和职业发展的机会。在委派工作任务的同时，还应向员工授予完成该项工作任务的权利。

(二)影响授权的权变因素

管理者应该下放多大权力？是否应该维持权力的集中，只下放极有限的责任？如果不是这样，那么在确定权力下放程度时应考虑哪些事项？下面这些权变因素将会为你提供一些指导。

(1) 组织规模。组织规模越大，需要进行决策的数量也就越多。而督导管理者仅有一定量的时间，也仅能获得一定量的信息，因此，他们越来越依赖于下级。也就是说，大型组织中的督导管理者越来越求助于授权手段。

(2) 责任或决策的重要性。一项责任或决策越重要(以其利害得失和对组织未来的影响来衡量)，则越不太可能授权给下属。

(3) 任务的复杂性。任务越复杂，督导管理者越难于获得充分而最新的技术信息做出有效的决策。复杂的任务要求更高的专业知识，与此工作有关的决策应该授权给掌握必要技术知识的人来做。

(4) 组织文化。如果管理层信任下属，则支持较高程度的授权。如果上级管理部门不相信下级的能力，则授权会十分勉强。也就是说，他们会尽可能减少权力的下放。

(5) 下属的才干。最后一个权变因素为下属的才干。授权要求下属具备一定的技术、能力和动机水平以接受权力并执行之。如果下属缺乏这些条件，上级管理部门便不愿意将权力下放。

(三)有效的授权技能

有效的授权者与无效的授权者之间存在着许多行为方面的差异。

(1) 分工明确。在这一方面首先要确定授权的是什么以及授权给谁。需要选择一个最有能力完成任务的人，然后确定他是否有时间和动力从事此项工作。

假设有一个能干而愿意从事此工作的下属，下一步工作是提供明确的信息，告诉他授权给他的是什么，希望得到什么结果，以及对时间及绩效方面的要求。

除非别无选择而只能使用某种专门方法，督导应只授权结果。也就是说，仅在要做什么与期望获得的结果方面达成协议，而让下属自己决定采用什么办法。着眼于目标，并且给下属充分的自由，使他们对如何达到目标做出自己的选择和判断，这样可以增进督导与员工之间的相互依赖关系，激励员工的工作积极性，强化对结果的责任感。

(2) 具体指明下属的权限范围。每一授权活动都与限制相伴随。授权是下放用于某项工作的权利，而不是无限制的权利。所下放的是在某些条件下处理问题的权利，需要明确指出这些条件是什么，使下属十分明确地知道他们的权限范围。成功地表达这一信息，可以使授权者和下属对下属的权限范围及未经进一步许可能走多远达成共识。

(3) 允许下属参与。确定完成某项工作必须拥有多大权力的最好办法是让负责此项任务的下属参与该决策。但要注意，参与本身也存在着一系列潜在问题，会使下属在评估自己能力时自私自利和带有偏见。一些下属的个性特点可能倾向于扩张自己的权力使其超出需要的范围或能力所及的范围。让这种人过多地参与他们将要执行什么工作以及完成工作需要多大权力的决策，会降低授权工作的有效性。

(4) 通知其他人授权已经发生。授权不应在真空中进行。不仅督导管理者和下属需要明确知道授权了什么以及下放了多大权力，还应告知与授权活动有关联的其他人，包括组织内外人士。尤其需要通报的信息包括授权的是什么(任务与权力大小)以及授权给谁。不通知其他人很可能会造成冲突，并且会降低下属成功完成所交付任务的可能性。

(5) 建立反馈控制机制。仅有授权而不实施反馈控制会招致许多麻烦。最可能出现的问题是下属会滥用他所获得的权限。建立控制机制以监督下属的工作进程增加了及早发现重大问题的可能性，并能保证任务按时、按预期的要求完成。

理想情况下，进行任务分配时就应确立控制机制。首先要对任务完成的具体时间达成协议，尔后确定进度日期，在这些时间里下属需要汇报工作进展情况以及遇到的主要困难。控制机制还可以通过定期抽查得以补充，以确保下属没有滥用权力原则，执行了组织政策，符合适当的工作程序等。

然而物极必反，如果控制过度，则剥夺了下属建立自信的机会。授权所带来的许多激励效果也会丧失。总之，一个设计优良的控制机制会使下属少犯错误，并在重大错误来临之际使你迅速警觉。

五、时间管理的工具

1. 时间管理矩阵

史蒂芬·柯维(Stephen Covey)认为时间主要消耗在4类活动上，如表3-6所示。可以看出，两种变量决定了我们的做法：①所做的事情或者所期望结果的重要性；②紧急性——或者说是否需要对行为立刻做出反应。

表3-6表明活动在矩阵中是如何被分类的。象限Ⅰ表明那些既“重要”又“紧急”的事情；那些重要但不紧急的事情放在象限Ⅱ中；紧急但不重要的活动放在象限Ⅲ中；Ⅳ象限中包括既不重要也不紧急的事情。

表3-6　时间管理矩阵

重要性	紧急的	非紧急的
重要的	Ⅰ 活动： ·危机 ·紧迫的问题 ·接近最后期限的项目	Ⅱ 活动： ·预防、生产控制活动 ·建立良好的人际关系 ·寻求新的契机 ·计划、再创造
非重要的	Ⅲ 活动： ·中途打扰，某些电话 ·发来邮件，某些汇报 ·某些会议	Ⅳ 活动： ·日常的、微不足道的工作 ·某些邮件 ·某些电话 ·浪费时间的事情 ·放松的活动

尽管这个矩阵对管理时间很有用，但是我们需要知道督导管理者在实践中该如何运用它。以下的讨论对于那些很忙碌但又想提高时间管理技能的督导来说应该有所帮助。

2. 日备忘录

许多督导发现，日备忘录是行之有效的记录工作细节的手段。可以使用小型笔记本、活页本、提前印制好的表格或电脑提示文件来记录。总之，日备忘录没有严格固定形式，可根据自己的爱好选择样式。在制定日备忘录时，应注意以下几点。

(1) 制定时间。有的督导在一天工作开始时书写当天的备忘录，其他督导则在一天的工作结束后开始书写(为第二天做准备)；还有的督导自己选择合适的时间来书写。本着这项备忘录，督导能赢回投入到计划制定中的时间(可能10～20分钟)和其他的时间，因为督导可以在整个工作日中有效、系统地应用宝贵的时间。

(2) 制定内容。在制定每日的备忘录时，应把所有能考虑到的任务都包括在内，但不必顾及各项工作的轻重之分。一旦完成日备忘录，要仔细审视各项工作的完成顺序、最后完成期限、工作流程、所需人数和其他相关事项。最后，删除不必在当日完成的工作任务。

日备忘录上的工作项目不可罗列过长，否则使人感到力不从心。督导应经过反复练习，学会制定出只包含当日工作项目的可行性备忘录。另一个要避免的错误，是过于笼统地用词。不应使用含糊不清的词语，如“做好组织工作”，而应使用“把桌上的凌乱文件分类归档”。

制定并分清任务主次之后，督导应自问：“我本人需要做什么？哪些工作可以授权给他人？”在授权他人的工作旁，应具体注明接受委派人的姓名。

(3) 锲而不舍。如果这是第一次使用日备忘录，可能会需要一段熟悉时间，但应锲而不舍。督导的日常工作时间十分紧张，上司和其他人员新的工作安排要求督导重新考虑组合工作程序。但督导的职责不是被动地应付，而是积极地重组工作的轻重缓急。日备忘录能使督导掌握灵活的安排技巧，而不会失去目标或遗忘自己本身的计划安排。一旦完成了新布置的工作，督导可以返回自己的日备忘录工作顺序中，继续完成未完成的工作。这能增强条理性，提高工作效率，并提高控制全局运营的能力。

(4) 分清主次。备忘录的书写和执行是相辅相成的。一旦开始工作，首先应分清工作的主次关系。例如：应如何处理要消耗全天时间的主要工作呢？督导应做出的决策是：是否应放弃其他工作全力关注解决主要问题，还是把主要耗时的工作分为几天来完成的细小单元？

分清主次说来容易，但操作起来难度很大。工作中会有各种因素影响原计划安排。因为督导有时要同时处理并按时完成各种任务活动，会感到手足无措。而正是在这种关键情况下，督导应按照既定的原则统筹安排，并有效地监管全局的工作运营。

3. 日历记录

许多督导都使用日历来记录当年或本月重要的日期、会议时间和各项活动。这能帮助督导记住重要事件的总体安排和长期的任务职责。在制作每日的备忘录时，应首先查阅日历记事录，并尽早通知员工未来任务的最后完成期限。

4. 周计划

除日备忘录外，周计划也能帮助督导管理时间的运用。督导可以根据每周的计划来安排本周的活动项目时间及要会见的人员。同时，督导还可根据具体情况修改或创建全新的周计划。

督导每周应抽出固定的时间来制定周计划。这个过程通常只需要几分钟的时间。随着时间的推移，还要做出不断的更新调整。如重新调整工作的主次关系、加入新的工作任务和重新安排各种活动的顺序。不仅如此，使用周计划还能避免督导偏离既定的目标。

5. 电子工具

许多流行软件都有时间管理程序。例如，微软公司制作的 Project 具有诸如时间管理等多种功能，它不仅能提供工作时间的安排系统，还能安排会谈、会议和其他活动。

这一系统的特点是能为督导设置(以分钟、小时或天为单位)一种自动的“提示窗”，显示预约的时间，而且还可输入简短的或重要的信息，以真正“提醒”自己预约的目的和功能。反复性出现的预约可被编制成固定的数据，显示在未来几周的日历记事录上。

一旦输入相关数据，督导就能阅览或打印出日、周或月工作任务和预约计划。

复习自测题

1. 解释下列概念:

(1)计划；(2)权变计划；(3)常规计划；(4)单一用途计划；(5)时间管理；(6)授权。

2. 简述制定计划的步骤。
3. 解释高级、中级和督导管理层的计划有什么不同。
4. 举出 5 个饭店常规计划的例子。
5. 列举三个饭店一次性计划的例子。
6. 列举制定权变计划的 5 个步骤。
7. 作为一名饭店督导管理者，如何更有效地管理时间？
8. 举例说明授权的重要性。
9. 说出影响授权的权变因素。
10. 有效授权者应具备哪些技能？

第四章　制定决策和解决问题

【学习目标】

学完本章，应该能够：掌握决策制定的概念；了解决策制定过程中的要素；说明决策的类型；阐述怎样做出正确的决策；确定在决策制定中使用个人决策方式还是团队决策方式；掌握改进决策制定的一些方法；了解制定决策和解决问题之间的联系。

【关键词】

决策制定(decision making)
管理跨度(span of management)
程序化决策(programmed decision)
逻辑型决策(logical decision)
直觉型决策(intuitive decision)
感情决策方式(feeling decision process)
思考决策方式(thinking decision process)
双赢(win-win)

督导管理者无论执行 4 项管理职能(计划、组织、领导和控制)中的哪一项，都必须制定决策。没有决策的制定，整个管理体系也就不复存在了。

本章首先明确决策制定的定义，说明决策的类型。之后，讨论决策的制定步骤，以及制定决策的要素。最后，解释制定决策和解决问题之间的联系，并论述解决问题的模式。

第一节　决策制定

一、决策制定的定义

英文中的“决定”(decision)来自于拉丁语，意思为“切断”。当你做出一个决定时，首先会想到那些让你觉得不确定的事情，在心里盘算或斗争，然后做出选择或者判断，这或多或少影响了明确结论的产生。这时你必须切断对这个问题的反复思考。所以，决策制定(decision making)就是为达到既定目标而有意识地思考，并从两个或更多选择中选出要采取的行动的过程。

制定决策是督导管理者工作的核心。督导必须不断地决定该做什么、谁来做、怎样做、什么时间和在什么地点做。尽管对于这些决策的探讨是独立的，但同时它们又是相互联系的。一项决策通常会受以前决策的影响，甚至是建立在其基础之上的。例如：部门生产什么产品决定了需要怎样的生产设施；同样，有关生产设施的决策又会影响所需要雇员的类型和他们应接受的培训及对报酬的选择，所有这些决策又影响着部门的预算经费。

督导管理者甚至需要比其他层次的管理者更多地指导员工的行为，以实现组织目标和员工自身的目标。督导必须比其他管理者更频繁地制定更多的决策——而且经常是要求更迅速，因为他们的工作是日常的、人际的、以产量为目的的。这些决策所涉及的活动范围很广，员工遇到问题时就会找督导，督导决定他们该怎么做。危机发生时，如机器出现故障，供货没有送到，员工请病假、受伤、发生争斗、离开工作岗位，就要决定应当做什么。员工不能或不愿按要求工作时，要决定是进行再培训，激发他们的工作热情，还是用纪律约束他们，或是开除。部门运转不畅时，要决定对策。有时一整天的工作内容就是一个接一个的决策，看起来好像没有时间做任何工作。

案例

威尔玛·马龙是一家五星级酒店管家部的经理。虽然她接手新工作刚刚 3 个小时，却已经制定了 7 项主要决策：

(1) 决定参加下周举行的有关时间管理的为期一天的培训；

(2) 在业绩奖励表格中将下属中的 5 人分出了业绩等级；

(3) 批准了两名员工的休假请求；

(4) 向楼层领班反映了一名客人提出的安排度假要求；

(5) 解决了一名领班和一名楼层清洁工的争执；

(6) 选出简·摩尔在三周后她休假时接替自己的工作；

(7) 要求给予下属必需的用品。

此外，她还做了一些小决定。她的年轻助手问她："你一直都是这么忙，还是因为今天刚好是周一的早晨？"马龙回答道："这是一个督导管理者日常工作的一部分。"

比起与高级管理层的关系，一线员工更喜欢向督导管理者寻求指导、帮助和保护。而且总的来说，因为督导管理者比其他管理者有更多的下属，所以他们将更多的时间用在组织中的人际交往上，而所有这一切活动都需要制定决策。

正如第一章的图 1-2 所示，越是下层的管理者，其管理跨度(span of management)越大，即督导管理者所能有效地直接督导的人员最多。因此，督导的决策不仅会影响自己的行为，也会影响其他人的行为。

在这个节奏快、时间紧的社会里，决策就是督导的工作，不管喜不喜欢。不是督导自己，而是他督导的员工在生产产品，提供服务。督导规划员工的工作，聘用或解雇他们，解决他们的问题，解决争端，同意或否决他们的要求，应付突发事件，调停纠纷。通过不计其数的、小得甚至都称不上决定的决定，工作得以完成。工作完成得怎么样，在很大程度上是由督导的决策做得怎么样决定的。

二、决策制定过程中的要素

关于决策制定必须了解一些重要的事实，其中最重要的是：①决策可能不是必要的；②决策中包含对未来的考虑；③决策过程是有意识的；④制定决策必须有一个以上的选择。

1. 决策可能不是必要的

一个明智的决策者首先会这样问自己："做决策有必要吗？"把这个问题放在决策制定中来讨论看起来似乎有些奇怪，但它却是很重要的。许多督导管理者做一些根本没有必要的决策，这样制定决策只能是徒劳的。如果一件事情注定是不可避免的，或者高级管理者要不顾督导的意愿来做某件事，那么制定决策就是在浪费时间。许多事情并不以督导管理者的意愿或行动为转移。

2. 决策中包含对未来的考虑

你肯定听别人说过："要是我做了那个决定，事情就不会发生了。"他们在假设如果做了一个不同的决定，那么结果就会是一场愉快的婚姻、一次很快的提升，或在股市上大赚一笔。督导管理者所需要的并不是事后的聪明，而是需要为将来考虑。由于督导管理者的决策是面向将来的，所以决策本身总是包含不确定因素。

3. 制定决策是一个有意识的过程

制定决策是一个有意识的选择过程。像呼吸或消化这类活动就不需要做决定了，因为那是无意识的自然发生的过程。制定决策时应该有意识地：①认识到需要满足的要求；②寻找相关的行为选择；③比较评价，并作为选择的基础。过程如图 4-1 所示。

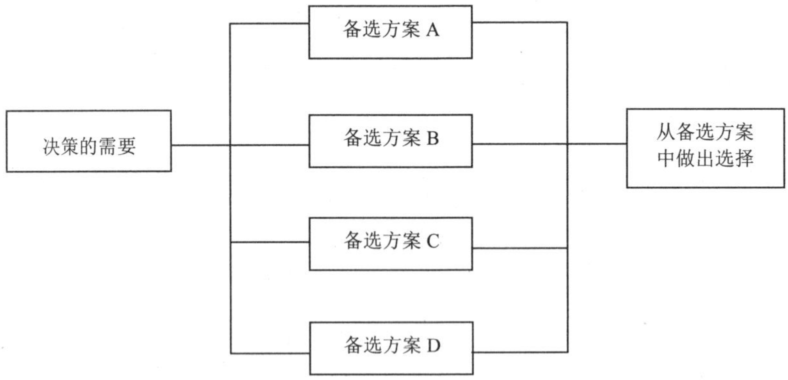

图 4-1　决策制定过程

4. 制定决策必须有一个以上的选择

正如前面所阐释的，制定一个有效的决策，必须有两个或更多的选择，其中也包括什么都不做、任其发展的选择。通常情况下只有两种选择，如“是或不是”或者“做或不做”，什么都不做的决定有时是最坏的决定。

大多数的决策都有几种选择，每种都对应不同的结果。有些选择可能并不了解，或者根本没有权利选择他们。而对于其他选择，必须判断其结果，这样就可以评价每种结果的合意程度。有时并没有最合意的选择，这时就要在两个并不合意的选择中做出决定。

第二节　决策的类型

一、决策的分类

决策有许多不同的分类方式，但我们只讨论其中的两种：程序化决策与非程序化决策；逻辑型决策与直觉型决策。

(一)程序化决策与非程序化决策

1. 程序化决策

程序化决策(programmed decision)是经常发生的、可重复的决策。既然这种决策是相似的，而且经常重复制定，督导管理者通常会建立起一套处理它们的系统程序。下面的例子就是属于此类决策。

(1) 如何处理那些耽搁工作汇报和未经批准擅自缺席的员工。

(2) 怎样计划工作、轮班、休假或其他的时间变动。

(3) 如何确定员工培训的人选以及提供培训的种类。

(4) 确定设备维修的频率。

有效的督导管理者以系统化的方式处理这些决策，甚至会建立起决策制定体系，其中包括许多指导方针，如政策、程序或规则。

2. 非程序化决策

非程序化决策(unprogrammed decision)指不经常发生的决策。由于各种变量不同，每次需要做出的反应也是独立的、不同的，所以建立一定的体系来处理这类决策通常很困难。下面就是非程序化决策的一些例子。

(1) 是否购买一台重要的机器设备，尤其是当其价格昂贵、性能复杂时。

(2) 工会代表认为，如果督导给予一个工人书面通报，批评他违反安全法规的行为，会有不满情绪产生，对此，督导有何看法。

(3) 该怎样处理一次严重的事故或爆炸。

(4) 提升谁为督导管理者。

(二)逻辑型决策与直觉型决策

1. 逻辑型决策

逻辑型决策(logical decision)是通过一系列建立在科学方法基础上的逻辑步骤，做出决策。首先将目标列出并排序，收集所有相关事实，对所有行动方案和它们的后果进行审慎思考和权衡，选择最能达到目标的一种方案。这种逻辑处理方式(经过修改后)为管理科学家们所推崇。这需要时间，而时间正是忙碌的饭店业督导们没有的东西，而且这种方法不合乎他们的习惯：大多数人是行动者，不是策划者。它更适合于意义重大的高层管理问题，而不是饭店和饮食服务业的督导们的日常决策。尽管如此，这种方法仍然可以用来解决他们的重要问题。

2. 直觉型决策

直觉型决策(intuitive decision)就是本能的、直觉的反应，自己感觉正确的决策。采取这种决策方式的人往往富有创新精神、聪慧、自我意识强、抱负远大。有的企业家就是这样：也许他们开车在四周转一转，突然就说，这是开餐厅的好地方，然后买下这块地，建起一座餐厅，结果生意兴隆。

但是这种决策方式并非适合每个人，大多数情况下，运用这种方式做决策的人会遭到失败。如果成功了，这种本能、直觉反应的背后必定是以大量的知识、经验和下意识的推理做基础。大多数人靠直觉做决策时就好比抛硬币，有 50%正确的可能性。运用知识、经验和下意识的推理时，偏见、习惯、成见、爱好和个人利益同样也在起作用。瞬间看清事实几乎不可能，即便有极深厚的知识和经验。

许多人没有特别的决策方式。有的人犹豫不决，害怕做决策，他们忧心忡忡，不断延宕，向别人讨教，自己就是下不了决心。还有些人凭一时冲动即兴做决策，他们决策的基础是一闪而过的念头或当时的心境，而不是事实，甚至不是直觉。这两种人很难区别重要决策与非重要决策，正确决策率极低，往往问题缠身，精神沮丧。

二、饭店业督导决策类型分析

饭店业的督导要做的决策范围很广，包括从买多少清洁剂到解决与生产、人员和利润有关的问题。

有些决策很容易完成。比如，订什么货，是否在特价时间购买，备菜的分量，每周工作安排，分派待整理的房间，批准或否决员工请假或调整工作安排的要求，决定面试时间，以书面形式还是电话形式确认一个预定安排，某宴会的服务员人数。做这些决策都容易，因为有过去的资料或工作方法做基础。

对于反复出现的需要决策的问题，有固定的做法或约定俗成的解决方法，而且如果当天没有新情况，就只管按照以前的方法做，不需要决策。这就是标准化管理方法。它经过实践奠定，或在公司的政策和操作规定中有详细的说明。

有的决策不是这么清晰、简单。它们可能影响到许多人，有许多因素需要考虑，决策失误可能导致严重的后果。这类决策包括聘用和解雇，授权，对工作环境或工作本身进行变动，比如推出新菜单、重新装修一间餐厅或改变操作程序。这样的决策需要时间和思考。

紧急情况(从机器故障到事故、争斗、员工旷工、食品不达标)发生时就需要做复杂的、迅速的决策。即使有现成的应对紧急情况的方法，仍然要进行紧急决策，而且一个决策可能需要一连串的决策支持，以应对新局面。比如，把清理餐桌的人拉去顶替一个受伤的厨房员工，就要找人清理餐桌，而让上菜服务员自己去清理餐桌，对顾客的服务会受到影响，此时，又要应付这个局面。这样，一起事件将导致一个接一个的迅速决策。

这种决策需要对当时的情况了如指掌，加上迅速思考和迅速行动——果断。这些能力是督导在工作中培养出来的。这些能力的培养要靠督导对公司及员工的熟悉，靠对处理紧急情况的观察和分析，靠解决日常工作问题积累自信心和技巧获得。

也许最难做的决策就是要解决问题所需要的决策。从一定意义上讲，任何决策过程都是解决问题的过程。但是有的情况下不知道问题是什么原因造成的，所以无法选择合适的行动方案。例如，发现过去几星期里客人对客房服务的投诉不断增长，但不知道为什么。督导知道的问题(顾客投诉)其实只是一个深层问题的表现。只有弄明白问题是什么，由什么原因造成的，才可能选择一种行动方案。督导需要迅速地确定问题：是点菜、制作还是送菜环节发生了问题？这个问题的决策要比其他决策，如下水管堵塞复杂得多。

督导工作中的某些决策不需要督导来做。有时候公司的政策，比如处罚旷工、食物分量不合理和工作时间抽烟的规定，会替督导做决策。这种情况下督导唯一要决定的就是该事件是否符合处罚条件——这是第二次还是第三次发生，如果违规是因为表快了，以为关门时间到了，才点上香烟的，那么要对他处罚吗？

还有一些问题督导没有权力采取行动。监管的餐厅中上菜服务员对某一厨师不满，督导无权对这个厨师采取纪律制裁，但可以找与督导同级的主厨师来解决这个问题。如果不成功，可以向上找餐饮部总监交涉。除了在自己监管的部门，不能在其他任何地方发号施令。务必注意，不要在无权、无责的地方做任何决策或采取任何行动。

由于时间可能是最大的问题，所以还有必要区别哪些是重要决策，哪些不是，哪些决策必须马上做，哪些可以稍后再做。

根据经验来说，不重要的决策一般都是对工作或员工影响极小的决策，如果决策错误，不会发生什么严重后果。当晚的特价菜是印在菜单广告单上，还是让上菜服务员取菜单时向客人说明？新的客人账单用什么颜色的纸印？这种决策只需几秒钟的时间思考：问题是什么？涉及什么人？有什么选择？有没有显然正确的选择？如果没有，就做一个选择，然后继续工作。对无关紧要的决策悬而不决可能产生恶性后果。它阻碍工作，使上司和员工对督导失去信心，另一方面，又使督导丧失自己的视角，即对工作的宏观把握。

与此相对的错误即是进行重要决策的考虑时间太短，也可能导致严重后果。重要的决策，比如改变政策或方法，改变生产率下降的局面的措施，处理员工之间摩擦的方法，等等，都对工作或员工有明显的影响。在这种情况中，最严重的错误就是没有花费足够的时间对决策审慎思考。错误的决策很难弥补，它可以导致严重的后果或使要解决的问题顽固化。

第三节 制定决策

一、怎样做出正确的决策

图 4-2 说明制定决策的过程包括 6 个基本步骤。前面提到了其中的大部分内容。这 6 个步骤具有弹性，可以根据自己的问题和实际情况扩展或缩减。

实际工作中，在处理一起突发事件时，不会停下来考虑这些步骤，但是很可能确实在采取这些步骤，只是没有刻意思考，其实处理问题就应当这样。

1. 确定问题及其性质

只有对问题有了正确的判断，才会做出好的决定。换句话说，对问题的判断错误而决策正确和判断正确而决策错误一样糟糕。但是，找出问题以及解决它的最好机会往往并不总是容易的。发烧只是真正病因(感染或其他疾病)的一个症状。同样，督导要记住，低落的士气、大量的投诉、浪费和不断下降的销售额都不是真正的问题，它们只是真正问题的表现而已。

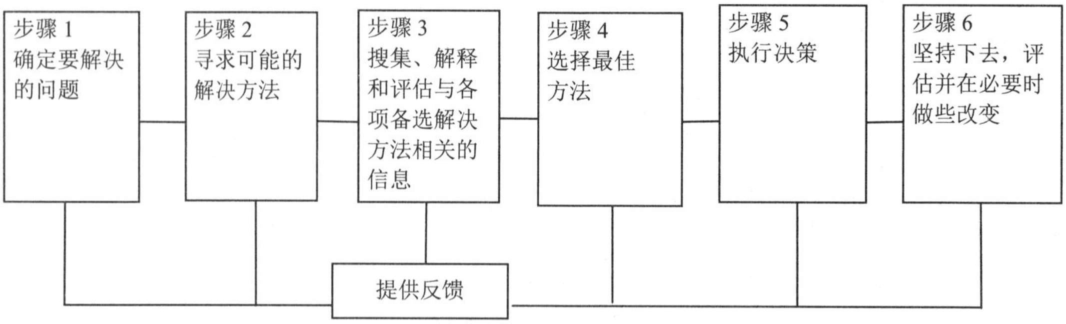

图 4-2 决策的基本步骤

如果制定决策是要解决问题，那么问题的成因必须确定。如果不能判断问题的成因，解决问题就会很困难，因为面对的只是症状而不是根本原因。

2. 寻求可能的选择

第二步是寻求可供选择的方法来解决问题或是抓住机会。选择(alternative)是可以满足某种需要或解决某些问题的可能行动方案。如果能辨清它们，就会发现有许多选择。从较少的备用选择中挑选比从大量选择中挑选要容易一些，所以应当尽量减少选择的数目。而且，如果受到限制，那么可能只剩下并不合意的选择了。

这时，督导应该决定是否做出选择，还是让更有权力、更有能力的人去做出选择。如果认定这是自己的工作，选择之一是什么都不做，寄希望于问题自生自灭或自行解决。不过必须谨慎，这不能成为无法做出选择的理由。一旦这样，督导可能会被认为是优柔寡断——这是许多有前途的督导管理者的职业杀手。

3. 搜集、解释和评估每项选择的信息

通常可以通过多渠道搜集到影响决定的信息。有时，固定的规则、政策、程序、规定和法规都可以提供相关的信息。事实上，以上这些已经为督导做出了决定，或至少说明了应该怎样决定，其他信息来源包括经验，公司记录和报告，直接或间接的与他人的讨论以及个人判断。

也许你听过这样一句话：“告诉我你想证明什么，我给你资料去证明他。”有效的权衡选择要客观地看到每个选择的正反两方面。可以通过很多方式权衡选择，可以将各类信息写在一张“平衡单”上，将一种选择的支持方信息放在一侧，反对方的信息则在另一侧。或者使用剔除方法，将不合意(或较为不合意)的选择逐个去掉。

4. 选出最佳方法

最后，不得不做出最后的决定了。看了第三步的结论，然后合乎逻辑地做出选择，选出无论从客观的、伦理的或实际的角度都是最合意的选择。这样一个选择包含成本/收益分析和风险分析。

使用成本/收益法(cost/benefit analysis)，要从人力资源、物质资源、金融资源等方面预计每项选择的成本，然后估计期望的收益，并且比较此两种预期，最后，选定收益与成本之比最高的选择。

风险分析是制定决策的固有分析方法。风险(risk)即失败、缺陷、伤害或损失的可能性。精明的决策者会有效地预测结果和考虑所有的变量，努力将风险最小化。

5. 执行决策

高效率的制定决策并不止步于做出最终选择。决定必须应用于实践。例如，可能需要获取和配置设备及原材料，或者制定方法和程序，或者选拔、培训乃至解聘雇员，这是决策过程中很费力的一部分，因为督导必须面对那些不赞成自己选择的人。许多好的督导决策变得无效就是因为其执行的方式有问题。

6. 坚持决策，评价决策，必要时做出适当的改变

决策制定过程的最后一步包含管理的控制职能，它决定了决策的执行能否顺利达到预先的目标。如果不能，并且决策可以改变或者修正，那么就应该改变或修正；如果不能修正，就必须坚持下去，尽力使它成功。

二、制定决策的要素

描述决策制定中的大体步骤相对容易。但由于要考虑的因素很多，所以在制定决策的过程中，实际要花很大力气。因素的数量和种类都很多，我们只讨论其中主要的几种。

1. 由恰当的人制定决策

尽管没有非遵循不可的规则要求某人必须制定特定的决策，但总的来说，决策最好还是由有权制定决策的人来制定，主要考虑到决策制定者要对周围的状况和人有足够的了解，以及有实行决策的必要权威。

2. 决策应有助于实现目标

将每项决策和组织的目标联系起来会有助于决策制定，并帮助组织执行自己的任务，这样做还有助于决策的接受和执行。如果一项决策无助于实现目标，就应该受到质疑。例如，假设农业合作社的一名管理者决定从自己或其妻子、儿子所拥有的公司里购买化肥，尽管这名管理者和他的家庭会在这笔交易中获得丰厚的利润，但是购买这些化

肥的农民却付出了很高的价格，那些农民应该质疑这样的决定。

3. 很少存在只有一个合意选择的时候

大多数的组织问题都可以用不止一种方式来解决。所谓最好的选择取决于决策者所认为的重要因素、心目中每项选择的权重以及后来是怎么做的。即使一项决定的结果并不像预期的那样，人们还是会尽力使它“正确”。例如，如果一名督导管理者不顾人力资源部的反对，坚持录用一名服务员，这名督导管理者就会尽一切可能促使这名新雇员成功，而不看重这名雇员的任何缺点。

4. 兼顾感性和理性

督导管理的决策往往与人相关。这些决策可能包括谁被分配到哪一项工作，谁得到加班费，一种新工序怎样影响人事等。督导管理者应该非常了解所做的决策对人产生的影响，并且，也必须愿意做出对人不利的决策。

人们做决策的两个基本途径是感情决策方式和思考决策方式。感情导向型的督导倾向于感情决策方式(feeling decision process)，表现为将考虑问题的重心放在人的问题上，决策倾向于“人”的一边。他们实质上认为许多问题包括没有效率的问题是源于人的问题。他们在决策上倾向于重视人的问题，并且非常注重决策会给别人产生的影响。

另一方面，思考导向型的督导管理者则倾向于使用思考决策方式(thinking decision process)，将解决问题的重点放在分析、逻辑、合理化和客观性上。尽管人的因素也是相关的，但并不是主导因素，除非分析和推理表明其是主导因素。

以上这两种方式无法说谁是最佳的，因此，两者的均衡很必要。过分感情导向的督导管理者会被认为太有同情心、太中庸、太软弱。如果走极端，他们的敏感会使他们不能解决问题或者无法制定对他人不利的决策(比如惩罚)。另一方面，过度思考导向的督导管理者又会被认为太冷漠、太没有弹性、没有同情心和没有人情味，如果他们完全不考虑人的因素就会严重制约决策的效果。为了保证决策的有效性，督导管理者必须在制定决策时保持二者的均衡。以下题目将帮助认识自己所属的决策类型。

你是理性导向型的决策者还是感情导向型的决策者？

指导：圈出最能描述你个人情况的选项。记住，并不存在“正确的”答案。如果在两个选项间难以定夺，那么跳过去，继续进行其他题目。

(1) 你更关心：(a)人的权力；(b)人的感情。

(2) 更能打动你的是：(a)原则和标准；(b)感情和情绪。

(3) 在决策制定中，哪一项对你来说更为重要：(a)客观性；(b)人们的感受。

(4) 认识你的人认为你是：(a)意志坚定的人；(b)心肠很软的人。

(5) 如果其他人所说的是不正确的，你通常会：(a)指出错误；(b)当作不知道。

(6) 你认为决策制定是基于：(a)逻辑性的、逐步的分析；(b)该决策带给你和他人的感觉。

(7) 你认为哪一项是最大的错误：(a)太仁慈；(b)太强硬。

(8) 哪一项可以更好地描述你：(a)一个理性的人；(b)一个体贴的人。

(9) 假定你同样擅长，你会选择成为：(a)法官；(b)咨询员。

(10) 哪一项能够更好地描述你：(a)强硬的；(b)富有同情心的。

说明：数一数你选择答案(a)和答案(b)的数目，答案(a)是思考决策方式，答案(b)是感情决策方式。如果你的答案中(a)和(b)的数目非常不平衡，你也许要更加注意自己的决策方式了。

5. 有效的决策制定需要大量的时间和精力

从来都没有这样的事情：督导管理者只要按一下按钮或掰一下手指就能够机关枪似地说出解决的办法。制定决策需要大量的时间和精力——脑力，通常还有体力。糟糕的是，许多选择是在督导管理者疲乏的情况下做出的。用了大量时间权衡不同的选择后，疲惫不堪的督导下意识地想："不管怎么样，就选择下一个吧，好歹让这件事过去吧。"或者为了节省时间，督导会说："这是个不坏的选择，如果你们可以接受，我也可以。"而这些决策很少是成功的。

6. 在实践中改进决策

没有人可以被教会该如何制定决策。只有亲自经历这个过程并看到结果，才能掌握它。像其他技能一样，越是经常地制定决策，越能够有效地改进它。

7. 决策并不能取悦所有人

一项决策很少能使所有的当事人都满意。督导管理者面对的一个挑战就是决策制定后如何解释这项决定，并赢得其他人或群体的配合。

案例

一家大型饭店办公室的管理者被授权在一年内淘汰 12 台旧电脑，每 4 个月替换 3 台电脑。她将第一批的 3 台新电脑分给工作最有效率的员工，并很快听到了那些资格最老的员工的不满。她告诉那些不满的员工，只要他们的业绩上升，就可以得到下一批新电脑。

8. 一项决策会引起一连串反应

既然组织的所有部门是互相联系的，那么当其他部门的决策影响到自己时就不必惊诧，反过来也是一样。一个决策制定者应考虑到决策引起的反应，并相应准备着维护、改变或取消决策。

案例

朱莉·埃克里很迷惑。她最近做了一项决定，让玛丽亚·蒙塔尼奥——她最好的技术员之一，参加一个为期两天的专题研讨会，主题是关于其专业领域的最新发展。本来上司已经同意并批准支付150美元的学费。现在，埃克里刚刚从上司的办公室里出来，她被告知其他部门的督导管理者也推荐了各自的下属参加专题研讨会，支付蒙塔尼奥学费的决定要暂时搁浅，除非能出台一项新政策。上司说："我承担不了20个人同时参加专题研讨会的费用。"

9. 对伦理道德的考虑

制定决策和解决问题时，督导管理者必须考虑到伦理道德方面。督导应当真正去关心别人的福利——不管是组织内的还是组织外的。因此，督导管理者不仅要遵循所有的法律，并遵循其上司和社会制定的道德准则，而且还要有自己的一套伦理道德原则来指导自己的行为。但是，难题在于首先要搞清什么是道德的，什么是不道德的？

伦理道德(ethics)是一种标准，用来衡量一个人的行为对于他人来说是"正确的"还是"错误的"。当道德行为的含义指的是要符合个人的伦理道德准绳时，这是最高和最严格层次的行为。低一个层次的就是要遵循职业的、组织的伦理道德准则，它规定了可以接受和不可接受的行为。最低的层次是法律层次，那就是人们都必须遵守的国家法律。

实质上，道德行为需要考虑到公正，也就是说，在聘任、调职、解聘等涉及员工的活动上应当公平地对待每个人。一个组织或督导管理者的公平在于他必须平衡优先权，也就是说，对于经济或财政的考虑和对于人的问题的考虑要同样多，比如当工作需要和个人利益出现冲突时。

案例

来看看在一家软件开发公司工作的督导管理者的困境吧。一名独立程序员呈给该督导管理者一个有趣的新软件构想，这会使公司节省大笔开支。但同时，他也可以不把这个构想继续上传，而使其成为他妻子刚刚开办的软件开发公司的一个出色的新产品。

本质上，"公正"意味着平衡督导管理者自己和涉及这个问题的当事人之间的利益。有道德的督导管理者会知道如何以及什么时间将自己的个人利益抛在一边，而专注于对别人有益的事情。

有许多道德准绳约束人的行为，有一种被称为"四步测试"的方法值得重视。它包括了在行动前所要考虑的4项简单问题。

(1) 它是正确的吗？

(2) 对于所有当事人都是公平的吗？

(3) 它会带来信誉和更多的友好吗？

(4) 它对于所有当事人都是有利的吗？

遇到伦理困难时，可以问自己三个问题，它们或许能够指导你走出困境(见表4-1)。

表 4-1　道德测试

伦理测试	考　虑
1.它是合法的吗？	我会不会违反法律或公司政策？
2.它是平衡的吗？	我是不是既考虑到了长处也考虑到了短处？ 它是否有助于建立双赢的关系？
3.它会使我对自己感觉如何？	如果我的决策在报纸上刊出来，我是不是会感觉不错？ 让家人知道这个决定会不会使我感觉良好？

三、个人和团队的决策制定

作为一个督导管理者，应该自主地制定决策，还是应当让所在的工作团队共同参与制定决策？以下提供一些回答这个问题的思路。

1. 决策制定的方式

图 4-3 表明制定决策有三种基本方式。在方式 A 中，督导管理者个人操作整个过程。使用这种方法的督导管理者确定问题，寻求和权衡选择，并选出最合适的选择。在相反的方式(方式 C)中，工作团队控制决策过程，即团队确定问题，寻求和权衡选择，做出他们认为最好的决定。如果使用方式 B，督导可以借助于团队的帮助来确定问题，确认和评价选择，或许督导会征询他们的建议，但督导管理者将做出最后的决定。

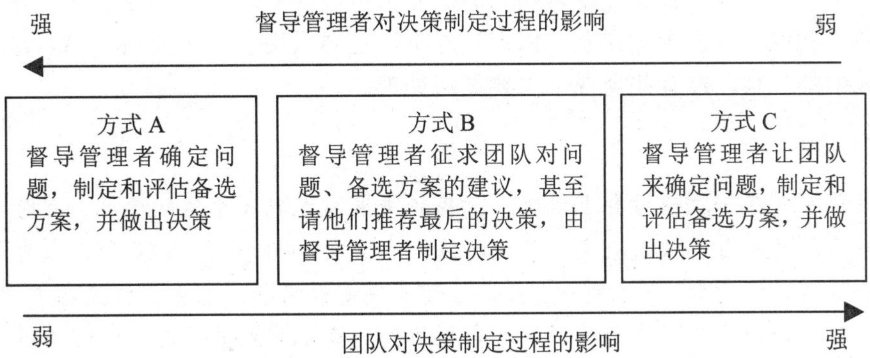

图 4-3　督导管理者和工作团队在决策制定过程中的作用

2. 各种决策方式的利弊

表 4-2 表明让团队参与决策制定的优、缺点。一个主要的优点，当然也是理想化的，是所制定的决策是可以不断改进的。俗话说：“三个臭皮匠，顶个诸葛亮。”下属参与决策制定的过程还可以有助于相互之间更好的交流，提高团队士气，使每个参与者对决策有更强的责任感。而且，通过员工参与制定决策来鼓励信息的自由交换也是消除员工间冷漠关系的一种途径。

表 4-2 团队决策制定的优缺点

优 点	缺 点
• 能够给督导管理者提供更多的关于问题、选择和所建议的解决方法的信息 • 给解决问题提供更有创造性的方法，因为方法是相互关联的 • 改进部门间的沟通，因为团队成员了解到了督导管理者所面对的各种问题 • 提高团队的士气 • 一旦制定了决策，团队成员会怀有更大的责任感，因为他们参与了决策的制定	• 督导管理者必须为团队的决策负责 • 耗费了团队成员做其他工作的时间 • 可能会迫使督导管理者选择一种派别，从而带来士气问题 • 使强有力的个人支配了这个团队，这样决策就不能反映整个团队的观点 • 沟通以及辨明团队在特定决策中的角色通常需要督导管理者拥有更多的技能 • 如果必须迅速做出决定，那么使用这种方式就非常困难

案例

由于前上司的不公正待遇，凯斯·杜恩自己开了一家饭店。在利用物质和竞争等手段激励员工失败的情况下，他开始让员工参与到对重要事务的决策中。在员工认为自己的行为成为饭店运作的一部分后，每年的人员流动率也从 250%(这个行业的平均值)下降到 60%。

不过，在特定的条件下，团队决策的缺点可能会盖过优点。这个过程所需要的时间、团队中每个人的个性以及督导要为团队的决策负责等都必须要考虑到。许多情况下，团队决策制定就像是一群厨师在煮一锅粥！并不一定要采用前文所提到的 A、B、C 三种决策方式中的一种，在有些情况下需要灵活处理。

案例

某位督导者在一次研讨会上讲道：“我的决策方式取决于实际情况。有时都是一些日常的事情，我就自己做出决定。其他时候，我会向一两个人征询意见，或者召开会议来听取全体成员的意见。就在刚才，我让他们来决定最需要三台新微机设备中的哪一个。我说：‘不管你们是怎样决定的，我都会把你们的意见列在最前面。’接着进行了多数投票，最终排出了第一位。”

四、改进决策制定

要改进决策制定，督导管理者应当了解决策制定的基础和技巧。决策的基础是制定时的参考系统，决策技巧则是决策过程中使用的方法。

(一)决策制定的基础

决策制定一些最常用的基础是职权、经验、事实、直觉和“追随先行者”的态度。从实际的角度看，并不存在所谓最好的基础，督导管理者应根据最适合环境的基础做出决定。

(1) 职权(authority of position)。制定决策者被授予的职位权力大概是最常使用的决策基础了。在此基础上制定决策大都符合公司的战略、政策和程序。比如，督导管理者的权力是做出类似职位优先、强制执行公司规则、在特定时间惩戒下属等决策的基础。在职权基础上做出的决策也往往是持续和长久的(因为大多是正式的)，是容易被接受的，并被认为是可靠的和正当的。不过那些太例行公事或者没有根据具体情况所制定的决策会使员工感到不能接受。

(2) 经验(experience)。我们通常使用所熟悉的概念和思想来看待和理解问题。经验会影响选择，它给予我们关于过去的实践知识和决策结果，它也提供了“可靠和真实的”知识，往往能被有同样经验的人所认可。不过一个决策制定者的经验是有限的或者单一的，做出的选择可能建立在陈旧的、过时的经验之上。

(3) 事实(fact)。大多数关于决策制定的谈论都认为决策应建立在“所有相关的事实之上”。如果能达到这种理想状态，那当然再好不过，因为它让我们觉得选择是合理的、正确的和恰当的。然而，所有的事实并不那么容易获得。如果等着获得它们，什么决策都无法制定了。而且，获取全部事实代价高昂，要耗费大量时间。更进一步讲，“事实”可能是误导的，甚至是错误的，可能只是某些人的观点和想法而已。这样，尽管督导管理者必须参照事实，但这些事实必须经过仔细分类、筛选，并说明它们的不充足和缺陷。

认识到了快速获取信息对于决策制定的重要性后，许多公司给督导管理者和其他管理者们配备了计算机终端。现在可以更加容易地分析部分失败的原因、熟悉计划安排和了解产品改进，结果是制定出更好的决策。

(4) 直觉(intuition)。决策可能会无意识地建立在一个人的文化背景、教育程度和培训状况以及对于环境的理解基础上，这种基础称为直觉。在此基础上得出的结论往往与从其他途径获得的结论相冲突。芝加哥科尔尼咨询公司(A. T. Kearney)的主席查尔斯·斯威特(Charles Sweet)这样说：“快速发展的高科技公司里年轻的执行官们尤其依靠直觉，而不是依靠计划来制定决策。”

建立在直觉基础上的选择可能非常令人满意，因为它的根基是制定决策者的全部背景，而且这些选择中蕴含着一个人的感情和思想，决策制定的速度也会非常迅速。总的说来，直觉往往都是有效的。

不过，直觉有可能无法带来最佳的选择或解决方法。如果直觉是错的，决定可能也会是错的。依赖于直觉会减少对其他决策基础的应用，而且，让同事、上级或其他人都接受一个源自直觉的决策也是不现实的。问题的关键在于当决策的基础是直觉而不是实际的分析时，督导和其他人都应该心中有数。

(5) “追随先行者”的态度(“follow-the-leader” attitude)。一些决策是建立在别人

所做事情的基础上的，这种方式称为“集群本能”。它建立在这样的假设之上：其他人比自己在这个问题上懂得更多。如果选择这种方式，你会处在大多数人当中，但是一旦先行者错了，也会跟着遭殃。

(二)对减轻决策压力的指导

除了本章中所探讨的思想，下面的建议应该能帮助督导管理者承受更小的决策压力，制定出更好的决策。

(1) 尽量避免制定危机决策。只要有认真和充分的计划，几乎就不会发生在紧急情况下不得不制定决策的情况。几分钟认真的思考会明显提高决策的质量。

(2) 在适宜的情况下，使用已成形的政策、程序、规则和规章。大多数工作中的决策都是程序化的决策，或者与过去曾制定过的相类似，督导管理者就有了现成的东西去遵循。使用它们可以保存精力和感情，以便更好地解决那些不常见的问题。

(3) 给每一个决策以相应的重视——记住不要多。小决策并不需要深思熟虑的制定过程，甚至可以授权给别人。另一方面，重要的决策又会给整个团队的运作带来很大影响，甚至包括职业生涯。

(4) 必要时向专家和其他管理者寻求帮助。认识到(或接受)这样一个事实，那就是很多决策是在能力和知识之外的。如果面对一个复杂的问题，比如环境控制问题、健康和安全问题，就应该向专家求助。

(5) 一旦制定了决策，就不要再反复去考虑。很少有人总是能够制定正确的决策，尽管应该追踪决策的结果，也不要无谓地担心是正确还是错误的。相反，跟着高效率的“先行者”的足迹，尽你所能，“剩下的就交给上帝”。

第四节　解决问题

一、制定决策和解决问题的联系

解决问题是一种特别的决策，它不仅是选择一种行动方案，而且包括确认问题的原因和探索改正或消除问题的方法。通常通过表象，比如顾客投诉，不合标准的工作表现，食品或房间清洁不合格，即现状与正常状态之间的差距，认识到问题。

在著名管理顾问乔·贝敦(Joe Batten)的教育片中，一名管理者说：“我们没有问题，只有机会，因为每个问题都可以看作一次机会。”尽管人们并不一定同意这种说法，但它确实表明了制定决策和解决问题是相互联系的。机会(opportunity)是使我们改变境况和帮助我们达到目标的外部条件，是发展和进步的机遇。问题(problem)是带来忧虑和不安的、令人不满的境况。

高效率的督导管理者肯定可以认清问题和问题产生的原因，分析复杂的情况，通过根除成因解决问题。但是将太多的注意力放在问题上，会使人忽略机会的存在。毕竟，解决问题只是消除不利的情况，进展和进步则来自于对机会的寻求和把握。应该认识到人们的情感、需要和动机，并分析满足他们的方法。下面就是督导管理者制定“机会决策”的例子。

(1) 购置可以改进效率的机器，即便旧机器还运转得很好。

(2) 改进已经有效进行预防维护的系统。

(3) 交叉培训员工来拓宽他们的技能，提高工作热情。

(4) 为一个刚刚招纳的来自于竞争对手的高水平技术人员提供新的职位。

(5) 采用最新的工序和技术。

二、解决问题的方法

(一)解决问题的模式

解决问题与简单的决策之间最主要的区别是：在寻求不同的解决方法前，需要多走几个步骤。

(1) 描述问题。

(2) 寻找原因(搜集情况)。

(3) 确定真正的原因，制定目标。

(4) 探索不同的解决方法。

(5) 选择最佳的解决方法。

(6) 将决策付诸实施。

(7) 后续措施。

从以上可以看到最后 4 个步骤和任何决策过程一模一样，区别在于前三步。督导确定问题，制定解决目标之前要搜集情况。如果想根据对问题的初步印象做决策的话，可能会犯错误，问题会再次出现，将会把表面现象看成是症结之所在。

为说明解决问题的方法，我们简略地举一个例子。

你是一家餐馆的经理，最近聘用了一个刚从一所著名的烹调学校毕业的厨师，这是他的第一份全职工作。你的问题是他的工作节奏太慢，觉得非得解雇他不行，因为他实在太缺乏经验。但是他做的菜相当不错，尤其是你让他创制的每日“厨师特价菜”。顾客对他的菜交口称赞，但是对服务怨声载道。真是让人为难！从哪儿入手呢？

第一步是描述你看见的问题。描述不仅要包括此时看到的首要问题，而且包括它将导致的其他任何问题。

你写下以下内容：厨师动作太慢，不能按时出菜。上菜服务员很生气，因为顾客埋怨他们服务差。顾客也生气。

第二步是寻找问题原因。这要求搜集所有相关的情况：人、事、时间、地点、方式和原因，当时的情况，应该是什么情况，以及其他相关信息。显然必须了解厨师一边的情况，初次与他谈话时，他的态度很强硬。他说上菜服务员骚扰他，他很紧张，无法有效地工作。你知道情况不只这些。当晚你花半小时在厨房观察。上菜服务员有你在场时当然不会难为厨师，但是他还是有问题。你惊奇地发现他动作非常迅速，但是他把特价菜放到最后一分钟做，而且同时又装盘又配菜，根本做不完。他越来越拖后，这时你上前帮他装盘。

你和他约定明天谈话，他快要哭了，以为你要解雇他。你安慰他，表示很想帮他而且夸他的菜做得好。

“菜好极了。”你和顾客谈话，他们非常喜欢他的菜，不仅是他的特价菜，还有常规的菜。你想到，如果你能解决现在的问题，留住这个厨师，菜好吃的消息就会不胫而走，你的生意就火了。

挖掘问题根源的一种方法就是对比。什么以前没做而现在在做？现在有什么不同，有什么相同？我们看到：①厨师不同；②所有菜的质量都提高了；③除了特色菜，菜单是一样的；④你还发现他在做一些特别的配菜；⑤老厨师提前做好一切菜，但均是菜单上的常规菜。新厨师不仅做菜单上的所有常规菜，还做客人点的特色菜。

第二天你和新厨师讨论问题。告诉他你对他做的菜是多么地满意，并表明希望解决这个让你们双方都不快的问题。他能帮你分析问题吗？最后，他说他一直不敢提，但是厨师特色菜所需的工作量太大。他干的比上一个厨师要多得多，你承认这是事实。(这是问题的一部分吗？)而且，他说特色菜比菜单上所有的常规菜都点得多，所以工作量更大，尤其是在上菜时间。你问他能不能先做特色菜，放到一边。他说：“不行，要在最后一分钟在平锅里做调味汁。”(啊！又一个线索！)那么配菜呢？他提前把配菜做好，但是不能把它们一股脑倒到盘子上，而必须仔细地摆好。你昨天晚上发现了这一点。(又是一个线索。)

你和不同的上菜服务员交谈。他们认为是最后一分钟的烹调把事情耽搁了，但也许是配菜。有两个女服务员证实，有些服务员在等菜时大声抱怨、态度恶劣，这使气氛很不愉快。

为了暂时缓解你的基本问题，你找那些态度不逊者谈话，指出是他们自己使问题进一步恶化。你自信已经发现真正的问题，如果能够解决真正的问题，这个附带的问题就会消失。

解决问题的第三步是精确地说明问题，制定目标。这与决策模式的步骤相对应。你决定务必要留住这个厨师，但是这丝毫不解决问题。为表明你的目的，你把目前真正的问题写下来。

问题：时间拖后，上菜时间太长。绝不能失去这个厨师。

目的：按厨师工作标准规定，压缩点菜和上菜之间的时间，保留当前的厨师。当前的菜单须保留 4 个月，因为菜单刚印好。如果可能，将保留厨师特色菜的概念。如果成本合算，雇用帮手。最后决策必须获得厨师的同意(但厨师不做决策)。

你开始加上长期目标：扩展生意。然后冷静下来。靠某个厨师的手艺扩展生意是另外的事情。你必须在目前框架内解决现在的问题。

现在你要做的是按基本的决策模式规定，思考并评价各种解决方法，选择最佳方法，付诸实施。

(二)参与式解决问题

前文讨论的这个案例中，经理现在考虑让厨师参与到解决问题过程的以下三个步骤是合理的。但是，这个想法有普遍意义吗？有什么利弊？本章第三节已讨论过个人和团队决策的利与弊，现在进一步探讨这一问题。

管理理论中有一个流派拥护者甚众，他们相信群体决策，认为众人的智慧胜过一人，原因如下。

(1) 你能获得更多与决策相关的信息和专业知识。

(2) 你能获得更多的好点子，想出更多、更好的解决方法。

(3) 大家一起思考能想出更好的决策，因为不同观点可以激发思想，不同观点能相互作用。

他们还认为，在实践中：

(4) 参与了决策的人通常乐意执行决策。

(5) 员工之间执行决策必需的协调与交流更简单、更好，因为人人都了解情况。

这一流派符合 Y 理论的管理风格。使用群体决策的许多经理的经验证实这一理论确实奏效。

其他人对群体决策持灰暗看法，发现它有以下问题。

(1) 群体做决定比一个人做决定所花的时间长，而且它使每个人脱离自己的其他工作。(决策可能更好，但是为此花费的工作时间值吗？)

(2) 群体常常被某个人控制(通常是老板)，因为员工想取悦老板或不敢发言或不敢发表不同意见，所以根本没有好处。(根本没有群体决策。)

(3) 群体讨论常常陷入口舌上的一争高下或炫耀，而不是为了想出最好的决策。

(4) 如果需要一致赞成(所有成员的一致意见)，员工会为了让会议结束而同意一项他们不喜欢的决策。(不是真正的一致赞成。)

(5) 一致赞成导致抚慰每个人的平庸决策，而不是最好的决策。还会导致限制思路的“统一思考”或随声附和，而不是希望产生创造性。(群体想出的办法可能更糟。)

(6) 追逐私利的经理可能为了自己的目的而利用群体，推卸错误责任或操纵员工同意一项他们不愿执行的决策。(此处也没有群体决策。)

很清楚，群体决策不是包治百病的灵丹妙药。有的公司使用这种方法比另外一些公司效果好。有些问题，有的领导，有的群体比另外一些问题、领导、群体更适合使用这种方法。群体决策一般最适合于以下情况。

(1) 员工习惯于作为一个团队群体成员工作，员工各有不同的专业技术和观点，但是目标一致。

(2) 领导善于使会议切题，但不独霸或控制会场(或容许其他人这么做)。

(3) 群体因做出好的决策而受奖励。

具备以上情况的集体经常是公司的高层组织，但是现在越来越多的按小时计工资的员工参与到集体决策中来。有时在决策的某些阶段让员工参与能产生很好的效果，尤其是需要决策的问题涉及督导不具备的专业技巧或经验，或者让员工参与决策可以激发他们工作的积极性、乐于执行决策的时候。

我们的例子中两种情况都有：厨师比督导的烹调知识丰富，对问题的认识更清楚，督导需要他赞成决策。

参与解决问题和决策的程度也不同，这与专断和民主的领导风格有各种不同形式类似，图 4-4 显示了参与解决问题的各种不同方法。级别表的一端，专断的经理一人做决策，告诉员工怎样执行他的决策。比如，经理决定明天做什么菜，命令厨师做这个菜，厨师没有任何形式的参与。级别表中间，经理想出一个点子。请别人评论：“作为一个上菜服务员，作为一个厨师，你觉得这道菜怎么样？能走俏吗？”员工参与评价过程，但是不参与探索过程。沿级别表继续走，经理说，“想几个点子，我们来讨论。”这里，厨师参与所有过程，除了决策。再向右走，经理对厨师说，“我希望你下星期一以前能想出几道新菜，你选的只要合理，我都同意。”这里，经理把决策授权给厨师，仅仅附加了一个提示性条件。表的最右边是集体决策——对这个简单问题显然不合适。

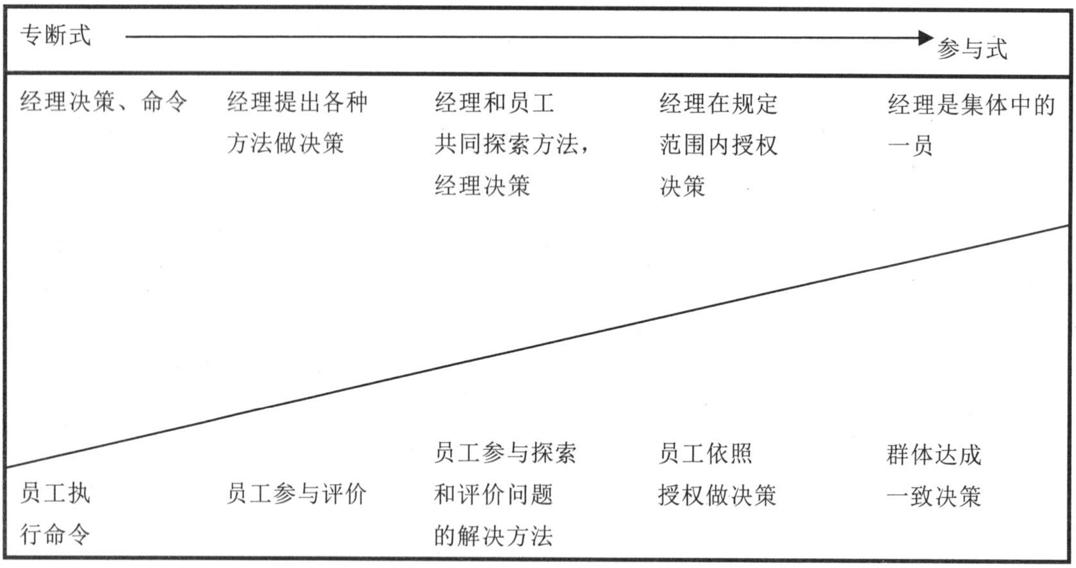

图 4-4 员工参与解决问题和决策的不同程度

继续讨论我们的例子，你作为经理，邀请厨师参与讨论解决时间拖后问题的办法。你们两个人想出下面的方法。

(1) 开发可以提前准备的特色菜，简化配菜。

(2) 保留现在顾客青睐的即点即做的特色菜，雇用兼职员工做装盘、加配菜。

(3) 保留现有的特色菜，简化配菜，让上菜服务员装盘、加配菜。

厨师觉得三种方法他都行。虽然那样他的工作量还是比前一个厨师大，但是他喜欢开发特色菜的挑战。他愿意与你讨论执行决策的细节问题。

由于问题涉及预算和上菜服务员，所以你不让厨师参与决策。决定让上菜服务员参与对第三个方法的评价。希望他们看到现在畅销的特色菜在将来能带来更多的生意和更高的小费，但是如果他们不愿意承担更多的工作，这种方法只会招来麻烦，你需要他们的赞成。

(三)解决人的问题

通常督导最大的问题都是与人有关的问题。与工作有关的问题集中在产品、方法、安排、时间、费用及其他有形的东西上，而以人为中心的问题涉及感情、期望、需求、激励及所有其他与人类有关的无形的东西。解决问题的步骤也是一样的，但是人的问题需要谨慎地运用人际技巧。

人的问题以各种征兆提出警示，如产量下降、质量不合格、旷工、顾客投诉，即任何标准和实际表现之间的差距。督导首先要做的是搜集情况，挖掘真正的问题，不要急于做决策。假设一个厨师一个星期内第二次迟到，按公司条例规定处罚了他。一个上午把工作搞得一塌糊涂——把汤熬糊了，炖菜忘记放调料、大蒜，摔了一整箱鸡蛋，擅自离开工作岗位。两天以后听说那天他妻子离家出走了，丢下两个小孩需要他照料。做决定前没有了解情况，没有发现真正的问题，结果决策错误，失去了一个员工。

当然个人问题不是督导要解决的问题，但是在员工需要倾诉的时候，聆听能够帮助他们解决自己的问题，或者至少能缓解他们的压力，继续工作。除非督导的建议是帮助员工寻求专业性的帮助，否则不要轻易提建议。(督导本可以帮那个心慌意乱的厨师找一家日间托儿所。)

不要把自己的情绪带到员工的问题中，要保持督导的角色。依赖性的员工经常想让督导告诉自己应该怎样生活。对付这类问题最好的方法就是积极倾听，但是保持中立。除非员工的问题妨碍了工作，否则不应该在它身上花时间。

员工之间的矛盾问题通常很快就能显露出来，因为大多数员工都会毫不犹豫地抱怨别人。一般的解决问题的模式在这里很合适。但是要找到真正的问题需要花时间，因为涉及的人多，员工的情绪会起干扰作用，而且员工对情况的看法也可能会不一致。

然而这时确定真正的问题、解决问题更加重要。牵涉的员工越多，对工作的影响越大。如果员工的情绪持续激化，他们会闹到前台、大厅、餐室、厨房，顾客都将得不到希望得到和应该得到的招待。

许多公司都有的一个头痛的问题就是上菜服务员和厨师之间的持久的敌对情绪。可能深层的问题永远无法解决，因为它可能涉及自我意象和职业性嫉妒，经常是一方瞧不起另一方。厨师为自己的手艺和薪水而自豪，认为自己是艺术家，他们瞧不起侍候客人的工作。上菜服务员命令他们做事的时候他们很怨恨。另一方面，上菜服务员也因十分相似的原因瞧不起厨师。有时还牵涉男女之间的敌对情绪。这些都是任何一个经理都没有办法解决的心理冲突。

但是，还是有办法消除摩擦的。有时候最好的决策就是故意不解决问题而是绕过问题。有的经理的解决办法就是使用叫菜员，把上菜服务员的客人点单传达给厨师，这样，两个冤家根本不会碰头。

(四)双赢解决问题法

解决只涉及一个人的问题时，有一种有趣的参与性解决方法。它让员工从头至尾参与问题解决的过程。这称为双赢解决问题法，因为每个人都赢。使用过这种方法的人都说它能解决 75%的问题。

双赢的概念很多督导难以接受。因为督导与一个有问题的员工交涉时，很自然地会把这看作一场督导必须赢的比赛。输赢的概念充满我们的文化。球类比赛、摔跤、选举、战争，不管是什么比赛，都有一方赢，一方输，这就是全部。

用输赢的观点看，作为督导有 4 种解决问题的方式。第一是赢-输姿态：你对员工说“你老实点儿，否则解雇你。”你赢了，员工输了。当然你是赢了一场战斗，输了一场战争。要么另雇一个新员工，要么受到另一种惩罚，即员工以游击队作战的方式继续与你斗争。

第二种方式是输-赢姿态：退缩、平息。你不表明立场，任凭员工怎么做。你不采取任何决策，你输了，员工赢了。不久你就不但输了战斗，而且丢了工作。

第三种方式是输-输：妥协。你做一些让步换取员工的让步，你们双方都受到一些损失。你们双方都输了。你们谁也不满意，问题还会出现，也许以另外一种形式出现。

第四种方式是赢-赢：你找到一种令双方都满意的解决方法。让员工从头参与解决问题的过程，按照以下步骤进行。

(1) 共同确认事实情况，查找并确定问题。作为督导，要表明解决问题对你和员工都有利。使出全部面谈技巧，聆听、鼓励，任员工宣泄、抱怨。最后确定问题。

(2) 共同探索所有可能的解决方法，这时，不否决任何想法，直到再也没有想法为止。

(3) 共同评价各种解决方法，选择对双方都是最好的一种。

(4) 共同执行决议。进行后续措施，不时查看问题解决的进程。

例如，有一个前台服务员上班不准时，经过仔细讨论后，一致认为她的问题是早上 7 点的上班时间不适合她的家庭情况。她要照顾两个孩子上学。

你们想出的方法有：让她丈夫来照顾孩子；让她雇人；让她上另外的班；让她上早上 9 点到下午 5 点而不是早上 7 点到下午 3 点的班；解雇她；让她做其他工作——打字、发薪水等。

把各种方法研究一遍以后，最后决定让她上晚班，上班时间晚一个小时。她很高兴，因为学校的上学、放学时间她都能赶上了，而且挣的钱和现在差不多；你很高兴，因为你不用雇用新员工，不用培训新员工，而且，早有一个晚班的员工想调班。这样，你们双方都赢了。

对于许多督导管理者来说，双赢的方式代表的是一种重大的态度转变。它否定了传统的看法，即问题员工是比赛对手，取而代之的是一种更健康的看法，即问题涉及的双方都要参与解决问题的过程。这种方式与 Y 理论的观点一致，即工作可以同时满足个人目的和公司目的。它与人本主义的管理方式相得益彰，即营造积极的工作氛围，创造合作、信任的气氛。如果督导能改变自己对双赢方式的态度，那么他无疑又多了一手管理方法。

复习自测题

1. 解释下列概念：

(1)决策；(2)程序化决策与非程序化决策；(3)逻辑型决策与直觉型决策；(4)感情决策方式与思考决策方式；(5)机会；(6)问题。

2. “制定决策是督导管理者工作的中心”这句话怎么理解？

3. 举例说明决策的类型。

4. 简要解释决策制定中的 6 个步骤。

5. 对伦理道德的考虑在决策制定中处于怎样的地位？

6. 群体决策制定的优点和缺点各是什么？你认为个人决策和群体决策哪种方式更为恰当？为什么？

7. 评价直觉在决策中的作用。

8. 双赢问题解决法的步骤有哪些？

9. 你觉得饭店业什么情况下可以使用参与决策？请解释什么情况下使用参与决策有害或不可能使用。

第五章　有效的授权

【学习目标】

学完本章，应该能够：掌握授权的概念；描述授权过程包括的三个关键方面；理解督导不愿意授权的原因；说明有效授权的实际步骤。

【关键词】

授权(delegation of authority)
工作描述(job description)
责任(accountability)
经验学习(experiential learning)
全面授权(full empowerment)
对等原则(parity principle)

组织是管理职能中的一项职能，而授权则是组织职能的核心。

本章首先明确授权的定义，说明为什么要授权。接着描述授权的层次，授权的障碍，以及有效授权的条件。最后探讨用权变的观点解释什么工作应当授权，什么工作不应当授权。

第一节　授权

一、授权的概念

我们经常听到饭店的督导，尤其是餐厅督导说一个星期要花 60、70 小时，甚至 80 个小时才能勉强应付工作。他们经常说工作压力很大，很难雇到好员工，没人负责任，他们事必躬亲，一天的时间不够用。

毫无疑问，督导管理者是一个压力极大的工作职位，而且此行业中员工的问题比比皆是。但是这一定意味着督导要在有限的时间内为了完成必要的工作而不断地、永无休止地疲于奔命吗？本章将论述解决这一问题的一种管理方法——授权。

授权(delegation of authority)是指管理者把权力下放给那些向其汇报工作的人的过程。通俗来说，授权就是将某些权力分派给自己下属的员工。你负责的是一个单位或部门的整体工作结果，那么，你将某部分工作的权力分派给你聘用的做某些工作的人。比如，把烹调工作授权给厨师，把前台的工作授权给前台人员，等等。某些权力留给自己——聘用，控制劳动力和原料消耗，写重要的报告，等等。

通常，我们不认为给员工工作做就是授权，其实这就是或者说应当是授权。有的督导总是站在员工身后，告诉他们做什么，做错了什么，每一天都指手划脚，这样的督导很少授权或者说没有授权。有的督导在培训员工之后放心地让他们去做，这样的督导已经把做这项工作的权力授予员工。哪类督导有更多的时间、更少的困扰呢？

几乎每项工作中都有与此项工作相关的不同的责任等级。如果洗碗工发现计量器指示在红灯区，调整水温应当是谁的责任呢？如果督导已经将责任授权给洗碗工，并对其进行了正规的培训，那么就是洗碗工的责任。如果没有，洗碗工必须将温度指数报告给督导，然后由督导来调整。谁为厨房定购原料，是厨师还是经理？主张事必躬亲的督导就是每周工作 80 小时的督导。而且，很可能情况不妙，经常发生危机，因为督导不可能同时出现在许多地方。简而言之，这位督导没有授权，企图做所有的工作，不是在做管理。

授权意味着许多事情，不过本质上就是授予员工在自己的责任范围内制定决策的权力。

授权管理是管理专家一贯建议的方法，但是饭店行业中焦头烂额的管理者很少使用授权，它是所有管理方法中使用得最少的一种。督导们宁可把自己折磨得筋疲力尽，也不愿意把责任分担给员工。他们为什么不分担责任呢？那些为他们工作的员工，如果真的不愿意分担责任，原因是什么呢？

本章将详细叙述授权管理过程并就如何在饭店业中成功地授权提供建议。

授权过程的三个关键方面是分配职责、授予职权和要求责任，每一方面都是必要的。尽管职责、职权和责任是不可分割的，但为了深化分析，表明它们的相互关系，我们将分别对每个方面进行探讨。

1. 分配职责

授权的第一个方面是分配职责和任务。大多数工作都有自己固定的任务和职责。

作为督导接受了一定的职责，目的是完成某些任务并达到预期目标。这是督导的工作，也是最终的责任。当督导接手这项工作时，其上司将此项任务和职责授权给他。督导授权时，又将此任务和职责分成部分，分给员工——将一定的任务以及该任务应达到的结果的责任传送下去。但是督导仍然保留最终的责任。

在规模中等或大型的组织中，许多工作的关键任务都在工作描述(job description)中列举出来，通常都是人力资源专家经过与工作的完成者及其督导管理者商谈之后确定的。这些工作描述表明了工作的主要任务和职责以及其他与工作有关的行为，这些都有助于授权的进行。

2. 授予职权

授予职权可以定义为要求他人执行特定任务和职责的权利和权力。当督导授予职权时，他正在给予每个人或者群体这样的权力、只有或者在特定指导下行动的权力。

下面的例子可以解释授予职权的含义。

案例

詹姆斯·沃克是一家饭店餐饮部的督导管理者，最近觉得很忧虑，因为4名新员工刚刚分配到他的部门。尽管他通常也注重对新员工的教导和培训，但是由于下个月的日程表安排得实在太满了，他根本无法很好地完成这项工作。于是他找了两名资历最高的员工，在表明了对他们的信任之后，授权他们指导和培训4名新员工。

在这个例子中，这名督导管理者只是授予权力。这个例子表明可以将平常或者超越平常的任务或职责授权给底层，还表明对督导管理者来说为什么了解员工的弱项和强项非常重要。这名督导管理者了解自己的员工并从中选出他认为能最有效地完成培训任务的人。

作为督导管理者，在接受督导工作的同时，也获得了履行这些职责需要的授权——为完成工作，做出必要的决定，采取必要的行动的权利和权力。授权任务和职责的一部分时，也必须把职权授予承担这些责任的人，并对其职权给予明确规定。

分配职责时如果不对对方授权，那么对方将无法履行其职责。比如说，让一名员工负责酒吧的备货，但是不给他签署提货单的职权，仓库不会把酒给他，因为他的签名没有经过授权，所以无法履行自己的职责，而酒吧将没有足够的杜松子酒来为顾客调制马提尼酒。

3. 要求责任

授权的第三个方面是那些被授予职权和分配职责的人对授权人负有责任。责任(accountability)指的是当一个人从较高的管理层接受了任务和职责后产生的义务，被授权人对较高层的管理者负有有效完成工作的责任。组织中责任的方向是向上的。在授权过程的这个方面，控制职能扮演重要的角色。

假定一名部门经理授予督导管理者一项特殊的任务。督导管理者在执行任务的过程中犯了错误，使公司蒙受了损失。你认为谁应该为错误负责？为什么？

如果回答部门经理和督导管理者都负有责任，那么就是正确的。督导管理者当然要对部门经理负责，但是部门经理也要对自己的管理者负责。

应该记住的一个重要事实是责任是不能被授予的。责任对有效控制结果非常重要。因此，一个被授予任务的人不能够因为不好的结果就逃避责任。不过，有一点很重要，应该记在心里，那就是授权的这一方面就是一些督导管理者不乐意授权的主要原因。有时较高的管理层错误地强迫督导管理者授权。

作为督导，需要对上司要求自己达到的结果负责。负责的意思是必须履行对上司承诺要达到的这些结果的责任。督导授权的人，应该对督导要求他们达到的结果负责。负责与上司授权的职责紧密相随，这是同一问题的另一个方面。

分配职责既不是减少督导职责，也不是减少督导责任。如果员工无法达到要求，必须寻找另外一条途径。即使是员工错了，也不能推卸责任。最终结果都将由督导负责。一个公司的职责、授权路线构成了它的结构图——所谓的“命令链”。职责沿这些路线从公司的最高级领导直到最低层员工。首席执行官将职责授权给高级副总裁，高级副总裁再授权给下属的经理们。这些经理再授权给其下属人员，这样一直到夜班清洁工或只管往面包上涂蛋黄酱的人。每一层授权的人对其以下所有级别的人的工作结果负责，首席执行官对整个公司负责。

责任紧随职责而行，但是方向相反(见图 5-1)。所有员工对授权给自己职责的人负责，这样，负责沿着与职权和职责自上而下相反的路线，从下向上而行。所以，最终每一个人都对首席执行官负责，首席执行官对业主或董事会负责。

这种组织结构图标明任何一个阶层中应当负全部责任的人。当有的人工作没有达到结果时，它决定谁将受处罚。如果后果严重，不仅这个员工要受处罚，其督导也难辞其咎。

责任和授权路线也是组织阶梯上逐级的沟通渠道。“经过渠道”的意思是，当传达消息、请求或指示时，从自己的渠道向上或向下行进一个阶层。即使首席执行官是督导的亲属或朋友，也不能向他请示使用公司的资金，应该向自己的直接上司请示。督导不向主厨的第二助手下达有关晚餐的指示，而是直接向主厨下达指示。

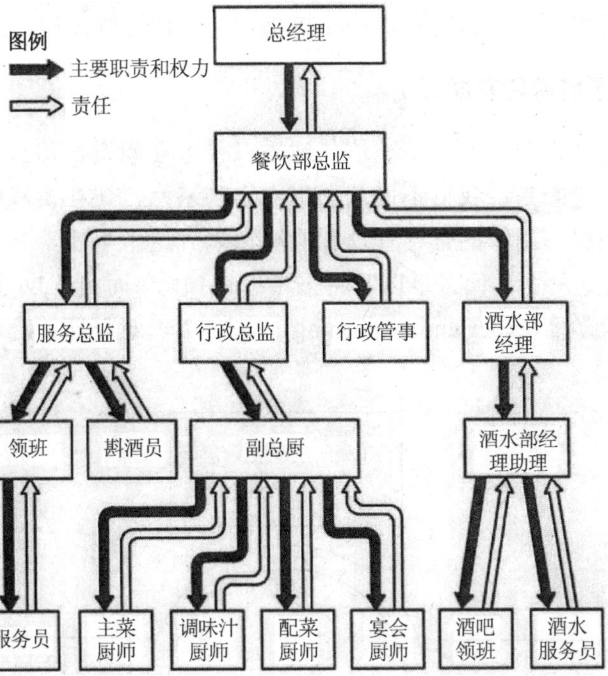

图 5-1　组织结构图：职责、授权、负责路线；沟通渠道

这样每个人都知道正在发生什么，责任和授权路线的畅通无阻得到保障。如果破坏了指挥链，肯定会有人不知道授权情况，而对新上任的管理者说："喂，你又不是我老板，你没有权力这么做！"

应该强调，不能越级授权。督导不能对另外一级的人发号施令，因为督导对他们的工作没有责任，而他们也不对督导负责。餐厅督导不能给厨房员工分派工作，必须向上经过一定渠道到达餐厅经理或饭店的餐饮部总监，然后向下经过主厨或行政总厨传达到具体的某位员工。这样，每个人都知道正在发生什么。

分配职责和授权时，应向自己的督导报告，因为上司对授权的事情也有责任，对授权的结果也要负责。

那么，授权就是一种把工作责任在整个公司内逐级分派给员工的管理方法。督导关心员工是否能完成分配给他们的工作，达到他所要负责的结果，他们有将自己的职责分派给下级的职权。问题是分派什么责任，授权给什么人，怎样授权才能保证取得理想的效果。

二、授权的原因

组织是管理职能中的一项职能，而授权则是组织职能的核心，但也是管理者尤其是中层管理者最难以理解和最没有充分利用的职能之一。研究表明，当人们提升到中层管理者时，如果不知道如何有效地授权，其结果是一直停留在这个层次或者被降级。学习如何授权的最好时机就是当其处在第一个管理层——督导管理层时。

1. 授权有助于培育和发展员工

如果人们被过分督导，而不是被信任地委以任务和职责，那么他们将无法成长和发展。有一个著名的论断是：我们不仅从书本中学到东西，还在实践中获取知识。在实践中，所有人都会犯错，明智的督导管理者能够意识到这个事实，并且把错误当作一次机会，和员工讨论究竟发生了什么事以及将来该怎么预防，而员工反过来也从经验中学习。这个过程称为经验学习(experiential learning)。图 5-2 表明督导管理者和员工从成功或失败中学习的步骤。

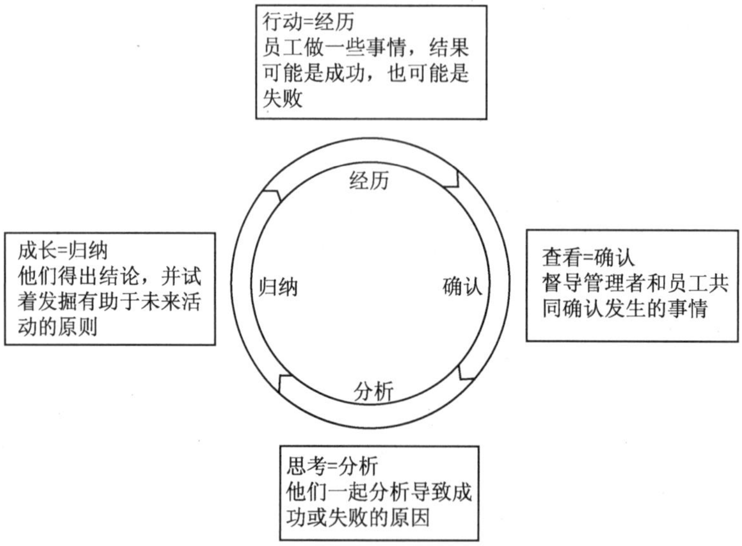

图 5-2　从成功或失败中学习

督导可以把某些常规性或非常规性的管理任务和职责授权给较有培养前途的员工。这就意味着督导要做细致的安排，做更多的培训，实施更多的后续措施，但是这最终使督导摆脱更多耗时的琐事之扰，而且在另一方面培养了一位有前途的员工——更多的责任，新技巧，新兴趣，可能产生新想法并把授权的工作做得更好的新思维。这就可以发展员工，使他们有更大的贡献。

培育和发展员工是督导工作内容的一部分，是一种能使员工为了公司利益发挥能力和潜力的方法。饭店行业中许多员工是“大材小用”，他们是尚未发掘的才能与智慧的宝藏。督导管理者把自己工作的一小部分内容授权给这些有极大潜力的员工，通过培训使他们接管这些工作，既提高了他们的能力，开创了他们的未来，同时给自己空出更多的时间用于管理。承担了新责任，有机会学习新技能的员工干劲更足，工作更投入，而且往往能发挥想象力和创造力，把工作做得更好。

这样，督导管理者可以逐渐丰富这些员工的经验，为提升他们做准备。但是如果他们提升以后离开你了怎么办？你自己也许正因为此也得到提升。

2．授权有助于建立信任

有效的授权非但不会削弱督导管理者的权力，还有助于扩大权力根基。越来越多的人能够清楚地认识到什么是最重要的事，并且会很好地完成工作，一种信任的氛围就此建立起来了。在这种环境里，即便督导管理者离开了工作岗位，员工们也会有效地工作。他们这样做是因为对部门工作的责任感和主人翁感。

3．授权有助于激励员工

督导把工作任务和职责分配给员工，承担了责任的员工会产生一种责任感，他们通常工作得更好，干的活更多，因为没有督导时时刻刻站在他的身后。员工工作得更开心、更投入，以自己的工作为荣，可能花更多的时间投入工作，这样督导就不用总是招聘新人、培训新人，甚至可能用更少的人干更多的工作，而且干得更好。

在这种授权的过程中，工作得到详细的解释——做什么，怎样做，希望达到什么样的效果——并对员工按照要求进行培训。这样就可以放心地授权，而督导也不用总是盯着每一个人的工作。员工的工作任务和职责被分配给员工，他们对工作结果负责。只要没有特别的要求，员工就应有按任何能够达到最好效果的方式工作的授权。他们获得了决定权，一定的行动自由以及因承担自己的工作责任而产生的自尊。

4．授权有助于督导做更多的工作

我们知道，督导管理者的工作不仅是直接的督导，有效的授权可以使督导管理者有时间计划工作和协调与其他部门的关系，还使他们有更多时间解决问题——在问题还在掌握之中时解决，并能及时利用各种机会。

到目前为止，我们谈的都是将员工自己工作的任务和职责分配给他们，这些工作常常被限制在十拿九稳的小范围内。实际上许多工作可以扩展到包括相关的任务。洗碗工的工作可以包括调整水温，酒吧服务员的工作应当包括为吧台补充物品，收银员的工作应当包括关闭现金出纳机。这些事情更有意义。工作细则和工作要求标准应包括这些职责，这样就能按照职责的要求培训所有这一领域的员工，并授予其相应的完成职责和执行任务的权力。这些附加责任使从事这些工作的员工进一步感到自己的重要性，同时，又使督导免受更多琐事的打扰之苦。

员工一旦经过培训，一旦承担了对工作结果的责任，督导就不必对他们紧密关注，而是退后一步，担当起个别辅导和支持的角色。督导把工作责任授权出去后，花在监督和纠正员工工作上的时间就少了。他们花在工作上的时间少了，或者花在督导工作的其他方面的时间多了，或者两者兼而有之。

5. 授权有助于提高效率

授权是宏观技巧，需要将自己的工作看成一个整体并确定其可以授权出去的组成部分。授权决不会削弱督导对自己部门的控制，相反，它其实能加强督导对公司的控制，产生更高的效率。更高的效率是指浪费和混乱的减少，成本下降，矛盾减弱，士气更高，员工流动更少。更高的效率能让每个人(包括消费者)开心。

6. 授权有助于提高督导的领导艺术

最后，授权将提高督导管理者的领导艺术，包括宏观的和人际的。督导的实质是依靠员工完成工作。学会授权不是一件容易的事，但是通过授权可以使你不仅作为督导，还作为一个人成长起来。授权的成功会提高你的自信心和对工作的满意度，并为获得提升做准备。

第二节　实现有效的授权

一、授权的层次

通过图 5-3 所表现的连续统一体，可以更好地理解授权的范围。

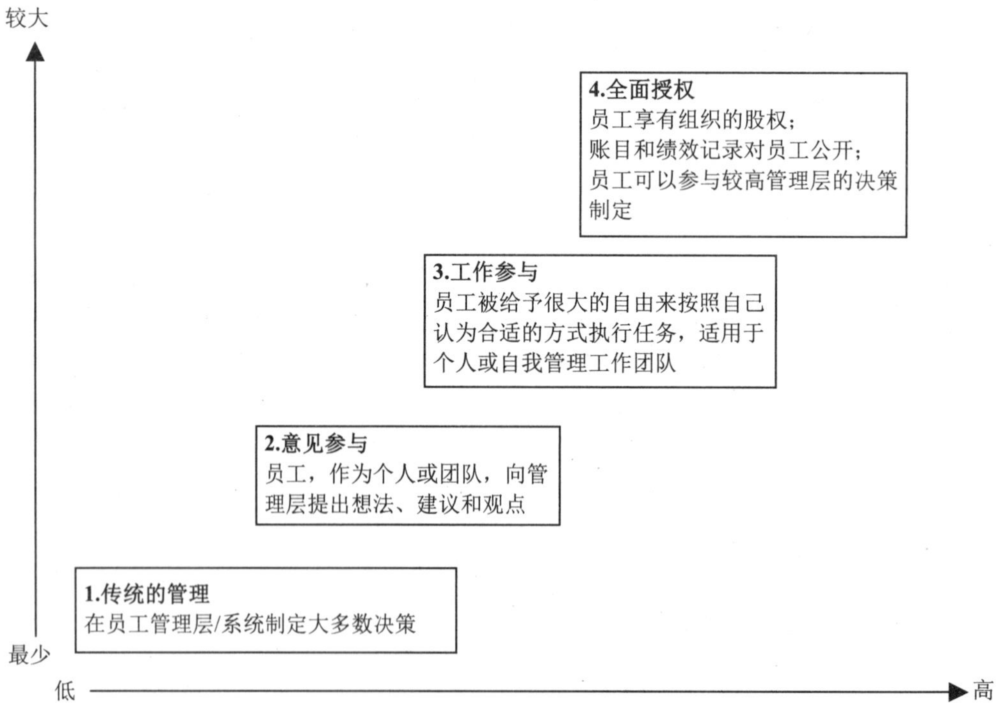

图 5-3　授权的层次

在左边低的区域里，是传统的管理模式，只存在少量授权。这是第一层次的授权，主要的决策制定权存在于员工控制之外，在管理者手中或是在传统的生产线方式中。传统的生产线将工作分成一系列专业、程序化的行为，员工的活动范围有限，并只强调工作速度等。工人的任务就是按要求完成工作，他们很少能够影响产出。甚至服务行业也使用传统的生产线原理，麦当劳的服务就像一条装配线，是高度程序化的：服务员例行标准的欢迎，拿到点菜单，按一定的程式(先放上冷饮，然后是热的，诸如此类)把食品放在托盘上，接下来是结账，最后送走顾客。这样，生产和服务行业中的许多工作只需要这样的同一活动，员工获得授权的机会很少。

第二层次的授权是意见参与(suggestion involvement)。在这一层次上，员工被鼓励为改进工作而进言，或在工作方法的改变上提出自己的想法。“参与”这个层次并没有改变这样一个状况：是管理层或“系统”而不是员工真正掌握主要工作的决策权，包括做什么和怎样去做。狭窄的工作范围仍然存在，只是一些授权在建议的过程中产生。例如麦当劳认真倾听一线员工的意见：巨无霸汉堡、猪柳蛋汉堡和麦当劳三明治以及将汉堡用纸包起来防止留下指纹都是麦当劳员工的发明。建议层次的授权活动常常利用专门化的员工组合通过解决工作中的问题来实现。许多“质量小组”和“问题解决小组”就是这种授权层次的体现。

第三层次的授权是工作参与(job involvement)。在这个层次中，员工的工作是确定的，员工可以运用多种技能，并控制自己的工作内容。在工作参与层次中，员工若能真正授权，有几个条件必不可少，如下所述。

(1) 自信能把工作做好。要获得授权，员工必须确认自己有能力成功完成工作。

(2) 能够做出工作中的决定。授权的一个条件就是员工有充分的自由决定该如何完成工作。这些决定包括工作内容、方式、时间以及如何处理工作中的问题。

(3) 相信自己的工作是有意义的。被授权的员工认为自己的工作是有意义、有价值的，无论从事生产还是服务工作，他们觉得自己的努力对于工作有重要的作用。

(4) 认为个人努力可以发挥作用。真正被授权的员工认为他们个人可以影响工作成果。他们做出的决定能在很大程度上决定工作是成功还是失败。

(5) 知道管理层会支持他们。因为被授权的员工在承担责任时也是在承担风险，所以他们必须相信自己的督导管理者和上级管理者会支持他们。

这个层次上的授权显然比建议层次上的“问题解决”小组的授权范围要广。在工作参与层次上，督导管理者需要适应支持他的下属而不是指导他们。

第四个层次是全面授权(full empowerment)。在全面授权的组织中，整个组织都参与其中。组织的业绩信息面向全体开放，员工们拥有很高的工作技能和解决问题的技巧，并积极参与工作群体的工作和高级管理层的决策。全体员工通过利润分享和持有股票掌握了一部分所有权。由于全面授权与传统的意见和工作参与层次上的授权有很大的不同，所以相对来说，只有较少组织使用全面授权。

二、授权的障碍

既然授权有那么多的好处，为什么在饭店业中很少有授权？答案有两方面：一方面，许多督导极不愿意进行授权，他们甚至不相信授权会有效果；另一方面，许多员工不想承担责任。有时，督导的理由和员工的理由互相推动，使授权变得更困难。

(一)督导不愿意授权

1. X 理论型的督导

饭店业中仍然有许多 X 理论型的经理，他们就是不相信授权。因为这种类型的经理认为人本质上是懒惰的、逃避责任的，所以要想完成工作就要强迫、控制，用惩罚来威胁员工，这便是症结所在。他们不相信适当的授权能够产生作用，不相信至少有一些员工愿意承担责任。他们甚至连试也不想试。即使他们愿意试，做法也不正确，不愿意信任员工，他们料想授权会失败，结果授权真的失败了。

2. 对员工缺乏信赖

许多督导不相信自己的员工，担心如果他们放手授权，员工不会做好工作。所以他们总是站在员工背后，监督、纠正和挑错。这也许是他们对岗位培训的理解，但是这样的做法会导致仇视情绪和员工的离去。授权的工作确实有做得不好的可能，所以必须认真地培训员工，信任他们，对他们开始可能会犯的错误做好思想准备。如果不这么做，授权不会有效。

3. 热衷于权力和控制

有的督导以为他们时常亲临现场，事必躬亲是公司成功必不可少的因素。这是一个自我意识问题：他们觉得如果没有他们，一切就会完了；如果他们不在，灾难就要降临。或许私下里，甚至不自觉地，有的人唯恐没有事情发生，唯恐没有他们一切依然正常，而且他们不愿意承认这个事实。对于有的人，这可能是他们不愿授权的最重要的原因。对于这些人，权力、职权和高度控制才能使他们有安全感。

4. 缺乏信心

缺乏信心的督导不愿授权，是因为害怕员工可能会比自己干得好。这是一个极危险的想法。他们怎么处理这种情况？他们怎么保全面子？员工会要更多的报酬，甚至接替他们吗？这些优秀的员工得到提升以后就会离开吗？这些担心极大地阻碍了授权的进行。

5. 不愿意承担责任

许多督导不愿意为别人犯的错误承担责任，他们可能害怕依赖别人，可能担心如果把任务和职责给别人，但这些人没有达到要求会给自己的工作造成危害。他们可能害怕自己的上司追究后果。有的情况下，这种担心很合理。

6. 习惯与个性

这样或那样的担心可能是不做授权的一个重要原因，但是在有的情况下，原因可能是习惯或自身因素。这些人就是不会授权，他们一直亲自做一切事情，靠“实干”而不是通过别人干取得目前的地位，所以他们不可能放手。有时候在家族公司中会看到这种情况：97 岁的总裁仍然亲自打理生意。这些人无法放开手中的权力，他们仍在尽力做一切事情，不会使用其他的方式管理。

7. 不适应从“实干”到管理

许多刚从员工工作岗位上提拔起来的督导也很难从“实干”转换到管理。我们已经讨论过这种“回飞棒式”的管理方法。督导自己降级去做事，因为这比让其他人做更容易。这很可能也是不授权的最常见的原因。自己对新的任务和职责也不理解的时候，这些任务和职责将是一件很恐怖、很痛苦的事。

8. 认为员工需要长时间的培训，得不偿失

有时做事的冲劲压倒了常识就会导致错误的决定。许多督导说自己做事比培训别人做更容易。一位督导告诉你：“我用 5 分钟就能煮好一壶 5 加仑的咖啡，但是要用半个小时才能培训好一个员工。”督导没有半个小时的空闲时间，所以督导煮咖啡，煮咖啡成了督导的工作内容。但是培训一个员工，一次只需花费 30 分钟，而这 30 分钟的培训一年将节省经理 60 小时的时间。饭店业中需要做成百上千个这样的决定，因为短期压力战胜了授权带来的长期利益，或因为督导看不到 5 分钟以后的事，或因为习惯“实干”而不是授权。

9. 授权的任务涉及重要人物或不想让员工知道的情况

有时，本可以轻松地分配给一位有发展潜力的员工的工作任务，但可能涉及公司中某些重要人物或者督导不想让任何员工知道的情况，还有可能是督导很喜欢做的某些细节工作，在这种情况下，督导可能认为继续做这些工作比节省出来的时间或公司的其他利益更重要。这种决定是否明智值得怀疑，但是并不少见。

有时，不管由于好意还是恶意，督导反对授权仅仅是因为他们想时刻关注工作的进展情况。有时督导不授权的原因比担忧、习惯或个人利益更重要。可能是没有员工既有资格又愿意承担督导想分配的工作。员工的能力和意愿对于授权成功至关重要，所以我们下面讨论员工为什么不想接受授权。

(二)员工不愿意承担责任

1. 有些员工素质较差，担当不了更多的责任

饭店业有些员工连最基本要求的工作标准都很难达到。还有一些员工依赖性很强，总是需要别人告诉自己做什么，而且害怕做决定。还有一些“敌对型”员工就是等着机会捣乱，他们不信任督导，督导也不信任他们。这些人都只能做自己权责分明的工作，除此之外的授权则无法担当，即使他们愿意接受授权，也担当不了更多的责任。

2. 一些员工缺乏自信

许多员工和督导一样由于担忧而拒绝接受授权。缺乏自信心的人常常害怕失败，他们怀疑自己执行任务的能力，不相信自己。

3. 有的员工害怕出错

还有的员工担心执行新任务时会犯错误，影响自己。他们可能害怕经理批评或发怒，与经理的关系可能不够好，所以不愿意冒险去犯错误。

4. 群体压力

有时有机会承担新责任的员工可能害怕被其他员工抛弃。如果别的员工嫉妒他，或者觉得他接受新任务是“变节”投向管理者一方，或觉得这对他们不公平，可能会让接受新责任的员工日子不好过，或至少该员工认为他们会这么做。和同事的和睦相处，做集体的一分子——这种归属感，可能比承担责任或得到奖励更重要。

5. 没有报酬

如果员工觉得更多的责任除了增加工作量以外毫无意义，他们会拒绝承担。如果对他们没有好处——没有兴趣，没有回报，没有加班费，得不到承认或独立锻炼的机会，仅仅是更多的苦活、累活，他们会觉得更多的工作是强加的，从而讨厌这项工作。他们会断然拒绝或找各种理由推辞，使督导无法授权。增加了工作量而没有增加员工的兴趣，没有提供挑战或回报，这称为“工作增量”，这是绝对要避免的。

6. 满足现状

最后，有一些能力极强的员工对自己的现状很满意，但就是不愿意承担更多的责任接受提升或升级。不是每一个厨师都雄心勃勃，想做餐饮部经理；有的员工就是喜欢烹调；大多数“干着看”的员工对承担更多的责任不感兴趣，他们的工作只是原地踏步；有的员工只想干不费脑筋的常规性工作，因为他们正在家里写小说。一位职业洗碗工非常乐意做个洗碗工，他拒绝任何提升的机会。洗碗间是他的帝国，他主宰一切，他深感自豪，没有人打扰他，那里就是他的归宿，可以满足他所有的需求。

三、如何有效地授权

(一)明确授权的时间

总是清楚地知道应该在什么时间授权，以及授予怎样的权力给下属并不是一件很容易的事情。尽管并没有可以遵循的绝对原则，但至少有一些情况表明了此刻需要授权。考虑下面的问题。

(1) 有没有正在做你的员工可以做得很好的工作？

(2) 认为自己是唯一一个知道这项工作应该如何做的人吗？

(3) 每天的工作安排是否都很满，需要将一些细节带回家处理？

(4) 经常熬夜数小时才能完成工作吗——而同事却并非如此。

(5) 是否经常完不成工作？

(6) 是不是完美主义者？

(7) 是否经常指导员工应该如何解决问题？

如果许多问题的答案都是“是”，可能需要学习如何有效地授权。

(二)有效授权的条件

有效的授权必须具备以下 8 个条件。

1. 计划

有效授权的第一个条件是预先做好计划。督导管理者能在多大程度上授权，取决于员工接受授权的能力和意愿，这需要做一个总体回顾。目前部门里谁负责什么，有什么更多的责任可以授权，谁可以负更大的责任，有必要进行什么样的培训，责任的各种转移将如何影响其他员工的工作，什么时候适宜进行这些调整。授权牵涉对事务的重新安排，这要求督导充分发挥思维技巧。督导必须超越日常营运技巧，目光放远，总览全局。

除了总体规划以外，授权要求对每项分配的任务和职责有具体规划，使每个相关的员工对每一件事都很清楚，从而为授权奠定基础。

2. 职权与职责对等

有效授权的第二个条件是给予被授权人完成工作所必需的权力。分配给下属有意义的工作，和让他们做一些自己都不愿意做的脏乱工作或没有意义的活动之间有很大的差异。真正的授权包括给予被授权人相应的完成职责和执行任务所必需的权力，这就是对等原则(parity principle)。并且，被授权人有独立处理具体情况的自由，在工作中或者与他人一起制定决策，或者完全独立地制定决策。

案例

文·卡戈尔是饭店的督导管理者。他负责督导商务中心的 15 名员工。他刚刚参加过一个会议，会上仍是老调重弹——如何给予督导管理者更多的职权，以及督导管理者如何为结果负责。“我过去已经听过许多遍了，”他接着说，“人力资源部会分给我热心的员工。培训部会使他们还未工作就松懈下来，报酬那么低，我们根本没办法留住他们。我不能按照我的意愿来工作。工程部大量的裁员，这导致上星期我的许多电脑被锁了 4 个小时后，他们才姗姗而来。由于供应商的工人罢工，上周我们的办公用品已经用完了。到现在他们还在讨论我应该为结果负责。真是一个笑话！我们只有责任，而没有权力。”

3. 信任

有效授权的第三个条件是信任。督导和被授权的员工之间必须互相信任：督导信任他们，所以和他们一起承担责任；他们信任督导，认为督导不会把什么东西强加给他们，或者向他们指手划脚。只有双方相互信任才能产生有效授权所必需的责任心。

4. 放手

有效授权的第四个条件是能够放手和冒险——允许员工犯错，也允许自己犯错。每次授权，督导和接受授权的人都要面对新情况，肯定会有错误产生，授权不可能从第一天起就完美无缺。但是错误产生时，不要惊慌，不要责怪被授权的人。督导应当采取个别辅导的方式。通过督导的领导，员工学会干工作；督导提高了领导技巧，而这正是岗上培训要达到的目标。每次犯错，双方都能从中学到东西，而这是双方共同成长的过程。

5. 肯定的态度

有效授权的第五个条件是对员工抱肯定的态度。如果对员工抱有 X 理论的信条，就不可能有效地授权，督导不必做彻头彻尾的 Y 理论型管理者，但是必须和员工有良好的关系，了解他们的兴趣和能力，对他们的需求和潜力敏感。必须尊重他们，为了督导和他们的利益，乐于培养他们。督导要锻炼自己的领导能力，使员工充满自信心并愿意为你工作。

6. 良好的沟通

有效授权的第六个条件是良好的沟通。必须保证沟通渠道畅通，经常使用它们，发送清晰的信息，让每个人都知道授权影响到什么人——接受授权的人、那个领域的员工和督导的上司，务必让接受授权的人清楚自己的授权内容和责任范围。督导授权的责任越多及和督导分担责任的人越多，良好的沟通越重要。

7. 责任心

有效授权的第七个条件是责任心。如果能让员工参与规划新工作和为新工作制定目标，他们会更投入地工作。而督导必须按实际需求投入地培训、个别辅导和给予支持。不应把工作甩给某个人，然后不闻不问。

8. 控制

为了确保任务的完成，必须建立控制措施检查授权效果。这是有效授权的第八个条件。这些控制可以采取许多形式，比如授权人的个人观察，被授权人定期的汇报，或者相关成果、成本等的数据报告。一旦出现了错误，督导管理者可以将这些作为培训和发展员工的依据。

(三)有效授权的过程

图 5-4 表明有效授权的过程是如何进行的。请注意某些职权，比如完成任务的职权、执行特定使命的职权、达到目标或者标准的职权都是自上而下的，由上级管理者向督导管理者进而向员工授予。反过来，由此也产生了相对应的责任，责任控制体系的建立是为了保证职权能够合理地被使用。

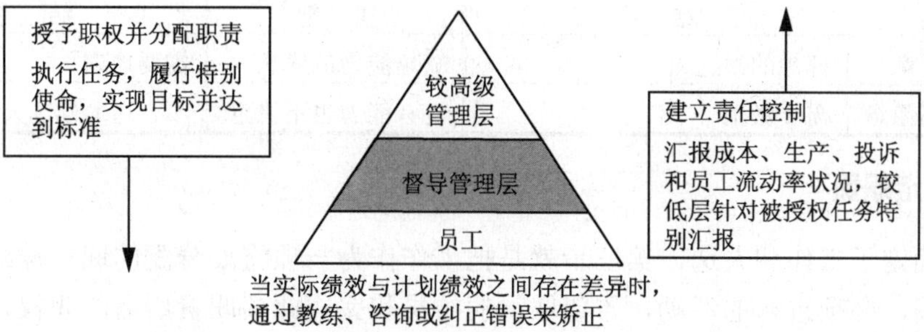

图 5-4　有效授权的过程

以下是有效授权的实际步骤。

1. 确定任务

确定可以分配给其他人的工作，而且确定哪些员工有能力而且愿意承担这些工作。这是授权的第一步。

首先把要做的事列出来，可以用一张表把几天以来每小时要做的事情标注出来。然后把活动和责任分成组，如表 5-1 所示。做完这些之后，就可以按照一定顺序——重要性或授权难易程度，把应当或可以授权的事物整理出来，并且选出你想最先解决的一件或两件事。

表 5-1　工作分组

类　别	举　例
必须督导亲自做的事	招聘、评估、嘉奖、解聘
别人可以协助督导做，督导不在时别人可以做的事	安排日程、准备成本百分比资料
现在督导做，但是经过培训别人能做的事	培训新员工、领货、订货、接货
需要在督导的帮助和指导下做的事	统计顾客数量、客房数量和客房出租率，制定排班表
必须由别人做的事	他们自己的工作
目前由别人做但是可以安排人做的事	开发新菜、特色饮品和促销方法

2. 确定人员

第二步，必须审视自己的员工，选择最合适的人承担责任是有效授权的一个关键因素。可以参考表 5-2。积极性和能力对授权的成功都很重要。员工中谁既有能力又乐意承担责任？如果没有这样的人，那么有没有可以培养的人？有没有人在帮助下消除顾虑后乐意承担责任？有没有人在督导管理者使工作内容变得更具有吸引力或表示将给予承认或适当奖励之后，愿意承担责任？

表 5-2　挑选可以授权的员工

类　别	结　论	类　别	结　论
有能力且愿意	理想的候选人	缺乏能力但愿意	需要培训
有能力但不愿意	需要激励	没有能力也不愿意	不合适的候选人

3. 确定职责

一旦确定了工作和人选，第三步就是把工作作为一项将要分配的职责详细划分。确定职责范围，必须进行的活动，希望取得的结果和完成此项职责所需的职权，这和制定工作表现标准的过程相似。其实工作表现标准制度是分配职责非常有力的工具。督导可以放手让员工去干工作，因为已经告诉他们自己想要什么，督导已经制定了工作目标，而且已经培训过他们需要掌握的技巧，他们可以从此担当起责任，让自己去做管理。

在任何授权中都要这么做。详细划分工作的重要内容和要求细则，确定限制范围，并且设定希望取得的结果，在这些限制范围内，员工可以按自己的方式工作。还需要仔细制定随分配的职责而产生的职权——不请示督导可以做什么决定，可以使用什么资金，为了督导或公司的利益他们有权采取什么行动等诸如此类的事。提前把这些事情做好，然后进行第四步——授权。

4. 授权

第四步有三部分：分配工作任务和职责并说明希望取得的结果，授予完成工作所必需的职位，建立负责制。正如我们所见，这是授权的三个相互连接的部分，必须确定清楚。

授权时，应与选中的员工进行个别面谈，向他交待工作内容、希望取得的结果及随之产生的责任和职权。面谈应当是非正式的个人与个人的讨论。应当把新任务以一种能够激发兴趣和参与情绪的方式呈现给员工，征求他们的看法，使工作成为一种挑战，表明其目前和将来的利益，适当时许诺将给予何种奖励，并且表达对他们的信心，以“我们”的口气进行面谈，表示你将予以支持，表示对他的成功始终怀有兴趣。答应如有必要可以进行培训。但是，不要用命令、威胁或不容拒绝的方式施加压力。授权必须取得员工的同意。

授权是一份合同。不能把责任强加给员工，他们必须乐意接受责任。只有给予员工全部责任和职权，而且对方接受全部责任时，才是真正的授权。

要让员工知道督导和他们共同承担责任，不是把责任扔给他们，然后撒手不管了。督导对结果也要负责，给他们充分的提问的机会，彻底打消他们的疑虑。

如果督导为任务找到适合的人选，并以正确的方式传达了任务，他们会对工作感兴趣，心情愉快，干劲十足，跃跃欲试，而且愿意承担更多的责任。如果让他们参与制定工作目标，他们会努力争取达到这些目标。

设置检查点，对进展情况跟踪检查。通过检查点可以保证员工和工作不偏离目标。可以修改或调整工作，改正错误，在关键时刻提出建议而不必重新返工。检查点就是督导的控制点。如果无法控制，要么不授权，要么重新授权，用其他办法跟踪检查员工的工作。

5. 后续

授权的第五步是后续。如有必要，对员工进行培训。如果这是他们从来没有做过的事，督导要从头到尾讲解：想要他们做什么，想让他们怎样做，达到什么标准。否则，他们会用最省事的办法做事。当他们准备就绪以后，按沟通渠道向每个相关的员工和管理者交待新职位和被授予的权力，这样，员工在工作中遇到的阻力和反对才会减少，一定要保证马上兑现承诺的奖励，如解除他们的另外一些任务和职责，为新的任务和职责腾出时间。之后督导就回到个别辅导的角色上。出现的问题如果他们能够自己解决，就让他们自己解决。如果他们很难自己做决定，不断向自己请示，就反问他们是怎么想的，鼓励他们自立，不要让已经分配出去的任务和职责反回来烦扰自己。

员工想把他们的责任返还给督导，这称为授权返还。如果员工缺乏自信，对工作的了解不够，害怕犯错误，或者就是不想承担更多的责任，就有可能发生授权返还的情况。这时，需要倾听员工的意见，与之讨论问题的所在，但是一定要说明，完成工作仍然是员工的责任。如果督导接手未完成的工作，就增加了员工对督导的依赖性。对付授权返回最好的办法就是“不要带给我问题，要给我解决办法”。

6. 监督、评价和反馈

授权的最后的一个步骤是监督工作要点，对工作进展进行评价、反馈，帮助被授权的员工在新工作中自立。之后就可以祝贺自己完成了两件事：学习了如何授权；发展了有培养前途的员工。这才是真正的岗上培训，督导真正提高了管理技巧。

第三节　授权的权变观点

一、有效授权中的角色扮演

如果授权体系是有效的，其中必有重要的三方参与其中：较高级管理层、督导管理层和被授权员工层。

(一)较高级管理层的角色

较高级的管理层对有效授权有很大的影响。在一个吹毛求疵的氛围里，较高级的管理者总是在批评，而不能积极赞扬好的成果，这会损害有效的授权。

授权困难的一个原因就是较高级管理层的过分控制或不控制，这都会阻碍有效授权的过程。较高级管理者会阻碍有效授权的其他途径，包括不能提供目标和政策，不能与下级共享信息以及决策制定缓慢等。

(二)督导管理层的角色

戴尔•迈克康尼(Dale McConkey)的《严肃授权》(*No-nonsense Delegation*)一书将授权者和被授权者的角色阐述得非常准确。适用于督导管理者的几点如下所述。

(1) 清楚地交流。

(2) 详细说明职权。

(3) 鼓励员工参与。

(4) 审查结果而不是过程。

(5) 表明信任。

(6) 寻求建议。

(7) 分享赞誉，而不是指责。

(8) 给予支持。

(9) 坚持不懈。

(10) 了解自己的下属。

(11) 培育自己的下属。

上面列出的(3)、(5)和(11)尤为重要。管理者犯的最大错误是忘记了出色并非源自好的报告体制，也不是其他的控制体制，而是源于做事情的人。管理者不得不放弃许多控制，让员工们真正拥有工作并感到对它负有责任。只有这样，督导管理者才能获得成功。

对于督导管理者来说最重要的是培训员工，这样他们就可以在没有督导管理者干预的情况下独立完成工作了。尽管许多员工经常就他的工作来征求督导的建议和帮助，这会使督导感到自我满足，但那既不利于他们的发展，也不利于督导完成自己的职责。

(三)被授权员工的角色

迈克康尼对于被授予职权的员工的角色阐释为以下几点。

(1) 发挥主动。

(2) 与督导管理者联系。

(3) 确保授权是现实的。

(4) 确定和反馈成果。

(5) 定期向督导管理者汇报。

(6) 有效地执行授权的任务。

(7) 发展自己可以更多地处理相关的任务。

对于员工来说，不必每发生一点小事就要找督导管理者，这一点很重要。一名理智的督导管理者应该如何面对一名不愿意接受职权的员工？不做本来由员工来完成的工作，将任务和职责退回给员工。只有大的问题发生了，员工才能寻求督导管理者的帮助。

二、授权过程中常犯的错误

作为一名督导，如果没有授权经验，就很容易犯错误。常见的错误有以下9种。

1. 表达不清楚

也许授权过程中最容易犯的错误就是表达不清楚。接受授权的员工必须明白督导的想法，如做什么，怎么做，预期结果是什么，目标和标准是什么。他们必须清楚自己任务和职责的领域、范围和限度。必须知道自己拥有什么授权，及其范围，即有权做什么，有权决定什么，什么决定必须向督导请示。

如果督导在与他们见面前就已认真地做好了各种准备，就能清楚地向他们传达了。为了确保他们明白自己的意思，可以让他们把协议的要点概括一下，在许多情况下，用文字记录在案也许是明智的做法。

但是在饭店这个时间压力极大的行业，很容易忽略准备阶段，很容易把一项任务和职责分配压缩成每天工作中的48秒交接，这是很大的冒险。在那么短的时间内，不可能将分配工作本身的细节和其所含的职责、职权和责任传达清楚。也许经过一段时间的授权，员工有了分担督导的责任和经验之后，48秒的时间就够了。但是督导第一次授权一个第一次接受授权的人时，一定要多下点工夫。把一切事情传达清楚，确保双方就一切事情的理解达成一致。

2. 过度监督

初次授权者易犯的另一个错误是仅仅因为对整个事情过于紧张而过度监管。这种情况下督导又变成老板，收回已经授权的责任。必须记住，不可能一帆风顺，督导选择了他所信任的人，他有检查点和控制措施，学习授权的唯一方法就是不要再像老板般地专横。如果督导老是插手，纠正一些小错误，那么接受授权的员工真正遇到难题时就不会找他求助了。

3. 没有系统的培训和足够的支持

走到另一个极端也是一个易犯的错误，就是没有足够的时间对做新工作的员工进行系统的培训或不给他们足够的支持。在这种情况下，他们可能会灰心，丧失热情。他们可能干得很差或马马虎虎，或者因为工作进展不顺利，对自己感到失望。督导必须耐心地对他们进行必需的培训，一定要让他们感觉到督导支持他们，遇到问题能找督导商讨。而且，授权想要有成果，他们必须体验过成功，并建立自信。

4. 没有建立控制机制

没有建立控制机制，而是依靠自我监督也是错误的。如果授权经验不太丰富就有可能忽略这个要点。督导需要检查点——阶段性报告、回顾或讨论会，这样可以跟踪工作进展，而不必插手实际工作，但是如果需要控制事态，也可以进行干预。

5. 增加工作量但无回报

另一个易犯的错误就是增加工作量但是没有新的责任、兴趣或挑战。比如督导增加规定时间内要清扫的房间数。这不是授权，而且肯定会引起反感，会招惹麻烦，而不是减少麻烦。这种做法会挫伤员工的积极性。相反，一项包括新责任的工作能激发员工的积极性，甚至工作量增加也无妨，只要员工乐意承担，只要有足够的时间完成工作。

6. 工作任务本身无价值

一个类似的错误是把没有前途、毫无意义、乏味、没有挑战性的工作分配给员工，而且不给予任何激励或嘉奖。这种情况下增加责任只不过是增加一个负担，而且对他们没有什么好处。督导必须让这份工作有价值——更多的收入，地位更高，工作时间更短，许诺在某个时间改善某方面情况。总之，不管什么，只要能让员工情愿接受责任就行。

7. 授权给不合适的员工

授权给不恰当的人也是一个常见的错误。如果充分了解员工而且事先对授权进行周密计划，就不会犯这样的错误。

8. 把工作中棘手的部分授权

有的督导会犯这样的错误，就是把工作中不讨人喜欢的或涉及上下属关系的部分(如纪律制裁或解聘)授权给员工。这么做的结果只能是放弃督导的地位。员工无法控制局面，大家会对推卸责任的督导失去敬意。

9. 重复授权

督导可能会犯的另一个错误有时是重复授权。督导也许会将同一项工作分派给两个人，或者给一位员工的工作涉及另一位员工的工作部门，而没有与该部门负责人划清责任。如果督导的上司是不擅长组织的人，职权或责任路线不清，督导甚至会发现自己分配的某项任务和职责根本不在自己管辖范围内。务必明白自己在公司的位置，自己在做什么，并注意将信息传达给每一个人。

如果能够周密地规划，了解员工，了解自己的责任，关注工作进展，牢记总体目标——有效地管理员工，使每一个人都尽其所能，创造一个运营顺畅的公司，就能避免前面谈到的错误。

三、用权变观点解释授权

什么任务和职责可以授权，什么工作必须自己做，没有一个“放之四海而皆准”的规则。下面是用权变的观点来解释授权。

(1) 一般说来，涉及下属关系的任务和职权不应当授权，如招聘、评估和解聘。如果某项工作需要只有督导才具备的专业技术，就不能授权，不能把令人不愉快的工作以“授予职权”的名义甩给不愿意接受的员工。除此之外，如果授权有意义，就要尽量授权。

(2) 可以把员工有能力且愿意做的，费时、常规性的琐事分配给他们。这样可以节省督导的时间和精力，用于管理。

(3) 可以把员工比督导做得更好的工作授权给他们。因为督导不可能事事都比别人强——没人能事事都比别人强。授权这些工作的意义在于使督导专心做分内工作，即管理。

(4) 可以培训别人接管督导不在时必须继续的工作和职责。督导必须对意外情况和自己请假或休假时的工作交接有所准备。必须有人在必要时能承担督导的日常职责。如果部门没有督导就无法运营，那么，这名督导现在做的就不是督导的工作。

(5) 可以把能够激励和发展员工的工作和职责分配给他们。如果督导了解员工和他们的兴趣、才能和缺点，就能将职责分配给合适的人，分派给他们的工作就能让他们有兴趣，让他们感到有挑战性，使他们觉得自己重要、有价值，使他们有成就感，并能帮助他们成长。

(6) 可以有计划地培养有潜力的员工，经过一段时间后增加新的任务和职责，把他们培养成未来的接班人或使他们沿着公司的职位阶梯继续晋升或提升到其他地方。虽然最终他们会离开你，但是他们的成长将对你、对整个公司做出更大的回报。

在你的督导领域，只有你才能决定什么是可以做的，只有你了解各项工作和全体员工。授权的第一步可能令人恐惧或痛苦，但是一旦做了，你就正在成长为一位名副其实的管理者。不必一蹴而就，授权有各种程度及阶段。依次授权一项工作，一次走一步，初次授权要选你认为最相配的工作和人。

授权责任使工作更有趣、更有挑战性，会帮助员工成长。这会大大提高督导的工作效率——远远超过督导承担所有责任所能达到的。

复习自测题

1. 解释下列概念：

(1)授权；(2)工作描述；(3)责任；(4)经验学习；(5)对等原则。

2. 解释授权之所以重要的原因。

3. 简述授权的层次。

4. 为什么有的督导不愿意授权？为什么有的员工不愿意接受授权？

5. 有效授权的条件有哪些？

6. 描述有效授权的步骤。

7. 概述授权过程中常见的错误。

8. 用权变观点解释什么工作任务应当授权，什么工作任务不应当授权。

第六章　有效的沟通

【学习目标】

学完本章，应该能够：描述沟通过程模型的 5 个组成成分；了解沟通的功能；熟悉沟通的形式和沟通的方向；说明 5 种经典信息沟通网络；解释有效督导管理沟通的障碍；阐述如何改进督导管理的沟通。

【关键词】

沟通(communication)
沟通过程模型(communication process model)
非正式沟通(informal communication)
非言语沟通(nonverbal communication)
体态语言(body language)
沟通网络(communication network)
小道消息(grapevine)
象征符号(symbol)
聆听(listening)
反射性的综述(reflective statement)

在人际交往中，沟通扮演了非常重要的角色，在与督导管理相关联的领域也是如此。

在这一章中，首先确定沟通的定义，介绍一个沟通过程模型，说明沟通的功能。然后，阐述沟通的形式和沟通的方向，以及沟通的网络。最后，用较大的篇幅研究有效督导管理沟通的障碍，探讨几种改进督导管理沟通的方法和技能。

第一节　沟通

一、沟通的概念

我们人类每天都与人沟通。在醒着的时间里，我们有 70%用于发出或接受信息——说话、倾听、书写、阅读、敲击电脑的键盘及看电视。

既然我们如此大量地进行沟通，那我们应该非常精于此道。然而情况并非如此。我们被人误解的机会也许和我们与之沟通的人数一样多。不同的人会以不同的方式解释你所说的话，而且不一定是照你的意图。在别人对我们说话时，情况也一样。我们工作中以及个人生活中的许多问题，都与某种形式的沟通失败有关。

至今还无人能找到一种理论、方法或一套原则，能够保证 100%的有效沟通。专家们知道很多造成沟通失败的原因，也能够解释成功沟通的因素，但不能提供一个在任何地点、任何时间、对任何人都行之有效的公式。然而，了解了沟通如何发生，为何会失败，以及怎么做能够改进沟通，将会极大地增加成功的机会。

作为一名饭店业的督导，要不断与人沟通。督导既是信息的发送者，也是接收者，而且这两种角色都很重要。督导必须理解上层传下的信息，以执行上司的指令及公司的政策。必须清楚明白地与其他督导沟通以协调你们之间的工作。必须有效地与顾客沟通。最重要的是，必须与所督导的员工成功地进行沟通，才能做好工作。如果不能有效地沟通，督导将无法进行有效的管理。

沟通包含意义的传递。如果信息或想法没有被传送到，则意味着沟通没有发生。也就是说，说话者没有听众或写作者没有读者都不能构成沟通。因此，哲学问题“丛林中的一棵树倒了却无人听到，它是否发出了声响？”在沟通的背景下，其答案是否定的。

但是，要使沟通成功，意义不仅需要被传递，还需要被理解。如果写给一个不懂葡萄牙语的人的一封信使用的是葡萄牙语，那么不经翻译就无法称之为沟通。所谓沟通(communication)，指的是两个或两个以上的个体或群体，通过一定的联系渠道传递和交换各自的意见、观点、思想、情感与愿望，从而达到相互了解、相互认知的过程。概括地说，沟通是意义的传递与理解。完美的沟通，如果其存在的话，应是经过传递之后被接受者感知到的信息与发送者发出的信息完全一致。

另外需要注意的是，良好的沟通常常被错误地解释为沟通双方达成协议，而不是准确理解信息的意义。如果有人与我们意见不同，不少人认为此人未能完全领会我们的看法，换句话说，很多人认为良好的沟通是使别人接受我们的观点。但是，我可以非常明白你的意思却不同意你的看法。当一场争论持续了相当长的时间，旁观者往往断言这是由于缺乏沟通导致的，然而详尽的调查常常表明，此时正进行着大量的有效沟通。每个人都充分理解了对方的观点和见解。问题是人们把有效的沟通与意见一致混为一谈了。

在深入讨论之前还需说明一点，本章我们关心的是人际沟通(interpersonal communication)：即存在于两人或多人之间的沟通方式，其对象是人而不是物体。组织范围中的沟通，包括组织沟通的流程、沟通网络和管理信息系统的改进等，则属于信息控制系统讨论的内容。

二、沟通过程

许多督导管理者认为沟通只是“讲清事实”，他们没有意识到这一简单问题中的复杂内容。当沟通不起作用时，他们又常常抱怨，而不是找出究竟出了什么问题。为了真正理解督导管理者在沟通中的角色，必须首先明白沟通的基本过程。

图 6-1 是沟通过程模型(communication process model)。此模型的基本构成部分有：发送人、信息、渠道、接收人和反馈。干预这个过程的障碍我们将在后文给予说明。

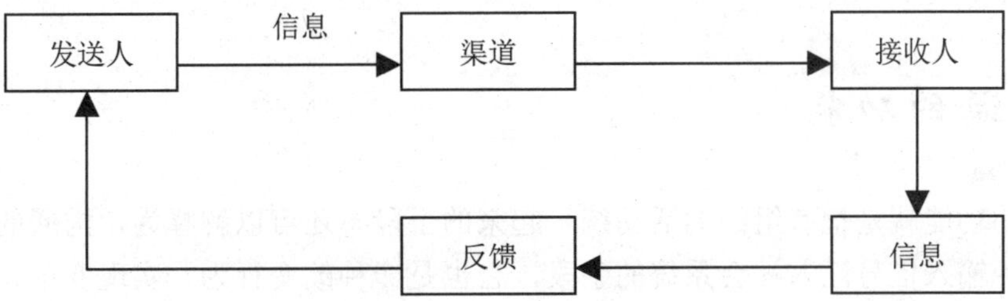

图 6-1　沟通过程模型

1. 发送人

发送人(sender)是信息的提供者。有时是内部的需要促使沟通。当发送人说“请给我盐”时，这是对生理需要的一种反应；当发送人说“我关心你”时，是反映了感情的需要。作为一个督导管理者，当你说“你们必须完成这项报告”，你或许是需要赢得尊敬(你希望能为部门完成工作而骄傲)或者是出于安心的需要(你害怕上司责备你)。

2. 信息

信息(message)包括言语和能传达意义的非言语表达。当我们说的时候，说出的话是信息；当我们写的时候，写出的内容是信息；绘画的时候，图画是信息；做手势的时候，胳膊的动作和面部的表情是信息。

3. 渠道

渠道(channel)是传递信息的途径和方式。渠道包括面对面的谈话、通话、书面形式(如备忘录、报告、业务通讯或 E-mail 等)和集体会议。

案例

一名督导管理者说到当他的全体员工在处理一个重要的机器故障时，上司责备他们耗用了大量时间才完成这项工作。“我并不是太介意被训斥，我只是介意他这样做的方式，”这位督导管理者说：“他通过电子邮件传达对我们的批评，并将邮件转发给整个公司的人。”

4. 接收人

接收人(receiver)是发送人传递信息的最终目的地。接收人是赋予信息含义的人。饭店的督导管理者每天都扮演着发送人和接收人的双重角色。

5. 反馈

人们常会发送信息作为对他人信息的反应。这种反应称为反馈(feedback)。例如，员工可能会问“为什么要完成这项报告”，当督导回答这个问题时，就是在对员工的信息做出反馈。

三、沟通的功能

沟通的功能就是把有组织的活动统一起来的手段。还可以解释为，沟通的功能就是把社会各种输入信号注入社会系统的手段，它也是一种改变行为、实现变革、使信息发挥积极作用和达到目标的手段。无论是家庭，还是工商企业，个人之间的信息传递都是绝对必要的。

心理学家注重在信息的发送、传递和接收的沟通过程中所发生的人的行为问题。他们致力于识别影响信息顺利沟通的障碍，特别是那些人际关系方面的障碍。

广义而言，一个组织中沟通的目的就是要实现变革，即对有助于组织利益的活动施加影响。由于沟通把各项管理职能连成一体，所以它对组织内部职能的行使是必不可少的。

在群体或组织中，沟通有 4 种主要功能：控制、激励、情绪表达和信息。

1. 控制

沟通可以通过几种方式来控制员工的行为。员工们必须遵守组织中的权力等级和正式指导方针。比如，他们要首先与直接上级主管交流有关工作方面的不满和抱怨，要按照工作说明书工作，要遵守公司的政策法规等，通过沟通可以实现这种控制功能。另外，非正式沟通也控制着行为。比如，当工作群体中的某个人工作十分勤奋，并使其他成员相形见绌时，其他人会通过非正式沟通的方式控制该成员的行为。

2. 激励

沟通通过下面的途径来激励员工：明确告诉员工做什么，如何来做，没有达到标准时应如何改进。具体目标的设置、实现目标过程中的持续反馈以及对理想行为的强化，这些过程都有激励作用，而这些过程又都需要沟通。

3. 情绪表达

对很多员工来说，工作群体是主要的社交场所，员工通过群体内的沟通来表达自己的挫折感和满足感。因此，沟通提供了一种释放情感的情绪表达机制，并满足了员工的社交需要。

4. 信息

沟通的最后一个功能与决策角色有关，它为个体和群体提供决策所需要的信息，使决策者能够确定并评估各种备选方案。

这 4 种功能无轻重之分。要使群体和组织运转良好，就需要在一定程度上控制员工，激励员工，提供情绪表达的手段，并做出决策。可以认为，在群体或组织中几乎每一次沟通都能实现这 4 种功能之中的一种或几种。

第二节　沟通的形式和沟通的方向

一、沟通的形式

(一)正式沟通和非正式沟通

1. 正式沟通

正式沟通(formal communication)是指在组织系统内，依据一定的组织原则所进行的信息传递与交流。例如组织与组织之间的公函往来，组织内部的文件传达，召开会议，上下级之间定期的情报交换等。正式沟通也可能发生在两位职员之间，他们为了完成顾客的一份订单必须相互交流来协调他们的工作。另外，群体所组织的参观访问、技术交流、市场调查等也在此列。

正式沟通的优点是：沟通效果好，比较严肃，约束力强，易于保密，可以使信息沟通保持权威性。重要的消息和文件的传达，组织的决策等，一般都采取这种方式。其缺点是由其优点派生出来的：因为依靠组织系统层层传递，所以很刻板，沟通速度很慢。

2. 非正式沟通

非正式沟通(informal communication)指的是正式沟通渠道以外的信息交流和传递，它不受组织监督，自由选择沟通渠道。例如，群体成员私下交换看法，朋友聚会，传播谣言和小道消息等都属于非正式沟通。非正式沟通是正式沟通的有机补充，现代管理理论对此极为重视。美国著名管理学家西蒙(H. Simon)指出：在许多组织中，决策时利用的情报大部分是由非正式信息系统传递的。同正式沟通相比，非正式沟通往往能更灵活、迅速地适应事态的变化，省略许多繁琐的程序；并且常常能提供大量的通过正式渠道难以获得的信息，真实地反映员工的思想、态度和动机。因此，这种信息往往能够对管理决策起重要的作用。下面给出了一些非正式沟通的例子，每一个例子都代表了一种沟通渠道的类型，这样的非正式沟通是生活的一种方式。

案例

第一则：莉萨、黛安、佛瑞德和罗伯特都在同一家饭店工作，并且住的地方离公司有35英里远，所以他们通常会在上班的途中讨论各自的部门、公司的人员和其他与工作相关的话题。由于在不同的部门工作，他们会在公司正式的沟通渠道传送出某些消息之前就已经非常清楚很多事情了。

第二则：在米尔德理德·奥尼尔向老板提出一项重要要求之前，她先征求了凯斯·特洛伊的意见(特洛伊是老板的好友)，关于如何最好地提出要求，她会给奥尼尔很好的建议。

非正式沟通的优点是：沟通形式不拘，直接明了，速度很快，容易及时了解到正式沟通难以提供的“内幕新闻”。非正式沟通能够发挥作用的基础，是群体中良好的人际关系。其缺点表现在，非正式沟通难以控制，传递的信息不确切，易于失真、曲解，而且它可能导致小团体、小圈子，影响人心稳定和群体的内聚力。

此外，非正式沟通还有一种可以事先预知的模型。研究表明，非正式沟通的内容和形式往往能够事先被人知道。它具有以下几个特点：第一，消息越新鲜，人们谈论得就越多；第二，对人们工作有影响者，最容易招致人们谈论；第三，最为人们所熟悉者，最多为人们谈论；第四，在工作上有关系的人，往往容易被牵扯到同一传闻中去；第五，在工作上接触多的人，最可能被牵扯到同一传闻中去。对于非正式沟通的这些规律，管理者应该予以充分注意，以杜绝起消极作用的“小道消息”，利用非正式沟通为组织目标服务。

在现代西方管理理论中，还提出了一个新概念，称为“高度的非正式沟通”。它指的是利用各种场合，通过各种方式，排除各种干扰，来保持人们之间经常不断的信息交流，从而在一个群体、一个企业中形成一个巨大的、不拘形式的、开放的信息沟通系统。国外的一些企业家在这方面动了不少脑筋。在美国沃特·迪斯尼制片公司，上至董事长，下至一般职员，都佩戴一个只有名字的标记，让大家彼此直呼其名，以减少在交谈时因身份不同而造成的等级感。在美国明尼苏达采矿公司，凡是职工人数达十名左右的部门，都发起举办俱乐部，其目的是促使成员有机会进行高度的非正式沟通，以解决一些实际问题。

实践证明，非正式沟通一方面可以满足员工的社交需要，另一方面它还能改进组织的绩效，因为它能产生一种替代的、通常是快速和有效的信息沟通渠道。

(二)书面沟通和口头沟通

1. 书面沟通

书面沟通是指用书面形式所进行的信息传递与交流。在组织内书面沟通可以通过备忘录、简报、文件、书面通知、刊物和调查报告等。对外则有派发市场调查问卷、广告、员工招聘启事，及发布新闻等。

书面沟通的优点是：它可以长期保存下来，具有一定的严肃性与规范性，不容易在传递过程中被歪曲；书面沟通也能促进政策和程序的一致，在有些情况下还能减少费用；在表达方式上，它往往比口头表达更为详细，接收者可以按照自己的速度详细阅读，以求理解。其缺点在于书面沟通的时效有限，不能及时提供信息反馈，适应情况的应变能力差，往往难以达到预期的效果。

2. 口头沟通

口头沟通就是运用口头表达来进行的信息传递与交流。在组织内有面对面的谈话，各种会议，教育培训中心的授课、演讲，电话联系等。对外则有街头宣传、推销访问、口头调查与其他组织间的洽谈会议、向外发表演说等。

口头沟通的优点是：能够充分、迅速地交换意见，人们可以提问并澄清疑点，并可马上获得对方的反应，具有双向沟通的好处，且富有弹性，可以随机应变；沟通双方可以进行情感交流，增加亲切感，提高沟通效果。口头沟通的缺点主要表现在：沟通范围有限，尤其是在群体沟通场合使用起来有困难；由于沟通双方缺乏深思熟虑而且口头沟通的随机性较强，使得发送者和接收者有时会提出一些不应提的问题，传递一些“多余的”信息而影响效率；此外，沟通双方采取的是面对面的方式，这也会增加彼此的心理压力，造成心理紧张，影响沟通效果。

书面沟通与口头沟通形式不是固定不变，而是可以相互转换的。书面通知用电话传达到基层，就变成了口头沟通，而电话通知一旦记录在电话登记本上就成了书面沟通。

传统的管理方式比较重视对物的控制，而忽视人的因素，因此，一般比较强调书面沟通。而在现代管理中，口头沟通的作用得到了重视。因为利用适当的口头语言，面对面地交换意见，不仅可以及时地传递信息，而且可以联络感情，融洽人际关系，此外还可以确保信息的准确性。管理心理学的研究表明，就效果而言，口头沟通与书面沟通混合使用的效果最好，口头沟通次之，书面沟通最差。

(三)非言语沟通

一些极有意义的沟通既非口头形式也非书面形式，而是非言语沟通(nonverbal communication)。刺耳的警笛和十字路口的红灯都不是通过文字告诉我们信息的。教师上课时，当看到学生们无精打采或者有人开始翻阅校报时，无需言语说明，学生们已经告诉她(他)，他们厌倦了。同样，当纸张沙沙作响，笔记本开始合上时，所传达的信息意义也十分明确，该下课了。一个人所用的办公室和办公桌的大小，一个人的穿着打扮都向别人传递着某种信息。不过，非言语沟通中最为人知的领域是体态语言和语调。

1. 体态语言

体态语言(body language)包括手势、面部表情和其他身体动作。比如，一副咆哮的面孔所表示的信息显然与微笑不同。手部动作、面部表情及其他姿态能够传达诸如攻击、恐惧、腼腆、傲慢、愉快、愤怒等情绪或性情。

2. 语调

语调(verbal intonation)指的是个体对词汇或短语的强调。下面举例说明语调如何影响信息的意义。假设学生问教师一个问题，教师反问道："你这是什么意思？"反问的声调不同，学生的反应也不同。轻柔、平稳的声调与刺耳尖厉、重音放在最后一词所产生的意义完全不同。大多数人会觉得第一种语调表明某人在寻求更清楚的解释，而第二种语调则表明了此人的攻击性或防卫性。

任何口头沟通都包含非言语信息，这一事实应引起极大的重视。为什么？因为非言语要素有可能造成极大的影响。一名研究者发现，在口头交流中，信息的55%来自于面部表情和身体姿态，38%来自于语调，而仅有7%来自于真正的词汇。我们都知道动物是对我们怎样说做出反应的，而不是对我们所说的内容做出反应，人类与此并无太大差异。

(四)电子媒介

当今时代我们依赖于各种各样复杂的电子媒介传递信息。除了极为常见的媒介(电话及公共邮寄系统)之外，我们还拥有闭路电视、计算机、静电复印机、传真机等一系列电子设备。将这些设备与言语和纸张结合起来就产生了更有效的沟通方式。其中发展最快的应该算是电子邮件(electronic mail)了。只要计算机之间以适当的软件相连接，个体便可通过计算机迅速传递书面信息。存储在接收者终端的信息可供接收者随时阅读。电子邮件迅速而廉价，并可同时将一份信息传递给多人。它的其他优缺点与书面沟通相同。

案例

莎伦·奥茨是 AutoFin 公司的督导管理员，每天在组织内发送和接收超过 20 封的 E-mail。这些信息来自于和发送给各个层次。不过即便莎伦住得离工作地点很近，她还是经常使用 E-mail 联系她的下属。E-mail 使她不受约束，不必亲自去看是否有人浪费时间，保留记录也更加容易—— 只要单击“打印”按钮，她就会有一份书面信息。莎伦还用 E-mail 向她的组员传递关于政策和程序的信息，以及确定个人和团队的业绩。

语音沟通技术的进步也极大地影响了督导管理者的沟通。不管督导管理者在什么地方，移动电话都可以使他们与员工和其他人保持联系，寻呼机也是一样。语音邮件系统使督导管理者可以在接收人不在时留下信息，并能听到来自打电话者的语音录音信息。电话会议使督导管理者能够同时与各个不同的地方的人交流；视频会议则提供了可视的交流效果。

二、沟通的方向

沟通的方向可以是单向的，也可以是双向的，可以是垂直的，也可以是水平的。垂直维度还可以进一步划分为自上而下和自下而上两种。

(一)单向沟通和双向沟通

1. 单向沟通

单向沟通指的是信息发送者背向或以命令方式面向接收者，一方只发送信息，另一方只接收信息，双方无论在语言上还是感情上都不需要信息反馈。发指示、下命令、做报告等都属于单向沟通。

2. 双向沟通

双向沟通指的是信息的发送者以协商和讨论的姿态面对接收者，信息发出以后，还要及时听取反馈意见。必要的时候，发送者和反馈者还要进行多次重复交流，直到双方共同明确为止。与员工谈心、开座谈会、听取情况汇报等都属于双向沟通。

单向沟通与双向沟通各有利弊。管理心理学家哈罗德 J.利维特(Harold J. Leavitt)曾就意见沟通的方向问题做过实验研究，比较哪一种方向沟通的效率高。实验用两种不同的指示方法，要求受试者在纸上画下一连串的长方形，长方形的连接法有一定的限制，其接触点必须在角尖处或中点，其连接的角度则为 90° 或 45° ，如图 6-2 所示。受试者必须遵照主试者的指示一个接一个地把长方形画下去，如同主管向部属说明复杂的工作内容及指示工作程序。指示方法如下。

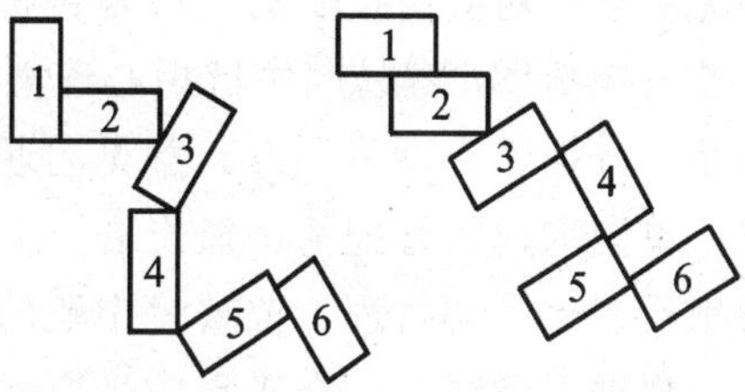

图 6-2 单向沟通与双向沟通的实验

单向沟通：

(1) 主试者(发送者)背向被试者(接收者)，避免视觉上的沟通。

(2) 不准提出疑问，或发出笑声、叹气等任何表达收受状态的反应。

(3) 发送者以尽可能快的速度说明长方形连接的模式。

双向沟通：

(1) 主试者面向被试者，可以看到他们的表情，了解他们接收信息的状态。

(2) 接收者可以随时打断发送者的描述，提出任何质询，要求发送者解答。

根据实验，利维特将单向沟通与双向沟通进行比较，得出以下的结论。

(1) 从速度上看，单向沟通比双向沟通快。

(2) 从内容的正确性来看，双向沟通比单向沟通准确。

(3) 从表面的秩序来看，单向沟通显得安静规矩，而双向沟通则较吵闹、无秩序。

(4) 在双向沟通中，接收信息的人对自己所做的判断比较有信心，对自己的行为有把握。

(5) 在双向沟通中，发送信息的人所感到的心理压力较大，因为随时可能受到接收者的批评和挑剔。

(6) 如果从信息发送者在沟通过程中或沟通进行前所需准备的条件来说，单向沟通需要较多的计划，要事先编好一套能自圆其说的内容，选择适当的词句。因为单向沟通有如唱片一开始就不停地唱到完，事先如果缺少系统的计划，则无法顺利进行。双向沟通则因随时可能遇到各种质询，容易遇到干扰而无法预先做出一套定型的计划，信息发送者需要当场做出很多的判断及决策。因此，发送者必须是一个有关方面的专家，要有随机应变的能力。

(7) 双向沟通的最大优点是：能够做到确实的沟通，可以从多方面的反应来重新估计事情的状况，从不同的角度观察问题的所在；同时，透过双方的意见表达，可以增进彼此的了解，建立良好的人际关系。

单向沟通中的信息发送者因得不到反馈，无法了解对方是否真正收到信息。接收者因无机会核对其所接受的资料是否正确，又无法表达接收时所遭受的困难，内心有一种不安与挫折感，容易产生抗拒心理与埋怨情绪。因此，单向沟通并不是真正的意见沟通，而是一方把话告诉另一方。意见沟通有如以箭射靶，不但要把箭头射出，同时要击中靶子，单向沟通只管把箭头射出去，而不问中靶与否。双向沟通则可以借着接收者的反应做出反馈，了解射程、位置等中靶的情形，作为修正沟通关系的依据。

根据上述情况，在管理中采取哪种沟通方式较为适宜，必须因人、因场合而定。

(1) 如果只重视信息传递的快捷与成员的秩序，采用单向沟通系统较为适宜。

(2) 大家熟悉的例行公事的、向下级的命令传达，可采用单向沟通。

(3) 如果要求工作的正确性高，重视成员的人际关系则宜采用双向沟通。

(4) 处理新问题和上级组织的决策，双向沟通效果较好。

(二)纵向沟通和横向沟通

1. 纵向沟通

纵向沟通可分为下行沟通和上行沟通。

(1) 下行沟通

下行沟通(downward communication)主要是指组织中的上级对下级所进行的沟通。例如将组织目标、计划、方针和措施等传达到基层，发布任免事项，对一些具体问题提出处理意见等。

下行沟通的优点是：它可以使下级主管部门和群体成员及时了解组织的目标和领导意图，增加群体的向心力与成员的归属感；它也可以协调组织内部各个层次的活动，加强组织原则和纪律性，使组织机器正常地运转下去。下行沟通的缺点是：如果这种渠道使用过多，会在下属中造成高高在上、独裁专横的印象，使下属产生抵触情绪，影响群体的士气；此外，由于来自最高决策层的信息需要经过层层传递，容易被耽误、搁置，有可能出现信息遗漏或信息曲解、失真的情况。

案例

“我想没有什么比不知道自己在老板心目中的位置更糟糕的事情了。我想知道什么时候我做得好，也想知道什么时候我出了错。得到赞扬和褒奖是很好，不过，当我弄糟事情时，我通常也会知道。所以当我的上司不再给我建设性的批评时，也就是说我的工作并不值得挂心，更糟糕的是，他觉得我已经没有做得更好的希望了。业绩的反馈，无论是好的还是坏的，都是我所需要的最重要的工作信息。”

(2) 上行沟通

上行沟通(upward communication)主要是指群体成员和基层管理人员通过一定的渠道与管理决策层所进行的信息交流。它有两种表现形式。一是层层传递，即依据一定的组织原则和组织程序逐级向上反映，例如基层单位的情况通报就是从班组开始，经过车间、分厂再到总厂逐级反映的。二是越级反映。这指的是减少中间层次，让决策者和群体成员直接对话。例如职工在“厂长接待日”直接反映情况或写成书面意见投入“厂长信箱”等就是如此。

上行沟通的优点是：职工可以把自己的意见向上级反映，获得一定程度的心理满足；管理者也可以利用这种方式了解企业的经营状况，与下属形成良好的关系，提高管理水平。上行沟通的缺点是：在沟通过程中，下属因级别不同造成心理距离，形成一些心理障碍；害怕“穿小鞋”，受打击报复，不愿反映意见。同时，上行沟通常常效率不佳。有时，由于特殊的心理因素，经过层层过滤，导致信息曲解，出现适得其反的结局。这种沟通经常受到沟通环节上的主管人员的障碍，他们不把所有信息，特别是不利的消息向有关方面传送。

比较而言，下行沟通比较容易，居高临下，甚至可以利用广播、电视等通信设施；

上行沟通则困难一些，它要求基层领导深入实际，及时了解情况，做细致的工作。一般来说，传统的管理方式偏重于下行沟通，管理风格趋于专制；而现代管理方式则是下行沟通与上行沟通并用，强调信息反馈，增加员工参与管理的机会，提高管理水平。

2. 横向沟通

横向沟通(lateral communication)指的是在组织系统中层次相当的个人及群体之间所进行的信息传递和交流。在企业管理中，横向沟通又可具体地划分为4种类型：一是企业决策阶层与工会系统之间的信息沟通；二是高层管理员之间的信息沟通；三是企业内各部门之间的信息沟通与中层管理人员之间的信息沟通；四是一般员工在工作和思想上的信息沟通。横向沟通既可采取正式沟通的形式，例如组织内部的调度会、联席会议等；也可以采取非正式沟通的形式。通常是后一种方式居多，尤其是在正式的或事先拟订的信息沟通计划难以实现时，非正式沟通往往是一种极为有效的补救方式。

横向沟通具有很多优点：第一，它可以加速信息的流动，使办事程序和手续简化，节省时间，提高工作效率；第二，它可以使企业各个部门之间相互了解，有助于培养整体观念和团结合作精神，并为实现组织的目标而协调各方面的努力；第三，它可以增加员工之间的互谅互让，培养员工之间的友谊，满足员工的社会需要，使员工提高工作兴趣，改善工作态度。其缺点表现在：横向沟通头绪过多，信息量大，易于造成混乱；此外，横向沟通尤其是个体之间的沟通也可能成为员工发牢骚、传播小道消息的一条途径，造成涣散群体士气的消极影响。

实际上，在横向沟通中，大量的沟通工作并不是按组织的职权层次进行的，而是在指挥系统中横向流动。

第三节　沟通网络

在沟通的过程中，信息传递者直接将信息传给接收者，或中间经过某些人才传递到接收者，这就产生了沟通渠道。由各沟通渠道所组成的结构形式称为沟通网络(communication network)。许多关于沟通网络的研究结果是在实验室中得到的，因此，由于人为的因素它们只能局限于很小的范围内使用。不同的网络沟通既可能影响群体工作效率，又可能影响群体成员的心理效应和群体心理气氛。

一、正式沟通网络

正式沟通网络一般可划分为5种基本类型，即链式信息沟通网络、Y式信息沟通网络、环式信息沟通网络、轮式信息沟通网络和全通道式信息沟通网络，如图6-3所示。

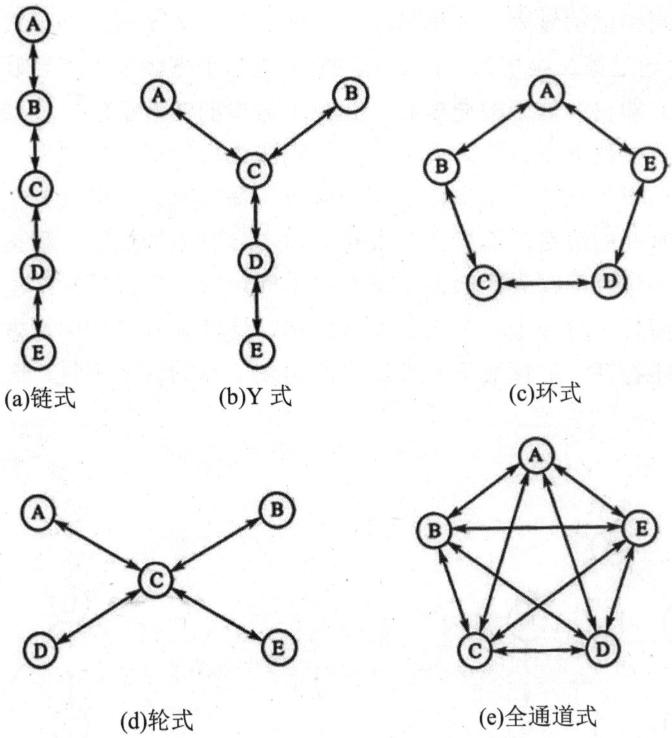

图 6-3　5 种经典的信息沟通网络

1. 链式沟通网络

从图 6-3(a)中可以看出，链式网络代表的是 5 个垂直层次的结构，在这种情况下沟通只能向上或向下进行。这种情况可以发生在一个只有直线型权力关系而没有任何其他关系的组织中。比如，负责工资的职员向工资主管报告，工资主管又向会计主管报告，会计主管向企业财务总管报告，而财务总管又向总经理报告。这样 5 个人的关系代表了一种链型网络。

在一个组织系统中，该网络相当于一个纵向沟通网络。在这种网络中，信息经过层层传递，层层筛选，容易出现信息漏失和失真的现象。各个信息传递者所接收的信息差异很大，平均满意程度差距较大。这种网络如果稍做变化，也可表示组织中主管人员和下级部属间中间管理者的组织系统，属控制型结构，如图 6-4 所示。

在管理中，如果因组织系统过于庞大，需要实行分层授权管理，则利用链式的信息沟通网络为佳。

2. Y 式沟通网络

这是一个纵向沟通网络。在企业组织中，这一网络大体相当于从企业领导、秘书班子，到基层主管部门或一般员工之间的纵向关系。在这种信息沟通网络中，只有 C 是沟通中心(见图 6-3(b))。因此，集中化程度高，解决问题速度也快，但群体成员的满意程度，除 C 以外都比较低。

如果将这个网络颠倒过来，并稍做改动，就成为图 6-5 所示的模式。它表示一个组织中主管人员 A 通过第二级层次 B(例如秘书)，与三个下级发生沟通联系。这种现象在组织中十分常见。即秘书处于沟通核心，获得了最多的情报信息，往往掌握着控制组织的真正权力，导致“秘书专政”，而主管人员则成为形同虚设的傀儡人物。

在组织中，如果管理者的工作任务十分繁重，需要有人帮助选择信息，提供必要的决策资料，减少时间的浪费，而且又要求对组织实行有效的控制，那么采取这种渠道是较好的办法。但是这种网络人为地设立了一些中间层次，信息经过层层筛选，可能会导致曲解和失真，而且会拉开上、下级之间的距离，使彼此难以理解对方的意图和想法。此外，这种网络还拉开了群体成员心理满足的距离，影响群体士气，因而会阻碍群体工作效率的提高。

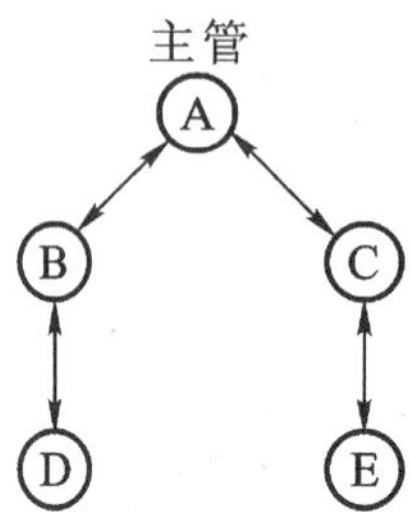

图 6-4　组织中的链式沟通网络

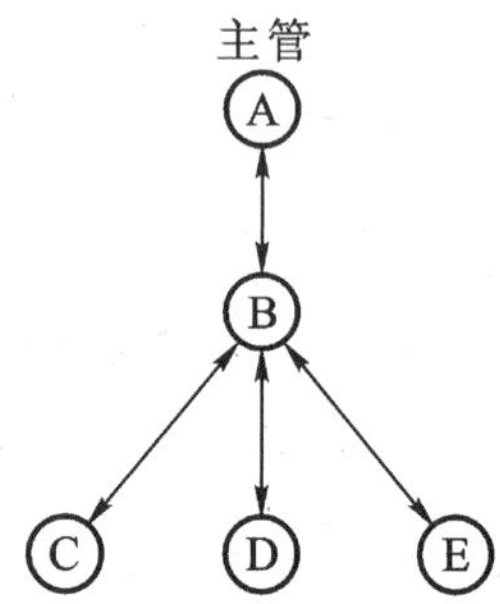

图 6-5　组织中颠倒的 Y 式沟通网络

3. 环式沟通网络

该网络可以看作链式网络的一个封闭式控制结构。这种模式既可以看作 5 个人之间依次联络沟通，也可以看作一个具有三级层次的组织结构。环式信息沟通网络可采用的沟通渠道不多，群体成员满意程度较为一致。因此，群体士气高昂。

如果需要在群体和组织中创造出一种高昂的士气来实现群体目标，那么采用环式沟通网络是一种行之有效的措施。不过在一个庞大的组织系统中，要使所有人员都做到平等获得各种情报信息是不太可能的，也是不必要的。因此，可以考虑在企业决策层之类的小群体中采用这种环式沟通网络。

4. 轮式沟通网络

这种网络属于控制网络。在企业中，它的图形大体类似于一个主管领导直接管理几个部门的权威控制系统，它的集中化程度高，解决问题的速度快。

在管理中，如果需要加强组织控制、争时间、抢速度的话，那么轮式沟通网络是一个有效办法。但是在这种网络中，只有处于核心地位的人才了解全面情况，其他成员之间消息闭塞，平行沟通少，很难达到心理满足，影响群体士气，也影响群体工作效率。

5. 全通道式沟通网络

这种网络是一个开放式的系统。在此系统中，每个成员之间都有联系。在企业中，一个民主气氛很浓或合作精神很强的群体的组织结构一般都采取这种沟通网络。

在这种信息沟通网络中，可能采取的沟通渠道很多，群体的集中化程度很低。但每个沟通者之间全面开放，使得群体成员的平均满意程度很高，各个成员之间满足程度的差距很小，群体士气高昂，合作气氛浓厚。

全通道式信息沟通网络，既有助于增强群体合作气氛，解决复杂问题，又有助于提高群体士气，达到个体高度的心理满足。不过，这种网络沟通渠道太多，易造成混乱，而且很浪费时间，影响工作效率。

表 6-1 概括出了各种网络的效率，所用的标准是：速度、准确性、形成领导者的可能性和成员间的士气。从表中一眼就可以看出，没有一个网络在任何情况下都是最好的。

表 6-1 沟通网络和评价标准

标 准	沟 通 网 络				
	链 式	Y 式	轮 式	环 式	全通道式
速度	中	中	快	慢	快
准确性	高	高	高	低	中
领导者的涌现	中	中	高	无	无
士气	中	中	低	高	高

如果速度最重要，那么轮式和全通道式是最好的。链式、Y 式和轮式在准确性上非常高。轮式结构容易形成一种权威或产生一位领导。环式和全通道式可以增加员工的满足感。

二、非正式沟通网络

群体中信息的沟通不仅可以通过正式渠道进行，有些消息往往又是通过非正式渠道传播的。

(一)小道消息

小道消息(grapevine)，也被称为传言或谣言。英文中 grapevine 的本意是葡萄藤，因为小道消息就像这种植物一样，缠结着、盘绕着，看起来没有任何规律。小道消息是存在于任何组织中的非正式的沟通网络。从这一点上说，小道消息常常与管理部门承认的正式的沟通路线相交叉。

人际关系研究方面的权威基斯・戴维斯(Keith Davis)曾在一家皮革制品公司采取顺藤摸瓜的方法对小道消息的传播进行了研究，发现存在 4 种传播方式，如图 6-6 所示。

单线式传播方式是通过一连串的人把消息传播给最终的接受者。流言式是一个人主动把小道消息传播给其他人。偶发式是按偶然的机会传播小道消息。集束式是把小道消息有选择地告诉自己的朋友或有关的人。

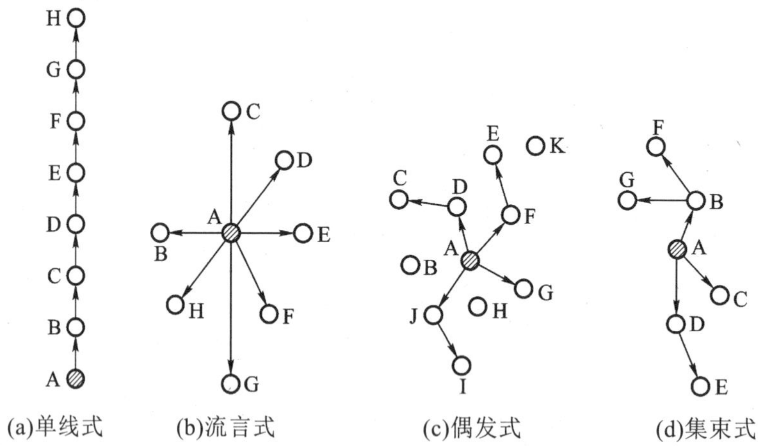

图 6-6　非正式信息沟通网络(A 是首先传播者)

戴维斯的研究结果表明，小道消息传播的最普遍形式是集束式。戴维斯进一步研究了组织中传播小道消息的人数比例，发现只有 10%的人是小道消息的传播者，而且小道消息的传播者往往是固定的一些人。

(二)小道消息的特点

通过观察，可提出小道消息系统的几个特点。

(1) 一般认为，小道消息是通过口头交谈沟通信息的。不过，文字性的便函和电报通信等也有助于信息传递。

(2) 组织常常有几个小道消息系统，其中某些可能松散地联系着。例如，一名秘书属于“办公室小道消息”的范围，他可能把信息传给一名邮递员，这名邮递员再把它扩散为“仓库的小道消息”。

(3) 小道消息既可以传递与组织工作有关的信息，也可以传递与个人有关的流言蜚语。在许多时候，这两种情况很难区分。

小道消息的准确程度如何？一名专家计算的结果表明，小道消息所传播的与组织有关的信息至少 75%是正确的。有关私人的信息和带有情绪色彩的信息则有可能失真。

小道消息的信息并不是有规则地通过 A 只告诉 B、B 只告诉 C 等整齐的链条在组织中传递的，也不是由每一名传递者告诉 6～7 名其他人，这些其他人又各自把信息传递给另外的 6～7 人。确切地说，总有一部分接收到小道消息的人继续传播它，最后的结果是“知道的人”比“告诉的人”多。

从组织的角度来看，小道消息并不是完全不合乎需要的。某些管理部门在这方面十分松弛，以至于小道消息经常取代正式的沟通。小道消息也能在不用做出正式表示赞成的情况下，测验员工对拟议中的变革的反应。有的管理部门通过小道消息故意把一些想法“透露”出去，以便试探潜在的接受程度。最后，参与小道消息可能给工作环境增加一点兴趣和消遣。

当小道消息变成谣言的一种经常性的传播途径时，它则成为组织的一个问题。谣言是一种处于不断循环中的、无法证实的消息。在这里，无法证实是一个关键性的字眼，虽然某一谣言可能是真实的，但是，当它通过小道消息散布时，它不可能保持真实性。因为不能准确查证消息，谣言在从一个人传到另一个人时难免以讹传讹。

对谣言的歪曲可能有两种方式。某些谣言被每一个传送者添油加醋，变得更长、更复杂。某些谣言为便于沟通通过复述被简化了。当发生这种情况时，不熟悉的、难以记忆的细节一般被省略，而令人感兴趣的细节将被添油加醋。例如，某一谣言开始是：因为安装了新的自动化设备，某某被解雇了。当它结束时可能变成：据说自动化会裁减这里许多工作，迫使某些人离开。

当信息特别模棱两可的时候，当谣言的内容对那些所涉及的人很重要的时候，当接收者被弄得情绪激动时，谣言似乎传得最快、最远。

第四节　有效的督导管理沟通

一、有效督导管理沟通的重要性

大多数督导也许以为自己是信息发出者而非接收者。在多数时候，情况确是如此：他们把最佳时间用于发出信息。他们指导下属的工作，这是他们作为管理者的主要功能。他们做出指示、布置任务：由谁来做这个，谁来做那个，如何去做，何时必须完成。他们提供员工完成工作所需的信息——这一次宴会要保证有多少人员，谁当班，谁休息，宴会在哪个房间举行。他们培训员工，传授员工如何按工作要求去做。他们就员工表现的好坏做出反馈。他们安排招聘、面试、雇用或解聘员工。他们对员工实施纪律，告诉员工做错了什么，应如何纠正，如果再不改进，后果将是什么。优秀的督导还会与员工进行非正式的谈话以建立工作关系、营造积极的氛围和使员工有一种归属感。

所有这些种类的信息对于督导的部门的成功都是至关重要的。督导清楚而明确地发出信息很关键，这样才能保证使别人明白你的意图。只有当督导的信息得到理解、接受并得以实施时，事情才能办成。

如果信息在发出的过程中被断章取义、错误翻译或是阻断，就会造成各种各样的麻烦。它们会浪费时间、人力和资金。它们会造成危机、服务中的缺口、低劣的工作表现和成本的增加。无论何时，一旦它引发了问题，就会引起沟通双方的挫败感和不良情绪。如果低质量的沟通在督导这一方是经常性的话，就会造成持久的憎恶和敌对情绪以及低下的士气与较高的员工流失率。

并非所有的督导都能意识到沟通过程的另外一半——信息的接收的重要性。聆听也许是所有沟通技巧中最为人忽视的。而且，在饭店业中，通常很难找到时间去聆听。然而，有两类人必须花时间去聆听：所督导的员工和服务的顾客。督导的成功掌握在员工手中；而企业的成功则掌握在顾客手中。

出于多种原因，员工希望有人倾听他们。他们想说出自己的想法和信息。他们想要有人处理某个问题。他们想要发泄自己的怒气和沮丧。他们想要有人倾听仅仅是为了有人听他们说话，因为他们是人，需要与人交往。

督导很容易摆出一些理由说明倾听与自己要做的工作无关。督导也许以为不需要员工的想法，也不需要他们的问题、他们的怒气、他们的沮丧。而且也没有时间去听他们说话或去倾听他们的声音。

可事实是，督导确实需要这些东西。需要他们的想法和信息，因为也许能了解到一些新颖、有价值的东西。督导需要去处理那些怒气和沮丧，即使认为自己也无能为力，因为聆听本身就很能解决问题。作为督导，你需要只是为了听而听，因为只有这样做，才能建立良好的人际关系。而且你需要随时敞开沟通的大门，这样才能建立起有成效的领导所必需的积极的工作氛围。

出于类似的原因，聆听顾客也很重要。他们想和你谈通常是因为有事投诉——牛排太老，比萨饼是凉的。你不想听这些，于是提出来给他们换一份。不过先等等！也许你没有正确地接收他们的信息。他们确实想告诉你他们是多么生气和失望以及他们理应受到更好的招待。他们希望你听听这些。当然，他们不希望再得到一份老牛排或是凉了的比萨饼。但令人惊奇的是，如果你确实能以同情的态度聆听他们的诉说，就能使十分之九的人怒气全消。

最终，让他们提出，他们希望你怎么做：提供嫩一点儿的牛排，热的比萨饼，或是一些截然不同的东西，而且你还会为自己的餐厅找到一位朋友。

二、有效督导管理沟通的障碍

我们在上文中提到过，让接收者明白发送者的意思这一过程，会产生许多问题。图 6-7 展示了良好沟通最常见的障碍以及它们在沟通过程中如何对信息造成影响。在接下来的内容中，我们将具体探讨这些问题。

(一)沟通者对信息的影响

发送者和接收者都可能在不知不觉中模糊或扭曲信息。图 6-7 中，标有 1、4 的两个阶段列举了许多能够影响沟通的个人特性。当发送者和接收者的这些特性不同时，对沟通的影响尤其大。

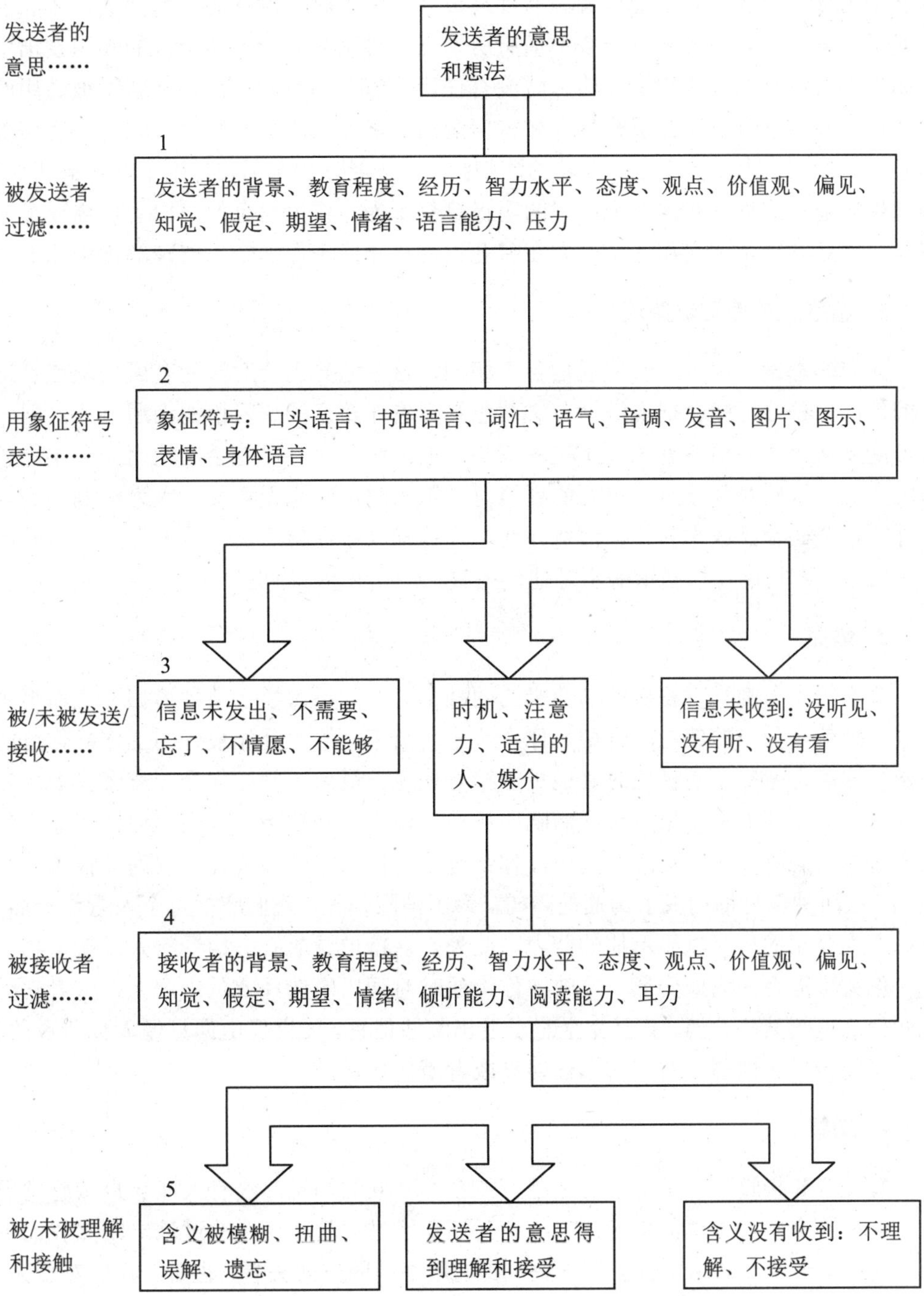

图 6-7　沟通中的障碍

1. 背景

背景情况的不同包括讲话人和听众的受教育程度、经历和知识水平等。一名新来的洗碗工可能试图与主厨结交朋友，但只能遭到拒绝。一名来自饭店管理学校的新毕业生可能试图告诉一名“老”管理者如何管理饭店。对于时下流行的一些俚语，年长的人可能就不知道。一名新员工可能听不懂厨房术语。讲话人可能根据个人的知识发出信息，但如果听众没有相似的知识，信息就没有任何价值。如我们设想一名新近被聘用的客房部经理助理相信自己十分了解每一名客房清洁员能胜任的房间数目，因此当客房部经理休假一周期间，他开始实行一套新的清扫程序。当经理回来后，听说了助理的所作所为，经理生气地把这种变化称之为助理的阴谋篡权行为。作为信息的发出者，需要适应这些差异。你必须清楚你在哪儿，对方在哪儿，这样才能确保那个人能理解你的信息。

2. 态度、观点和价值观

人们的态度、观点、价值观也各不相同，这些差异也会对沟通有所局限或者造成信息的混乱。督导可能会把说脏话、讲黄色笑话看作随意的、轻松的沟通方式，但一些员工可能会认为这些语言暧昧、不礼貌或是不成体统。而且可能会因此而完全不能领会督导的意思。一些对督导至关重要的事但对员工来说可能毫无意义，因为影响不到他们。督导非常关心食品成本和食物浪费问题，可他却很难让厨房员工也明白这一点，因为他们不在乎——扔进垃圾桶里的不是他们的钱。

3. 偏见

我们每个人都具有积极的和消极的两种偏见。如果习惯于某种清扫方式而拒绝其他方式，这就是积极的偏见。再如，你喜欢一名员工，给她分配最好的工作，你可能在偏袒她，同时也就等于消极地对其他员工持有偏见。最后，假如你是一家豪华饭店餐厅的服务员，你的同事都是服务员或酒吧服务员，你会避开洗碗工。因为你认为他们代表的是低级员工工种。在以上的事例中，你错过了与他人交流的机会，因为你根本不想考虑他们。这两种偏见都构成了沟通的障碍。为了消除偏见，我们应把每个人看作一名个体，给每个人公正的机会以显示他的能力。此外，保持坦诚的心态接受新人或新事物。

偏见可能会使沟通变形，反映在你沟通时对词语的选择或是语调上，或者它会使你遗漏信息里的某些东西，甚至完全忘了发出某些信息。如果任由偏见侵入你所说的话语，就很可能会激起愤怒，致使信息被误译或者遭到排斥。

4. 知觉

发送者和接收者对于沟通的主题可能会有不同的知觉。没有人能够直接感觉现实，现实通过 5 个感官传送给我们，它的含义还要经过大脑和情感的过滤。既然我们各不相同，我们对于现实的感觉就会不一致。我们用不同的方式去看、去听。我们对于大和小，冷和热，高声和低声，快和慢的理解也不统一。多少才算“许多”？多少算“大量”？“合口味”指的是什么？

每个人都是主观地、有选择地去感觉事物。如果你想平息一场两个人之间的争端，你会听到关于同一事件的两种截然不同的说法，因为双方都在用自己的方式感觉和体会这件事。他们没有撒谎，而是告诉了你他们眼中的事实。

当你给员工指示和信息的时候，他们都在主观地看待和听取你所说的。他们都倾向于夸大你的话里让他们高兴的地方，而缩小他们不想听、不想知道的部分。在许多时候，你的信息会变得面目全非，以至于让你无法认出经他们重复一遍的信息。

发送者和接收者对于同一条指示的重要性通常会有不同的感受。督导可能会说："你能替我办好这件事？"员工可能会回答："行，我会的。"督导指的可能是当天中午之前，而员工想的可能是后天或是下星期完成。他们的关注点不同，双方都在根据自己当时的需要理解这件事情。

案例

比如在一次意外事故中，各方面的人对事故的看法就会有所不同。这些人包括：推动了一个能干的员工的督导管理者；破坏了安全纪录的安全工程师；与受伤员工关系最好的同事；陪护受伤员工的医师；关心受伤工作的赔偿以及寻找替代这个职位的人选的人力资源部长等。如果这些人一起讨论这场事故，恐怕每个人都有不同的看法。

5. 期望

想当然和期望也会使沟通变形。我们想当然地以为我们的听众知道我们在说什么，可情况并非如此：整则信息他们都理解不了。我们想当然地认为别人收到了我们的信息，于是在他们没有按指示去做的时候感到生气。

督导告诉厨师："把鸡肉做好。"他是想让厨师做出一顿星期四的晚餐通常所需要的分量，因此他想当然地认为厨师会准备 20 斤鸡肉。而这则信息在厨师头脑中的理解是"把今天送来的鸡肉都做好。"当督导在 5 点钟的时候发现 150 斤鸡肉已经做好、准备上桌时，一场激烈的争论通常是难免的："你到底是怎么回事？""可你没说清楚！""你应该知道这个！"

在我们想当然的时候，我们通常会下一些草率的结论。如果看见一名行李员把腿搭在桌上，闭着眼睛，你会想当然地认为他在偷懒。如果你看到市场部总监做出同样的姿势，会想当然地认为他是在思考。你的结论也许是错的；在这两例中，你都不了解当时的具体情况。

我们常常认为自己知道别人要说什么，因而听到的就是我们所想的，即使别人说的完全是另一回事。有时我们甚至替别人说完他们的话。在听的时候，我们常常把说话者的意思远远地扩展到实际所说的话之外，因而做出不恰当的回答。例如当顾客说："我的牛排太老。"你就说："我给你换一份。"其实顾客是想要你关心他的感受。

对于别人的想法和感受，别人对什么感兴趣、看重什么，我们常做出许多想当然的判断。如果想当然地认为所有人都是懒惰的，只对工资感兴趣，必须要人使唤才会工作，那你也许就关闭了通向任何有意义的沟通的大门，永远无法知道他们到底能干什么。

6. 情绪

沟通中一个会引起很大麻烦的因素是信息的发送者和接收者的情绪。如果你带着怒气说了什么事儿，不论你如何措辞，对方听到的都将是你的怒气而非信息本身。这也总会引发接收者的情绪变化——愤怒、憎恨或恐惧。信息被埋藏到情绪下面，而情绪却成了传出的信息。接收者可能会听到一些并未说出的话，而发送者可能会说出违背本意的话。沟通将不可避免地陷入混乱。

有时，潜藏的情绪会使督导与其员工之间的沟通变色。如果督导心里存在轻视和怀疑，员工中就会产生厌恶、愤怒和恐惧的情绪。沟通的气氛将被彻底污染，信息会以错误的方式接收或者被根据推测出的潜藏动机而另加整理，或者被完全排斥。唯一有利于沟通的氛围是一种信任的气氛。如果员工不信任你，他们就不会乐于接受你说的任何话。只有当他们信任你时，才会心甘情愿地接收你的信息，正确地理解它，执行你的指示，并且毫不拘束地向你发出他们的信息。

7. 语言

发送者的语言技巧与信息的清晰性有很大关联。一些人把事情说得既清楚又简洁；另一些人则会丢三落四，或是用词不当，或是用长而混乱的句子把头脑中的想法表达得一团糟。有时他们说话含混不清或是声音太小，或者字迹无法辨认，而接收者又缺乏足够的兴趣请发送者解释，或者不敢向发送者提出。

在接收的一方，准确的接收在一定程度上取决于听或读的技巧，有时甚至取决于接收者的听力。不会读或者听不见的人以及不去听的人是不会得到信息的。

8. 压力

因为我们各自带着不同的生活经验和技巧步入了紧张压力之中，每个人的反应都不相同。压力有正反两个方面。当你面对一项崭新的挑战局面时，压力可能使你产生集中精力的感觉。积极的压力能帮助人们集中精力，提高工作效率标准并助人达到工作高峰。而当人们面对挑战而长期保持“高调”而不放松或者不能放松时，压力则转换成消极因素。它也可能成为你常感到的那种焦虑而不可言状的心情。无论如何，压力必须加以控制和驾驭，并使其在困难的境遇中派生最佳结果。饭店业的特性意味着沟通经常要在工作的压力中进行。减少压力对沟通的影响最重要的方式是提前计划。遵照良好的组织和轻重缓急的原则，督导和员工在面对压力时要识别解决的方法。随着压力的增大，应保持冷静并以积极的态度考虑发生的情况，“我会完成这项工作”和“我会控制自己的情绪”。不妨做个深呼吸，数到十，审视当前境遇并做好解决问题的准备。在头脑中做好回复的准备，与同事或客人保持目光接触，表示出关注的心情并微笑地开口：“我们会解决的”，然后利用可得的资源完成任务。

(二)象征符号

既然我们不能靠“心灵感应”直接传递信息，我们就需要使用各种象征符号来表达我们的意思(图 6-7，阶段 2)。最常用的象征符号是口头或书面语言。有时我们使用缩略语(象征符号的象征符号)。有时我们使用图画——告诉人如何操作设备的图示；生动形象地发出安全信息的海报；展示技能或程序的影片。在特定的地方乱涂乱写也常常用来传达匿名者的愤怒或蔑视。图 6-8 中所示的全球性的象征符号可以被使用任何语言的人一眼就认出来。

图 6-8　为人们熟知的不需要语言就能表达含义的象征符号

语言的问题是，它们常常被错误地理解。词汇的意义不存在于词汇中，而存在于我们这些使用者中。年龄、教育和文化背景是这方面的三个最主要的因素，他们影响着一个人的语言风格以及他对词汇的界定。许多词语都有很多个意思，如英语中的 fix 在不同语境下有不同的含义：将机器固定在底座上(固定)；收买谨慎的成本会计师(给予不正当的待遇)；修理收银机(修理)；准备去商店(准备)；根据加班政策确定我们的职位(确定)；安排约见那名年轻的工程师(安排一次约见)；配有所有的配菜的宴会(配菜)；解决与销售人员的纠纷(赔偿、平息一场争吵)；如果我们完不成配额，我们会陷入困境(不好的处境)；调整产出数据(这样就能令人满意了，弄虚作假)；在见到老板之前整理一下你的头发(整理，使其有秩序)；筹备周五的部门聚餐(准备、烹调)；阉割公司的吉祥狗(阉割)。非熟练员工对许多词语和缩略语不太熟悉。许多词和短语含义模糊(如“他们”，“那东西”，“事情”，“另一部分”，等等)。许多词语对背景不同的人来说，含义也不同。昨天的俚语对于今天的少年人来说可能毫无意义。你必须选择能将你的意思传达给你的目标听众的语言。

另外，部门的分化使得专业人员发展了各自的行话和技术用语。在大型组织中，成员分布的地域也十分分散(有些人甚至在不同国家工作)，而每个地区的员工都使用该地特有的术语或习惯用语。

你我可能同说一种语言，但我们在语言的使用上却并不一致。如果我们能知道每个人如何修饰语言，将会极大地减少沟通障碍。问题在于，组织中的成员常常不知道他所接触的其他人与自己的言语风格不同，发送者自认为自己使用的词汇或术语与接收者使用的相同。但这往往是不正确的，而且导致了不少沟通问题。

人们还会在不知不觉中，通过音量、语调、语气、语速、面部表情、手势和身体语言来传达情感和态度。接收者对于他们的感知通常是下意识的，而非刻意的，而且会以自身的情感和态度做出回应。

如果你的音量太大，听众可能会认为你太性急或傲慢专横。相反，音量过低，又难于使人听清。此外，过低的音量可能使听众感到你有些胆怯、紧张、拿不准，或以为你说的是机密信息。尽量采用适中的音量，不能太高或过低。

音高或称为声音的层次，应自然流露才行之有效。即采用正常的嗓音，使用比平常高或低的嗓音会使讲话极不自然。

还应该根据具体情况来变换语气。对一个第三次违规的员工进行处罚时当然要口气严厉。对一个紧张或恐惧的员工应和颜悦色。通常，语气太热情常会显得虚假，员工会厌恶这种明显的虚伪。但语气太冷淡会刺伤人，因而不可走极端。

讲话的语速也至关重要。语速过快，听众难以听懂，并使人感觉说话者十分焦急、胆怯或无暇深谈。然而语速过缓，人们可能认为说话者不熟悉所传达的信息，优柔寡断或焦虑不安。

人们也可以不使用言语进于沟通——这就是通常所说的“非言语沟通”。他们刻意使用标志、手势和身体语言来传达特定的含义。点头意味着“我同意”或者“听到了”。微笑表示“我很友好”，并希望得到回应的一笑。深情的目光传递出一种邀请。晃拳头表示“我可不是闹着玩儿的，看你胆敢再惹我”。听者对于非言语沟通给予的关注即使不多于也决不会少于对言语沟通给予的关注。

有时，非言语信息会与发出者的言语信息相抵触，这时所发出的就是一个混合的信息。说话者可能会告诉员工，公司会把他们的福利放在心上，与此同时却在皱着眉、挥着拳头要他们必须遵守某某规则。在混合的信息中，行动通常胜过语言，尤其是当非言语信息为负面时，接收者将对非言语信息表达出的态度和情绪而非说出的话语，做出反应。

(三)信息发送中的问题

发送信息这一简单的机制却常常会使信息在途中停滞不前(图 6-7，阶段 3)。如果你在错误的时间、用错误的方式把信息发给错误的人，那它也许永远也到不了目的地。

1. 信息发送的时机

时机很重要。要想让信息顺畅到达，必须考虑接收者的情况。错误的时间指的是太早或太晚，或是一个接收者不可能收到信息或做出反应的时间。

如果信息发出过早，它就可能不会给人留下深刻印象或者可能被遗忘。如果发送得太迟，则来不及采取行动。例如，销售部经理必须及时把宴会的情况告知厨师长和餐饮部经理，以便他们预订食物、饮品、雇用额外的人手并通知灶台厨师。

有一些人在一天当中的某个时候接受能力最强。他们身体的生物钟可能在早晨走得快，晚上走得慢，或者正好相反。早晨状态好的人在早上把信息给他们；而晚上状态好的人则在晚上把信息给他们。

2. 信息接收者的注意力

有时，信息没有被接收是因为接收者的注意力不在信息上。在别人正忙着做另外的事情时去传达你的信息是毫无意义的。在接线员手头有 17 个电话要马上处理时，他是听不见经理让他推迟午餐时间这一信息的。如果一名酒吧服务员刚把一瓶酒摔在脚趾上，既摔坏了瓶子又砸坏了脚趾，这个时候经理告诉她的事，她是不会记住的。

3. 信息是否发给适当的人

为使信息顺畅到达，需要把它发送给适当的人。把信息直接发送给本人，不要请别人代转。“适当的人”指的永远是所有相关的人。把谁遗漏了都可能有两个负面的效果：他没有得到信息因而不去执行指示，而且他会因此而感到被排斥、被忽略、被看不起或是自己无足轻重。不要等员工说“没人告诉过我”，令自己陷入尴尬的境地。

4. 媒介

为使信息顺畅到达，必须选择正确的发送方式。如果你在会上宣布：只有几个人能确切地听懂；一些人听到了，但是不去弄明白；一些人会听到你没说过的话；有些人干脆根本就不听。

如果把信息写成备忘录：只有几个人能确切地读懂；有些人理解不了；有些人会读错；有些人会两星期后才看；有些人根本不看；而有些人则连备忘录都没拿到。

如果把信息贴在布告栏上，没人会去看。有些人甚至不知道有个布告栏。

如果个别告诉员工，可以使大多数人得到你的信息。但他们中有一些人会生气，因为他们知道得最晚。

最好的方式是单独告诉每一个人，一对一。在饭店业的督导管理层，这是最常用的沟通方式。大多数饭店业和餐饮业的员工看和听的能力都比读的能力要强，而且单独接触能强化信息的印象。

5. 信息未能发出

有时，信息根本就没有发出；有时，督导会想当然地认为沟通是不必要的。他们想当然地认为员工应该知道：如果他们在另一家餐厅做过服务员，那到了我的餐厅就不需要再告诉他们该怎么做。不需要告诉他们纸巾怎么放进纸筒里——五岁的孩子都会；可另一方面，如果顾客抽不出纸巾，那又是员工的错。

还有另外一些原因会造成信息未能发送。有时，发送者干脆就忘了发出信息；有时，由于考虑到接收者可能的反应，他不情愿或是不敢发出信息。与下属关系不融洽的督导可能会尽量避免告诉下属那些他认为他们不会喜欢的事情，虽然下属需要知道那些事。这样做对谁都没有好处。当督导不想让别人和他了解到一样多的情况时，他可能会不情愿发出信息。换句话说，他有一种危机感。在其他一些时候，督导可能因为自己对信息拿不准而未能发出该信息。

6. 员工不情愿与上级沟通

有时则是员工不能够、不情愿或是害怕与上司进行沟通，因为他们认为上司不会理睬他们。这种想法同样对任何人都没有好处。

(四)信息接收中的问题

即使接收者听到或看到了信息(图 6-7，阶段 5)，在对信息的理解和接受上仍可能出现问题。大多数问题的原因我们已经探讨过了。可能会使信息的含义模糊的因素有：信息的措辞、部分信息被遗漏，或是由于个人的感知、态度、想当然等造成的模棱两可。有时接收者得到是错误的信息，有时得到的信息毫无意义，有时则根本没收到任何信息。

有时，接收者脑子里想着别的事，或是没有足够的兴趣仔细听下去。如果你希望别人积极地倾听并做好接收信息的准备，那信息当中必须有与他们有关的内容。这可以是他们工作中必需的信息，或者是对他们有影响的变动。信息不一定要让人高兴，只需要对他们具有重要意义。如果他们认为信息与自身无关，是不会注意听的，或者他们会心不在焉地听完，然后很快忘记。

有时，信息本身或是发送信息的方式会引发某些情绪，从而使得信息无法被接受。接收者要么干脆不听，要么做出消极的反应。如果督导盛气凌人，或者讲一些下属无法明白的话，或者使用威胁性或蔑视性的语言，或者采用一种屈尊的腔调，或者让下属去干他们认为不是自己分内的工作，他们是不会照督导的意图去接受这些信息的。他们会故意或因漫不经心而造成对指示的错误理解，或者他们会用其他方法拒绝好好表现——有时是出于敌意，有时则出于惰性。如果员工不喜欢督导对待他们的方式，那要想让他们干好工作确实很困难。

三、非言语的工作语言

以上谈到了有关非言语沟通的问题，下面进一步讨论非言语的工作语言。

(一)非言语的工作语言

有没有过这种经历，当你听到一件事时，却相信所说言语的相反方面？经理们常常听到员工反映，他们理解了一种概念，但是不知怎么又觉得不是。员工们常常听经理说："任何时候都可以到我的办公室来"。但是，员工们不知怎么知道经理并不是这个意思。当一个员工走进经理的办公室时，尽管经理口称欢迎，他却感到并不受欢迎。我们应如何说明这些透过所听到的言语而接收到的信息？答案常常是非言语的沟通。

非言语的沟通指通过某些媒介而不是话语或文字来传递信息。如上所述，在言语只是一种烟幕的时候，非言语的信息常常能够非常有力地传达"真正的本质"。扬扬眉毛、有力地耸耸肩膀或者突然离去，能够交流许多具有很大价值的信息。激动人心的会议备忘录(甚至一字不漏的正式文本)使人读起来十分枯燥，因为它们被抽去了非言语的线索。

这些例子包括利用所谓的身体语言传递信息。以下我们考虑作为非言语沟通的主要形式的身体语言和物体操作。

1. 身体语言

身体语言是利用发送者的身体移动，或发送者和接收者有关的身体位置进行的非言语的沟通。虽然通过身体语言能够交流各种信息，但是其中有两种重要的信息反映出发送者对接收者有好感和有兴趣的程度，及发送者对传送者和接收者相对地位的看法。

一般来说，在下列时刻发送者表现出对接收者的好感和兴趣：

(1) 他们的身体位置向接收者靠近；

(2) 在相互影响期间碰触接收者；

(3) 眼睛保持注视接收者；

(4) 在相互影响期间身体前倾；

(5) 躯干直接面向接收者。

我们可以看到，其中每一种行为都表现出发送者在真诚地考虑接收者的观点。

感到自身地位高于接收者的发送者，比那些感到自身地位低于接收者的发送者行为较为随意。这种随意性表现如下：

(1) 胳膊和腿随便地、不对称地放置；

(2) 半躺半坐的姿势；

(3) 没有坐立不安和拘谨的举动。

换句话说，双方之间的随意性越大，他们相互之间地位差异的交流越多。

如上所述，当在言语行为和身体语言之间存在矛盾时，我们倾向于更多地依赖通过身体语言传出的信息。例如，某位宣称关心下属问题的上司穿过房间，眼睛没有注意下属，身体远离下属，这种上司发出的信息无疑都是缺少兴趣的信号。

上述讨论的身体语言的形式是无意识的、无计划的、没有涉及技术问题。讲话似乎是用于技术协作的更令人喜欢的方式。但是，某些工作条件可能使言语沟通非常无效，一种半正式的非言语的手的信号系统可能会被发展来加强工作协作。在铁道工人中以及起重机操作者和其地面上的助手之间，这种系统很常见。当工作环境嘈杂，工作地点之间的距离很长，任务是高度机械化的，因而要求迅速、准确地进行沟通的时候，手的信号系统可能会得到最大限度的发展。在一个英国人的哥伦比亚锯木厂中，加拿大研究者发现了总共157个信号，它们是以每小时315次的令人难以置信的速率做出的，而且，这些信号并不局限于技术问题。工人们有时也开非言语的玩笑，进行非言语的闲谈。

2. 物体的操作

除了运用身体语言外，人们也能通过运用手头之物、人工制品和服装等各种物体进行非言语的沟通。下面是一个很自然地利用手头之物非言语地表明一个观点的例子。

一家饭店的客房部经理在和领班讲话的时候，心不在焉地拾起一小块碎纸。他刚一离开，领班就命令全体人员清理卫生。实际上，客房部经理并没有提到“清理卫生”这几个字。

我们大多数人可能不如这名客房部经理有创造力，因而倾向于利用较为固定的物体进行沟通。例如，人们装饰和布置其办公室的情况。这种装饰和布置能够使访问者了解到一些有关办公室主人的事情吗？它传出了任何有用的信息吗？一位观察者认为：一个人通过装饰、私人用品、布置、选用的家具、爱好等对其周围环境的影响越大，他关于本人特点的信息提供得就越多。一名访问者能够相当快地得到他和房屋主人的相同点和不同点的信息，这有助于建立一种新的关系，因为它提供给访问者可对房屋主人抱有多少实际期望的较多的数据，并且在对房屋主人一无所知的时候，它比访问者如果置身于一个无个性特征的地方，更能刺激访问者探求有关房屋主人的信息。

如果一个人办公室的个性化可以交流有关其主人个性的某些事情，另外一名观察者提出，在她研究的公司中，秘书比其上级更明显：秘书们给工业用品股份公司的办公场所增添了个人格调。专业人员和管理人员的办公室一般是严肃的：在规模和颜色方面普遍一致，除了少量家庭照片或抽象的艺术品外没有任何装饰。但是秘书们在办公室被鲜艳的颜色、特殊的陈列品、挂在墙上的来自朋友或上司的明信片、宣传画、标题生动有趣的广告画、用计算机打印出的印有秘书黑体字名字的纸张所包围。

认真的研究进一步证实了办公室的装饰和布置能够传递非言语的信息。一项典型的研究发现，当教师的办公室是整洁的，用广告画和植物装饰起来的，办公桌靠着墙而不是横在学生和教师之间时，学生们将感到在教师的办公室中更受欢迎和更轻松自在。一个简洁的办公室显然发出了这样一种信号，这名教师是很有条理的，并且有时间和他们交谈。或许个人装饰标志着“我是一个人”。当办公桌靠着墙时，处于双方之间的有形障碍被移开了。

戏剧和电影最初几分钟常常没有对白。尽管缺少言语沟通，我们常常依靠剧中人的服装了解到有关他们的许多事情。在正常的环境中，适当的服装传送出清楚的信息：“我是一个自以为是的英国男仆”；“我是一个贫困的少女”；“我是一个蛮横的匪徒”。不言而喻，在组织环境中，人们所穿的服饰也传送非言语的沟通。

美国的一位服装设计师对公司客户进行了广泛的研究，调查在企业环境中对各种穿戴的反应。他认为，组织成员所穿的服装传送出关于他们的能力、严谨和进取性的清楚的信号。换句话说，接收者无意识地给各种服装归结了某些定型的含义，然后按照这种认识对待穿戴者。例如，这位服装设计师坚持说，黑色雨衣会给有抱负的男管理者带来不利影响。他声称，黑色雨衣标志着“较低的中等阶层”，而米色雨衣在公司内外会得到“管理者”的待遇。出于同样理由，他强烈反对女管理者穿厚运动衫。

他谨慎地强调，服饰适当并不能弥补抱负、智力和见识的不足。确切地说，他主张，服装不适当将妨碍这些特性被人察觉。出于这一目的，他详细地描述“企业服”。男雇员的服装稳重大方，女雇员身穿镶边的衣服和罩衫。

当对这位服装设计师研究的正确性难以评价时，有一点很清楚，人们首先从他人穿戴的服装上看到某种信息。

四、改进督导管理的沟通

正如我们所说明的，沟通对于督导管理者的成功是非常重要的。改进沟通技巧会帮助督导完成“工作”和“人际”目标。督导能做的具体的事情有：为员工营造合适的氛围；计划自己的沟通；重复自己的关键思想；鼓励员工反馈；做一名好的聆听者。

(一)营造合适的氛围

督导管理者不可能在真空中进行沟通。沟通在督导管理者—员工或者督导管理者—团队的关系中进行。每个人都有自己的经验储备、期望及对于沟通事情的看法和理解，这些会深刻影响每个人对于所发送和接收的信息的理解。这样，氛围对于成功的沟通来说是很重要的。

什么样的氛围能产生出最有效的沟通？我们认为有两个重要的因素：督导管理者和员工之间的信任；最小化地位之间的障碍。

1. 建立彼此的信任

信任会在两方面有助于沟通。第一，如果一名员工信任你，他会乐意与你坦诚交流工作中的问题；第二，如果员工相信你，他们就会较少地曲解你的意图，对你的沟通不会做出逆反的解释。如果你能向上级争取下属的利益，如果你能公平和一致地实行惩戒，如果你能赏识下属的能力，那么就会博得他们的信任，会被认为能够帮助他们获得成功。

2. 最小化地位的障碍

地位之间的障碍包括那些能够显现出督导管理者比其员工地位高的因素，诸如服饰、礼节、办公室的安排等。总的来说，最好的沟通环境是能使人们轻松愉快、地位差距减小的氛围。例如，督导管理者可以在远离自己的工作区域同下属讨论一些敏感的问题，这样可以使他们感觉更舒服、更不紧张。督导管理者可以安排在员工的工作区域或者在诸如喝咖啡或者吃午饭时进行交流。

案例

本田美国公司总裁 Shochiro Iramafiri 从不打领带，喜欢在公司食堂中就餐。他和其他所有员工一样都穿着白色的外套，上面还写着他的绰号“IRI”。他没有自己的办公室，而是和其他 100 多名白领在同一个办公区域工作。这些都明显地反映出他在试图缩小与其他员工的地位差异。

(二)为高效沟通制定计划

你曾经有过多少次没做准备的沟通经历？沟通结束后，会想“我为什么不说那些”，或者“我不应该说这些和那些”。

1. 预先考虑情况

如果你是一名督导管理者，可能许多交往都是事先没有征兆的，所以也不可能允许你做很多准备。不过有一些情况却是可以预先考虑的。比如，可以在下面的情况发生之前做好准备：

(1) 评价员工的业绩；

(2) 惩戒员工，并纠正工作错误；

(3) 授予做某项工作的权力，安排工作或者做出指示；

(4) 说服员工接受工作或者环境的变化；

(5) 向你的上司或者其他员工表明你的想法。

如果你认识到进行好的沟通是多么复杂，就会更加清楚沟通中存在的障碍并试图去最小化它们的影响。为了得到团队成员的理解，必须把自己放在和他们相同的位置上，并从他们的角度考虑问题。

2. 制定计划

一旦确定了沟通的目标，就要为实现它制定计划。让我们看看两个例子。

案例

假定一名优秀的员工要求和你面谈关于他调动到另一个部门的要求。假设你并不了解全部的情况，你们会面的一个目的就是要了解他调动的要求，包括原因和时间，这会有助于你做出决定，并在部门中做出调整。你要充当的角色应该是一名聆听者，积极地使用听的技巧，这在下文中会讲到。这种策略会避免使你主导了整个谈话而达不到谈话的最终目的。

假定你打算让一名很有潜质的雇员去参加一个自愿的培训项目。在这种情况下你的目标就是要使那名员工认可这个项目，并且对它产生热情。这样你的计划重点要放在告诉他会在这个项目中得到怎样的收益上，告诉他培训将怎样有助于他的发展，进一步有助于公司的发展等。你还要动用听的技巧发现他有哪些疑虑。同时也要事先考虑到他可能的疑虑并且想出帮他克服的办法。

这两个例子表明计划沟通的好处。如果在可以计划的时候没有计划，就要依靠本能的、即兴的沟通能力了。而且，如果当别人在讲话时你在计划怎样说，就不能有效率地听了，因此计划这一步骤应该在沟通过程之外。沟通角色的本质——信息、信息中包含的策略以及后果在一定程度上都可以提前确定。这样，下面将要讨论的这三个主要概念就同计划紧密地联系在一起了。

3. 考虑接收者的偏好

前面讨论了每个人都有独一无二的感知，它们影响着我们认识这个世界的方式。显然，你同下属和其他人的关系越融洽，你们的沟通就会越有效率。所以，有效率的沟通需要设身处地地为别人着想，并从别人的角度来看待问题。

一名督导管理者必须经常地问以下问题。

(1) 这个人多么像我？

(2) 这个人和我有怎样的差异？

(3) 这个人和其他员工有多少相似之处？

(4) 这个人和其他员工有多大的差异？

(5) 如果我这样说了这个人会有怎样的反应？

在员工背景日益多样化的情况下，这些问题就显得更加重要了。仅仅通过阅读员工个人档案中的传记资料，督导管理者是无法得到这些问题的答案的，他们必须与员工们沟通。了解员工不同的动机、需要、态度以及理解事情的方式的唯一方法，就是敏锐地觉察这些差异并且使用有效的反馈和聆听技巧。

(三)重复关键信息

在有效沟通中，重复信息是非常重要的，尤其是当你交流技术信息或者下达直接命令时，更是这样。重复信息减少了接收者理解不正确的可能性。你可以通过数种方式来发布一条复杂的信息，比如举例子、做图示或者进行比较等。这里有一个例子，是关于一名督导管理者如何指导其员工的。

案例

丹尼，我们刚刚接到了一个电话订单，要订购高 42 英寸、宽 36 英寸的 KL-17 款的壁炉屏障。我知道自从去年为了屏障不适合壁炉口的事，那个顾客找我们麻烦后，你就没有再做过类似的屏障。这个人要的是同样规格的，像样本中的有黑色和金色的镶边。你要好好记牢：他要的是高 42 英寸，宽 36 英寸——高度比长度要大。(递给丹尼记下来的屏障数据。)这对于我来说是新的，我相信对于你来说也如此，你能在两个星期内做出来吗？

现在请注意督导管理者是如何使用一个过去的例子和样本来说明这个壁炉屏障的规格，以及如何重复所需尺寸的，即便他已经给了书面的数字。

(四)鼓励反馈

正如前面所提到的，反馈是沟通者收到的信息，是接收者对于信息的反应。督导管理者可以通过两种方式鼓励反馈：创造一种轻松的环境；把握主动权。

1. 创造轻松的环境

本部分开始讨论了营造一种适宜的沟通环境的重要性。当督导管理者希望获得来自员工的反馈时，轻松的环境也是必需的。作为督导管理者，毫无疑问，不应该看不起那些提出问题或者公开自己对某件事情的看法、建议或感受的员工。如果持有防御性的态度，那么就会阻止员工的信息反馈。沟通的方式在很大程度上也决定了收到反馈的速度和数量。比如，书面的指示或者备忘录就不像面对面的谈话那样能够获得很快的反馈。

古时候有一个国王，他不喜欢听到坏消息。不管什么时候只要信使报告坏消息或者对国王不吉祥的事情，就会暴跳如雷，把信使杀死。3 个信使人头落地后，这个国王听到的就只有好消息了！对于督导管理者来说，这个故事的寓意就在于他们必须接受来自员工的所有消息，无论是好的还是坏的，否则他们会被虚假的烟雾所迷惑。

2. 掌握主动

尽管沟通的类型和环境对于获得反馈都是重要的，但是督导管理者必须在从工作团队获得反馈中掌握主动。比如，安排完工作后，你会问“还有什么问题吗”、“我漏掉什么问题了吗”，或者以一种比较好的方式提问：“为了保证大家都理解我的意思，请你们重复一遍我刚才说的话好吗？”通常这种方式会澄清许多疑惑，因为事实上许多人怕被人觉得愚蠢而不愿意开口问。不过一定要注意不要以居高临下的口气说话或者给员工增加太多的理解负担。记住：有效的沟通是双向的。最后，也可以为进一步的反馈埋下伏笔，比如说“如果以后有什么事情发生或者你们有什么问题，请大家告诉我”。

参与型的领导风格很大程度上依赖于双向的沟通，这也就是反馈的一种形式。当督导管理者允许团队成员做出决定或者表达观点时，他们的反应就是一种反馈。这种风格可以帮助督导管理者更好地理解团队成员的想法。

反馈还有助于学会如何在将来更好地发送信息。当你发现所发送的最初信息不是很清楚或者你的说服没有效果时，就可以改进你的信息发送方式。以下就是关于反馈技巧的总结。

(1) 总的来说，当人们之间存在着信任的关系时，反馈的情况就会好一些。如果一个人不信任你，那么他就不太可能愿意走近你或者告诉你他的真实感受。结果是，你听到的仍然是你想听到的，而不是你应该听到的。比如，一个人会说“是的，先生，工作进展得顺利”，而实际的情况是，工作进展缓慢或者存在严重的问题。或者这个人会说“我当然很赞同您的意见，经理”，实际上这个人一点都不赞同你，只是不想扫你的兴，或者害怕被你训斥。

(2) 一些人愿意反馈，但是其他的人则需要一些鼓励。后者往往都是胆小、安静、没有安全感或者认为“在这种情况下最好闭嘴”的人。向这样的人征询想法、建议或者感受可以用这样的方法，比如，可以说“这项新政策会怎样影响你的团队？”或“你认为……怎么样？”

(3) 赞扬那些能够反馈的人，以此强化他们继续反馈的意愿。当你赞扬道“我很欣赏你在这个问题上的诚实”或“谢谢你，你给我们提出了许多应该搞清楚的问题”时，你也在鼓励其他的人，将来能够积极地给予反馈。

(4) 当进行指导时，一个良好的习惯是询问听话者是否有问题。比如，你可以问：“你明白了吗？”一些督导管理者指导的结束语往往是：“现在来看看我们的想法是否一致。你用自己的话来说说我刚才的意思。”如果指导是在电话里进行的，那么你可以说：“好的，复述一下我刚才告诉你的事情，以保证我们相互一致。”

(5) 当你想要表达一个不太好的反馈时，可以这样说：“我可不可以对……提出一点建议？”或“我可不可以说说我对……的印象？”或“我能不能谈谈我对……的感受？”这种方式比较平和，比起率直地说出那些不太中听的话来说，它会使听的人少了一些戒备。

(6) 非言语信号和身体语言可以广泛地用于信息的反馈。皱眉、紧张而坐立不安、点头等其他的面部表情和肢体语言可以传达大量的信息。但是，我们往往完全忽略了这些信息，因为我们没有看着对方或者我们正集中精力在自己的想法和信息中。

(五)聆听

1. 什么是聆听

自然的力量塑造了人类，据说它赋予人类两只耳朵和一张嘴巴就是为了使人类多听少说，但遗憾的是，我们常常忽略了这一点。

每日我们被包围在来自各方的各种声音之中，这是不以我们意志为转移的。但我们能进行取舍(即注意某些声音而忽略其他声音)。在很大程度上，听是一种被动活动。换言之，我们通常不必致力于听，我们完全可以坐、立、站或闲散地躺在那里听到自动飘来的声音，甚至在睡眠中我们也能听到声音。

而聆听与一般的被动地听是截然不同的。聆听(listening)是对信息进行积极主动的搜索，而单纯的听(hearing)则是被动的。在聆听时，接收者和发送者双方都在思考。要想听好，就必须置身于交流之中。我们还必须下决心来倾听。这样做，我们就能控制我们的聆听行动。我们就能成为良好的聆听者或更上一层楼。这种聆听的技巧与公开演说或写作一样是能够逐渐学会的。而督导需要在每日的工作中不断地锻炼自己的聆听技巧。你要仔细聆听来自你的上司、其他部门甚至其他饭店的人员的信息。这样做的目的是要督导花更多的时间来聆听自己的属下。

人们确信饭店业的员工每天中的一半时间用于接收他人的信息。例如，在餐厅工作的员工须在整个工作中听懂客人的点菜和指令。员工如果常与客人接触，他们就要多听客人的要求并与客人交流。由于客人的满意程度是十分重要的，因而饭店的工作人员都应学会聆听。

在聆听、讲话、阅读和书写中，聆听可能是最常使用的技巧。每个人在孩童时代学会了讲话，在小学里又学会了阅读和书写。随着发展，我们通过学习进一步加强了写作或公开演说的能力。但是人们几乎不可能研究学习聆听的技巧。小学和中学从没有设置聆听的课程，大学也不设聆听专业或不开设聆听的课程。

尽管你缺乏聆听方面的正式教育，现在可找时间来学习如何有效地聆听。这要求听的同时要积极参与交流。这种积极的角色投入与你被动地听到自动传来的声音是不同的。这一经过艰辛得到的技巧完全值得你时间和精力的投入。

当你一次就能听懂或掌握信息时，饭店就会获利。你的上司会欣赏你在聆听和执行命令方面所做的努力。员工也会感激你真正倾听了他们所关注的问题。掌握这些技巧后，你将以一个高效的员工、督导和同行的面目出现。总之，学好仔细聆听将使你冠以有效沟通家的称号。

2. 聆听常见的问题

(1) 心神不定

任何一个像饭店业中的督导那样忙碌的人在聆听上都会遇到麻烦。督导的头脑中考虑着一百件别的事情，心神不宁，因而无法专注地聆听想和他说话的人。

人们大都善于伪装自己的注意力。也许从小学时代起，我们就学会了伪装上课听讲而头脑中在想着其他事情。我们面对讲话人也同样容易点头应“是”。但每当我们分散精力时却总是有人能抓住我们。也许是因为我们眼睛中茫然的神色或者是因为我们不住地控制着自己的呵欠。如果员工发现你没有真心在听，他们就会认为你没有重视他们，也就不会向你提出问题——更谈不上暴露他们的思想或提出他们解决问题的见解。

心神不定是聆听中的首要的错误做法。你必须把全部注意力集中在说话人身上。但做到这一点很难。研究表明，人能 1 分钟说 100～125 个单词而能以每分钟 500 个单词的速度思考。因此，在聆听时，你的头脑有 3/4 的时间在开小差。你可能在考虑别的事情——下一周要举行的会议，还没有送来的新家具，能不能让食物一直保温到走廊尽头。也许你对说话者所说的并不感兴趣，或者它可能与你不愿意触及的话题有关，于是你不去听。也许你的注意力会被下列事物分散：电话、寻呼机、你未打开的邮件，或是说话人某些下意识的习惯，例如，捻胡须、用手指卷头发等。或者说话人是在你手头忙着别的事时，一路跟着你在说。

当你心神不定、或者不感兴趣、或者没在听、或者注意力分散、或者心里惦记着别的事时，想和你说话的人一眼就能看出来，即使你假装专心聆听，并且也花了时间去听，说话人还是会知道你的心思并不是真的在那儿。谈话会减少直至停顿，而说话者也会放弃，并且感到沮丧、失望、被排斥。而你则失去了一个了解情况、解决问题、令别人感到受到了重视而非无足轻重，以及建立一个积极的工作氛围的机会。

(2) 情绪化的反应

聆听中另外一种错误做法是对所听到的话做出情绪化的反应。如果有人对你的批评与事实不符甚至无中生有，你很容易情绪激动并且开始盘算你要说些什么来证明他们完全错了。这将是聆听的结束。事实上，接下去他们可能会修正自己的说法或者为所说的话提出证据，但你是不会听下去的，你正忙于构思自己的回答。你甚至可能插进去，非常情绪化地打断谈话，并开始争辩。结果是害得自己未能听完信息剩余的部分，并且把自己和与你谈话的人对立起来，尤其是当你错误理解了信息的时候，在你做出判断和回答之前，听对方把话说完是至关重要的。

有时，某些词语会引发你的情绪，使你失去冷静。例如，称女士为“小妞”，称男士为“小子”，或是用某些庸俗下流的词语。一旦情绪失控，就无法听下去了，而对方也不可能再跟你谈下去。并且很可能这种情绪化的阴影会笼罩在你们未来的沟通上，对其造成局限，并影响信息沟通的明晰度。

你必须保持冷静，把握住自己。也许，说者是有意要激怒你，如果是这样的话，他已经赢了，而且找到了你的软弱之处和下次再用的词语。另一方面，如果说话者是无心地用了这些词语，他则会非常尴尬，并因此对你有防备心理，也不会再想与你沟通了。

如果某些话使你怒火中烧到了要爆发的地步，你一定要尽量找些话安慰自己。让几个字眼就干扰了你和员工之间的沟通是毫无意义的。

(3) 切断信息的流通

聆听中还有另外一种错误的做法，那就是切断信息的流通。督导一方做出的某些反应很容易在对方尚未说完需要说的话之前把沟通的大门关闭。

假设一名员工因与另一名同事之间的私人问题而情绪低落，关闭沟通之门的方式之一就是告诉该员工该做些什么。督导可能会下一些命令，警告、威胁、说教——“你应该怎么办”，“你本来应该那样做”——用上司的权力压服别人。这些消极的反应不仅会使沟通终止，还会激起愤怒与憎恶。这样做有损于沟通，有损于工作氛围，有损于员工个人的自尊。

另外一些告诉别人该怎么做的方式可能表面看起来很积极：给出建议，说出你的看法并劝说别人接受。你也许认为在帮忙，可其实你所激起的是一种依赖心理，同时还有一种无能感和自卑感。当你替别人解决了问题，你也许从此以后都要被他们的问题困扰了。如果他们拒绝了你的解决办法，可能会因为你曾极力劝说他们接受而讨厌你。

调查、讯问或者分析他们的动机都只会使你们之间的关系复杂化。他们来找你为的并不是这个，他们并不希望暴露自我的内心，他们不想被你看穿，而且讨厌你的侵犯。另外，你可能会做出错误的分析，而他们会觉得你对他们的评价不公正。即使是他们带着问题来找你的，结局也可能会是：他们认为那不关你的事。他们感到你的调查很吓人，对他们构成了威胁。从此以后，他们为你工作时会提心吊胆，因为你知道得太多——尽管那只是他们的猜想。

还有一些反应也会关闭大门，终止沟通——例如，一上来就责备对方造成的问题，或者说是因为对方的愚蠢(或是别的更难听的词)才使他陷入困境。不论实际情况如何，这样的反应解决不了任何问题，只会激起负面的情绪——对你的气愤与憎恶再加上对自己的怀疑和责备。

另一种极端的反应破坏性可能没那么大，但也同样可能关闭沟通和解决问题的大门。你也许会试图去同情对方、安抚对方，让他不要担心，好让对方消除不良情绪。或者你可能不把问题和对方的感觉当回事，认为没什么大不了的。两种反应效果都不好。问题和情绪还在，而且等于告诉对方你不想再听他多说了。

可以用一些积极的事来让对方振作起来，例如，告诉他工作干得不错。这样可能会暂时改善气氛，但解决不了任何问题，除非你说的与问题有关，并且是真的。如果员工知道你说的并非实情——有谁会比员工本人更清楚呢？你的称赞只会使员工怀疑你是否真诚，并拉远你们之间的距离。

对一名正想和你沟通其问题的员工来说，所有这些反应的方式都表明你拒绝再听下去了。它们就等于在说：“走开，我已经听够了。”员工不会再和你谈下去，问题也没有得到解决。表 6-2 列出了上述及其他一些聆听中存在的障碍。

表 6-2　聆听中存在的障碍

障　碍	障　碍
1.回避、走神	6.评判、批评
2.争论、长篇大论	7.责备、不当回事
3.指挥、命令	8.讯问、分析
4.警告、威胁	9.说教、提忠告
5.分析、判断	10.抚慰、同情

3. 有效聆听的原则和技能

有效的聆听对于大多数负责实际工作的繁忙的人来说，是不容易做到的，你必须学会聆听，必须有意识地努力摒弃所有你可能用过的错误的倾听方式。下面是做好聆听的 5 大原则，以及一些把它们付诸实践的技巧。

(1) 给予对方以全部注意力。把你正在做、正在考虑的事先放到一边，专注地听对方说些什么。不要接听电话；不要拆开邮件；不要看手表；不要让别人打扰；不要在你手头有其他事的时候，让对方一路跟着你走；需要多长时间都要奉陪；要认真看待对方想找人谈一谈的需求；心思一定要放在谈话上，思想不要开小差；看着对方的眼睛；脸上要带着一种感兴趣但没有明确立场的表情。

(2) 把对方的话听完。将自己放在接收者的位置上，不要打断沟通的进行，把对方的话听完，不要告诉对方该做什么，或是进行评论、争辩或是给予抚慰，或是以任何别的方式转移对方的话题。你要让大门一直敞开：“我还想再多听一些。告诉我你为什么会有这种感觉。”要明确表示对方有谈下去的权利，而且要让他们知道你确实希望他们说下去。

要鼓励对方说下去。在适当的时候你可以有所表示(唔、嗯、哼)，你可以说“哦”还有“对”，还可以点头。这些都可以让对方知道你确实很投入，确实在听，而且你也要真的在听。

这种类型的聆听被称为积极聆听(active listening)，还常被称为感情聆听、思考式的聆听或非指示性的聆听。它最适用于为某事所困扰或是要抱怨什么、遇上了什么问题的人。你这一方需要做出专注的努力。暂缓做出任何反应，不要做任何判断或评价，而且要尽量从对方的角度来理解问题，尤其是要了解他的感受。积极聆听的目的是为了找出最终的解决办法。

可以通过重复对方的话来提高积极的中立型聆听的层次，这就是所谓反射性的综述(reflective statement)。反射性的综述，就是要以总结的形式重复说话人说过的话。如果对方说：“我认为你对我不公平。”你就说“你认为我对你不公平。”你还可以换个说法，进一步说：“你觉得我分派给你额外的工作。”你甚至可以更进一步，在重复对方的话的基础上，说他的感受：“你觉得我不公平，而这确实很令你生气，是吗？”这些技巧，以及表 6-3 中描述的技巧，如果你使用得当的话，可以让谈话一直延续下去，直到说话者完全说出自己的想法，只有到那个时候，你才能从督导的角度做出回应。

案例

假如说话者是吉姆·埃特肯斯，你的一个员工。他告诉你："我有一点小麻烦想告诉你，是关于克拉瑞克的，就是我们部门新来的那个家伙。他好像根本就不能适应这里。其他人曾对我开玩笑说：'我们从哪里挖出了他？他真是多余！'而且他从来没有打算适应这里，其他人也很反感这一点。我试图帮助他融入我们的团队，因为你知道我们都很在乎那种共同工作的良好氛围。克拉瑞克是一名好的工人，但是他给我们带来的麻烦远大于其价值。"

埃特肯斯告诉了你什么？你应该怎样反应？一种方式就是用你自己的话总结埃特肯斯刚才的话。比如，你可以说："埃特肯斯，你想表达的是尽管克拉瑞克是一名好工人，但是你很担心他不能适应这里的工作，是吗？"这种陈述是对埃特肯斯刚才叙述的反应，同时也使他能够继续这个话题。

表 6-3　聆听者可用于增加理解的技巧

技　巧	目　的
1.表示认可 例如： "唔-嗯……" "我明白了。" "我理解。" "我们来看看并讨论一下你的上一句评论。"	表示感兴趣，鼓励对方说下去
2.澄清问题 例如： "你具体说的是什么？" "你能解释一下你那句话的意思吗？" "我对你的话的理解是……。我理解对了吗？"	澄清或确认某一信息
3.重复对方的陈述 例如： "你认为小张星期五休息而你没有。这是不公平的。" "你认为洗碗间里应该多一个人帮你。" "你认为你受到的待遇和周围员工的不一样。"	让对方继续说下去
4.总结性核实 例如： "我们先停一停，回顾一下目前所讨论过的问题。" "这些好像就是你向我表述的关键问题。" "概括起来，我听到的要点是……"	把要点集中起来以便确认是否理解，回顾一下进展，从而可能引发进一步的讨论

(3) 探究真正的信息。它可能并不是："给我解决问题"，它可能仅仅是："我需要找个能理解我的人谈一谈。"或者，在说出来的信息下面隐藏着另一个信息。通常，首先冒出来的话并非真正的问题，而是用来回避某些难以启齿的事。寻找一些非言语的线索，如语调、焦急的面部表情、紧握的双拳或紧张的身体。如果对方在停止说话后仍然处于紧张、焦虑的状态，那你可能还没听到真正的问题。再等一等，为他敞开大门，运用积极聆听的技巧。不过切记，讯问和分析会关闭大门，而非鼓励谈话继续下去。

(4) 在沟通中不要带进自己的情绪。要保持平静和冷静。不要让自己的情绪干扰聆听。一定要克制自己试图做出回应的欲望，要把握住自己的情绪，把注意力集中在信息上。在对方说话时，要保持自己内心的平静，不要因构思如何做出有力的回答而分心。专注地倾听，保持中立，这样才能听取情况，而且对方才能发泄出自己的情绪，消除误解。或者，你可以通过探寻对方说出这番话的真正原因，来保持情绪的稳定。不要因对方话中带刺而失去控制，不要做任何反应。直到已经清楚无误地明白了对方的信息，然后，在对方停止说话后，再做出适当的回应。

(5) 维持你的角色。你可以倾听个人问题，但不要试图解决它们，不要让自己卷入其中。不要为了帮助一位老朋友而跨回到隔在管理者与员工之间那条界线的另一边去。不要让自己被对方打动，从而放松公司的政策或是做出不可能实现的承诺。维持你的管理者角色，带着理解和同情去听取情况，但不要应承任何你职责之外的东西。

如果谈到的问题与工作有关并且在你的权力范围之内，而你又进行了成功聆听，那你和员工可以平心静气地谈一谈。例如，假设真正的问题原来是一些令他气愤异常的事儿，而且，这股火他已经在心里憋了几个星期了。成功聆听意味着能够置自己的情绪于事外，即使他最后冲你大喊大叫，还骂了很多难听的话；意味着你克制住了自己，没有做出任何评判或急于下结论从而把他打发走。因为你的聆听，员工发泄了他的情绪，并且开始平静下来。而如果你既没有发火，也没有叫他闭嘴，他就会开始感激你没有以势压人，而且很快地就会明白，他夸大了某些事情，并且对刚才说过的一些话感到抱歉。这时，你和员工可以开始探讨问题的原因，并且也许能找出解决办法。

当然，这也并非永远行之有效。但是，只要你能站在上司的立场上，采用一种积极的、面对面的领导方式，就有可能把聆听转化为有效的双向沟通。

这样的聆听不是一朝一夕就可以掌握的技巧。与领导风格有关的其他所有方面一样，它需要理解、洞察和实践，也许还有在工作中有指导的培训。这在督导这一行不太多见：时间太少，要做的太多，而且他们有其他一些和人打交道的传统方式。不过，如果督导能学会如何运用这种方式的聆听，它就能发挥出解决与人有关的问题的巨大潜力。

曾对督导人员进行过积极聆听培训的公司发现这些技巧卓有成效。一家处于亏损、并受劳资纠纷困扰的生产公司请一位心理学家为其员工开设了两周关于聆听的强化课程。这一投入收到了回报：不满情绪减少了 90%，而且公司又重新开始赢利。

当今的许多行业都极为重视员工对于工作的想法，并且发现这一做法非常有利。在饭店业这个时间压力很大的行业里，我们很容易认为没有时间去聆听。但是，通常获取一个信息并不需要很长时间。它所真正需要的是一种开放的态度。几分钟甚至几秒钟的全心关注会给你带来数不清的回报。

五、督导管理沟通实务

有效的沟通会带来有效的管理。它赋予督导把事情办成的力量。作为督导，主要功能之一是指挥——分配任务、发出指令、告诉员工如何做事情、引导并监控员工的工作表现。如果你能指挥员工按你预想的完成工作，你就是一位有成效的沟通者和有成效的管理者。

作为沟通者，你的成效来自于你所做出的那些能绕开阻碍良好沟通的多种障碍的积极努力，最为重要的是：清楚地发出信息；让对方接受你的信息；留下积极的印象。我们将依次详细说明这几个方面。

(一)清楚地发出信息

清楚的信息应该是明确、清晰而完整的。它包括对方需要知道的所有情况或是所要完成的任务中的“是谁”、“干什么”、“什么时候”、“在哪儿”、“如何干”以及“为什么。”

在指挥员工时，督导所进行的沟通大部分是发出指令，给出与工作相关的信息。它们极为不正式，而且很可能发生在督导与员工极为短暂的48秒接触中。沟通可能是在厨房里、前台、饭店门口、乡村俱乐部，或者可能在储藏室、酒吧、洗衣房或者其他任何督导的沟通对象工作的地方。它可能只是一个谈话片断，而且是在时间非常仓促的情况下进行，因此极容易遇到许多阻碍良好沟通的障碍。但是，无论沟通多么简短，条件多么困难，督导都需要把完整的信息发给每一个人。

“把鸡肉做好”不是一条完整的信息。“在下午五点之前，做好三十份炸鸡供应正餐”才是明确和完整的。它没有任何想当然的假定，它叙述完整。把它清楚、明确地说出来或者清楚明确地写下来，或者二者兼施。

清楚的信息还应该能让对方理解，并且对其有意义。必须采用对方能理解的措辞。必须按对方的层次发出信息，信息必须是在对方的经验范围之内且有意义的。

为使信息具有意义并能够被理解，就要求你要有洞察力。你需要对对方的背景、经历、理解力有一定认识，还需要认识到你自己对这个人可能的先入为主的看法，要了解他对你的看法，还要注意你的语气、措辞以及你与其他人沟通的方式。这意味着你要有意识地根据听众调整自己的信息，还意味着要了解你的员工以及你自己。

(二)使对方接受你的信息

作为发送者，你如何才能使对方理解并接受你的信息？

这里的首要因素是信任。如果员工信任你，他们很自然地会采取一种乐于接受的态度，一种愿意照你的话去做，为你干好工作的态度。如果他们不信任你，信息很可能就无法清楚地传送给他们。他们对你的看法和感觉很可能会歪曲事实和原意，而且还可能会削弱他们执行你的指令的愿望。

建立起信任需要时间。在此期间，在与对你不信任的员工打交道时，要尽你所能维持一种愉快的气氛和平静、自信的仪态。要格外注意，发出的信息一定要清楚、简单、明了，并且要说明该信息或任务的重要性。接下去要确定，该员工是否在正确执行你的指令。

让对方接受的第二个关键是信息要与接收者的切身利益有关。人们总是关心：信息与我有何关系？一定要让他们理解你的信息与他们工作的关系，还有你的信息或指令将给他们带来何种影响，以及为什么。或许，信息中涉及了某些他们看重的东西——工作本身带来的更多的满足感。或者，涉及的可能是一些不太令人愉快，但他们必须适应的方面。不论是什么，只要对他们有影响，他们就会注意认真听取。从他们的角度来审视你的信息，从而突出那些对他们具有重要性的部分。

让对方接受的关键之三是你的指示一定要合理。布置的工作必须要有可能在规定的时间内完成，必须要在被安排干该项工作的员工的能力范围之内，必须要在员工所认可的工作范围之内，必须具有法律上和道德上的正确性，并与个人和企业的需要吻合。如果你违反了上述任何一条标准，员工就很可能会进行公开抵制，或者干活非常勉强，或者不完成工作以证明工作无法完成。

如果员工认为不合理的指示在你看来却十分合理，那你们需要探讨一下，找出指示看似不可能执行好的原因，并说明你为什么要求他们那样做，以及用什么方法是可能完成的。也许是由于你的第一次沟通不成功。

（三）留下积极的印象

如果希望员工清楚地收到你的信息，并心甘情愿地去完成你交给的任务，就必须让你的信息给他们留下一个积极的印象。一定要让员工感到愿意配合，而不要让你发送信息的方式令他们感到不快。

许多督导容易犯的错误是，以一种高高在上的姿态跟员工说话。这种自上至下式的沟通没有把接收者看作一个平等的人，也没有给对方提问和做出反馈的机会。这样的督导没有看明白一个事实：沟通是双方之间的互动，而沟通的成败掌握在接收者手里。以一种屈尊俯就、轻蔑或发号施令的态度和语气来发送信息，只会给接收者留下一个负面的印象。这一类型的信息越是专横、越是强硬，就越会留下负面的印象，对方的反应也就越消极。

无论在何种情况下指挥员工，你一定要想一想：“我的谈话对象会如何听取我的信息？他们会对此有何感受？”作为管理者，作为督导，你的目的并不是要给员工一个下马威，而是要让他们接受你发送的信息。因此，把自己放到他们的层次上，并且要面对面地谈。

不同的情况会对你的沟通方式有所影响。有时，形势紧迫：食物出来得不够及时，或者顾客在等候，而桌子却无人清理。在这种情况下，你的情绪很容易占据主导，大呼小叫地发号施令。不幸的是，大呼小叫有时会使行动完全停滞。记住，如果情绪占了信息的上风，别人就会对情绪而非信息做出反应，而且愤怒和恐惧会赶走良好的聆听和清楚的头脑。在紧急情况下，可以适当运用明确而有分寸的命令，但绝不要表现出愤怒、担心或失控。

(四)做出指示

下面是一套详细地做出指示或命令的方法。并非每一步骤均适用于任何指示或任何情况，但是你可以根据实际需要对这套标准加以调整。此方法共有 5 个步骤。

1. 计划

计划好你要说的(是谁、什么事、怎么样、何时、何地以及为什么要完成某项任务)，你要对谁、在什么时间、什么地点、以何种方式(口头还是书面，或者二者兼有，也许还附有材料，例如图示、菜谱或规程手册)做出指示。

一般说来，口头命令最适用于简单的任务，如对员工以前已重复过多次的工作、对细节的补充、对书面命令的解释或扩充以及帮助某人或给某人示范如何去做某项工作(示范并且口述)。口头命令也适用于要求立即采取行动的情况，例如紧急情况或者书面命令不太可能被看到或理解的情况下。前面已经说过，饭店业的大多数员工不善于阅读，而且时间一向比较紧迫。因此，即使这样做不保险，效果的好坏又难以预料，大家仍倾向于采用口头沟通。

口头指示很容易遇到许多常见的阻碍良好沟通的障碍——想当然地认为对方知道某些情况或是已经明白了信息；口齿不清或语速太快；使用一些生僻的词语；遗漏重要的情况；一下子告诉对方太多不同头绪的事；在对方走神的时候谈事；冒着会被对方遗忘的风险把很重要的情况告诉他。造成困难的另一个原因是，有时接受你的指示的人同时还要接受其他人的指示。大家都告诉服务员要干什么，谁都要他马上干好。口头指示还会产生另一个问题：如果以命令的方式下达指示时，员工可能会消极地反应。

当涉及精确的数字或大量细节时，最好采用书面指示，如工作细则、待整理的房间名单、菜谱或生产清单等。你可能要宴会厨房 4 点之前准备好 150 个沙拉盘和 250 个甜点盘，那你最好把这一清单写给洗碗工，以杜绝出错的可能。在下列情况下最好使用书面指示：你在重申上头传达的命令或者在强化公司政策时。

书面指示应该简短、完整，书写或打印清楚，并用简单的语言清楚地表述。写的时候头脑中要想到指示的对象。写完后应该从头到尾看一遍以确定叙述是否清楚、完整。

在时间紧促，或需要立即采取行动，或员工不太可能看到书面指示或抓住其含义时，就不宜采用书面指示。书面指示出现下列情况时就会造成问题：书写不清楚；内容不完整；太冗长或太复杂；缺乏条理(例如，一道菜谱的最后一道程序是把豆子泡上一整夜)。书面指示容易产生的问题大多是由于指示的对象没有理解指示或者根本就没看。除非你能在旁监督，否则你无法知道员工是否看了并且看明白了。

在有些情况下，最好既给出口头指示又给出书面指示。两种方式可以互相强化。口头指示能给员工留下一定印象，而书面指示可以再次强化并作为参考。

2. 创造一个令人乐于接受的氛围

要做到这一点，有时仅仅需要你确保员工心里没有牵挂着别的事，并且已做好了聆听的准备。在这个时候你就可以说明完成该任务的理由，以及你要说的与他们有何关系，以引起他们的兴趣。并且，如果可能的话，保证他们的投入。安静而不受干扰的环境有利于建立一种令人易于接受的氛围。不过你所处的环境和条件可能不会那么理想，你只有尽量利用一切有利条件。

在为你工作的形形色色的员工中，会有一部分很合作、很热忱，并且与你建立了良好的信任关系。他们总是非常愿意听取并接受你的信息。还有另外一种员工，他们只会埋头去干你吩咐过的事——既不多干，也不少干。一定要确保他们在全神贯注听取自己的指示，并且指示中一定要包括所有的方面，因为他们会分毫不差地照办——他们只求过得去。

还有第三类员工——充满敌意，既不信任你，也得不到你的信任。这样的人总有那么几个，他们寻找一切机会攻击整个体制，干活越少越好，刁难你，如果可能的话出你的洋相。如果你在做指示的时候说错了什么，他们会一字不差按错的做，并以给你制造麻烦来取乐。一家船上餐厅发生的事很好地证明了这一点。惊骇于洗碗间一片狼藉的经理告诉两名洗碗工："马上清理这儿！我 30 分钟后回来检查！"当他 30 分钟后回来时，屋子已经被彻底清理了，一个盘子都看不到。两名洗碗工直接把所有东西都推进了河里。

对待这种类型的员工，要事无巨细，样样说清楚——为什么让他们干这项工作，他们具体要做什么，怎么做，以及你要他们负责达到什么样的效果。如果是重要的事，就书面传达。不能指望这类员工会有可能乐于接受你的指示，你必须竭尽所能敦促他们接受，必要的话，可以使用你的权力迫使他们接受。

3. 发出指示

发出的方式至关重要。除了你所说的话外，手势、音调、语气和表情，所有这些非言语的沟通方式都会起作用。

冷静并自信地发出你的指示。自信的气息对于发出指令很关键。即使心里没底，也可以通过下列方式使自己显得自信：表现得平静、有把握，说话时不要犹豫，选词不要左思右想。这里还涉及你的领导形象，它可以让别人倾听你，并认真对待你的指令。

有时，你坐、立的位置与你的指示对象的相对位置也会对沟通有影响。研究已经证实，人们之间有一个潜在的区域最利于愉快的沟通(沟通区域)。2～3 英尺是个人空间——除非有我的邀请，否则别再靠近了。4～7 英尺是社交距离——别人可以在这一距离给我做指示。7～25 英尺是公众距离，那就离我太远了——你又不是在对一个公众大会讲话。以上是适用于美国人的区域划分。对于来自其他文化的人，例如拉美人来说，这些区域会小一些。如果沟通中的一方想再凑近点说话才觉得舒服，而另一方却不断后退以保证个人空间，双方的沟通就会出现问题。

发出指示的方式有许多种。你可以请求别人做事。这个方法使用起来简单，而且适用于大多数人——合作型的员工、埋头苦干型的员工、长年对公司忠心耿耿的员工、年龄较大的员工以及敏感的员工。

对于某些类型的员工，当你要他们完成某项工作，但并不要求采用特定的方法来完成时，可以向他们提出工作建议。这种指示方式较为微妙、委婉，并不适用于所有员工。因为你交给员工做主的不仅是完成工作的方式，还有工作能否完成这一问题。这一方法适用于机敏、有抱负、有经验的员工。他们会马上接受你的建议并迅速着手实施，因为他们想让你高兴，令你惊喜。对于缺乏经验，或是只知埋头干活，或有敌对情绪的员工来说，这不是一个好方法。

你可以命令。现在就干！——没有转换余地，别无选择！几乎没有人喜欢听命于人。但如果遇到紧急情况，需要立即采取行动，就只能采用直接命令的方式了。如果洗碗机坏了，如果餐厅里没有茶杯了，如果汽车旅馆里没有床单铺床了，你别无选择只能发出命令："马上去找来！"但若在平时使用命令，则会导致憎恶情绪：员工就是不喜欢被人呼来喝去。

有时你的疲倦使你以这种方式发出指令。这不是种好做法。不仅仅是因为员工不喜欢这种方式，而且他们会逐渐习惯于你用这种口气说话。于是，当你真正需要发出命令时，也就不再有以往的效力了。

4. 核实指示是否得到了理解

核实指示是否得到了理解的方法有许多种。

你可以观察对方自然流露的迹象——眼神中体现出来的理解，点头，嘴里说"明白"，这些都表明对方认为自己听懂了，或者至少是想给你这样的印象。另一方面，茫然的眼神或者不知所措的表情则是在告诉你，你的指示还没有得到理解。

如果你问对方是否明白了，不论是或者不是，他们都可能会回答说："明白了。"用于核实对方是否理解了的比较好的方式是问他们是否有任何问题。这样做的缺点是，人们不愿意承认自己不懂，尤其是在别人面前。有时，他们的理解程度还不足以使他们能够提出有意义的问题。只有当他们与你相处融洽以后，才会向你提出问题。有时如果你问他们："有什么要我再进一步解释一下的吗？"他们就会承认还有一些地方没弄懂。

检验对方是否理解的方法之一是让他重复一遍你的指示。这样做可能会使一些人觉得难堪或是受到羞辱。有时可以用自我检查的方式来让对方重复，以淡化这一印象——"我把该告诉你的都说了吗？"知道自己容易把事情混淆的员工一般不会介意对你重复一遍。这一方法最好根据与你打交道的个人，有选择地使用。

理解了你的指令的最佳证明是看到员工正确地执行你的指令。但等着瞧是有一定风险的，在实际工作中，要改正就有点儿迟了。

5. 反馈

最后一步的反馈正是用于处理上面这个问题的。在了解到你的指示的执行情况之前，你不应该以为自己已经圆满履行了发出指令的责任。观察员工的工作情况。衡量一切可衡量的执行结果。在需要的时候给予员工进一步的协助和指导。并且自我检查一下自己的工作：我的指示到位吗？下次给这些独特、多样的、担负本部门实际工作的员工做出指示时，我还能有所改进吗？

复习自测题

1. 解释下列概念：

(1)沟通；(2)正式沟通；(3)非正式沟通；(4)沟通网络；(5)聆听。

2. 基本沟通过程模型的5种要素是什么？指出每种的含义。
3. 简要说明沟通的功能。
4. 小道消息有哪些用途？
5. 举例说明有效的督导管理沟通的重要性。
6. 简要说明沟通中的障碍。
7. 解释督导怎样通过反馈来改进沟通的。
8. 概述有效聆听的原则和技能。

第七章　员 工 激 励

【学习目标】

学完本章，应该能够：掌握激励的概念；说明员工激励的三个层次；解释激励与绩效之间的联系；了解激励的理论；认识制约督导对激励理论运用程度的因素；掌握激励员工的方法和步骤。

【关键词】

激励(motivation)
绩效(performance)
需要层次(hierarchy of needs)
保健因素(hygiene factor)
目标设置理论(goal-setting theory)
强化理论(reinforcement theory)
公平理论(equity theory)
期望理论(expectancy theory)

激励是管理的核心问题。作为现代饭店业的督导，为了实现组织目标，就更加需要激励全体员工，以充分调动他们的积极性和创造性。

在这一章中，首先说明激励和激励因素，把激励与绩效加以区别。然后，描述和比较几种激励理论。最后，深入探讨激励理论在现代饭店业督导管理中的应用。

第一节 激励

一、激励与激励因素

(一)激励

为了理解什么是激励，或许首先应该问什么不是激励。许多人错误地把激励看成是一种个人特征(在英文中，激励和动机是同一个词，所以也可以看成是个人特征)——也就是说一些人具有而其他人没有。实际上，一些管理者把缺乏激励的员工看作懒惰者。这样的标签意味着一个人始终是懒惰的或缺乏动机的。激励的知识告诉我们这是不正确的，激励是个体和环境相互作用的结果。当然，每个个体基本的激励动力是不同的。同一个员工，当让他按压钻孔机的杠杆时，他可能很快就感到厌倦了，而当他按压游戏机的杠杆可能几个小时也不觉得厌烦。你或许能在一种环境下一口气读完一本小说，却发现很难连续看 20 分钟的教科书。当然原因不在于你，而在于环境。所以我们分析激励的概念时，要记住不但个体之间的激励水平不同，而且同一个体在不同时间的激励水平也不同。

我们把激励(motivation)定义为通过高水平的努力实现组织目标的意愿，而这种努力以能够满足个体的某些需要为条件。尽管一般情况下，激励涉及为实现所有目标所付出的努力，但为了反映我们对于工作有关的行为的兴趣，我们把范围缩小为组织目标。这个定义中的三个关键因素是：努力、组织目标和需要。

努力要素是强度指标。当一个人被激励时，他会努力工作。但是高水平的努力不一定能带来高的工作绩效，除非努力指向有利于组织的方向。因此，我们不仅要考虑努力的强度，还必须考虑努力的质量。指向组织目标并且和组织目标保持一致的努力是我们所追求的。最后，我们把激励看作一个满足需要的过程，如图 7-1 所示。

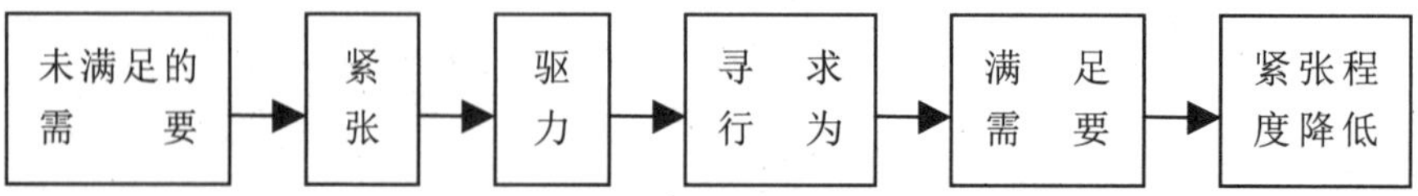

图 7-1 激励过程

需要(need)在我们的专业术语中意味着使特定的结果具有吸引力的某种内部状态。

一种未满足的需要会带来紧张，进而在躯体内部产生内驱力。这些内驱力会产生寻求行为，去寻找能满足需要的特定目标，如果目标达到，需要就会满足，并进而降低紧张程度。

所以可以说被激励的员工处于一种紧张状态，为缓解紧张他们会努力工作。紧张强度越大，努力程度越高。如果这种努力成功地满足了需要，紧张感将会减轻。但是，由于我们感兴趣的是与工作有关的行为，所以这种减轻紧张程度的努力必须是指向组织目标的。因此，激励的定义中隐含着个体需要必须和组织目标一致的要求。否则，虽然个体也表现出高努力水平，但与组织利益背道而驰。值得说明的是，这种情况并不少见。例如，一些员工常常在上班时间与朋友聊天以满足其社会需要。这也是高水平的努力，只是对组织来说无价值可言。

(二)激励因素

激励因素是指诱导一个人去取得各种成绩的东西。各种激励反映了各种要求，而这些激励因素又是确定了的报酬或者鼓励，这又加强了满足这些要求的动力。激励也是一种手段，可用来调和各种需要之间的矛盾，或者重点强调某一种需要而使它比另一种需要得到优先的满足。

督导管理者还可以建立一种对某些动机有利的环境来大大强化动机。例如，在一个素以优秀和高质量闻名的组织里工作的人们，往往受到一种激励，促使他们为组织的声誉做出贡献。同样，在一个管理上效率高而又取得有效成绩的组织环境里，也会使大多数或所有的管理人员和员工产生一种高质量管理的愿望。

在任何一个有组织的企业里，管理人员必须关心激励因素并创造性地运用它们。人们常常可以通过各种途径来满足他们的欲望。例如：一个人可以通过积极参加社会俱乐部的活动，而不是在企业里来满足他的归属愿望；可以用勉强过得去的工作方式来满足经济上的需要；或者花费时间参与政党工作来满足地位上的需要。当然，督导所必须做到的是利用那些激励因素，以引导人们为聘用他们的企业有效地完成工作。督导不能期望去支配员工的全部活动，因为人们总有与企业无关的愿望和动机。但是如果要使公司或其他任何类型的企业成功和有效，必须充分激发并满足每个员工的动机，以保证较好的业绩。

二、激励的层次

宽泛地讲，当我们说某人正被激励着或者没有被激励着做某件事时，我们涉及的是三种不同的、不过有时又互相联系的激励层次，正如下式所示。第一层次是个人行为的方向，员工都按理想的方向工作吗？

行为的方向，即员工激励 = 员工选择什么样的行为去完成任务 + 努力程度，即员工在其行为中投入多少精力 + 坚持的程度，即当员工面对障碍时会在其行为中付出多大的努力

请注意，从督导管理者的观点上讲，员工行为的方向可能并不是理想的。一名饭店销售部的员工可能将其时间的15%用在了私人通话或者看报纸上，而不是与客户联系上。督导管理者只是确定和传达理想的行为是不够的；督导管理者必须激励员工真正地去实施那些理想的行为。

激励的第二层次与员工工作的努力程度相关。当员工意识到需要这样的行为时，他会为此付出多少努力呢？

对于许多督导管理者来说，激励的第二层次带来的挑战最大，那就是使员工努力地工作，将精力放在他们所做的事情上。一家饭店商场的督导管理者抱怨他们的售货员只是保持自己的区域干净和井井有条。“他们知道做什么，但他们就是不按照应该做的去做。”一名饭店总服务台的督导管理者感叹她的接待人员不能对顾客微笑，不会用眼睛接触对方，不能直接称呼对方的名字。

激励的第三层次也是最后一个层次就是坚持。当面对逆境、障碍时，员工会怎样努力地坚持下去？当实施行为的环境合适的时候，员工或许能极大地被激励，但是一旦出现了逆境或者障碍时，又会发生什么呢？当一名员工早上感觉身体不太舒服时，她能不能出勤呢？即便来了，她又能不能坚持下来，并认真地工作呢？

三、内在激励与外在激励

在讨论人们为什么工作的常识观点时，应该注意激励的来源问题。某些观点主张，人们受到外部环境中的因素(例如严厉监督或工资)的激励；某些观点则主张，在某种意义上说，在没有运用这些外部因素的情况下，人们能够进行自我激励。如有一些工作，人们仅仅是为了完成它们而热情地去做的。还有一些工作，仅仅是为了保住工作或使上司满意才去做的。

管理心理和组织行为方面的专家对内在激励和外在激励之间的区别已有某种认识。但是，应该强调，对这些概念的严格定义并无一致意见，特别是在具体的激励因素应作为内在因素还是外在因素方面，矛盾更多。下述定义和例证多少有助于我们较好地认识这种区别。

1. 内在激励

内在激励(intrinsic motivation)来自于人们和任务之间的直接联系，通常是自我运用的。完成工作本身产生的成就感、挑战感和胜任感等可以成为某种内在激励因素，对工作本身的兴趣也是一种内在激励因素。

2. 外在激励

外在激励(extrinsic motivation)来自于任务外部的工作环境，通常是被某些人而不是

被正被激励的人所运用的。工资、附加补贴、公司政策和各种形式的监督是外在激励因素的例子。

显然，并不是所有激励因素都可以像这些定义规定的那样进行简单的划分。例如，一次晋升或一句赞语可能取决于上级的意图，但是，也可能是取得成就及胜任工作的显著标志。因此，某些激励因素可能既有外在激励性质，又有内在激励性质。

四、激励与绩效

在组织环境中我们会发现，有许多人是“高激励的”，但是工作做得并不好。他们工作时间长，并且很努力，但是往往不符合要求。这种现象指出了激励和绩效之间的区别。绩效(performance)是组织成员为实现组织目标所做出的贡献。

考虑员工绩效的一个常用但过分简单的方法是把它看作能力和激励相互作用的结果，即绩效=f(能力×激励)。如果有一个因素不合适，绩效就会受到消极影响。这有助于解释，为什么能力平平却非常努力的运动员或学生总是胜过更有天赋但懒惰成性的竞争者。如果我们要准确地解释或预测员工的绩效，除了激励之外，还必须考虑到智力和技能(以“能力”来表示)。但我们还忽略了一点，我们需要在等式中加入表现机会(opportunity to perform)，即绩效=f(能力×激励×机会)。即使一个能干而且想干的人也可能遇到限制绩效的障碍，如图 7-2 所示。

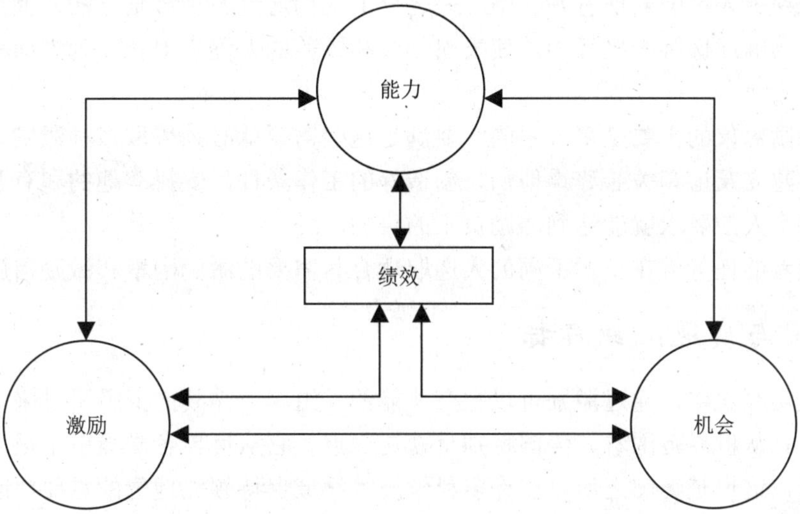

错误!

图 7-2　绩效维度

当你试图评价一名员工为什么没有取得你认为他能取得的绩效水平时，不要忘了看一看工作环境是否具有支持性。员工是否有足够的工具、设备、材料和供应；员工是否有愉快的工作环境，能提供帮助的同事，支持性的规则和程序；是否有做出工作决定所需的充分信息，做好工作所需的充分时间，诸如此类。如果没有，绩效就会受到影响。

我们可以这样总结以上的讨论：在其他条件相同的情况下，员工的激励水平越高，绩效就越好。不过条件很少真正相同，所以在探讨与绩效相关的原因时，督导管理者的个人推断能力就遇到了很大的挑战。

五、激励的功能

激励对于调动人的潜在积极性，出色地去实现组织的既定目标，不断提高工作效率，都具有十分重要的作用。

(一)激励的管理职能

在企业中，有效地组织并充分利用人力、物力和财力资源是管理的重要职能，其中又以人力资源的管理最为重要。在人力资源管理中，又以怎样调动人的积极性最为关键和困难。管理学家们早就能够精确地预测、计划及控制财力和物力，而对于人力资源，特别是对于人的内在潜力，至今无法精确地预测、计划和控制。

激励之所以越来越受到饭店业及其他企业的重视，是由竞争加剧、激励对象的差异性和需要的多样化所决定的，其表现如下所述。

首先，在国内外饭店业竞争加剧的情况下，饭店为了生存和发展，就要不断提高自己的竞争力。为此，就必须最大限度地激励全体员工，充分挖掘出内在的潜力。

其次，组织中人员的表现有好、中、差之分。我们通过各种激励办法，就是要不断地使表现好的人继续保持积极行为，使表现一般和较差的人逐步地转变为主动积极为组织多做贡献的人。

最后，激励对象的需要是多方面的，要满足这些需要就必须采取多种激励办法。包括多给金钱，建立友谊和关心尊重他们，创造好的工作条件，安排有趣的和有意义的工作等。满足每个人的要求就能达到激励员工的目的。

督导管理者的任务就在于对不同的人选取适合其需要的激励因素和激励措施。

(二)激励与实现组织目标

企业管理实践表明，通过激励可以把有才能的、组织所需要的人吸引过来，并长期为该组织工作。从世界范围看，美国特别重视这一点。它从世界各国吸引了很多有才能的专家和学者，这也是美国之所以在许多科学技术领域保持领先地位的重要原因之一。为了吸引人才，美国不惜用支付高酬金、创造好的工作条件等很多激励办法。

通过激励可以使员工最充分地发挥其技术和才能，变消极为积极，从而保持工作的有效性和高效率。美国哈佛大学的心理学家威廉·詹姆士(William James)在《行为管理学》一书中，阐述在对职工的激励研究中，发现按时计酬的职工仅能发挥其能力的20%～30%，而受到充分激励的职工，其能力可发挥到 80%～90%。即同样一个人在受到充分激励后，所发挥的作用相当于激励前的3～4倍。

(三)激励对员工提高工效的功能

通过激励还可以进一步激发员工的创造性和革新精神，从而大大提高工作的效率。例如，日本丰田汽车公司采用给予合理化建议奖(包括物质奖励和荣誉奖)的办法鼓励职工提建议。不管这些建议是否被采纳，均会受到奖励和尊重。结果该公司的员工仅1983年就提出165万条建设性建议，平均每人提31条，它所带来的利润为900亿日元，相当于该公司全年利润的18%。再如，我国哈尔滨轴承厂开展的合理化建议大奖赛的效果就很好，仅缩小切断刀口一项建议，每年就可节省钢材130多吨，节约资金70多万元。

随着科学技术的不断进步和生产过程的日趋复杂，单靠机器设备并不能增加生产，而对员工的科学技术素质的要求越来越高。因此，进一步激发员工的创造性和革新精神就显得越来越重要了。

第二节 激励的理论

20世纪60年代以来，针对人们的工作行为进行了许多研究，也出现了许多重大的理论，它们对于试图避免组织中摩擦的任何领导者来说都是重要的。对于任何活动着的人，比如必须同他人协同工作的督导管理者来说，对激励理论的理解是必要的。德国心理学家、拓扑心理学的创始人、实验社会心理学家库尔特·勒温(Kurt Lewin)因对团队的研究而著名，有一次说到没有什么比好的理论更有应用性的了。本章后文将着重探讨激励的重要理论，并且重点强调其对于督导管理者的适用性。

一、早期的激励理论

20世纪60年代是激励理论发展卓有成效的阶段，这一时期形成了三种理论。尽管这些理论受到猛烈攻击，现在看来效度方面也存在问题，但它们可能依旧是对员工激励的最著名的解释。这三种理论分别是：需要层次理论；X理论和Y理论；激励-保健理论。尽管我们已建立起对激励更有效的解释，但你仍应该了解这些早期的理论，主要有两个原因：它们提供了当代激励理论得以产生的基础；实际的管理者常用这些理论和专业术语解释员工的激励问题。

(一)需要层次理论

最为重大和具有应用性的理论莫过于心理学家亚伯拉罕·H.马斯洛(Abraham H. Maslow)的需要层次理论，它在所有激励理论中是最为管理者所熟知的。

马斯洛的需要层次(hierarchy of needs)理论暗含两个法则：人们的需要可以按照重要性划分层次或等级；一旦一项需要被满足，他就不再是行为的主要激励因素。为了更好地理解这两个法则对于马斯洛理论的重要性，现在看看图 7-3 所示的需要层次。

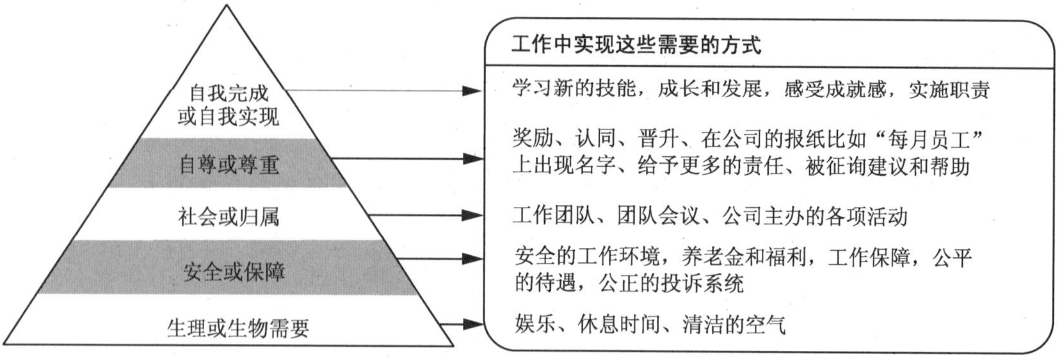

图 7-3　马斯洛的需要层次

1. 生理或生物的需要

生理或生物的需要(physiological or biological need)是最低层次的需要，但同时也是最为首要的需要。圣经上说：“人不能只靠面包活着”，但是如果没有面包，其他的所有东西都不重要了。除非不正常的情况，如果我们空着肚子，对于爱、地位或者任何其他的需要就都不起作用了。但是一旦我们定期和充足地吃东西，那么我们就不会把饥饿当作重要的激励。其他的生理需要也是如此，比如对于空气、水、休息、运动、住所以及保护等的需要。

2. 安全或保障的需要

当满足了生理需要后，安全需要(safety need)或保障需要(security need)就变得重要起来。我们希望避免危险、威胁或者剥夺的侵扰。当我们感觉受到威胁或者孤立无援时，我们最大的需要就是得到保护或者保障。

大多数的员工在工作中都是独立的，所以他们认为自己的安全需要是非常重要的。独裁的或者专横的管理方式，比如偏宠、歧视或者其他不可预见的政策，都会给任何层次的任何员工在安全感上以很大的威胁。

3. 社会或归属的需要

社会需要(social need)或归属需要(belonging need)包括对于归属、交际、同事的认可及友谊和爱的需要。尽管大多数管理者都认识到这些需要的存在，但是许多人却错误地认为它们是对组织的一种威胁。害怕组织同员工的目标相悖，管理层就尽全力使用各种有害于组织凝聚力的方式控制和指导员工的行为。当员工的社会需要以及安全需要得不到满足时，他们就会倾向于破坏组织的目标。他们变得抵制、敌对和不合作。但是这种行为是沮丧的结果，而不是原因。

4. 自尊或尊重的需要

社会需要的更上一层是自尊需要(ego need)或尊重需要(esteem need)。它有两种：与自我尊重有关的，比如对于自信、独立、成就、能力和知识的需要；与声望有关的，比如对于地位、认同、欣赏和别人的尊敬的需要。

与较低层次的需要不同，自尊的需要很少能够完全满足，因为一旦这些需要变得重要起来，人们就会不断寻找对这些需要更多的满足。多年以前，典型的组织中较低层的员工总是很少有机会获得自尊的满足。但是，现在在这方面，管理良好、不断创新的公司做得越来越好。

5. 自我完成或自我实现的需要

马斯洛的需求层次最高层就是自我完成的需要(self-actualization need)或自我实现的需要(self-fulfillment need)。这些需要驱动人去挖掘自己的潜能，去发展自己，并且变得富有创造性。

案例

约翰，64岁，已经退休将近3年了。他喜欢木匠活，并且做得非常好，他制作的碗以及雕刻的人物曾经多次获得艺术奖。约翰曾是公司里最好的机械师之一，不过他总是拒绝周末的加班费。“额外的钱对我来说已经没有意义了，”他说，“我更喜欢的是在工作间里工作或者看到我的作品出现在艺术或者工艺展上。”最近约翰被邀请周末飞往公司的另一厂部，去帮助解决一个他们无法解决的维修难题。他接受了。他说：“不是为了钱，只是因为别人都不能解决这个问题，我喜欢这种挑战。”

很明显，大多数组织只提供了很有限的机会来满足人们的自我实现的需要，尤其在低等的组织层次中更是如此。当较高层次的需要得不到满足时，员工就试图以进一步满足低层次的需要作为补偿。所以，自我实现的需要仍然无法表露出来。

马斯洛把5种需要分为高层次和低层次的。生理需要和安全需要是较低层次的需要(lower-order need)；社会需要、尊重需要和自我实现需要是较高层次的需要(higher-order need)。区分这两个层次需要的前提是：较高层次的需要从内部使人得到满足，较低层次的需要从外部使人得到满足(例如，通过报酬、合同、任职期得到满足)。实际上，从马斯洛的分类中会自然而然地得出这样的结论：在经济繁荣时期，几乎所有长期被雇用的员工的较低层次的需要都基本上得到了满足。

马斯洛的需要理论得到了广泛的认可，尤其是在从事实际工作的管理者中，这归功于该理论的直觉逻辑和易于理解。遗憾的是，研究未能对该理论提供验证性的支持。马斯洛没有提供实证材料，一些试图验证这个理论的研究也没有为它找到证据。

旧的理论，尤其是那些在直觉上符合逻辑的理论，很显然是不会轻易消失的。一名研究者考察了这种现象，总结出“尽管在社会上很流行，但需要层次理论作为一种理论几乎没有得到实证支持”。这位研究者更进一步指出，“现有的研究应当使人们不再无条件地接受马斯洛的需要理论了”。另一项研究也得出同样的结论。几乎没有证据支持下面这些观点：需要结构是按照马斯洛假设的维度组织起来的，未满足的需要具有激励作用，或者已满足的需要会发展到一个新的层次的需要。

马斯洛的理论是对于人类行为相对而不是绝对的解释，应该了解对于这个理论的 4 项修正。

(1) 并不是一定要满足了某一层的需要之后，其上面一个层次的需要才变得重要起来。

(2) 这个理论不能用于解释神志不健全或者智力有问题的人的行为。

(3) 一些人的优先次序是不同的。比如：一名艺术家可以为了创作出伟大的艺术作品，满足自我实现的需要忍受饥饿；一些人会比其他人更少倾向于安全或者成就的需要。

(4) 不同于低层次的需要，两个最高层次的需要很少能够完全地获得满足。在成长、获得认可和取得成就的过程中总是会有新的挑战和机遇。一个人即便在一个职位上待几十年，他还是可以从他的工作中发现很多的挑战和激励。

(二)X 理论和 Y 理论

以马斯洛的理论为跳板，道格拉斯•麦格雷戈(Douglas McGregor)提出两种完全不同的人性假设：一种基本上是消极的，称为 X 理论(theory X)；另一种基本上是积极的，称为 Y 理论(theory Y)。通过观察管理者对待员工的方式，麦格雷戈得出结论：一个管理者关于人性的观点是建立在一组特定的假设之上的，他倾向于根据这些假设塑造自己对待下级的行为。

根据 X 理论，管理者持有以下四种假设：

(1) 员工天生讨厌工作，尽可能地逃避工作；

(2) 由于员工讨厌工作，必须对其进行强制、控制或惩罚，迫使他们实现目标；

(3) 员工逃避责任，并且尽可能地寻求正式的指导；

(4) 大多数员工认为安全感在与工作相关的因素中最为重要，并且没有什么进取心。

麦格雷戈描绘的 X 理论可能最清楚地说明了“人们工作是因为他们不得不工作”的观点。

在 X 理论中，有两个重要的激励论据能够支持“人们工作是因为他们不得不工作”的假定。①惩罚的威胁和严密的监督是激励个人的必不可少的条件。例如，一名雇员说，他们的工作进度取决于老板严厉监督的程度。②正强化是一种强有力的激励因素。因此，不管人们是否喜欢工作，在没有明显的惩罚或威胁的情况下，人们受到引诱才这样做。需要注意，这两种激励论据都假定激励是“外加于”人们的某些事情。

这两种论据都有一定道理。例如，纳粹分子能够利用武力和恐吓迫使集中营的监禁者为德国法西斯卖力。但是，惩罚和威胁难以解释人们为什么在按规定退休之后还继续工作，人们为什么自愿为公共组织工作，或者为什么一些企业家要开办他们自己的企业。同样，在我们的社会中，钱确实是一种重要的商品，人们上班和变换工作都是想得到报酬。但是，如果人们工作主要是为了钱，那么很难解释，某些人在中彩之后为什么还继续工作，或者某些百万富翁为什么每天把 12 小时消耗在办公室里。而且，某些人选择了工资较低的工作而不是工资较高的工作。这些相互矛盾的现象使我们想到，“人们工作是因为他们不得不工作”的想法不能全面解释激励理论。

与这些关于人性的消极假设相反，麦格雷戈还提出了 4 个积极假设，他称之为 Y 理论：

(1) 员工会把工作看成与休息或游戏一样自然的事情；

(2) 如果员工对工作做出承诺，他能自我引导和自我控制；

(3) 普通人能学会接受甚至寻求责任；

(4) 人们普遍具有创造性决策能力，而不只是管理层次的核心人物具有这种能力。

麦格雷戈描绘的 Y 理论似乎明显地与“人们工作是因为他们不得不工作”的假定相反。麦格雷戈的 Y 理论说明了“人们工作是因为他们喜欢工作”的观点。

像 X 理论一样，Y 理论也提出一个和激励有关的论据。麦格雷戈假定工作和休息、娱乐的“性质”一样，主张工作是能够受到内在激励的。换句话说，他假定，人在工作环境中能够运用自身的激励因素，这些因素和严厉监督或金钱一样有力。我们可以将其概括为自我控制或自我激励。

实际上，某些人确实受到所喜欢的工作的激励，并非为了谋生而继续工作的中彩者和百万富翁也许属于这种类型。如果工作确实和休息或娱乐的性质一样，那么，应该有相当多的人会说工作是他们生活中的核心因素。但是，实际情况并非如此。美国进行的一次全国性的调查表明，人们更关心他们的健康、他们的家庭生活和他们的生活水平，而不是他们的工作。另外，在现实社会中，许多工作并没有提供麦格雷戈所说的自我控制和有价值的目标。因此，“人们工作是因为他们喜欢工作”这一假定不能作为全面的激励理论的基础。

麦格雷戈显然担心 X 理论和 Y 理论可能被人误解。下面各点将澄清某些误解，从而使这两种假设保持其准确性。第一，X 理论和 Y 理论假设恰如下面所说，它们仅仅是假设而已。它们不是在管理策略方面的规定或建议。说得更准确一点，这些假设必须经受实际的检验。还有，这些假设只是直觉演绎出来的，并不是根据研究得出的结论。第二，X 理论和 Y 理论不含有硬的或软的管理方法。“硬的”方法可能引起反抗和敌对，“软的”方法则可能引起在管理上的放任自流，因此，不符合 X 理论和 Y 理论。相反，成功的管理人员不仅承认人的局限性，而且承认人的尊严和才能，并且根据情况的要求来调整他们的行为。第三，X 理论和 Y 理论并不把 X 和 Y 看成一个连续阶梯上的两个相反的极端。它们不是程度问题，而是对人的看法完全不同。第四，Y 理论的讨论不是一个协商一致管理的实例，更不是反对使用权利的辩论。相反，根据 Y 理论，权力被看作管理人员行使领导职能的许多方法之一。第五，不同任务和情况，要求采取不同的管理方法。有时，权利和机构就某些任务来说可能是有效的。

如上所述，麦格雷戈的两组假设是根本不同的，X 理论是悲观的、静态的和僵化的，控制主要来自外部，也就是由上级强制使下级工作。相反，Y 理论是乐观的、动态的和灵活的，它强调自我指导，并把个人需要与组织要求结合好。无疑，每一组假设都会影响到管理人员履行他们的管理职能和管理活动时的做法。

应该指出的是，某些人工作仅仅是因为他们不得不工作，或者某些人工作是因为他们喜欢工作，这两种简单的解释是不完全的，并且在某种意义上说，是不正确的，因此，需要有全面的激励理论指导我们对工作动机复杂性的理解。任何有效的激励理论都应该涉及将激励因素运用于激励对象的环境，也应该涉及激励对象自我激励的情况。另外，这种激励理论应该阐明哪一种激励形式可能更有效或更可能发生的条件等。

如果我们接受麦格雷戈的分析，激励的含义是什么呢？答案在马斯洛的框架中得到了最好的表述。X 理论假设低级需要主导个体行为，Y 理论假设高级需要决定个体行为，麦格雷戈自己认为 Y 理论比 X 理论更符合实际。因此，他提出了一些促进员工工作动机的方法，如参与决策过程，提供有责任性和挑战性的工作，建立融洽的群体关系等。

遗憾的是，没有证据证明哪一组假设更有效，也无证据表明在接受 Y 理论的基础上改变员工的行为会使更多的员工受到激励。本章的后半部分将会提供证据，无论 X 理论还是 Y 理论的假设在某一特定环境下都有可能是有效的。

(三)激励–保健理论

20 世纪 60 年代弗雷德里克·赫兹伯格(Frederick Herzberg)进行了一项研究，该研究深入调查了 200 多名工程师和会计师，他们来自于匹兹堡和宾夕法尼亚地区的 11 家不同的公司。这些被调查者被要求回忆在工作中能使他们感觉很好或者很坏的一件事或者一系列事件，并且描述这些事情对他们的绩效和士气有怎样的影响。在赫兹伯格研究之前，一种普遍的假设是像金钱、工作保障、工作环境这一类的因素都是很强的激励因素，并且都以同样的方式起作用：如果这些事情在工作中得不到满足，人们就会缺乏激励；如果它们得到了满足，人们就会得到很强的激励。赫兹伯格的发现证明这种假设是错的，并且帮助我们更好地区分了不同的激励因素。

他本着这样的信念：个人与工作的关系是一种基本关系，个人对工作的态度在很大程度上将决定其成败。赫兹伯格调查了这样一个问题：人们想从工作中得到什么。他让人们详细描述他们感到工作异常好和异常坏时的情形。这些回答被制成表并加以分类。赫兹伯格所做的 12 个调查中影响工作态度的因素如图 7-4 所示。

从经过分类的回答中，赫兹伯格总结出，人们对工作满意时的回答和对工作不满意时的回答大相径庭。如图所示，某些特征总是与工作满意有关(图右边的因素)，而其他因素与工作不满意有关(图左边的因素)。内部因素，如工作富有成就感、工作成绩得到认可、工作本身、责任大小、晋升、成长等，看起来与工作满意有关。当被调查者对工作满意时，他们倾向于把这些特征归于自己。另一方面，当他们不满意时，他们倾向于抱怨外部因素，如公司政策及行政管理，监督者与主管的关系和工作条件等。

赫兹伯格认为，统计资料表明满意的对立面不是不满意，不像通常人们认为的那样。消除工作中的不满意因素并不必然带来工作满意。如图 7-5 所示，赫兹伯格认为，这一发现表明了一个二元连续统一体的存在：“满意”的对立面是“没有满意”，“不满意”的对立面是“没有不满意”。

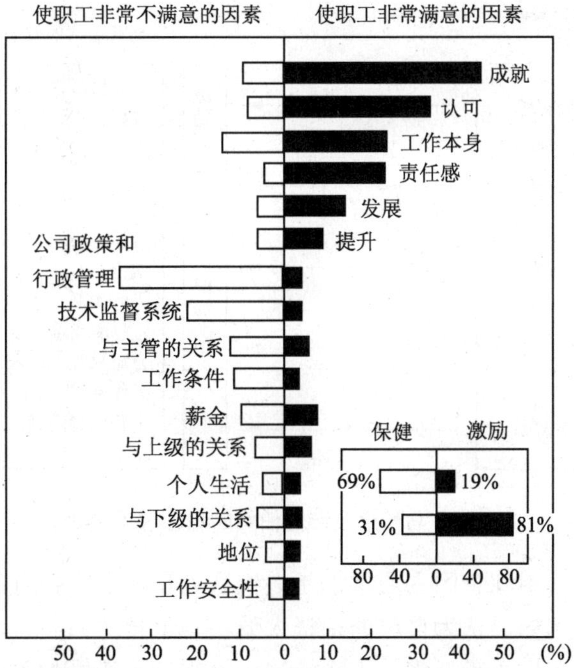

图 7-4　满意因素与不满意因素比较

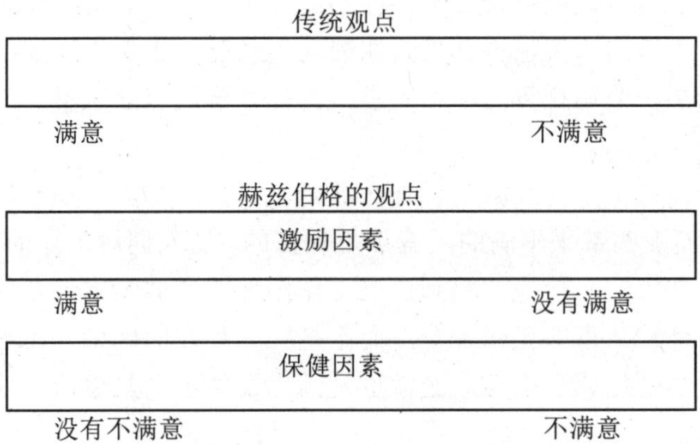

图 7-5　满意与不满意观点的对比

根据赫兹伯格的观点，带来工作满意的因素和导致工作不满意的因素是不相关的和截然不同的。因此，管理者若努力消除带来工作不满意的因素，可能会带来平静，却不一定有激励作用。他们能安抚员工，却不能激励他们。因此，赫兹伯格把公司政策、监督、人际关系、工作环境和工资这样的因素称为保健因素(hygiene factor)。当具备这些因素时，员工没有不满意，但是他们也不会带来满意。如果我们想在工作中激励人们，赫兹伯格提出，要强调成就、认可、工作本身、责任和晋升，这些因素是内部激励。

赫兹伯格提出的两类因素与马斯洛提出的理论有些类似，如图 7-6 所示。

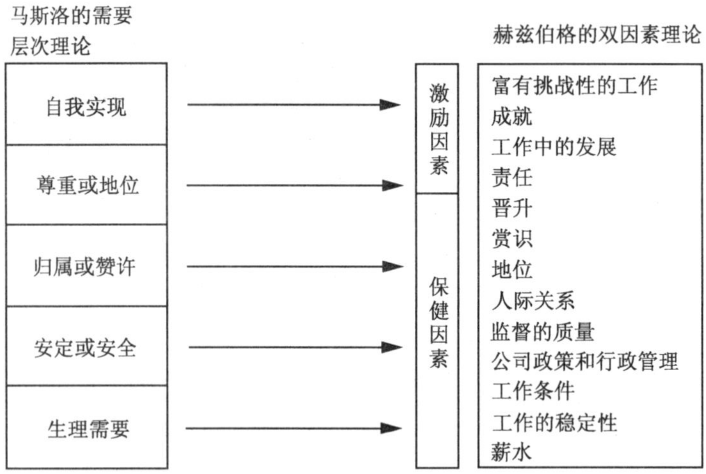

图 7-6　马斯洛及赫兹伯格的激励理论对比

赫兹伯格解释道：不满意因素通常都是人们认为理所应当拥有的，所以他们并不会有特别的激励作用。例如，认为自己的工资太低，与上司关系不好，这些事情都会减低积极性，造成旷工、工作质量低劣、工作量减少。它们与激励的关系仅仅在于能减少员工的动力。这些因素必须维持在一个令人满意的水平，以避免消极的作用力。但是，等新鲜劲一过去，给厨房装空调或是调工资，并不能使员工更努力地工作。

相反，带来强烈不满的事情也不会是诸如缺乏责任感、工作中缺少挑战、没有获得认可之类的事情。如果在公司打算消除不满意，就必须解决包括工资、工作环境和保障等内在的因素。

本章的开头我们曾讨论了内在激励和外在激励。请注意那些与积极激励有关的因素都是工作中内在的，而那些带来不满的因素都是外在的。当人们对工作的感觉非常好时，通常是因为发生了一些事情，使他们感到自己工作出色或者成为本专业的专家。换句话说，好的感觉是因为他们从事的工作本身，而不是因为外在的因素，比如金钱、保障或者工作环境。相反，当他们感觉很坏，通常也是因为发生了一些事情，使他们感到自己被不公平地对待了。

赫兹伯格理论的关键就在于不满意因素和满意因素各自在自己的方面都是重要的。不满意因素比如好的薪金、津贴、工作环境和工作保障必须得到保证，只有这样才能避免员工的不满，从而成为激励员工的基础。一旦不满意因素不存在了，管理层就会从激励中获得更多的成效，可以将重点放在给予员工责任感、认可、进步的工作的挑战上了。

案例

40 多年前，沃尔特·沃克斯是一名年轻的门童。有一次他正在酒店大堂卖力工作时，他的上司走了进来。“你的工作做得很出色”，他记得督导管理者层这样说过。“我很高兴你是这个部门中的一员。”就是这么几句话，对他而言却是多么有价值的激励。现在沃克斯已经退休了，但是他仍然津津乐道于他从那几句话中感受到的：那比钱要重要。“其他许多老板总是认为我的贡献是应该的，并且对此的反应就是给我更多的钱。真正的激励是能够真正认识到我的成功并能够告诉我。”

赫兹伯格的成果被其他的研究复制到非专业人员(比如饮食服务人员、装配线工人和其他人)身上。但是，一些对于赫兹伯格理论的重要修正是应该知道的。

(1) 金钱是可以作为激励因素的，尤其是当它和认可以及成就相关时。

(2) 对于许多人来说，尤其是专业人员，缺少激励比如认可、进步和挑战也可以使他们不满意。

(3) 有的批评认为赫兹伯格的发现本身就存在偏见。当被问及工作的积极面时，人们会倾向于提到那些他的行为能够主导的事情，比如成就感，挑战工作难题等。相反，当被问及不满意因素时，人们就可能提到那些他们不能控制的外部因素，比如薪金或者工作环境。

尽管做出了这些修正，我们还是认为赫兹伯格的理论作为理解工作行为的一般性指导还是有价值的。

二、当代激励理论

早期激励理论虽然广为人知，但遗憾的是经不起严密的推敲。不过他们也不是没有任何可取之处。许多当代激励理论有一个共同点：每个理论都有相当确凿的支持性材料。当然这并不表明我们将要介绍的理论是无可辩驳的。我们称其为当代理论不是由于它们近期才建立，而是由于它们代表了当前对员工激励艺术的解释状况。

当代激励理论有 ERG 理论、三重需要理论、认识评价理论、目标设置理论、强化理论、公平理论、期望理论等。这里介绍其中的 4 种：①目标设置理论；②强化理论；③公平理论；④期望理论。

(一)目标设置理论

我们常会听到：“尽最大努力去做。这是每个人都可以做到的。”但是，“尽最大努力去做”意味着什么？我们是否知道自己已实现了那个含糊不清的目标？如果教练员给每一个选手一个明确的目标，他们是否会取得更好的成绩？如果你的父母曾经对你说“在英语课上你应该努力争取比 85%以上的同学学得好”，而不是告诉你“尽最大努力去做”，你是否会在英语课上表现得更好呢？关于目标设置理论(goal-setting theory)的研究回答了这个问题。我们将会看到，这个理论的发现，给人留下了深刻印象，它探讨了目标具体性、挑战性和绩效反馈的作用。

20 世纪 60 年代末，爱德温·洛克(Edwin Locke)提出，指向一个目标的工作意向是工作激励的主要源泉。也就是说，目标告诉员工需要做什么以及需要做出多大努力。事实有力地支持了目标的价值。更重要的是我们可以这样说：明确的目标能提高绩效；一旦我们接受了困难的目标，会比容易的目标带来更高的绩效；反馈比无反馈带来更高的绩效。

具体的、困难的目标比笼统的目标“尽最大努力”效果更好。目标的具体性本身就是一种内部激励因素。例如，当一个卡车司机决定每周在上海市和苏州之间跑 12 次时，这种愿望就给他设置了一个要达到的具体目标。我们可以说，在其他条件相同时，有具体目标的卡车司机比没有目标或只有笼统目标“尽最大努力去做”的司机做得更好。

如果能力和目标的可接受性这样的因素保持不变。我们可以说，目标越困难，绩效水平越高。但是，合乎逻辑的假设是目标越容易越可能被接受。不过，一旦员工接受了一项艰巨的任务，他就会投入更多的努力，直到目标实现、目标降低或放弃目标。

当人们获得了在朝向目标的过程中做得如何的反馈时，人们会做得更好，因为反馈能帮助认清他们已做的和要做的之间的差距，也就是说，反馈引导行为。但并不是所有的反馈都同样有效。自我反馈——此时员工能控制自己的进度——是比外部反馈更强有力的激励因素。

如果员工有机会参与设置自己的目标，他们会更努力地工作吗？参与目标是否比制定目标更有效？答案并不确定。在某些情况下，参与式的目标设置能带来更高的绩效；在其他情况下，上司指定目标时绩效更高。参与的一个主要优势在于提高了目标本身作为工作努力方向的可接受性。正如我们提到的，目标越困难阻力越大。如果人们参与目标设置，即使是一个困难的目标相对来说也更容易被员工接受。原因在于，人们对于自己亲自参与做出的选择投入程度更大。因此，尽管在可接受性一定的情况下参与式的目标并不比指定的目标有优势，但参与确实可以使困难的目标更容易被接受，并提高采取行动的可能性。

目标设置理论是否有例外情况？或者我们是否可以把它当作普遍真理对待，即明确的并且困难的目标永远会带来更高的绩效？除了反馈，还有其他因素影响目标和绩效的关系：目标承诺、适当的自我效能感和民族文化。目标设置理论的前提假设是每个人都忠于目标，即个人做出决定不降低或放弃这个目标。当目标是当众确定的、个人是内部控制点、目标是自己设置的而不是指定时，其结果就更有可能发生。自我效能感(self-efficacy)是指一个人对他能胜任一项工作的信心。自我效能感越高，对自己在一项任务中获得成功的能力就越有信心。所以，我们发现，在困难情况下，自我效能感低的人更容易降低努力或干脆放弃；相反，那些具有高自我效能感的人会努力把握挑战。另外，高自我效能感的人对消极反馈的反应是更加努力，而低自我效能感的人面对消极的反馈则可能降低努力程度。最后，目标设置理论是受文化限制的。它适用于部分国家，如美国和加拿大，因为这个理论的关键部分与北美文化相当一致。它假定下属有相当的独立性，管理者和下属寻求具有挑战性的目标以及双方都认为绩效重要。所以在一些国家，如葡萄牙或智利，不要期望目标设置必然带来员工的高绩效，因为在那里前提条件正好相反。

我们的最后结论是有一定难度的具体目标和工作意图结合起来才是有效的激励力量。在适当的情况下，目标可以带来更高的绩效。但是，没有证据证实这种目标和工作满意度的提高有关。

(二)强化理论

与目标设置理论相对的一个观点是强化理论(reinforcement theory)。目标设置理论是一种认知观点，它假设一个人的目的指引他的行为。强化理论是一种行为主义观点，它认为强化塑造行为，亦即根据一个人的行为利用奖励或者惩罚来塑造个体的未来行为。很明显，二者在哲学上是矛盾的。强化理论家把行为看成是由环境引起的，他们认为你不必关心内部认知活动，控制行为的因素是外部强化物(reinforcer)，强化物是在行为结果之后马上跟随的一个反应，他提高了该行为被重复的可能性。因此，强化理论家认为行为是其结果的函数。正如下面这个故事所揭示的。

案例

一名渔夫在一条溪边看到有一条小蛇，嘴里含着什么东西，艰难地向他游来。当它靠近时，他发现那是一条无害的小蛇，嘴里是一只很大的青蛙。可怜的小蛇几乎不能把它弄到岩边，精疲力竭的它已经没法咽下这只还活着、不停地踢动着的青哇。渔夫走过来，打开小蛇的嘴巴，让青蛙逃了出来。不过当他低头看到这条可怜的蛇时，他又感到很难过。他从自己的包里取出了一个长颈瓶，打开它，捡起可怜的小蛇，喂它几滴上好的酒，然后把它放回了水中，看着它游走了。渔夫觉得很骄傲，因为这一天他做了两件好事，救了青蛙的命，并且帮助了小蛇。

大约 20 分钟之后，他又发现水里有什么小的东西向他游来，但是看上去比上一次更加地困难。当它靠近时，他发现还是那条小蛇，只不过这一次它含了一只更大的青蛙……

按照斯金纳(B. F. Skinner)的观点，当人们因采取某种理想行为而受到奖励时，他们最有可能重复这种行为。当这种奖励紧跟在理想行为之后，则奖励最为有效；当某种行为没有受到奖励或者受到惩罚时，其重复的可能性则非常小。

按照强化理论，管理者可以通过强化他们认为有利的行为来影响员工的活动。但是我们的重点应该在于积极强化而不是惩罚，也就是说，管理者应当忽视，而不是惩罚他不赞同的行为。尽管惩罚措施对于消除不良行为的速度快于忽视手段，但是它的效果经常只是暂时性的，并且可能会在之后产生不愉快的消极影响，如冲突行为、缺勤或辞职等。

案例

一名员工由于对待客户的不友好态度而受到惩罚。当这名员工被训斥时，她未必能具体知道她必须怎样去改进。并且，即便有人告诉她应该怎么做，这个时候她也会听不进去。她或许还会产生强烈的反应，将“顾客”同受惩罚联系起来，产生回避所有顾客的倾向。

另一方面，如果这名员工做了正确的事情，督导说：“我看到你这么耐心地帮助顾客解决他们的难题，我要表彰你。”这样我们就可能使员工乐意接待顾客，并且服务得很好。这个具体的行为(耐心、帮助)带来了奖励，就会促使一个人重复这个行为。

如果正确应用积极强化，那么它会成为有力的激励。组织及其督导管理者可以有很多方式实施积极强化，除了加薪和更多的奖金，还可以使用许多非金钱的奖励方式。比如，可以使用表扬和认可来强化员工的正确行为。实际上，如果正确使用了表扬，那么它会成为督导管理者最有效的激励工具之一。以下说明了如何表扬以及什么时机进行表扬。

(1) 表扬应该是真实的。员工经常会认为表扬只是激励的一种手段而已。或者有些督导管理者是在上级管理者在场时对员工进行表扬，目的是为了让自己更加面上有光。要想真正发挥表扬的作用，必须使员工感到自己真正受到了督导管理者的认可和赏识，而没有任何附加的情况。

(2) 表扬应该是具体的。假设一名员工在一次安全会议上做了一个报告。会议结束后，督导管理者说："这是一个非常好的报告，谢谢。"尽管这也是表扬，但是这种表扬中根本没有涉及行为之所以被表扬的原因。更有效果的表扬应该是这样的："感谢你做了这个安全报告。你所陈述的数据和调查结果我们都能够很好地理解。并且你走在了我们所有人的前面。我非常感谢你为我们每个人敲响了警钟，使我们意识到安全问题不能放松。"

(3) 由于绩效好于预期给予表扬。尽管当员工达到预期目标时给予表扬是重要的，尤其是当督导监管的小组的绩效总是在一般以下时更应如此，但是一些督导还是有滥用表扬的嫌疑，在一些预期的和平常的事情上大肆表扬。当一名总是准时出勤的员工冷不丁被督导管理者夸了一句"你今天很准时，你做得很棒"，他会丈二和尚摸不着头脑，疑惑今天这是怎么了。在塑造一个高绩效的团队时，督导管理者对那些好过预期的行为，比如付出了更多的努力、超过了预定绩效目标等进行表扬则更为重要。

(4) 表扬应该及时。为了最大化强化的效果，表扬应当与行为紧密相连。如果昨天你批评了员工的不准时，而今天他准时到达，那么认可他今天的行为就必须在今天，而不要拖到这个周末。你可以注意时间，随意地说一句"谢谢"。这就足够达到强化的作用了。

(5) 仅仅是为了表扬，而不是为了其他目的。当员工感到表扬是用于其他的目的，比如使他们接受另一个问题时，那么表扬就变得非常浅薄。有时督导管理者将对于员工的批评和表扬掺杂在一起。他们往往以简单的表扬开头，然后会以"不过"或"但是"转到批评上去，而这才是交谈的真正原因。有时督导管理者会借助表扬宣布一些坏的消息比如降职或者解聘。有条件的表扬是用在特定场合的，比如训练新员工时，但是如果被认为是试图使员工接受其他问题，那么表扬反而会引起反感。

强化理论的证据无疑对工作行为产生了重大影响，但极少有学者认为它是员工工作积极性存在差异的唯一的影响因素。你在工作中所卷入的行为和你分配给每项任务的努力程度都受到你的行为所带来的结果的影响。如果由于你的产量超过了同事而不断遭到指责，你就可能降低生产率。但是较低的生产率也可以从目标、不公平和期望方面来解释。

强化理论的致命弱点在于它忽视了情感、态度、期望和其他已知的会对人的行为产生影响的认知变量，仅仅关注一个人采取一定行为时会出现什么结果。因为强化理论没有考虑引发行为的因素，所以严格地说，它不是一种激励理论。但是它确实对控制行为的因素提供了有力的分析工具，正因为如此，人们一般把它当作一种激励理论来讨论。

(三)公平理论

激励中的一个重要因素，是人对报酬结构是否觉得公平。一个人对所得到的报酬是否满意，是通过公平理论(equity theory)来说明的，那就是个人主观地将他的投入(包括诸如努力、经济、教育等许多因素)同某些其他有关的人相比来评价是否得到公平或公正的报酬。美国心理学家亚当斯(J. Stacey Adams)因将公平(或不公平)理论以公式来表示而知名。公平理论的本质可以表示如下：

$$\frac{O_p}{I_p}=\frac{O_o}{I_o}$$

式中：O=Outcomes；I=Input；p=personal；o=others。

把这个公式用中文来表示即为：

$$\frac{\text{个人所得的报酬}}{\text{个人的投入}}=\frac{\text{(作为比较的)另一个人所得的报酬}}{\text{(作为比较的)另一个人的投入}}$$

一个人和用来同他比较的另一个人的报酬和投入之比应该是平衡的。如果人们觉得他们所获的报酬不适当时，他们可能产生不满，降低产出的数量或质量，或者离开这个组织。如果人们觉得报酬是公平的，他们可能继续在同样的产出水平上工作。如果人们认为个人的报酬比公平的报酬大，他们可能工作得更加努力。这三种情况如图 7-7 所示。

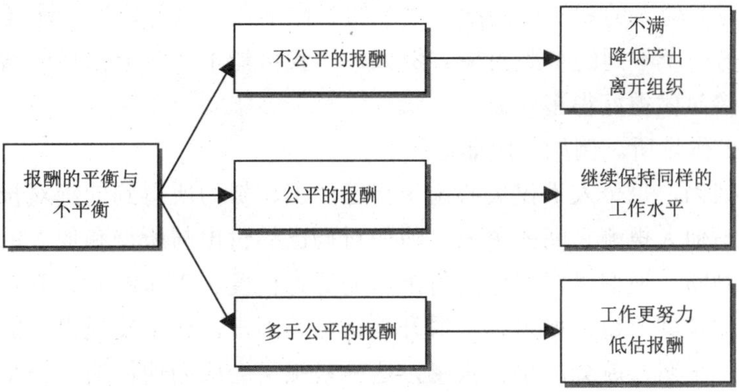

图 7-7 公平理论

在公平理论中，员工所选择的与自己进行比较的参照对象(reference)是一个重要变量，我们可以划分出三种参照类型：“他人”、“制度”和“自我”。“他人”包括同一组织中从事相似工作的其他个体，还包括朋友、邻居及同行。“制度”指组织中的薪金政策与程序以及这种制度的运作。对于组织层面上的薪金政策，不仅包括那些明文规定，还包括一些隐含的不成文规定。组织中有关工资分配的管理是这一范畴中主要的决定因素。“自我”指的是员工自己在工作中付出与所得的比率。它反映了员工个人的过去经历及交往活动，受到员工过去的工作标准及家庭负担程度的影响。

所以员工可能把自己与朋友、邻居、同事或其他组织中的成员相比较，也可以与自己过去的工作经验相比较。员工采取哪种参照对比方式，不仅受到员工所掌握的有关参照人的信息的影响，而且受到参照人的吸引力的影响。我们在这里关注 4 个中介变量：性别、任职期、在组织中的地位和受教育或职业化程度。研究表明，男女员工都倾向于同性别比较。这项研究还表明，从事类似的工作，妇女比男人的报酬低，并且对于相同的工作，妇女比男人的报酬期望低。所以，一个妇女以另一个妇女为参照对象易于产生一个较低的比较标准。因此我们可得出结论：从事没有性别区分工作的员工比只有男性或女性工作的员工能够进行更多的跨性别比较。这还意味着，如果说妇女可以容忍较低的工资，这可能要归因于她们使用的比较标准。

在当前组织中任期短的员工可能不太了解组织中其他人的信息，所以他们依赖于自己的个人经历。但是，任期长的员工更多地用同事做比较。高层次的员工——受教育程度较高的人员和专业技术人员——可能具有更加全球化的态度，掌握更多的关于其他组织中人们的信息。因此，这些类型的员工进行更多的外部比较。

基于公平理论，当员工感到不公平时，会采取以下 6 种选择中的一种。

(1) 改变自己的投入。例如，不再那么努力。

(2) 改变自己的产出。例如，实行计件工资的员工通过增加产量降低质量来增加自己的工资。

(3) 改变自我认知。例如，“我曾认为我以中等速度工作，但是现在我意识到我比其他任何人工作都更努力”。

(4) 改变对其他人的看法。例如，“A 的工作不像我以前认为的那样令人满意”。

(5) 选择另一个不同的参照对象。例如，“我可能不如我弟弟挣的钱多，但我比我爸爸在这个年龄时做得好得多”。

(6) 离开工作场所。例如，辞职。

公平理论认为，每个人不仅关心由于自己的工作努力所得到的绝对报酬，而且还关心自己的报酬与他人报酬之间的关系。他们对自己的付出与所得和他人的付出与所得之间的关系做出判断。他们以对工作的付出，如努力程度、工作经验、教育程度及能力水平等为根据，比较其所得，如薪金、晋升、认可等因素。如果发现自己的付出与所得比和其他人相比不平衡，就会产生紧张感，这种紧张又会成为他们追求公平和平等的动机基础。

具体而言，公平理论对报酬分配提出了以下 4 点建议。

(1) 按时间付酬时，收入超过应得报酬的员工的生产率水平，将高于收入公平的员工。按时间付酬能够使员工生产出高质量与高产量的产品，以增加自己收入–付出比率中的付出额，保持公平额。

(2) 按产量付酬时，收入超过应得报酬的员工比那些收入公平的员工来说，产品生产数量增加不多，而主要是提高产品质量。计件付酬的方式将使员工为实现公平感而加倍付出努力，这将促使产品的质量或数量得到提高。然而，数量上的提高只能导致更高的不公平，因为每增加一个单位的产品导致了未来的付酬更多，因此，理想的努力方向是指向提高质量而不是提高数量。

(3) 按时间付酬对于收入低于应得报酬的员工来说，将降低他们生产的数量或质量。他们的工作努力程度也将降低，而且相比收入公平的员工来说，他们将减少产出数量或降低产出质量。

(4) 按产量付酬时，收入低于应得报酬的员工与收入公平的员工相比，他们的产量高而质量低。在计件付酬中，应对那些只讲产品数量而不管质量好坏的员工，不实施任何奖励，这种方式能够产生公平性。

这些观点得到了普遍支持，但要附加一些辅助的限制条件。第一，在大多数工作环境中，报酬过高带来的不公平看来对行为没有十分显著的影响。很显然，和低报酬带来的不公平相比，人们更能容忍报酬过高带来的不公平，或者说，更能使之合理化。第二，不是所有的人都对公平敏感。例如，一小部分工作人员实际上倾向于自己的产出-投入比低于参照对象。看来，从公平理论得出的预言在那些所谓的仁慈人身上不是十分适用的。

同样需要注意的是：虽然大多数关于公平理论的研究着眼于工资，但员工也从组织的其他报酬分配中寻求公平。例如，有证据表明，高社会地位的工作头衔和宽敞、装饰豪华的办公室在一些员工的公平方程中可能起到产出的作用。

最后，近期研究多指向扩展公平或公正的含义。从历史上看，公平理论着眼于分配公平(distributive justice)，即个人间可见的报酬的数量和分配的公平。但是公平也应考虑程序公平(procedural justice)——用来确定报酬分配的程序的公平。证据表明，分配公平比程序公平对员工的满意感有更大的影响，相反，程序公平更容易影响员工的组织承诺、对上司的信任和流动意图。所以管理者需要考虑分配的决策过程应公开化，应遵循一致和无偏见的程序，采取类似的措施增加程序公平感。通过增加程序公平感，员工即使对工资、晋升和其他个人产出不满意时，也可能以积极的态度看待上司和组织。

大量研究支持了公平理论的观点：员工的积极性不仅受其绝对收入的影响，而且受其相对收入的影响。一旦员工感知到不公平，他们会采取行动纠正这种情境，其结果可能会降低或提高生产率，改善或降低产出质量，提高或降低缺勤率或自动离职率。

通过以上的讨论，我们发现公平理论也存在一定的问题，该理论在一些关键问题上并不十分明了。例如，员工如何来界定付出与所得？他们对二者又是怎样衡量的？不过，尽管存在诸多问题，公平理论仍不失为一个颇具影响力的理论，它有助于我们进一步深入研究员工的激励问题。

(四)期望理论

最近，广泛被人们接受的对激励的一种解释是维克多·弗鲁姆(Victor Vroom)的期望理论(expectancy theory)。尽管也有批评意见，但大多数的研究支持了这一理论。

期望理论认为，一种行为倾向的强度取决于个体对于这种行为可能带来的结果的期望强度以及这种结果对行为者的吸引力。具体而言：当员工认为努力会带来良好的绩效评价时，他就会受到激励进而付出更大的努力；良好的绩效评价会带来组织奖励，如奖金、加薪或晋升；组织奖励会满足员工的个人目标。因此，这个理论着眼于三种联系。

(1) 努力和绩效的联系。个体感觉到通过一定程度的努力而达到工作绩效的可能性。

(2) 绩效和奖赏的联系。个体对于达到一定工作绩效后即可获得理想的奖赏结果的信任程度。

(3) 吸引力。如果工作完成，个体所获得的潜在结果或奖赏对个体的重要性程度，与个人的目标和需要有关。

虽然这些联系看起来有些复杂，其实并不难理解。我们可以将它们归结为以下几个问题：我必须付出多大努力以实现某一工作绩效水平？我真的能达到这一绩效水平吗？当我达到这一绩效水平后会得到什么奖赏？这种奖赏对我有多大吸引力？它是否有助于我实现自己的目标？员工是否愿意从事某种工作，取决于个体的具体目标以及员工对工作绩效能否实现这一目标的认识。

图 7-8 为期望理论的一个简化模式，它表现了该理论的主要内容。一个人从事工作的动机强度取决于他认为自己能够实现理想的工作绩效的信念程度。如果这一目标得以实现(达到了一定的绩效水平)，他是否会获得组织所给予的充分奖励？如果组织给予了奖励，这种奖励能否满足他的个人目标？让我们进一步看一下期望理论中所包含的这 4 个步骤。

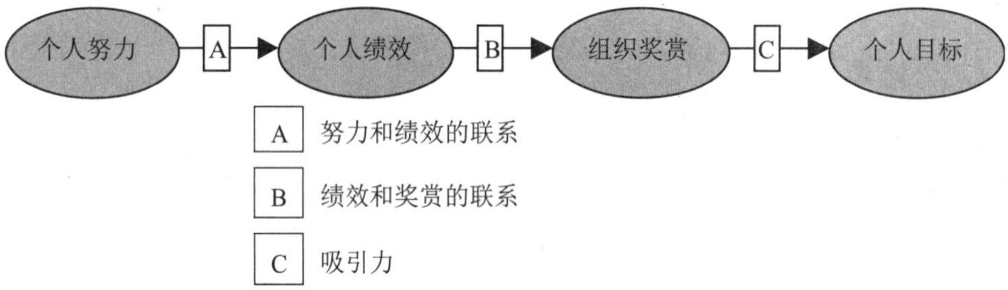

图 7-8 简化的期望模式

第一，员工感到这份工作能提供什么样的结果？这些结果可以是积极的，如工资、人身安全、同事友谊、信任、额外福利、发挥自身潜能或才干的机会等；也可以是消极的，如疲劳、厌倦、挫折、焦虑、严格的监督与约束、失业威胁等。也许实际情况并非如此，但这里我们强调的是员工知觉的结果，无论他的知觉是否正确。

第二，这些结果对员工的吸引力有多大？他们的评价是积极的、消极的还是中性的？这显然是一个内部问题，与员工的态度、个性及需要有关。如果员工发现某一结果对他有特别的吸引力，也就是说，他的评价是积极的，那么他将努力实现它，而不是放弃工作。对于相同的工作，有些人则可能对其评价消极，从而放弃这一工作，还有人看法可能是中性的。

第三，为得到这一结果，员工需采取什么样的行动？只有员工清楚明确地知道为达到这一结果必须做些什么时，这一结果才会对员工的工作绩效产生影响。比如，员工需要明确了解在绩效评估中“干得出色”是什么意思？使用什么样的标准来评价他的工作绩效？

第四，员工是怎样看待这次工作机会的？在员工衡量了自己可以控制的决定成功的各项能力后，他认为工作成功的可能性有多大？

让我们以课堂环境为例看一看个体如何运用期望理论来解释激励问题的。

案例

大多数学生喜欢老师告诉他们这一课程应该做些什么，他们希望知道考试和作业是什么样的，何时需要完成，每项作业和考试占最后总成绩的权重多大。他们还要考虑需要付出多大努力能获得这门功课的学分，自己的努力程度同这门课程的所得分数是怎样相关的。假设你是这样一名学生：你所喜欢的课程上课五周后，老师宣布要进行考试。你积极复习准备这次考试。在其他课程的考试中，你的成绩一直是优和良，而且你所花费的精力与这次也差不多。你希望能获得高分，你认为这对于将来毕业时能找到一份好工作来说十分重要。而且，你还有毕业后继续攻读研究生的想法，而课程分数对于你能否进入一所好学校也是很重要的。

现在，考试分数下来了，全班平均 77 分，10%的学生 90 分以上，得了优。你的分数是 55 分，及格线为 60 分。你非常沮丧和受挫，并且困惑不解，为什么你花费相似的精力可以在其他课程中名列前茅，而这次考试情况却如此糟糕呢？

紧接着你的行为发生了一系列有趣的变化：不总去上课了，也不再努力学习这门功课了。在听这门课时，你常常坐在教室里做白日梦，结果总是笔记本上空空。此时，说明你对这门课程缺乏学习积极性和学习动机。为什么你的动机水平发生了变化呢？你我都知道，让我们从期望理论的角度加以解释。

我们可以用图 7-8 解释这一情境：对课程的学习(努力)，受到考试过程中问题能否正确回答(绩效)的影响，如果考试能获得高分(奖赏)，则将使你获得安全感、荣誉感，有利于将来找到一份好工作(个人目标)。

在这一事例中，奖励结果即高分数的吸引力是很强的。但是绩效与奖赏之间的联系如何呢？你认为这次考试的分数是否真实反映了你的知识水平？换言之，你认为这次考试是否公平地衡量了你的水平？如果回答肯定，那么学习成绩与奖赏之间的联系十分密切；如果回答否定，那么你学习动机水平的降低至少有部分原因在于你认为这次考试没有公平地测出你的水平。如果考试是论文形式，你也许会认为教师的评分方法不可取。也许认为微不足道的信息却被老师赋予了过高的权重？也许那位教师不喜欢你，并且在给你打分时带有偏见？这些知觉影响了绩效和奖赏之间的联系，从而影响了你的学习动机水平。

另一个降低动机水平的原因可能在于努力和绩效之间的联系。当你考完试后，觉得虽然自己进行了大量准备，但还是不可能通过这次考试，你的学习积极性因此而降低。可能教师在出考题时认为你们在这一课程方面的背景知识很丰富，也可能学习这门课程必须具备一定的知识基础而你不具备。总之结果是一致的，你不再认为通过努力可以获得优异成绩，你的动机水平降低了，努力程度也降低了。

因此，期望理论的关键在于：弄清个人目标以及三种联系，即努力与绩效的联系、绩效与奖赏的联系、奖赏与个人目标满足的联系。作为一种权变模式，期望理论认为没有一种普遍适用的原理能解释员工的激励问题。另外，即使知道员工希望满足何种需要，也不能保证员工能感知到良好的工作绩效可以使他们的需要得到满足。如果你选修一门跨学科的课程只为了认识更多的人，扩大交往面，而教师却认为你希望成绩优异，那么你在这次考试中的成绩不佳只会引起教师自己的失望。遗憾的是，大多数教师认为自己的评分等级是激励学生学习积极性的强有力手段。事实上，只有当学生重视分数，知道如何做能得到理想分数，并且获得好成绩的可能性较大时，学生才会高度努力。

让我们总结一下期望理论中存在的一些问题。首先，它强调报酬或奖赏，我们需要假设组织所提供的奖赏能够与个体的需要保持一致。这一理论的基础是自我利益，它认为每一名员工都在寻求获得最大的满足感。其次，期望理论强调管理者应知道为什么某些结果对员工有吸引力，而另一些结果则无吸引力。在此基础上我们对员工评价积极的结果给予奖赏。第三，期望理论注重被期望的行为，可是员工知道期望他们的是什么吗？他们如何对此进行评估？最后，期望理论关心的是知觉，而与实际情况不相关。个体对工作绩效、奖赏和目标满足的知觉决定了他们的努力程度，而不是客观情况本身。

最后，应该指出的是，我们所学习的激励理论，主要是由美国心理学家建立起来的，并在研究美国产业工人中得到了验证。同时，这些理论都是以自我利益动机为基础的，“自我利益”概念与美国的资本主义和极端崇尚个人主义是并行不悖的。因此，这些理论需要根据不同的文化背景进行调整。

第三节　激励理论的应用

一、理论运用的制约因素

现在，督导该如何运用这些理论？如果督导能够根据自己的特定情况以及员工的个人情况，对这些理论进行调整的话，他们中的许多东西都可以付诸实际。但也有一些情况会制约督导对这些理论的运用程度。

(一)饭店业的工作性质

第一个制约因素是：饭店业中许多工作的性质。它们沉闷、没有挑战性、重复性强、乏味。至少从表现上来看，似乎很难激励洗碗工、保安、清洁人员、整理床铺员工以及换灯泡的员工——使他们高标准地完成工作；使他们安心工作不跳槽。

即使对于那些不是那么程式化的工作，可供督导改变，从而使工作更有意思、更有挑战性的地方也非常少。大部分工作是由一些必须日复一日按照同样的方式来完成的事情构成的。同时，许多工作在某种程度上取决于一些督导管理者无法控制的情况：员工每天的工作内容和工作量会随着顾客的要求而变化。除非员工刚好觉得这样很有意思，也很有挑战性(确实有这样的员工)，否则很难使这样的工作达到激励员工的效果。

但情况并非无药可救。在本章稍后的部分，我们会看到，创造性的管理即使对最乏味的工作也有效。

(二)公司政策和管理理念

第二个制约因素是：公司政策、行政管理以及管理理念。督导管理者所做的一切必须与公司的目标(以顾客为导向、成本核算)协调一致，而且必须遵守公司的规定和条例。此外，督导无权控制工资、福利待遇、晋升政策、监控以及公司范围内的其他体制和做法。如果所有工作都按照科学管理的方法进行了标准化，督导就根本不能对工作内容和方法做出任何改动，除非是通过公司规定的适当渠道和程序。

公司的管理特点和风格对于督导能做什么、不能做什么有极大的影响。如果公司的管理理念是专制和高度控制型的，督导想采用别的方式就极为困难。对于督导可能在什么样的范围内做一些什么性质的变动以激励员工，特别是督导与上司的关系以及上司的管理风格会对督导带来影响。

(三)督导的权力和所掌握资源的范围

第三个因素与第二个因素密切相关：督导的责任、权力和所掌握的资源的范围。督导不能超越自己工作的权限。督导也许在使用资金、做出工作职责的变动等权力上受到限制。同时还要记住，督导的上司要对督导的工作效果负责，而且这一点要沿指挥链一直上行。如果督导想进行大范围的革新，需要得到上司的许可。不过也许能得到许可！

(四)员工的类型

第四个制约因素是：员工的类型。如果他们只是在这干着看，工作就不能真正激励他们。他们只投入时间，而不投入精力与热情，因为工作不是他们生活中的主要兴趣所在。他们在工作以外有别的事情——家庭和学习——那些才能满足他们的个人需求与爱好，而且除非迫不得已，他们是不想再努力工作一些的。

许多有依赖心理的员工常常会造成激励上的问题——他们希望督导告诉他们在每个环节该做什么。最终，他们会像是绕在督导脖子上的磨盘。督导怎么才能摆脱他们的困扰，让他们独立呢？

(五)督导的压力

作为饭店业的督导管理者，日常工作中持续不断的压力使得督导倾向于只关注眼前的问题和工作本身。督导很容易以工作为导向而非以人为导向，尤其是如果督导曾当过计时工的话，会感到处理工作比管理员工更得心应手。一旦督导们看到，对员工激励有助于把工作完成得更好，他们就可以有意识地尽量克服这一制约因素。

(六)督导的时间

最后一个制约因素是时间。督导也许认为自己的时间都已经排得很满了，而且事实可能也确是如此。了解员工需要时间；要琢磨出进行什么样的改动才能激励员工需要时间；让这些变动通过必要的渠道需要大量时间；让员工适应工作中的变化需要时间；而且通常需要过上一段时间，才会看到任何效果。但是，有成效的管理者会找出这些时间，而且通过对员工更有效地使用，他们最终还将赢得时间。

在涉及运用的时候，理论本身也存在一些制约因素。最主要的一个就是，没有一条关于激励的规律或者一套原则可以供我们像运用科学或数学公式那样加以运用。当然，这与所有与人类有关的事一样。每个人都不相同，而且他们的需要、欲望和行为会像万花筒一样变化莫测。这些变化可以由任何事物引发——他人、环境、任务、自己的记忆、自己的期望、督导的期望以及他们早餐吃了什么。

理论本身也会变化。新的试验带来新的理解。过去的热情要被未来的潮流所取代。答案在谁手里？什么会起作用？必须根据员工的个人情况以及所督导的工作对他人的发现进行诠释。督导需要做出自己的判断，没有 100%正确的答案，但这一路上会有足够多的指导。

二、激励员工的方法和步骤

本章的目的就是要通过介绍一些常用的有关激励的理论，帮助督导理解为什么人们会这样做。我们可能已经注意到了许多理论之间是有着共同性和很近的联系的。在这些理论基础上。我们认为督导管理者可以做很多事情来创造一个激励员工的环境。此外，有 6 项活动可以广泛地适用于所有类型组织的督导管理者。

(一)提供良好的工作环境

1. 提供一个诱人的工作环境

员工的工作环境不仅包括物质环境和工作条件，还包括其他员工、工作时间、工资水平、福利待遇以及公司的政策和行政管理，可以把这些看作保健或者维持因素。

正如赫兹伯格指出的那样，这些工作因素起不到激励作用。但它们中的任何一样都可导致不满情绪，并破坏激励作用，这样就会干扰生产、增加员工的流失率。因此，督导有必要把能导致不满的因素尽可能多地清除掉。在督导的控制范围之内，可以提供良好的物质工作条件：运作状况良好、令人满意的设备，足够的暖气、冷气和照明，舒适的员工休息室，足够的停车位以及诸如此类的条件。督导可以注意使工作时间和安排尽量满足员工的需求。如果督导有权决定的话，最好做到使工资和福利待遇不低于、最好高于你的竞争对手。这样，员工就不会被比你所给予的要优厚的条件吸引走。

如果公司的政策和行政管理比较死板，监控度高，督导对其不能做出什么改变的话，就只能在合理的限度内展开工作：维护你的员工；在你的权力范围内按自己的方式做事。我们假定的前提是，公司的管理理念不是基于恐惧和惩罚之上的，否则连你自己也不会在那儿干下去。

2. 提供一个安全的工作环境

在饭店业的运行过程中，从放满水的洗碗池里的刀具一直到客房清洁员用于清洁饭店房间的危险的化学制剂，都可能危害到人身安全。割伤、摔倒、火灾、触电都是可能并且确实在发生的事故。之所以发生这种意外是因为员工漫不经心、跑得太快、一时大意、工作时受到干扰、心不在焉或过度劳累所致。意外的发生有时是由于员工的无知或者有的员工认为反正事故是不可避免的，所以他们也就不费心去防止它们的发生了。督导要尽其所能为员工提供一个安全、保险的工作场所。

3. 人适其职

如果督导了解自己的员工，就有助于搞清楚哪些工作适合什么样的员工。有较高安全需求的员工适合从事常规性的工作：一旦他们掌握了规律，他们就能把工作做好，从而给他们带来满足感和安全感。如果让他们做餐厅服务员的工作，结果将是一团糟。安排喜欢与人打交道的员工去做幕后的常规工作，结果可能也是一团糟。

许多厨师乐于为别人准备好吃的东西。即使他们必须得按照标准化的菜谱来做，也可以从下列事情中得到满足感：准确地判断出牛排是否刚好半生不熟；煎出完美的鸡蛋；摆出漂亮的自助餐拼盘。酒吧服务员通常乐于展示他们高超的斟酒技巧。这些人的工作适合他们。

一个人对自己工作的自豪感可以成为强大的激励因素。把被客人弄得乱七八糟的房间收拾得井井有条、一尘不染，迎接下一位客人的到来，能给有的员工带来极大的成就感。他们就很适合干这份工作。我们已数次提到过的专业洗碗工显然为自己的工作感到自豪，他把工作看作一枚荣誉勋章。他属于他的工作，工作也属于他，并且，奇妙的是，这份工作可能满足了他所有层次的需求。

下面举一个能说明要找合适的人来做适合的工作的例子。一位年龄较大的督导，在工作中经常制造麻烦。他无法管理自己的员工，并且总是干涉别人的工作，结果一般是把事情搅乱。最后，他的经理让他去管洗衣房。那儿由他全权负责，但却没有人要督导。现在，他找到了自己擅长的事，一件既重要又能为人赏识的事，并且他属于那儿。他雷厉风行，效率极高，甚至还极大地降低了成本。

4. 使工作有趣且富有挑战性

当工作中的某些东西是员工感兴趣的，并且能激起他们把工作做好的愿望时，员工就能做出最出色的表现。喜欢自己从事的工作的员工会自觉自愿地努力工作。不喜欢自己工作的员工则拖拖沓沓，只盼着下班，能少干活就少干，只求保住工作，因此，常被上司看作懒汉。

工作中不同的方面可以激发不同的人。与顾客打交道的工作可以激发起某些员工的兴趣：热情待客，为顾客提供上乘的服务，令顾客愉快、开心；通过协助解决顾客的问题使他们由怒气冲冲变为回头客。这一切都能使这一类员工感到兴奋。有一些员工则讨厌与顾客打交道，他们喜欢没有人让自己烦心的、惬意的常规性工作。他们可以发挥自己一丝不苟的精神和技能：整理好杂乱的文件，让一切井井有条。一些员工喜欢那种随时有新问题出现要他们解决的工作；另一些人则讨厌出现问题，他们喜欢的是运用自己的专门技术，生产出令自己自豪的产品。

所有这些员工的共同之处在于，他们的工作内容既能激发他们又能满足他们。上升到理论的高度，就是说，工作满足了他们较高层次的需求，即那些与自尊、自我实现相关的需求，具体一点说，员工努力工作是因为工作使员工有机会取得成绩、担负责任，得到成长和晋升，做自己真心喜欢做的事情。

作为督导，下面两点可以用于激励员工。第一，像刚刚讨论过的那样，给合适的人安排合适的工作。第二，充实员工的工作，这其中包含更多的激励因素。当然，督导所能做的也是有限的，但朝这个方向走得越远，就越有可能创造一个积极的工作氛围。

员工感到厌倦是因为工作没有把他们的时间占满：工作用不上他们的才华、学识和能力。他们只是在那儿干着看——干到他们找到了更有趣，更有挑战性的工作。你不仅迟早得培训他们的接替者，而且你目前也没有充分发挥他们的能力，使他们能够为你的部门和整个组织做出更大的贡献。此外，督导有责任培养自己的员工。

除非正好有空缺，否则无法把员工安排到更好的岗位上去。但是督导可以想办法通过在员工现有的工作中加进一些激励因素，从而使他们得到充实。这并不意味着员工承担额外的、类似的工作——那叫做工作增负。工作充实指的是转换工作的方法，以便让员工在工作中担负更多的责任，使他们更有机会取得成绩、得到认可、学到东西、得到成长。

督导可以从让员工在工作中担负更多的责任做起。放松控制，不再监督员工的一举一动。只要他们能遵循工作要求的关键标准和程序，就放手让他们尝试用自己的方式达到工作目的。换句话说，减少控制，增加员工责任。和其他任何形式的授权一样，督导和员工之间一定要商量好，必须要达成清楚的共识。

在此基础上，督导可以尝试以其他方式扩展工作内容。督导可以把自己的一部分工作授权；可以调整待充实的工作，以增加员工的权力和责任；可以分派新的、具有挑战性的任务；可以安排特殊的、要求员工有一定想象力、并且能培养他们的技能的任务。

例如，如果发现富有创造力的员工在厨房从事常规性的工作，不妨让他们设计新的拼盘摆法或配料方法。如果有一名学过语言专业的员工目前在从事劳资工作，你可以让他写一写菜单宣传广告或员工布告栏里的启事，或者为公司的杂志写点文章。寻找员工被埋没的才华以及内心抱负并将其发挥出来。在有更适合他们的工作出现时，要记得推荐他们。

另一个已在许多行业中尝试过的办法是：不要用流水线的方式把工作分成细微、不断重复的部分，而是让一名员工或一组员工对整个单元的工作或整件产品，包括质量控制，负起责任来。你能想办法避免用流水线的方式制作三明治，从而把制作某一种三明治的责任交给某一名或一组员工，让他们自己找出最有效率的工作方法吗？你能把清洁一整条走廊的房间的责任都交给一支清洁队伍，让他们按照自己认为合适的方式来分配工作吗？

有许多工作不论你做出何种努力，它们仍然非常乏味。但即使如此，责任与视角的转换也可以创造奇迹。一家设备公司开展的一个旨在充实清洁和门卫工作的协作计划就是一个例证，它说明，对于常规性的、低技术含量的工作也有所作为。改变后的工作内容本身仍维持不变，但每一名员工都要在工作的规划和监控中起到一定的作用。公司以 Y 理论为指导对主管和领班进行了广泛的培训，而在员工培训中则包含对公司目标和经营理念，以及员工在整个运作中所起的作用的介绍。这样一种以团队为主，以目标为导向，由员工来解决问题的方式鼓励员工参与到工作的重新组织、简化和效率提高当中来。

员工的责任和参与感的增加，以及对自身成绩的自豪感的增强，不仅带来了更好的工作方法，而且还使员工产生了强烈的使命感。经过一年的尝试，公司的清洁水平从 65%增至 85%；所需员工人数由 127 人降到 71 人；每季度的员工流失率由 100%减到 9.8%；年度为公司节省的资金总数达到 6 位数。这些员工的平均受教育程度是四、五年级，这证明了 Y 管理理论适用于各个层次。

这样的大型计划需要花很长的时间来开发和实施，因此是那些新上任、独立工作的督导所无法企及的。但是它展示了当员工的积极性被热情、投入的领导和开明的公司政策激发起来后，他们可以创造出什么样的奇迹。

任何意在扩展工作内容的努力在一开始都会导致生产力下降，因为员工正在适应新的责任和其他改变。因此，在初始阶段，员工需要上司的个别辅导和大力支持。同时，在引入变动时要循序渐进，并且一定要经过仔细的规划，这是至关重要的。如果一下子给员工太多的责任和自由，一部分员工会因经验不足或工作涉及一些不保险的方面而感到无法应付。因此，在这样的情况下，督导对每一名员工的敏感程度再次成为一个关键要素。

(二)建立积极的工作氛围

积极的工作氛围是一种使置身于其中的员工能够并且愿意更有效地工作的氛围——他们能够在工作中做出自己的最佳表现，发挥最大的自身潜力。创造积极的工作氛围的方法之一是满足员工的期望与需求。在了解其他方法之前，我们先讨论一个类似的概念：士气。

士气是一种与工作的完成有关的团队精神面貌。它的表现形式覆盖的范围很广：从热忱、自信、欢快、奉献一直到泄气、悲观、冷漠和忧郁。它由团队中每个人对工作的态度构成，这种态度会迅速从一个人传给另一个人，直到团队中的所有人都持有相同的想法。它可能会随着时间发生变化。当它很高昂的时候你能看得到；当它低落的时候你能察觉出来；如果处于中间水平，没人会谈及它。

当员工对工作不满意时，他们在工作时感觉就不会好。他们会感到精疲力尽，他们会容易生病，而且一请假就是很多天。最终他们将放弃这份工作，因为为了它把自己弄得那么疲惫、那么不愉快很不值。在一个许多员工只是“干着看”并且没有归属感的行业里，上述几种感觉和行为是很有感染力的，因此，士气成了一个大问题。旷工、劣质的工作、很高的员工流失率不仅增加了生产中的问题，同时也会浪费资金。

高昂的士气则具有相反的效果，它是一个企业中最好的现象。拿破仑宣称，他在战场上的胜利有 75%归功于军队高昂的士气。

为了能够建立起积极的工作氛围，除了上面讲过的为员工提供一个良好的工作环境之外，还需要特别关注下列两个方面：每一名员工和督导自己。图 7-9 列出了建立积极的工作氛围的 40 种方法。我们将了解一下其中一些能使工作变得更令人愉快的最重要的方法。

1. 关注每一名员工

建立积极的工作氛围的起始点，是作为个体的每一名员工。那种认为每个人都是为了钱一类的东西而工作的观点已经站不住脚了。工资会令员工很高兴，但需要搞清楚的是，他们是否愿意为了工资而努力工作，还是为了别的什么东西，或者到底有没有动力。因为每个人都各不相同，对每个人都需要有一种单独的激励策略——并非正式的规划，而是在与每个人打交道时所采用的独特的、以激发出员工最大干劲、并能给他们个人带来最大程度的满足感的方式。

(1) 了解每一名员工

在了解每一个员工时，需要采用一些侧面的方法。如果你作为上司，在工作间喝咖啡时，询问员工对工作抱有什么样的期望，他们是不会向你敞开心扉的。他们告诉你的是他们认为你希望听到的，而且他们对于被询问感到有点别扭。也许你雇用他们是出于这种原因，可他们来工作可能是为了一个与之截然不同的目的，并且他们认为这一点与你无关。他们只是把工作当作达到他们目的的一个工具，而这一想法是隐而不宣的。对于一些人来说，这可能是金钱；一些人是出于自豪感；一些人是为了社会地位；而对有些人来说，工作只是先干着看的东西。如果你能弄清楚他们在寻求什么样的满足感，就会有助于你激励他们。

了解员工的最佳方式是观察他们。他们如何进行工作？他们对你和同事毫无拘束还是很僵硬？他们在倾听和说话时有何种表情？注意他们的手势和面部表情。什么能使他们愉快？什么会令他们沉默？尤其注意他们在闲聊中告诉你的有关他们自己的事。这对你来说可能是一种全新的方式，但是观察人的确非常有趣，而且你很快就会变得善于发现线索。例如，发现员工的需求、欲望、不满和抱负的线索，还有干劲、成就、能力和表现，以及他们的表现能否达到工作要求，或者他们是否具备工作中不要求的能力。但最主要的还是员工的需求、欲望和能打动他们的东西，因为这些激励因素能够带来令你和员工都满意的上乘表现。

1. 书写一份有效的愿景构想陈述
2. 订立指导原则
3. 把你的愿景构想和指导原则制度化
4. 每天都友好地跟员工打招呼并努力了解他们
5. 积极倾听你的员工
6. 在适当的时候对员工给予帮助
7. 不要经常在员工身旁转悠
8. 公平、一视同仁地对待员工
9. 不要对一名员工谈论另一名员工的工作表现
10. 向员工通报情况
11. 让员工参与管理
12. 如果可行的话，为员工提供一些咨询和保健活动
13. 使用最新的、准确的工作细则
14. 指导新员工
15. 培训员工如何做好本职工作
16. 对员工进行个别指导
17. 每年至少对员工进行一次正式的评估
18. 制定纠正错误的指导原则，并传达给员工
19. 用两步走的过程来处理不利于生产的行为
20. 预防不利于生产的行为
21. 奖励你的员工
22. 遵循员工奖励的指导原则
23. 好的表现应得到回报
24. 为员工制定利润分成或所得分成的计划
25. 帮助员工看到他们的工作成果
26. 尽可能多地让你的员工做出他们自己的决定
27. 交叉培训员工并轮换他们的岗位
28. 建立事业阶梯，使职工得以内部晋升
29. 给员工安排特殊的任务
30. 为员工提供个人和事业发展的机会
31. 坦诚
32. 能够胜任你所督导的工作
33. 管理好你的时间
34. 让员工看到你
35. 做良好的角色榜样
36. 建立有竞争力并且公平的工资档次
37. 提供适合你的员工的、有竞争力的福利待遇
38. 提供合理的工作时间安排
39. 提供一个舒适、安全、干净的工作环境
40. 享受你的生活

图 7-9　建立积极的工作氛围的 40 种方法

观察你的员工纯粹是出于实际的考虑。不必去试图给他们做心理分析，探寻他们潜在的动机，挖掘出真正能激发他们的东西。你做不到。这些需要你所不具备的多年的专业训练，还有大量的时间，这个你也没有。此外，你不应该这么做。如果你非专业的分析出现了错误，员工就会认为你不公正。而如果你对了，他们会感到很脆弱——你太了解他们了。不论是哪种情况，都只会干扰你对员工激励而不会使之得到改善。

与此相反，你采用的方式应该是实用的、讲求实际的、实验性的，甚至可以称之为表面化的。为了找到可能的办法用于激励你的员工做出更好的表现，并使他们也从工作中获得更多的满足感，你对他们进行观察，并有了一些想法。再把这些想法在员工身上付诸实践，如果对方没有反应，就再尝试别的办法。能触动他们的，就是重要的，就是你必须要研究的。个人原因——那些内在需求就是你可以用来解决问题的线索。

(2) 满足员工安全需求

发现有着高度安全需求的员工相对而言要容易一些。他们的表情、行为都显示出焦虑、犹豫不决、小心翼翼。他们可能属于那种事无巨细都要向督导请示的员工，或者他们害怕得甚至不敢问。恐惧与焦虑属于反激励因素，它们会减弱员工的动力。但安全需求得不到满足时，员工根本不可能干好工作。事实上，这一类员工都属于那种刚干了几天就会离开的。

这时就能用上马斯洛的理论了。如果发现有人有安全需求，而你帮助那人满足了这一需求的话，你就使他顺利上升到了另一个更高的激励层次。

要满足这一类需求，你应该告诉他们要做什么，怎么做，并详细具体地将要求告诉他们。你要培训他们。所有这些做法都可以提供一个令人安心的工作框架，从而使他们避开工作中的不确定因素。这样可以减少他们的失误，并且鼓舞起他们的干劲，树立起他们的自信。

你随时要让他们知道自己的位置。通过个别指导、反馈和鼓励，对他们予以支持。他们做对的事情，要给予积极的强化，并且通过重新培训，帮助他们纠正错误。你不要解决他们的问题，不要对他们过于呵护和娇惯，要帮助他们独立完成工作。

即使他们已经训练有素，并且对他们的表现已经很满意，督导仍要不断地对他们的工作给予肯定的评价。一旦工作进展顺利，督导就不再关注员工了，这是很自然的事。但是，对于缺乏安全感的员工来说，赞许性的评价只要出现一个短暂的停顿，就会重新引发他们的疑惑和不安。认可，即使你只是对他们开怀一笑或是走过他们身边时说一句："嗨，就这样好好干下去 "，就能使他们安下心来——看来工作中的一切也不是那么没个准，那么令人不安。最重要的一点是，绝不用恐惧来作为激励因素。这是此类员工最不需要的。

经常评估他们的工作，对做得对的事情，要给予表扬，尤其要表扬任何形式的进步。利用他们的进步来树立起他们的自信心，突出他们的成绩和潜力——"瞧，你的进步有多大"，"你看看，你还可以取得更大的进步"。让他们明白，你期望他们好好干。对他们的信任会给他们信心。如果你能树立起他们的信心，便有可能最终激发起他们的自我激励机制与雄心抱负。对初级需求的满足能使这些高层次的需求得以显露。

(3) 满足员工社交需求

按照马斯洛的需要层次论，每个人都有社交需求，你也许不认为这类需求能在工作场所得到满足，但情况通常并非如此。对许多人而言，工作能够满足他们与他人相处、被他们接受和归属的需求。这些要求非常强烈。它们通常被归到赫兹伯格的保健因素那一类：得不到满足时，它们会引起不满情绪，但是得到满足时也起不到激励作用。但对一部分人而言，它们也可以成为激励因素。

不论社交需求能否转化为激励因素，在工作中使员工的这类需求得到满足，对于他们的个人发展以及总体的工作氛围都是极为有利的。社交需要得不到满足的员工可能工作干不好，甚至可能会惹出麻烦和争执。

作为督导，你能够做些什么以满足员工的社交需求呢？你可以在其中两个需求上下点功夫，并且几乎不需要花什么时间。

其中之一是被他人接受的需求。这一点我们前面已经谈到过：与员工建立一种一对一的关系；把每个员工都看作有着自身尊严和价值的独特的个体。尊重每个人的特点(除非它影响了工作)：你对张三说话时轻声细语，因为这样的方式最能打动他；你对李四大喊大叫，因为这是你与他沟通的独特方式，而且你们俩都明白这一点。如果换了别的任何一种方式对待他，他就会认为你已经不在乎他了。

你要区别对待每一个人，但要根据一个统一的标准，不论她漂亮还是长相一般，不论他的母亲是靠救济为生还是拥有城里最大的企业。每个人都有自己的可贵之处，有其价值。你对待所有人都要按照这个原则。

还要表明，你看重每一个人的工作，并且不论工作多么微不足道，对于整个组织都很重要。床铺整理得好，沙拉中的青菜洗得干净，卫生间干净得发亮，这一切都会让顾客高兴。而皱巴巴的床单、有沙子的沙拉、空的手纸筒则会把顾客赶走。对细节的关注对饭店或餐厅成功的重要性不亚于调酒师的专业技术和厨师的拿手好菜。你可以使员工感到他们是整个组织里不可或缺的部分，你需要他们，他们属于这儿。从长远的观点来看，归属感可能是你最有力的同盟——是它，使员工长远地干下去。

归属的需求是你有能力使其得到满足的另一社交需求。一些你日常工作都要做的事情就可以帮助你满足这一需求。例如，你可以用下列方法使员工在工作中感到舒适：对他们进行培训、个别指导；告诉他们所处的位置；经常评估他们的工作。开诚布公的沟通也有助于培养归属感，员工在找你提建议或问题时就不会感到拘束。向员工通告与之有关的变动能使员工感到自己是正在进行的事业中的一部分，而如果谁被你遗漏在外的话，就会感到自己无足轻重。你还可以请员工参加与工作有关的讨论，欢迎他们提出看法，抒发感情，做出回应。如果你能建立起团队精神，也有助于培养归属感。

每个人周围的伙伴群体也有助于归属感的培养。你需要意识到员工之间的人际关系，并认识到这些关系和他们与你的联系一样重要，有时前者甚至比后者更重要。同伴给予的压力通常比上司的更有影响力。

你需要这些群体站在你这一边——如果有这个必要的话——而要做到这一点，最好的办法就是通过与每一个人建立良好的关系。这些员工在你手下工作，他们把你看作自己的上司。人们希望你对待他们要友好，在受到邀请时能和他们一起坐坐，但他们并不期望你是群体中的一员。事实上，如果你不请自来，只要略微呆久一点，就会使他们的交往受到束缚。

群体和群体中的交往是工作场所的正常组成部分。通常，由于兴趣的差异，或者有时出于竞争，这些群体会分化为小团体。你不应该阻止群体或小团体的形成。但是，如果小团体之间的竞争扰乱了工作，就不得不进行干涉了。你不能任由员工之间的竞争破坏工作氛围。

(4) 培养员工

保持积极的工作氛围的另一种方法是，帮助员工在工作中取得进步并发挥他们的潜力，这可能是督导工作中最关键的事情之一。饮食业和饭店业中的大部分员工都不是全日制的，而且，作为经理，我们的确没有尽自己所能使手下员工的技术和能力得到充分的发挥。你的目标应该是你所有的员工都和你一样出色，因为这样可以使工作变得更容易，可以使你的上司更器重你，并且也有益于员工。

督导可以通过下列方式培养新来的员工：培训、反馈、鼓励和支持他们，以及提供合适的设备，并且从总体上协助他们的工作。还可以通过你对待他们的方式，使他们感受到自己对运作过程的重要性，感受到自身的价值，感受到自己的成绩和成长。对他们的进步所给予的具体的认可，不论奖品、奖励或者仅仅是一句赞扬，都可以增加新员工对于自己成绩的自豪感。

对那些极具潜力的员工，你应该做的不应局限于上述方面。应该尽量培养他们的技能；运用他们的才干；向他们征询对工作的看法，以考察他们；让他们担负责任；在你力所能及的范围内为他们敞开前进的大门。有一点是肯定的：如果你培养出能顶替你位置的员工，那公司要提升你就容易多了。但如果你的下属中无人能取代你的位置，公司就不太可能提拔你，因为他们需要你继续干这一份工作。

培养员工也有利于提高士气。高昂的士气能给员工一种前进的感觉，从而避免员工失去新鲜感或者原地踏步、停滞不前。同时，让员工感觉到你在帮助他们前进也有利于他们接受你的领导地位。

2. 督导管理者

说到底，积极的工作氛围的关键掌握在督导手里。这不仅取决于督导采取了什么步骤，或是做了什么，以激发员工的积极性，关键还在于督导自己处理工作和职责的方式——他们自己在工作中的表现。作为督导，如果你的工作积极性很高，对工作充满热忱，你的员工很可能也有工作积极性。如果你对自己和员工的期望都很高，如果你对自己和员工都很有信心，一般来说，你的员工会达到你的期望。这就是由督导的感染力、期望和榜样激发的积极性。

(1) 以身作则

不论你意识到与否，你都在为员工树立一种榜样，他们会模仿你做的一切。心理学家把这一现象称为角色榜样(role model)。如果你期望员工有最佳的工作表现，就必须在你的工作中做出最佳表现。如果你付出 100%的时间和精力，很可能你的员工会给你110%。但如果他们看你只付出了 75%，并且听到你抱怨自己的问题，他们就会只付出25%～50%的努力。所以，如果想让员工做好每一天的工作，就要做好自己每一天的工作。这有时被称为以身作则式的管理。

做出你的最佳表现是指永远把你最好的一面展示出来。每个人都有好的一面和坏的一面。我们中的大多数人在遇到某些事情时，会变得软弱，进而失去控制力，把自己坏的一面展示出来。在你身为角色榜样时，这种情况极具破坏性。当你督导的是与顾客打交道的员工时，情况尤为如此。如果你在一群员工面前大发雷霆，冲他们大吼大叫，他们会把你的语气的翻版以及你的行为在他们心中所激起的情绪直接带到饭店大厅或餐厅。他们对待顾客将极不耐烦、充满敌意，而且不顾及顾客的需求。你对他们进行的顾客关系培训将被他们抛在脑后。

督导好的一面与督导坏的一面具有同样的影响力。如果你希望员工对待顾客殷勤有礼、服务周到，你就得殷勤有礼地好好对待员工。如果说不良情绪很有感染力，那么良好的情绪也一样。热忱也很有感染力。如果你希望员工喜欢他们的工作，自己就要有工作热情。这个要求太高吗？有时是。不过如果你能做到的话，就能收到效果。

作为督导，应该把眼光放得高一些，对员工要抱有最好的期望。如果你期望他们做到最好，并且你采用了积极的方式，那他们通常会为你做到最好。如果你让他们知道，你相信他们，对他们的工作能力有信心，也就是说，你给他们鼓劲，他们会赋予自己的表现以你所期望的价值，他们会为自己的工作和成绩感到自豪。另一方面，如果你突然让他们改进工作，既无事先提醒，又以一种批评的态度，暗示着他们懒散且不能胜任工作的话，他们可能会憎恶你的批评并且抵制你的要求。

(2) 建立一种坦诚的气氛

积极的工作氛围要求有一种坦诚的气氛，我们已经谈过，坦诚是员工对上司的期望之一。它意味着当你和员工谈论起他们的表现、他们的潜力、成绩以及过失的时候，一定要坦诚。它意味着你要坚守自己的诺言；它意味着你不欺骗、不撒谎、不偷拿公司的东西：不把厨房里的食物、酒吧里的酒拿回家，不以为顾客换更好的房间或桌子而收取他们的报酬。你身为角色榜样，不能做这样的事情，不仅因为这些不符合职业道德，而且因为你希望你的员工诚实。他们会效仿你，同样是以身作则式的管理。

作为督导，不能言行不一。最令员工疑惑的莫过于督导说得冠冕堂皇，做的却大相径庭。你应该言行一致、办事公平。不应耍手腕，应该开诚布公、光明磊落，你应该值得信任。

坦诚的气氛能促进忠诚感的形成。如果对雇用你的公司忠心耿耿，并且对员工坦诚相见、处事公平、开诚布公的话，他们就很可能对你和公司都忠心耿耿。如果你贬低公司，就会破坏整个工作气氛，因为你的员工也会渐渐相信，这个公司很糟糕。如果你时不时想贬损你的公司，一定要忍住别说出来。如果你什么时候都有这种感觉，那就换工作。如果心里老憋着这种情绪，是不可能把督导工作做好的。

(三)提供明确的绩效目标

按照期望理论和目标设置理论，保证员工清楚地了解自己要实现的目标是非常重要的。正如目标设置理论所提到的，如果可能，确定具体的、明确的、有挑战性的目标。此外，如果这些目标并不是由系统自身或者你的上司确定的，那么试着让你的员工参与进来。他们对自己参与设立的目标可能会更加负责任。

(四)支持员工使其做出高绩效的努力

把你自己看作教练，你的任务就是支持团队成员。不仅要在无形的东西上帮助他们，比如建立自信或者给予鼓励，还要在一些有形的方面帮助他们，比如提供资源，满足他们的需要，或者对他们进行额外的培训等。不仅要让自己成为他们最好的啦啦队队长，还要成为他们的服务者，为他们提供有形的帮助。

(五)提供及时的绩效反馈

绩效反馈是员工坚持努力的动力。尽管工作本身也会给予反馈，但是你对于工作进展的认可也是非常重要的。尽管常理会告诉我们在合适的状况下，这是一件比较容易的事情，而督导管理的经验却表明并非如此。许多员工说他们知道工作进行得很好，因为他们没有接受到来自督导管理者的任何反馈。督导管理者必须像给予不利的绩效反馈一样给予有利的绩效以反馈。请注意，这里讨论的反馈并不是指每个员工都要进行的半年或者一年的正式的回顾，而是每天、日常的反馈。

(六)奖励员工的绩效

不吝啬给予员工奖励，并且确保奖励不落空。通过能控制的奖励系统强化员工的出色行为，比如提拔、表扬和认可或者获得更有挑战性的工作机会。要创造性地进行奖励，记住不同的个体对于奖励的评价不同。在本章第二节介绍强化理论时，已讨论了如何表扬以及什么时机表扬，下面进一步说明奖励员工的一些指导原则。

不同形式的奖励，可以成为非常有效的激励因素，前提是它们要能够激发起员工的需求和欲望或者与员工的工作目的相关联。当然，问题之一是，能激励这名员工的东西，另一名员工可能对其无动于衷，然而为了公平起见，对于同等的表现，一定要给予同等价值的奖励。

这些启发激励机制的方法始自“胡萝卜原则”，即许诺对好的表现给予奖励。当员工需要或想要得到这种奖励时，出于对它的期望，他们就会努力工作。如果他们不想要胡萝卜，这个方法就不生效。

一旦获得了奖励，这一循环就要重新开始：欲望必须由对奖励的期望激起，正如赫兹伯格指出的那样。没有期望，就不会取得成绩，而工作表现又会滑回到没有奖励时的水平，除非员工能从自身取得的成绩中获得满足感。

然而，奖励毫无疑问是很有用的激励因素。许多工作既乏味，重复性又强，且没有意义，不可能给员工带来能令其满足的成就感，因此奖励可能是督导能用于激励员工的唯一办法。

奖励的整个机制，包括金钱和非金钱性质的，在运用时都必须谨慎。不仅要达到最大的激励效果，而且要保证让员工觉得公平。获得奖励所要求的工作表现必须仔细说明，并且这一目标应在所有人的能力范围之内。员工必须提前知道奖励的内容，并且认为奖励是公平的，否则奖励所引发的不满情绪将大于它所起的激励作用。

既然员工的需求与欲望各不相同，那督导怎样才能使奖励成为有效的激励因素呢？有 8 个孩子要养活的员工可能会为了金钱的奖励或是多加班的机会而非常努力地工作。另一名员工可能会为了多有一天带薪假期而超水平发挥。还有一名员工愿意做任何事情，以在停车场靠门的位置得到一个他专用的停车位，并且上面还要醒目地写上他的名字。这些奖励很适合用作员工竞赛的奖品，而获胜者可以在它们当中挑选一样。

督导可以让员工参与进来，让他们提议奖励的内容。一旦有了员工的参与，找到真正的激励办法的可能性就增大了。

事实上，任何奖励都可以不仅仅是胡萝卜。它可以是对员工的成绩、价值及其对于公司价值的认可，它能建立起自豪感、自尊心。它也可以是一个目标。员工一旦获得了某种奖励，并从中得到了满足感，他们很可能想要再次赢得它。这样，督导就通过员工对这个自身目标的追求，激发起他们内在的动力。而这个就是工作中的成功激励的一个缩影——在同一过程中同时实现个人的和公司的目标。

复习自测题

1. 解释下列概念：

(1)激励；(2)需要；(3)激励因素；(4)内在激励；(5)外在激励；(6)绩效。

2. 说明激励员工的三个层次。

3. 解释绩效和激励之间的关系。

4. 简要概括马斯洛的需要层次理论。

5. 赫兹伯格关于员工激励的研究在哪些方面与马斯洛的需要层次理论相联系？

6. 举例说明如何表扬及什么时机进行表扬。

7. 讨论对你来说最有意义的激励理论。

8. 是哪些因素制约了饭店业督导对激励理论的充分运用？

9. 如何为员工提供一个良好的工作环境？

10. 谈谈了解员工的最佳方式。

11. 说明培养员工的意义和方法。

12. 描述饭店业督导以身作则的管理方法。

第八章　有效的领导

【学习目标】

学完本章，应该能够：掌握领导的概念；了解正式领导者和非正式领导者；阐述影响领导风格选择的因素；理解两种常用的领导模型；说明领导理论的最新观点；了解有关领导的当前问题。

【关键词】

领导(leadership)
X 理论和 Y 理论(Theory X and Theory Y)
成熟度(readiness level)
领导方格图(Leadership Grid)
情境领导理论(situational leadership theory)
领袖魅力(charismatic leadership)
培育型领导(developmental leadership)
变革型领导(transformational leadership)
交易型领导(transactional leadership)
公仆型领导(servant leadership)

激励不可能在真空条件下发生，产生激励必须有赖于有效的领导。

在这一章中，我们将讨论作为领导者的督导管理者。首先，描述影响领导风格选择的因素，介绍两种常用的领导方式模型，确定在不同的情况下最适合的领导风格。然后，讨论关于领导理论的最新观点，以及有关领导的当前问题。最后，探讨领导功效和领导者的影响力。

第一节　领导

一、领导的概念

在第一章我们已经讨论过，管理功能中很重要的一项就是领导。督导同时也必须是一名领导者。作为督导，尤其强调领导。

第一章已经介绍了有关领导的概念，现在再来回顾一下。

领导(leadership)可以定义为指引和影响他人或群体在一定条件下实现某种目标的行动过程。在这个过程中，承担指引任务或发挥影响作用的个人称为领导者(leader)。

通俗地讲，领导者就是别人自愿跟从的人。作为督导，所必须做的就是采用恰当的领导方式，使员工能心甘情愿地去完成工作。你不需要是一名天生的领导者，也不需要有领袖气质或巨大的个人魅力。只需要让员工心甘情愿、尽其所能地为你工作就行了。这就是“领导”的全部含义。

做一名有效的领导者是一件不容易的事。现在许多督导管理者和管理者使用着较为低效的领导风格，而原本他们可以使用更为有效的领导方式。这是因为他们没有必要的技能或者他们甚至没有意识到其他方式的好处。他们没有意识到在一种情况下最为有效的方式在另一种情况下未必一样最为有效。

作为督导，在理论上，你所在的组织给了你正式权力，因此你有权指挥手下的员工。你是经理，你就有权力，有发号施令的权力，掌握着招聘、解雇、加薪、奖励、执行纪律、惩罚等事务的权力。但在实际工作中，你的权力并不是那么绝对。实际权力是由你的下属赋予的，你必须努力争取得到领导他们的权力。很有可能你是你们工作小组的正式领导，但发号施令的实际领导却另有其人。

你和员工之间的关系是流动性的，它受到你们之间许多微妙的、相互交错的因素影响。如果他们不能心甘情愿地接受你的领导，就会用许多办法阻挠工作顺利进行。他们可以不上班；上班迟到；把工作拖到必须加班；生产劣质的产品；用粗鲁的言行、低劣的服务把顾客赶走；违反规定；拒绝执行你的指令；制造危机；扔下工作拔腿就走，使你陷于困境。采用饭店饮食业典型的控制方式——制定规章制度，并不一定能维持你的权威。相反地，它通常会制造一些不利于生产的消极、负面情绪。

总之，一句话，作为督导，你的工作就是指挥、监督一群过客。他们没受过什么培训，有着各自不同的性格特点，其中的许多人非常想换个工作。而你得依靠这些人完成由你负责的那一部分工作。你成功的程度完全取决于他们。而他们能否为企业、为顾客、为你竭尽所能不取决于你。你该怎么做呢？

一位有名的领导学专家说过，经理是正确地做事的人而领导是做正确的事的人。换句话说，经理所要做的是提高效率，熟练掌握日常事务，而领导者要做的是有效地把目标转化为现实。作为督导和领导者，你的工作是：正确地做正确的事，不仅效率高而且有成效。

领导既是一门科学，又是一门艺术。首先，领导是一门科学，是探索领导者、被领导者和环境三要素如何相互作用的科学。其次，领导是一种艺术，是寻求如何达到领导者、被领导者和环境三要素和谐统一的艺术。

领导者是领导过程三个要素中的核心，是在正式组织或非正式组织履行职责时，必须产生的一种社会角色。领导者用角色行为支配或强化被领导者的行为，而被领导者则在角色知觉和角色期望的基础上，把领导者的行为作为群体行为的楷模。因为领导者是领导过程中，各种人际关系以及人与情景相互作用的核心，领导者的素质与领导水平是企业成败的关键。

二、正式领导者和非正式领导者

领导者可分为正式领导者和非正式领导者两种。他们的基本功能既有共同的地方，也有一些差别。

正式领导者拥有组织结构中的正式职位、权力与地位，其主要功能是建立和达成组织目标：

(1) 制定和执行组织的计划、政策与方针；

(2) 提供情报、知识、技巧与策略，促进和改善群体工作绩效；

(3) 授权下级分担任务；

(4) 对组织成员实行奖惩；

(5) 对外代表群体负责协调和处理群体与组织，群体与群体之间的种种矛盾；

(6) 对内代表组织，沟通组织内上下的意见，协调处理群体内的人际关系和各种其他问题，满足群体成员的需要；

(7) 代表群体形象，统一群体行为，为群体提供理想和价值观念。

正式领导者的功能是组织给予的，能实现到何种程度，要看领导者的能力，以及领导者本身是否为其部属所接受而定。

非正式领导者虽然没有组织所给予他的职位与权力，但由于其个人的条件优越于他人，如知识和经验丰富，能力技术超人，善于关心别人，或具有某种人格上的特点，是其他群体成员佩服的，因而对成员具有实际的影响力，从这个意义上来看，也可称为实际的领导者。其主要功能是能满足员工的个别需要：

(1) 协助成员解决私人的问题(家庭的或工作的)；

(2) 倾听成员的意见，安慰成员；

(3) 协调与仲裁成员间的关系；

(4) 提供各种资料情报；

(5) 替员工承担某些责任；

(6) 引导成员的思想、信仰及对价值的判断。

非正式领导者，因他对成员具有实际的影响力，如果他赞成组织目标，则可以带动成员执行组织的任务，反之，他亦可能引导成员阻挠任务的执行。

一个正式的领导者要制定政策，提供知识与技术等，当然需要适量的智慧与智力。但领导行为主要是人际关系的行为，因此必须具有较高的被组织内的员工所接受的感情，才能发挥其领导的效果。多年来，许多学者一直想给有作为的领导者下一个定义，想找出具有哪些特征的人担当领导者才能发挥最大的效率，所得出的结论有如下几点。

(1) 敏感性。善于体贴别人，精于洞察问题。

(2) 个人的安全感。有安全感的人，情绪稳定，做事庄重，让人觉得可靠，可以依赖。

(3) 适量的智慧。领导者需要某种程度的智慧，才能处理许多事物，但也不需要太高的智慧，因为智慧太高者往往容易恃才傲物，不能体谅一般人。

由此可见，一个真正的有作为的领导者，他同时应具有正式领导者与非正式领导者的功能，既能实现组织的目标，也能满足员工的个别需要，也就是他必须同时将工作领袖与情绪领袖两种角色集于一身。但能达到这种标准或理想的领导者是不可多得的。通常的领导者皆偏向于工作领袖的性质，因此他们容易忽略部属的社会性及情绪。在这种情况下，员工中较善于体谅别人者，便逐渐变成大家的精神领袖，担负起安慰、鼓励、仲裁及协调等功能。

第二节　领导风格和领导理论

一、影响领导风格的因素

领导风格指的是与下属打交道的模式：如何指挥和监控别人进行工作，如何让他们按照要求的质量标准生产出产品和提供服务。它不仅包括你发出指令的方式，还包括你为了激励员工、保证指令的执行而采用的方法和技巧。

三个因素或者说是三个变量对领导风格的选择产生了主要影响。它们分别是：X 理论或者 Y 理论管理哲学；下属的成熟度；督导管理者面临的情况。正如图 8-1 所示，这些因素是相互联系的。

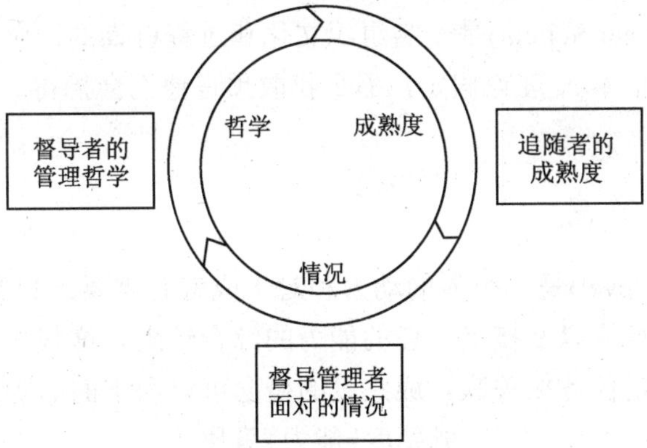

图 8-1　影响领导风格选择的因素

(一)X 理论或 Y 理论管理哲学

督导管理者的管理哲学基本上是由管理者对于人性本质的假定决定的。无论有没有意识到，大多数督导管理者都有自己的管理哲学，这影响到他们与员工的工作风格。这种管理哲学通常受 7 种因素的影响。其中有 3 种关键因素的相互作用影响了督导管理者对于人性本质的看法，进而影响到他们管理哲学的形成。

(1) 督导管理者的家庭和早期学习环境。

(2) 督导管理者在领导方面的经历和培训情况。

(3) 督导管理者现在的工作环境，包括工作的类型和总体管理体系。

案例

肯尼有一个非常支持他的温馨的家庭环境。他的父亲对他影响很大，在对他的教育中充任重要的角色。他经常告诫肯尼如果想要别人怎样对待自己，就应该怎样对待别人。

关于管理哲学的研究，最为公认的是道格拉斯·麦格雷戈(Douglas McGregor)的 X 理论和 Y 理论。在自己的咨询和研究工作的基础上，麦格雷戈总结出关于人性本质的两套相反的假设(见第七章)。 一个管理者所赞成的假定会直接影响他的领导风格。

信奉 X 理论假设的督导管理者通常会更倾向于成体系的、独裁的领导风格。

赞成 Y 理论的督导管理者会更倾向于在需要的情况下采取支持型、参与型的领导风格。注意是在需要的情况下，这一点很重要。因为有些人错误地理解了 Y 理论，认为它所表明的就是无论在什么情况下都要坚持支持、参与的领导方式。尽管持有 Y 理论假设的领导者更喜欢参与型的方式，但是并不排除坚定的领导方式或者决策。比如，亨利·法约尔(Henri Fayol)——管理思想的先驱者之一，曾经使用“命令”(commanding)一词来表示我们今天所说的“领导”(leading)。法约尔命令(领导)原则之一就是消除不胜任者。但是，他同时还说明，在这样做之前，你应该通过培训、教练和建议等方式来提升员工的能力。如果这些措施不能奏效，才能解聘这名员工，只有这样，每个人才会认为是合理和公平的。这个例子反应了 Y 理论的假设，而这个结果则反映了坚定决策的思想。

埃德加·沙因(Edgar Schein)是一名组织文化和过程咨询的国际专家，曾经声称“假如一个组织的领导者信奉X理论假定，那么我敢预言他们会搞得一团糟”。我们也赞同沙因的观点。

(二)下属的成熟度

成熟度(readiness level)是一个人的动力和对于成就有需要的状态，是一个人的经历、受教育程度、态度和意愿以及接受责任的能力的综合结果。这些成熟变量应该被认为仅仅和他所要完成的特定任务相关联。成熟度的概念可以用下面的等式来表示：

成熟度=能力+意愿

如果下属不够成熟，相对于其下属充分成熟的情况，领导者应该使用不同的风格。遗憾的是，许多督导管理者并没有考虑到自己下属的成熟度。

案例

肯尼被分配到新的团队后，他不得不决定与他们相处时应该使用的领导风格。最初他判断这个团队有能力完成工作，只是由于态度不端正而缺乏相应的工作意愿。

肯尼上任后的第一天就召开了一个会议，关上门，进行了两个多小时的“闲谈”。他告诉员工他的哲学和他处事的方式。他尤其强调会对所有的人一视同仁。只要员工讨论的是工厂里的事情，他还允许员工咒骂和抱怨，他自己就作为一个倾听者，不发表任何看法。会议中，肯尼还表达了他对于团队的期望。反过来，员工们也告诉他，他们会按照他的要求做两个星期，看看他究竟能不能“实践他所允诺的”。

至此你可能已经猜到了，肯尼的领导才能发挥了作用。这一年结束之前，他的新团队就已经成为这家工厂效率最高的部门。

(三)督导面对的情境

一般认为督导管理者面对的情境会对于他的领导风格产生主要的影响。当一名指挥官在战斗中指挥军队，一名飞机驾驶员突然遇到机械故障，或者一名督导管理者面对突如其来的安全危机时，他们当然不会召集团队开会，让所有的人都参与处理这些紧急的情况。

在评价一种情境时，必须考虑到工作的本质和任务的类型。比如，研究型的科学家们从事的是创造性的、复杂的工作，比起从事简单重复、流水线工作的工人来说，他们需要更多的工作自由。最后，一名领导者对于风格的选择要受其团队工作进展的影响。比如，一个有出色潜能的足球队在前三场比赛中都输了，他的教练领导风格会有所改变，将会不同于赢了前三场比赛的情况。

二、两种领导模型

在许多关于领导的理论和理论模型中我们挑选了两种特别适合督导管理者的领导

模型。它们是：①罗伯特·布莱克(Robert Blake)和圣安妮·亚当斯·麦克坎斯(Anne Adams MaCanse)著名的领导方格图；②保罗·赫塞(Paul Hensey)和 K.H.布兰查德(K.H.Blanchard)的情境领导模型。更多的督导管理者在学着使用这两个模型，而不是其他模型。全世界 40 多个国家中有超过 100 万人既学习了情境模型的使用也学习了领导方格图模型的使用。很明显，商业界认为这两个模型比其他理论模型更为实用。

(一)领导方格图

图 8-2 中(罗伯特·布莱克和简·莫顿最早提出时称之为管理方格图)的领导方格图(Leadership Grid)表明一名领导者关心的两件事情：生产和员工。对于生产结果的关心以方格图的横坐标来表示，而“对于员工的关心”以纵坐标来表示，尽管这个图只说明了 7 项基本的领导风格，但是理论上使用 9×9 方格图可以表现 81 种“关心”的组合。

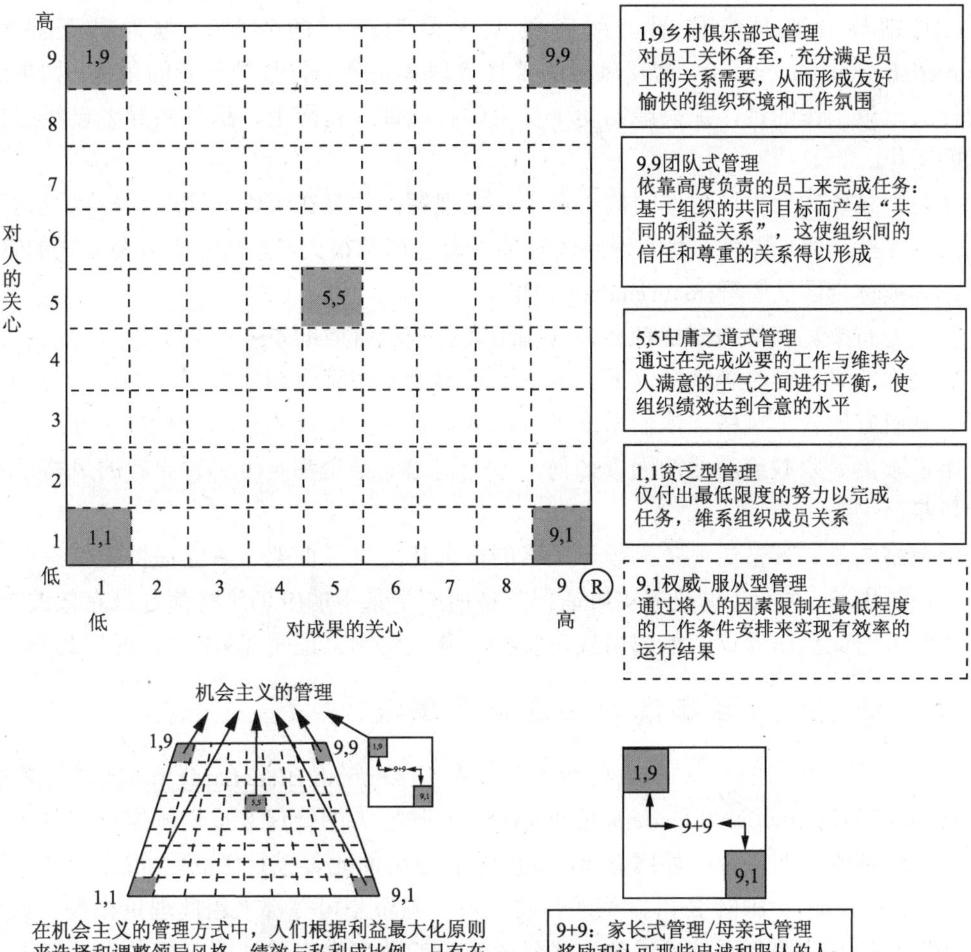

图 8-2　领导方格图

(Robert R.Blake and Anne Adams McCanse,1991)

如果督导管理者主要关心生产，对于员工的关系只表现出很小的兴趣，他就是(9,1)领导者(9 代表对生产结果的关心程度，1 代表对于员工的关心程度)。(9,1)领导者重点在于工作，尽可能少地授权给员工，并且在完成工作的过程中通常采用独裁的方式。这种风格通常被称为权威服从(authority compliance)或者任务管理(task management)。

相反，督导管理者如果只关心员工而较少地关注生产则是(1,9)领导者。(1,9)领导者是支持型的，甚至有点纵容，强调员工快乐和需要的满足。这种风格的领导者在完成工作的过程中倾向于逃避压力。这种风格被称为乡村俱乐部管理(country club management)。

(5,5)领导者使用中庸管理(middle of the road management)风格——这些领导者将部分重点放在生产上，同时将另一部分重点放在员工上。通常这种风格心照不宣的约定就是“如果你给我的工作合理，我对你的要求也会合理”。

(1,1)领导者则是方格图上所有类型中最为糟糕的一种，称为贫乏型管理(impoverished management)。这一风格的督导管理者完全不符合领导者的角色。如果还能完成什么出色工作的话，那只能归功于员工的积极性。实际上，这种领导者已经退出了自己的工作。

(9,9)领导者认为指导工作的核心在于相互理解，并且在组织和团队目标以及达到目标方式上保持一致。这种类型的领导者对员工和生产都很关心，经常使用参与式的管理。这种方式被称为团队管理(team management)。

你认为布莱克和他的支持者会认为哪种类型是最有效的？

如果你的答案是(9,9)风格，那么你就是正确的。布莱克和他的同伴们认为(9,9)风格是领导者应有的管理风格。他们举出了很多他们曾经共事过的管理者和督导管理者的例子，不管政治、宗教或商业的因素如何，他们得出的结论都是(9,9)领导者的风格是最理想的风格。

但遗憾的是，方格论只是为领导风格的概念化提供了框架，未能提供新信息以澄清领导方面的困惑，并且，也缺乏实质证据支持所有情景下的(9,9)风格都是最有效的方式。例如，有人对此提出异议，他们用战争实例、救火实例来证明“9,1 型管理”最有效。

(二)赫塞和布兰查德的情境领导理论

保罗·赫塞(Paul Hersey)和肯尼斯·布兰查德(Kenneth Blanchard)开发的领导模型称为情境领导理论(situational leadership theory)，它被广大的管理专家们所推崇，并常常作为主要的培训手段而应用。如《财富》500 强企业中的北美银行(BankAmerica)、卡特皮拉公司(Carterpilar)、IBM 公司、美孚石油公司、施乐公司等都采用此理论模型，此外，它还为所有的军队服务系统所承认。尽管该理论的效度尚未受到深入的考察，但由于其广泛的接受性和很强的直观感召力，我们还是将其纳入本书加以介绍。

俄亥俄州立大学心理学家卡曼(Kaman)把俄亥俄州立大学对于领导行为的研究(领导行为四分法)与阿吉里斯(Chris Argyris)的个性理论(“不成熟-成熟”理论)结合起来，提出了领导的生命周期理论(life-cycle theory of leadership)。领导的生命周期理论是最为流行的情境领导理论之一。这些研究调查了相当数量的不同组织中的领导行为和策略。研究者得出的结论是许多领导行为分属于两个区域——任务行为或关系行为。任务行为(task behavior)包括：界定工作；告诉员工做什么，怎样去做，以及什么时间做；提供反馈；以及采取正确的行动。关系行为(relationship behavior)包括：支持员工；给予他们积极的反馈；征询他们的观点或看法。

这两种概念和追随者的成熟程度概念是理解赫塞和布兰查德模型的关键所在。前面讲过，追随者的成熟程度是与完成一项特定的工作或任务的能力联系起来的。它还包括对于成就的渴望、经历、受教育程度、态度和接受责任的意愿。现在我们有了讨论问题的基石，下面就看看赫塞和布兰查德的情景领导模型，如图 8-3 所示。

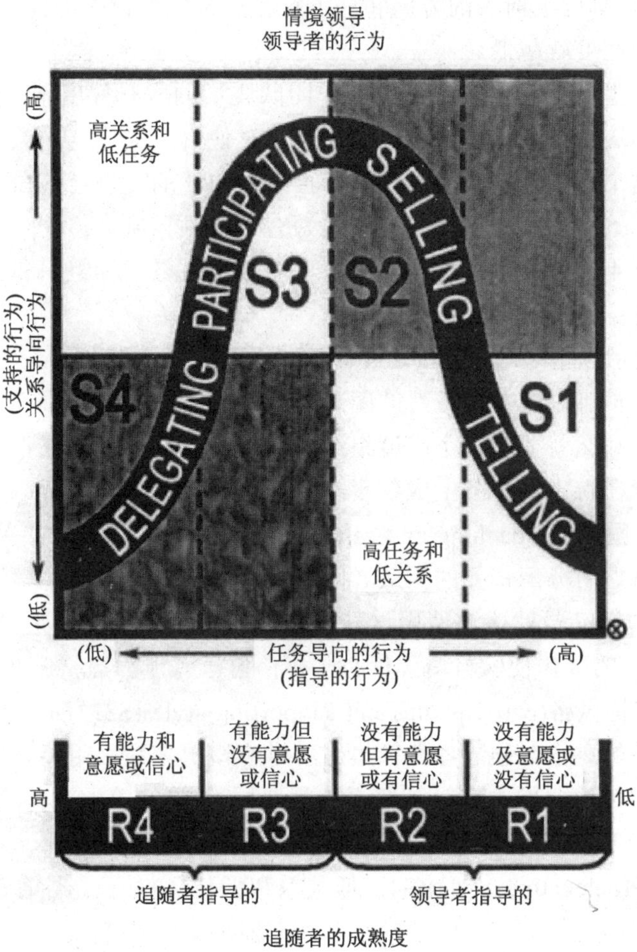

图 8-3　赫塞和布兰查德的情境领导模型

情境理论是一个重视追随者的权变理论。选择正确的领导风格可以获得领导的成功，在这一点上，赫塞和布兰查德认为下属的成熟度水平是一个权变变量。

在领导效果方面对下属的重视反映了这样一个事实：是下属们接纳或拒绝领导者。

无论领导者做什么，其效果都取决于追随者的活动。然而这一重要维度却被众多的领导理论所忽视或低估。

对于成熟度，赫塞和布兰查德将其定义为：个体对自己的直接行为负责任的能力和意愿。它包括两项要素：工作成熟度与心理成熟度。前者包括一个人的知识和技能。工作成熟度高的个体拥有足够的知识、能力和经验完成他们的工作任务而不需要他人的指导。后者指的是一个人做某事的意愿和动机。心理成熟度高的个体不需要太多的外部鼓励，他们靠内部动机激励。

赫塞和布兰查德的情境领导模型表明追随者的成熟程度与建立在任务和关系行为上的领导风格之间的关系。这个模型包括了 4 个有标记的区域，或者说象限，每一个象限中都有一段曲线。模型最下部的刻度表示的是不同程度的追随者的成熟程度：高的、中等的和低的。成熟刻度上箭头的方向和任务行为坐标轴的箭头方向表明成熟程度越高，所需要的任务行为程度就越低。

要使用这个模型，首先要确定你的工作团队成员的成熟程度(高、中等、低)，在成熟度刻度表上标出这个点。记住这个点只代表你对他们完成特定一项任务或者工作能力的评价。然后由这个点画一条垂直线。这条直线和曲线的交点会落在四个象限中的一个中，这个象限的标签会表明在这种情况下最为有效的领导风格。

图 8-3 上部的 4 个象限可以表示 4 种基本的领导风格：①组织和指示；②教练和鼓励；③参与和支持；④授权。

(1) 组织和指示风格(structuring and telling style)(S1:高任务和低关系)通常对于新员工、成熟度不够的员工以及业绩下滑的团队最起作用。比如，如果一个部门的成本增长大大超过了标准，那么就要有一个高度组织的紧密的领导风格来修正这种情况。组织和指示风格一般用于在特定的任务上成熟度相对不够的个人和团体。

(2) 教练和鼓励风格(coaching and selling style)(S2：高任务和高关系)用于具有潜力但是又没有完全掌握所分配任务的人或者团队。比如，一个高级中学的足球教练对于他年轻而又有潜质的运动员就应该使用这种方式。这个教练不仅非常关心任务的完成(教练)，还要通过积极的强化使队员增强信心，相信自己有能力赢得胜利(鼓励)。

(3) 参与和支持风格(participating and supporting style)(S3：高关系和低任务)适于成熟的个体或者团队的风格。领导者在征集想法时应该更多地采用参与型的管理，使员工参与到目标确定和解决问题中来。马斯洛的需要层次理论(第七章)认为：当员工有经验和能力后，他们在工作中就需要更多的支持和参与。

(4) 授权风格(delegating style)(S4：低关系和低任务)对于督导管理者来说是最为困难的一种风格，即便是员工和团队非常成熟和有能力。一个主要的原因就是督导管理对于结果负有责任，因此他并不情愿让员工参与到自己的工作中来。也许你听过这种说法“只要它不破产，就不要去固定它”，这种说法概括了为什么在结果令人满意的前提下，精明的督导管理者就什么都不管了。不过当情况变化了又会怎样呢？

假设你是一名督导管理者，手下有一名训练有素、能力出众的员工，她从来也没有给你带来任何麻烦，三年来在你的部门里她都非常能干。既然她被证明是一个有能力的人，对于她的工作你或许会实行授权式的领导风格。不过，这两周以来她的工作情况持续恶化。任务完成总是延迟，即便完成，质量也很糟糕。作为她的督导管理者，此时你应该选择怎样的领导风格？

你当然不会继续授权，是不是？大多数督导管理者会转换到教练和鼓励甚至组织和指示的风格上去。根据问题的具体情况，任何风格都可能是合适的。这说明根据情况的不同，一名领导者可以对同一员工或者团队使用不同的风格。

三、领导行为连续统一理论

罗伯特·坦南波姆(Robert Tannenbaum)和沃伦·施密特(Warren Schmidt)是两名作家，持有情境领导风格的观点。他们的领导行为连续统一体(continuum of leadership behavior)，如图 8-4 所示，在领导者考虑员工参与决策的合适程度时尤为有用。这个矩形代表权力的统一体，它被一条对角线分成两部分：①督导管理者使用职权的区域；②员工的自由区域。督导管理者职权越多，留给员工的自由权力就越少。相反地，给予员工的权力越多，督导管理者使用的权力就越少。统一体还表明督导管理者可以支配的行为范围。

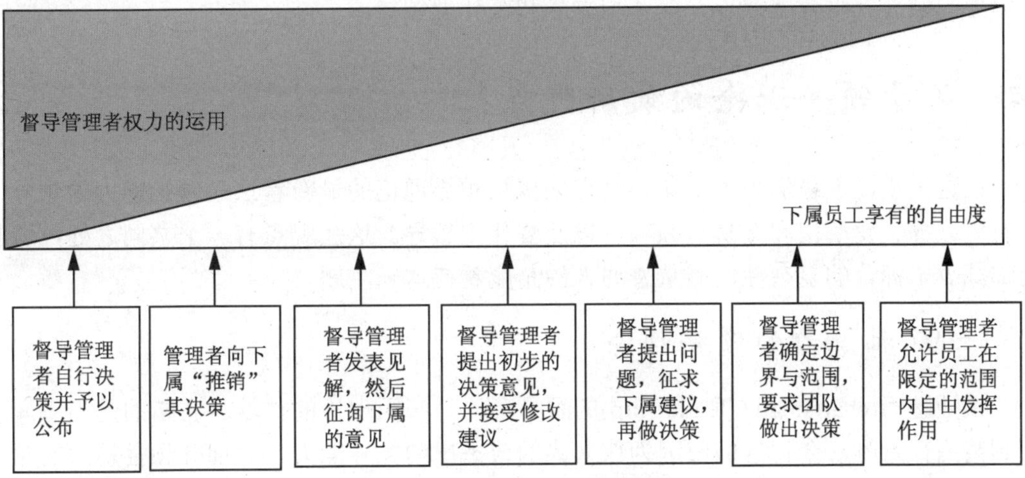

图 8-4　领导行为连续统一体

坦南波姆和施密特认为不同的决策情况需要不同的方式。领导者选择方式要考虑到以下三种类型的力量。

(1) 领导者的力量。包括领导者的价值体系，对于员工的信心，领导风格倾向，以及安全感或者不安全感。

(2) 员工的力量。包括员工对独立的需要，对于增加责任的需要，对问题的了解，解决问题的态度和兴趣，对于参与决策的期望。

(3) 境况的力量。包括组织的类型，团队的效率，时间的压力以及问题本身的性质。

这三种类型的力量可以与影响领导的三种因素(本章开头讨论过，见图 8-1)相联系。

比如，一名督导管理者的管理哲学受其价值体系的影响很大。

需要记住的关键一点就是成功的督导管理者应该能够轻车熟路地确定适用于某一特定情况的行为。

并且，这种理论超过了弗罗姆-耶顿(Vroom-Yelton)的决策制定模型。这两种理论都提供了对于员工参与决策制定过程的指导。

正如所说明的，研究认为并没有放之四海而皆准的最好的领导风格。但是，赫塞和布兰查德认为，大多数情况下，最好的风格是教练和鼓励型或者是参与和支持型的风格。布莱克和他的同事认为使用参与的团队管理方式能带来很大的好处，我们可以从中学到很多。

对于美国工业中的督导管理者来说，一个长期的趋势是使用更多参与的领导风格，尽管他们最早是抵制这种倾向的。这种趋势的一个解释是员工们受到了越来越好的教育，他们较低层次的需要也相对较好地得到了满足。这样，只有通过满足更加高层次的需要，才能产生好的激励效果。

我们相信下面将要讨论的 4 种理论对于信奉 Y 理论的督导管理者来说是最好的证明。我们也相信它对于实现员工与组织和督导管理者之间的双赢是最有价值的。尽管它们中有重复的地方，但它们之间也有很大的差异，所以我们分开讨论。这些理论包括领袖魅力的领导、培育型领导、变革型领导和公仆型领导。

四、关于领导理论的最新观点

在这一主题中我们列出了 4 种观点来概括领导理论的最新看法：领袖魅力的领导、培育型领导、变革型和交易型领导，以及公仆型领导。这些观点有一个共同之处，即它们都减少了理论的复杂性，而从普通人的角度看待这一主题。

(一)领袖魅力的领导理论

领袖魅力(charismatic leadership)的领导理论是归因理论的扩展。它指的是当下属观察到某些行为时，会把它们归因为伟人式的或杰出的领导能力。大部分领袖魅力的领导研究是确定具有领袖气质的领导者与无领袖气质的对手之间的行为差异。

一些研究者试图确认具有领袖魅力的领导者的个性特点。罗伯特·豪斯(以路径-目标理论而著名)确定了三项因素：极高的自信、支配力以及对自己信仰的坚定信念。瓦伦·本尼斯(Warren Bennis)研究了 90 位美国杰出的和最成功的领导者，发现他们有 4 种共同的能力：有令人折服的远见和目标意识；能清晰地表述这一目标，使下属明确理解；对这一目标的追求表现出一致性和全身心的投入；了解自己的实力并以此作为资本。不过，在此方面最新、最全面的分析是由麦吉尔大学的康格(Conger)和凯南格(Kanungo)进行的。他们的结论是具有领袖魅力的领导人具有如下特点：他们有一个希望达到的理想目标；为此目标能够全身心地投入和奉献；反传统；非常固执而自信；是激进变革的代言人而不是传统现状的卫道士。图 8-5 总结了区别有领袖魅力的领导者与无领袖魅力的领导者的关键特点。

1. 自信。有领袖魅力的领导者对他们的判断和能力充满信心。
2. 有远见。他们有理想的目标，认为未来定会比现状更美好。理想目标与现状相差越大，下属越有可能认为领导者有远见卓识。
3. 清楚表述目标的能力。他们能够明确地陈述目标，使其他人都能明白。这种清晰的表达表明了对下属需要的了解，然后，它可以成为一种激励的力量。
4. 对目标的坚定信念。他们被认为具有强烈奉献精神，愿意从事高冒险性的工作，承受高代价。为了实现目标能够自我牺牲。
5. 不循规蹈矩的行为。他们的行为被认为是新颖的、反传统、反规范的。当获得成功时，这些行为令下属们惊诧而崇敬。
6. 作为变革的代言人出现。他们被认为是激进变革的代言人而不是传统现状的卫道士。
7. 环境敏感性。他们能够对需要变革的环境加以限制和对资源进行切实可靠的评估。

图 8-5　具有领袖魅力的领导者的关键特点

近期的研究试图确定领袖魅力对下属造成了哪些实质性的影响。这一过程的第一步是领导者清晰地描述宏伟前景。这一前景将组织的现状与更美好的未来联系在一起，使下属有一种连续的认识。尔后，领导者向下属传达高绩效期望并对下属达到这些期望表现出充分的信心。这样做提高了下属的自尊和自信水平。接下来，领导者通过言语和活动传达一种新的价值观体系，并以自己的行为为下属设立了效仿的榜样。最后，有领袖魅力的领导人可以做出自我牺牲和反传统的行为来表明他们的勇气和对未来前景的坚定信念。

有领袖魅力的领导者对下属有什么影响呢？有关这方面越来越多的研究表明，有领袖魅力的领导与下属的高绩效和高满意度之间有着显著的相关性。为有领袖魅力的领导人工作的员工受到激励而付出更多的工作努力，而且，由于他们喜爱自己的领导，也表现出更高的满意度。

既然领袖魅力如此理想，人们是否可以学到做有领袖魅力的领导者呢？抑或有领导魅力的领导天生具有这些气质呢？尽管有少数人强调领袖魅力不可能被习得，大多数学者专家认为个体可以经过培训而展现有领袖魅力的行为，并因而享受到“有领袖魅力的领导者”所自然得到的效益。比如，一群研究者指出一个人可以通过以下三个阶段的学习变成有领袖魅力的领导者。首先，个体要保持乐观态度。使用激情作为催化剂激发他人的热情，运用整个身体而不仅仅是言语进行沟通。通过这些方面可以开发领袖魅力的氛围。其次，个体通过与他人建立联系而激发他人跟随自己。第三，个体通过调动跟随者的情绪而开发他们的潜能。研究者利用这种方法使商业专业的在校大学生成功地“扮演”了有领袖魅力的角色。他们指导学生清晰地表述一个极高的目标，向下属传达高绩效的期望，对下属达到这些目标所具备的能力表现出充分的信心，重视下属的需要。学生们练习表现出有力、自信和动态的形象，并使用富有魅力的迷人语调。为了进一步捕捉领袖魅力的动态和生动特征，研究者还训练这些学生使用领袖魅力的非言语特点，他们或者坐在自己的办公桌上，或者在桌边漫步，身体向前倾向下属，保持直接的目光接触，呈现放松的姿态和生动的面部表情。研究者发现，这些学生学会了如何展现领袖魅力，并且，这些领导者的下属表现出更高的工作绩效，对工作任务的适应性，以及对领导和群体的适应性。

有关这一主题的最后一点是：有领袖魅力的领导对于员工的高绩效水平来说并不总是必需的。当下属的任务中包含观念性要素时，它最为恰当。这可以解释为什么有领袖魅力的领导者更多出现于政治、宗教以及战争期间，或在一个引入重要新产品或面临生存危机的企业中出现，因为在这些情况下十分注重观念。富兰克林·罗斯福在经济大萧条中给美国人指出了光明的前景；斯蒂夫·乔布斯(Steve Jobs)在 20 世纪 70 年代末 80 年代初提出了个人电脑必将极大改变人们的日常生活前景，从而在苹果公司赢得了技术员工坚定的忠诚和承诺。施瓦茨克普夫将军(Gen.Schwarzkopf)耿直而充满激情的风格，他对自己军队的绝对自信以及全面击败伊拉克的信念，使他在 1991 年的沙漠风暴行动之后成为自由世界的英雄人物。然而，当危机和剧烈变革的需要减退时，有领袖魅力的领导人事实上可能成为组织的负担。为什么？因为有领袖魅力的领导人过分的自信常常导致许多问题。他们不能聆听他人所言，受到有进取心的下属挑战时会十分不快，并对所有问题总坚持自己正确。比如，菲利普·凯恩(Phillipe Kahn)就是一位具有领袖魅力风格的领导者，在波兰德全球软件公司(Borland International)最初的创业时期，他立下了汗马功劳。然而，在公司的成熟时期，这位首席执行官却成为企业的负担，他独断的风格、自负而鲁莽的决策使公司的未来前景陷入危机之中。

(二)培育型领导

本章前文讨论过没有在任何情况下都有效的领导风格，要有效地达到目标就需要有一种权变的理论。但是，在很多情况下，由于员工受到了良好的教育，而越来越多的对权变思想的要求使一种被称作培育型领导(developmental leadership)的理论出现，它对于管理团队尤为有效。

培育型领导是这样一种理论，它可以帮助团队有效地发展并且建立起高度支持的、开放的、有创造性的、负责任的、高效率的员工关系。为了更好地理解培育型领导，首先看看被大卫·布拉福德(David Bradford)和艾伦·科恩(Allen Cohen)称为“英雄型管理”的理论。

1. 英雄型管理者

英雄型管理者(heroic manager)是指那些有很强的控制或影响欲并且希望能够运作全局的管理者，如果他们确实效率很高或者能力出众，那么短时间内他们或许会使工作富有成效，成绩斐然。但是，有一点是重要的，他们不能过分控制以及妨碍下属的发展。他们在影片中通常会被刻画成英雄，尤其是在那些西部片中。

通过与管理者讨论怎样才算是好的管理者，布拉福德和科恩提出了英雄型的管理者应该具备以下一系列特征。

(1) 管理者应该始终很清楚部门中正在发生的事情。

(2) 管理者应该有足够的专业知识来管理下属。

(3) 管理者应该能够解决出现的所有问题，或者至少在下属解决之前就可以解决掉。

(4) 管理者应该是最主要的(如果不是唯一的)对部门运作情况负责的人。

尽管这些特征看上去都很不错，但如果走到了极端，它们就会导致过分控制，并使下属缺乏发展的机会，就像图 8-6 表明的。因此，管理者的合适定位应该是培养英雄而不是自己成为英雄。

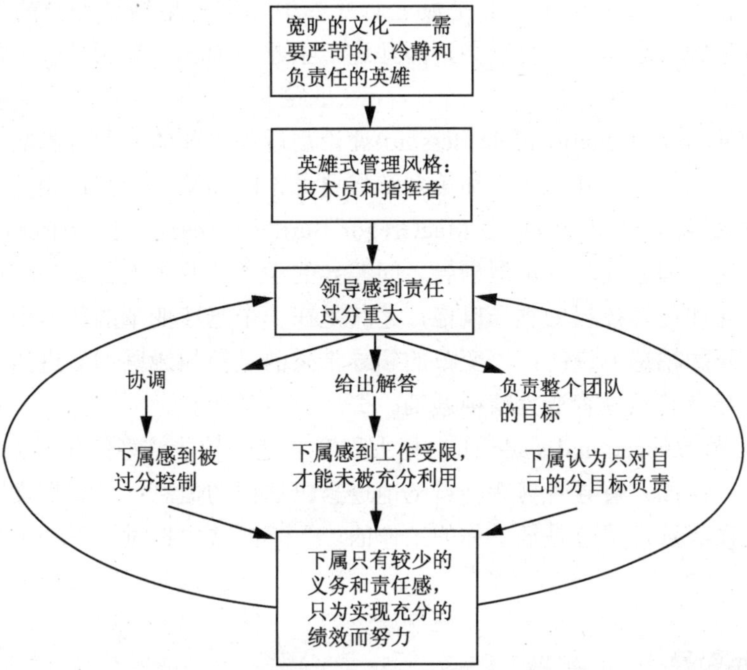

图 8-6 使用英雄型管理方式的自发结果

2. 培育型管理者

培养英雄是培育型管理者的目标。布拉福德和科恩的管理模型是对于英雄型领导的一个发展，它包括相互关联的三个要素：①建立一个责任共担的团队；②不断地培育员工的技能；③确定和培养部门的共同愿景。

(1) 建立一个责任共担的团队。在讨论建立一个责任共担的团队时，我们实际上在讨论领导权力的共享。对于培育型的领导者来说，会议并不是主要用来向团队汇报和提供信息的，而是处理真正的问题以及解决实际困难的。

(2) 培育员工的技能。培育型领导者的第二个要素是不断地培育员工的技能，是与第一个要素紧密相连的。对于个体的发展来说，处理高效团队中出现的真正问题几乎是最好的发展机会之一。许多高效的最高执行官在各种委员会和特别任务组供职时，处理了许多棘手问题，他们从中获得了极大的发展，这已经不是秘密了。另外，培育型领导者鼓励员工并为他们寻求机会参加各种不同的培训班，既有技术的也有管理的，使他们能够既增长知识又提高技能。

(3) 形成共同的追求。最后一个要素，确定和培养一种共同团队的前景，许多时候是管理者实现培育型领导的第一步。布拉福德和科恩认为这是制定了团队的目标，同时这个目标也反映了组织的整体目标和使命。他们接着说创造一个可以看得见的前景可以使团队成员明白他们的方向。

(三)变革型和交易型领导

在此我们涉及的最后一个方面是最近对变革型与交易型领导差异的兴趣。你会发现，由于变革型领导也具有领袖魅力，因此这一主题与前面对有领袖魅力的领导的讨论有一定重复之处。

变革型领导(transformational leadership)理论是近年出现的一种有影响的理论，在对领导含义的阐释上有新的视角。它和第九章将要讨论的团队领导密切相关。

约翰·麦克格里格·柏恩(John MacGregor Burn)和伯纳德·贝斯(Bernard Bass)是最早探讨及比较交易型领导和变革型领导之间差异的学者。两个人都认为变革型的领导是一种更加理想化和更多授权的领导风格，尤其是在一个迅速变革的环境中，这种领导风格是必需的。正如柏恩所说的："变革的领导带来的是互相激励和促进的关系，它会使追随者变为领导者，领导者变为精神领袖。"

交易型领导(transactional leadership)更大程度上是一种传统型的领导方式，类似于一个交换的过程。比如，督导管理者会自觉地透露出这样的信息："如果你的工作让我满意，我不会让高级管理层总是插手你的工作的。"下面首先探讨一下变革型领导，然后讨论交易型领导。

1. 变革型领导

贝斯和其他人将柏恩的体系应用于管理领域。他们的研究确认了许多过去的和现在的变革型领导者的成功要素。一项最近的研究发现作为一名变革型领导者，有三个要素必不可少——有个人魅力的领导风格、个性化的考虑和智力激励。

变革型领导最重要的要素是有个人魅力的领导风格。要想在这个要素上得到高分，领导者需要潜移默化地渗透给他的员工自豪感、尊重和团体精神，并且要有关注真正重要东西的天分和使命感。第二个因素是个性化的考虑，表明领导者使用授权为员工提供学习和发展的机会，并且给予员工私人的关注。第三个因素是智力上的激励，表明领导者有先见之明，提出的思想需要反思过去的运作方式以及考虑到新的思想方法的发展。

2. 交易型领导者

当然，并不是所有的人都能成为变革型的领导者，许多领导者还是属于交易型的领导者。这些领导者确定期望的绩效标准，并且清楚员工希望从他们的工作中得到怎样的奖励。他们会视绩效标准的完成程度确定员工们应获得的奖励。本质上，这可以表明一个交易的过程，一项平等的交换或者用“我做了这些你要做那些”来说明。交易型领导者在已有的文化和背景下工作，并且采用传统的管理方式完成工作。交易型领导建立在这样的假设之上：领导可以用积极的奖励强化员工完成目标的行为。比如，如果一名领导者采用了目标管理体系，并且能够奖励那些达到或者超过目标的员工，那么这种管理方式会更有效果。

表 8-1 概括了两种类型的领导者的不同领导方式。

表 8-1　领导方式的比较

交易型	变革型
特征	
交易过程	关系导向
进化的思想	变革的思想
存在于现存的体系中	出现在危机中
反应的	先发制人的
激励	
奖励(外在的)	鼓舞；认可(内在的)
力量	
传统的	超凡的魅力
重点	
产出	愿景
领导者	
细节的指导者	顾问、教练、老师
阐明观点者	重点在授权给个人
认可需要	授予自治权；很好的倾听者；非正式的
期望管理	容易接近；正直的典范
员工	
寻求保障；需要实现	为了组织超越个人利益
将组织和个人分离开来	做得比被期望的更多
产出	
预期的绩效	绩效的巨大跃进

我们不应该认为交易型领导与变革型领导采取截然对立的方法处理问题。变革型领导是在交易型领导的肩膀上形成的，它导致的下属努力水平和绩效水平比单纯的交易观点好得多。此外，变革型领导也更具领袖魅力。单纯有领袖魅力的领导仅仅是想让下属适应领袖魅力的世界就足够了，而变革型领导则试图逐步培养下属的能力，使他们不但能解决那些由观念产生的问题，而且完全能解决那些由领导者提出的问题。

有相当多的证据支持变革型领导优于交易型领导。比如，对美国、加拿大和德国的军队官员进行大量研究发现，在每个水平上，对变革型领导者的评估都比交易型对手更好。在联邦快递公司中，那些被下属评估为更具变革型领导特点的管理者，被他们的直接上级主管评估为有更高成就的人和更应晋职的人。总之，所有证据表明，变革型领导与低离职率、高生产率和高员工满意度之间有着更高的相关性。

(四)公仆型领导

公仆型领导(servant leadership)是指按给定的含义定义成功，并且以服务和领导的奉献程度衡量成就，通过协作和团队建设成功，成为团队的成果。

尽管公仆型领导的概念已经存在了几个世纪，但仅仅是在最近才正式进入管理和领导的课程。事实上，很少有督导类的书籍中提到公仆型领导这个概念，但它确实是非常有力和有用的概念和思想。

之所以会关注公仆型领导，应该归功于格林里夫中心的创办人罗伯特•K. 格林里夫(Robert K.Greenleaf)，他是AT&T公司已经退休的执行官，他为我们提供了对于公仆型领导的许多理解。在他退休之前，曾经担任了7年的研究部经理，领导一个内部咨询团队研究员工的价值和成长。退休之后，他又担任了一些商业公司、基金、专业团体、宗教组织和大学的顾问。格林里夫有一个重要的观点，那就是公仆型领导总是先服务后领导。公仆型领导重点在于满足他人的需要，通过倾听知道问题，并对此做出反应。格林里夫认为领导者能够设身处地为别人着想，可以给员工的成长和发展提供良好的氛围。在本章案例分析中，这是肯尼作为领导者最强有力的武器。格林里夫还认为“如果一个人能够设身处地为别人着想，并能在此基础上接受他人，那么他就更能被人信任。”我们再次回头看看情境案例，肯尼新的工作中面临的很大挑战就是获得员工们的信任，并且提高他们的绩效。

拉里•斯比尔(Larry Spears)是一名学者，他曾经耗费数年时间研究格林里夫的原作，现在是格林里夫中心的首席执行官。他列出了公仆型领导的10大特征。

(1) 倾听。领导者一向都被要求有很高的沟通和决策制定的技能。公仆型领导则更加强了这些重要的技能，他们更强调有意识和有反应地倾听，以理解和清楚团队的愿望。

(2) 移情。公仆型领导尽力理解他人，并能设身处地为他人着想。他们接受并认可每个人的独特禀赋和个性。

(3) 诊治。对于变革型的组织来说，学会如何诊治那些困难的境况是非常重要的，公仆型领导认识到他们必须帮助所有的与他们密切相关的人和组织。

(4) 说服。公仆型领导依靠说服而不是使用职权来制定组织的决策。公仆型领导试图使别人信服，而不是强迫他人服从。他们能够有效地达成团队的一致意见。

(5) 清醒。清醒尤其是自我清醒使公仆型领导能够更好地帮助他人理解那些涉及伦理和价值的问题，并且它还可以使人从一个更加综合的、全局的角度解决问题。

(6) 远见。预测到特定情况可能结果的能力是公仆型领导的重要特征，它有助于公仆型领导了解过去的教训、目前的现实以及一项决策在未来可能的结果。这种预见深植于一个人的直觉。

(7) 概念化。公仆型领导应该培养自己前瞻未来的能力。这意味着他必须能够超越日常的管理现实进行思考。

(8) 对员工成长的责任感。公仆型领导认为员工除了有作为员工的有形价值外，还有自己内在的价值。因此，公仆型领导要为员工的个人、职业和精神成长负责。

(9) 服务员。在格林里夫观念中的组织里，无论是CEO、全体员工还是董事都是为了社会的更大利益而努力的重要力量。实际上，每个人都有责任在组织中做好一个服务员的角色。

(10) 建立共同体。公仆型领导致力于在组织中建立共同体。

五、核心的领导职能

现代关于领导的最好的研究和书籍都认同变革型领导和公仆型领导。并且，这种特征的领导已经不仅仅局限于高级领导层，在任何领导层中都可能出现。有7种领导职能强化了变革型领导方式，他们是评价、愿景规划、教练、授权、团队建设、提高质量以及设身处地地聆听。有效的领导者能够很好地执行这些职能。下面对于领导职能的核心做出了简单的描述。

(1) 评价。能够很好地了解组织的价值，并且能把这些价值应用到实践中，提高到一个更高的层次。

(2) 愿景规划。对于组织或者组织单位的未来有一个清楚的既定蓝图。

(3) 教练。帮助他人增长知识，提高实现目标的必要能力。

(4) 授权。使他人能够自主地工作，以达到目标。

(5) 团队建设。将投身于组织愿景目标实现的员工组织起来，发展他们的合作关系。

(6) 提高质量。获得好的质量声誉，质量水平保持在或者超过消费者的期望。

(7) 感情聆听。明晰他人来自什么地方，并且认同他人，即便是不完美。任何人都可以领导完美的人，前提是能够找得到这种人。

本书曾经强调过评价、愿景规划、授权、提高质量和感情聆听的重要性。下一章的重点将放在团队建设上，第十四章我们会讲到教练员工。有一点可以确定，如果督导管理者掌握了这些核心的领导职能，那么他会成为一名出色的领导者。

六、有关领导的当前问题

男性与女性依赖不同的领导风格吗？如果是，是否某一种风格优于另一种风格？授权的普遍使用如何影响管理者的领导？如果领导者无追随者就称不上领导者，那么管理者为了使下属成为更有效的追随者应该做哪些工作？国籍文化如何影响领导风格的选择？领导有生物基础吗？

在此，我们简单介绍在领导方面的三个当前问题。

(一)性别：男性与女性的领导方式不同吗

在性别与领导方面进行的大量研究得出两个结论：首先，男性与女性的相似性多于差异性；其次，在差异性方面，女性似乎采用更为民主的领导风格，男性则对指导型风格感到恰当。

男性与女性领导者之间的相似性不应令人感到诧异。有关这一问题几乎所有的研究都把管理作为领导的同义词。在这些研究中，并没有发现性别差异的明显证据。为什么？原因来自于个人对职业的选择和组织选拔两方面。选择法律工作或城市工程工作的人有很多共同点，选择管理职业的人也同样。对于具备下面这些领导特质的人，如智力高、自信、社交能力强，更可能被知觉为领导者，也更受到鼓励去追求可以实施领导的职业。同样，组织也将具有领导特质的人选拔和招募到领导岗位上来。其结果是，无论性别如何，在组织中正式领导岗位上的个体倾向于更为相似而不是不同。

当然，也有一些研究表明在潜在的领导风格方面男性与女性存在差异。女性倾向于采用更为民主型的领导风格，她们鼓励参与，与下属共享权利和信息，并努力提高下属的自我价值。她们通过包容进行领导，并依赖她们的领袖魅力、专业知识、人际交往技能来影响他人。男性则更乐于使用指导型、命令加控制型的风格，他们以自己岗位所赋予的正式权利作为影响基础。但是，与我们前面的结论一致，这些发现是有其限定条件的，在男性掌管的工作中，女性领导者更为民主的倾向性减弱了。显然，此时的群体规范和男性领导者角色的刻板印象大大超过了个人偏好，因而女性在这些工作中放弃了她们本质的风格而以更为专制的风格采取行动。

由于男性在传统中一直处于组织中的主要领导岗位，因此人们可能会认为男性与女性的差异必定对男性更为有利，但事实并不尽然。在今天的组织中，灵活性、团队工作、信任和信息共享的特点迅速取代了僵化的结构、竞争的个体主义、控制和保密这些特点。最好的管理者认真聆听下属的意见，充分激励和支持他们的下属，他们实行鼓励和影响而不是控制。很多女性做这些事似乎比男性更为出色，比如，目前组织中越来越多地使用交叉功能型的团队，这意味着有效的管理者必须成为高水平的谈判者。女性的领导风格使她们在谈判方面更为有利。她们并不像男性那样过分看中输赢和竞争，而是在持续关系的背景下进行谈判——她们努力使对方从自己的角度上看自己也是个成功者。

(二)通过授权而领导

近 10 年来一个重要发展趋势对领导有重大意义，这就是在管理者中推行授权(empowerment)工作。具体而言，专家们向管理者建议，有效的领导者与下属共享权利和责任。授权的领导者角色是：表现信任，展示前景，清楚阻碍绩效提高的障碍，为员工提供鼓励、激励和辅导。率先迈进“授权浪潮”的国际知名公司有通用电气公司、英特尔公司、福特公司、土星公司、斯堪的纳维亚航空集团等。另外，还有更多的公司在实施全面质量管理时把授权活动作为努力的一个方面。

如果你对领导的权变观点非常重视，那么这种大范围的授权运动是否会令你感到有些陌生？如果是，那就对了。为什么？因为授权运动的支持者一直倡导的是领导的非权变观点，即将指导型、任务取向型和专制型的领导方式废除，代之以授权方式。

目前授权运动的问题在于，它忽视了领导可以共享的程度以及领导共享的有效性条件。一些因素如精简机构、员工技能的提高、组织对继续培训的承诺、全面品质管理项目的实施、自我管理团队的引入，毫无疑问使得运用授权进行领导的情境数量增加，但绝不是所有情境！对授权运动毫无保留地接受，或把它作为领导的通用观点，绝不是最佳流行的方法。

(三)追随者的情况如何

曾经有人说过，成为优秀领导者的条件是有“一流的追随者”。这句话虽然听上去有些讽刺意味，但事实上有它的道理。我们都知道许多管理者无法“牛不喝水强按头”，但事实上，也有许多下属并不跟随队伍。

直到最近我们才认识到，成功的组织除了要有能够统领的领导者，还需要有能够追随的跟随者。事实上，任何组织中下属的数目远远多于领导者，因此可以说，无效的追随者比无效的领导者会对组织造成更大障碍。

有效的追随者应具备什么样的品质？一个研究者概括出 4 个方面。

(1) 他们能够很好地管理自己。他们能够自我思考、独立工作，不需要具体指导。

(2) 他们能够对目标作出承诺。有效的追随者除了思考自己的生活之外，还会对一些事情做出承诺，如一个目标、一件产品、一个团队、一个组织、一种想法。大多数人都喜欢和除了体力投入之外还有感情投入的同事合作。

(3) 他们建构自己的能力并为达到最佳效果而付出努力。有效的追随者掌握那些对组织很有用的技能，他们对自己设置的绩效目标比工作要求和工作群体的要求更高。

(4) 他们诚实、有勇气、值得信赖。有效的追随者是独立而有判断力的思考者，他们的知识和评价均值得信赖。他们有很高的道德标准，信誉良好，敢于对自己的错误承担责任。

第三节　领导功效和领导者影响力

一、领导功效

所谓领导功效就是指领导行为的成功性和有效性。

如果一个领导者试图对他人或群体的行为产生某种影响以期达到预期的目标，称这种影响为“试图的领导”。其结果可能是成功的，也可能是失败的。但成功的领导不一定都是有效的。我们所需要的领导应是成功而又有效的。

如果领导者甲试图影响群体乙去做某事，从表面上看乙完成了这件事，可以说甲的领导行为是成功的；若乙没有完成这件事，可以说甲的领导行为是不成功的。但是深入一步来看，却没有说明乙是在什么动机支配下去完成这件事的，如图 8-7 所示。那么怎样来看甲的领导既是成功的又是有效的呢？

从行为科学角度讲，所谓有效或无效，主要表现在乙做这件事是心悦诚服的，还是迫于某种压力的。如果乙去做这件事是由于甲的位置权力——如甲掌握的奖励和惩罚的权力使乙不敢不去做，那么对于甲领导来说，可以认为是成功的但不是有效的，如图 8-8 所示。

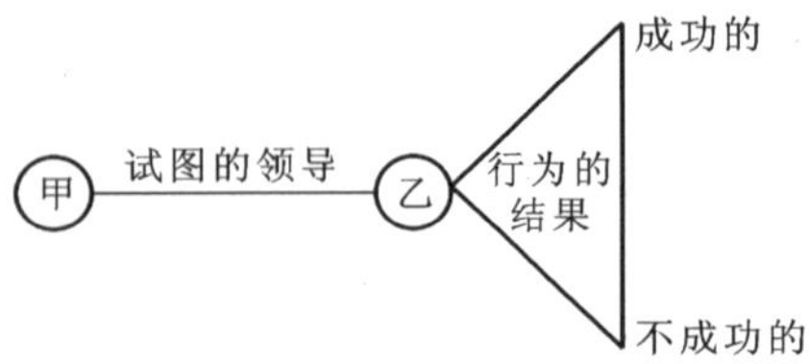

图 8-7　成功的与不成功的领导

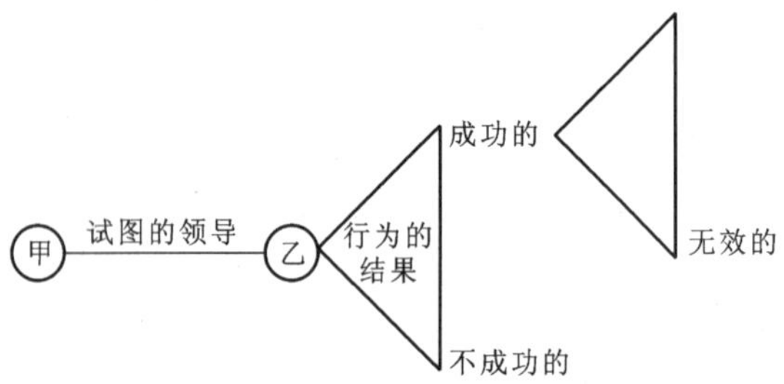

图 8-8　成功而无效的领导

如果甲加强与乙的信息沟通，事先向乙说明这件事的必要性与可能性，并虚心听取乙的意见，将做这件事变为乙的自觉行动，即甲的领导方式符合乙的心理愿望，乙认为在这个活动中可以直接或间接地达到自己的目标，从而按要求完成了这件事。这时可以说甲的领导是成功的而且是有效的，如图 8-9 所示。

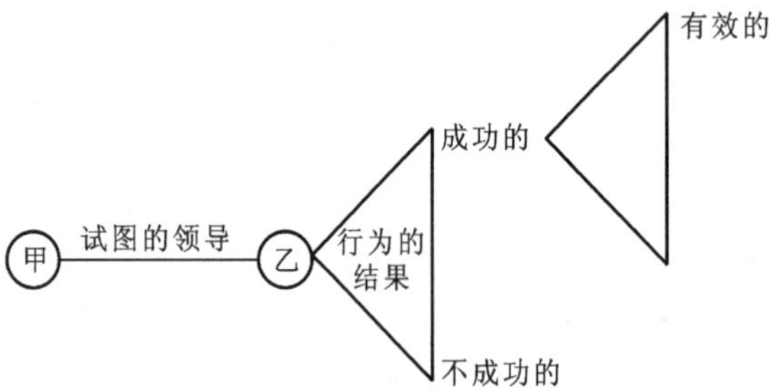

图 8-9　成功而有效的领导

成功是一项硬指标，它与一个人或一个群体的行为有关，是以工作绩效来衡量的。而有效性则是一项软指标，它描述了个人或群体的状况或倾向，因而是一种态度上的观念，是以个人或群体的态度来衡量的。

如果一个领导者只以成功为念，则他倾向于强调位置和权力，并使用严密的监督和控制。如果他既想成功而又求有效，他不仅依靠位置权力，而且也会尊重别人，给人以自我实现的机会，他采用的监督和控制手段也是一般性的。

管理工作的实践表明，一个成功而无效的领导者只能在短期内影响别人的行为。久而久之，下级会与他产生对立情绪，甚至会团结起来反对他。因此，这种领导者如果不进行自我改造和自我更新，是无法继续担任领导工作的。成功而有效的领导者不仅能在短期内影响别人的行为，而且由于获得了下级的理解和信任，又为未来工作的顺利展开奠定了坚实的基础。因而这种领导者的领导行为是有长期效益的。

二、领导者的影响力

领导者要实现其领导功效，一个极其重要的因素就是领导者必须具有影响力。所谓影响力，就是指一个人在与他人交往中所表现出来的影响和改变他人心理状态和行为的能力。

任何一个领导者都拥有两种不同的影响力，即强制性影响力和自然性影响力。

(一)强制性影响力

强制性影响力，又称权力性影响力。权力既是一种控制力，又是一种影响力。权力是构成一切正式组织的必要条件。一个组织的领导如不具有某些合法权力，就不能称之为领导，也不能维持正式组织并发挥其作用。所谓权力影响力，就是合法权力所产生的效果，合法权力是一切权力的基础，而影响力所产生的种种权力只是合法权力的派生物，合法权力可以由国家的法律、法令和主管部门的决议、命令等直接规定，也可能是参照有关内容精神而做出的规定。

领导职位要求它的承担者在一定的职权范围内有规划、决策、指挥和控制的权力，以推进它所负责的工作。没有这种权力影响力，也就无法行使自己的领导职能。

权力影响力在于它对人的影响带有强迫性、不可抗拒性。它对人在心理和行为上所产生的影响作用主要表现在以下两个方面。

(1) 控制权。如决策权、指挥权、人事任免权、财务审批权、物资分配权等。而这些权利，又是领导者进行控制活动的经常而又必要的手段。

(2) 奖惩权。当被领导者严格按照领导的意图而行动并取得预期的成效时，领导者有权奖励他，使他感到愉快和满足。当被领导者违抗领导的意图或拒绝接受其命令时，领导者有权实施某些惩罚性手段。奖和惩是相辅相成的，二者的目的也是一致的。

强制性影响力的构成因素，主要有以下几个方面。

(1) 传统因素。传统因素是指人们对领导者的一种由历史沿传而来的传统观念。历史学家研究指出，传统首先来源于恐惧，其次是社会服从，从恐惧到服从经过不断的制度化，深入到社会的各个阶级结构与意识形态，从而成为人类社会一种特殊的影响力量。现实生活中常会看到这样一种现象，有的人对领导的服从可能出于尊敬他的高明之处，但有的人却是盲目地认为掌权者都是对的，因而对领导者产生一种服从感。

服从领导是人类社会得以发展的基本条件。一个组织的成员，只有服从领导，才能在满足组织需要的同时，也满足个体的需要。正因为有“服从”，个体才能与社会相适应，成功地占据社会结构中的某一特殊位置，并扮演与之相适应的角色。被领导者不仅把领导者看作自己各方面信息的主要承载者，而且也把领导者视为团体的代言人。这种观念的不断强化，赋予领导者一种特殊的魅力，这就是传统因素的力量。

(2) 职位因素。只要一个人承担了某一个职务，他就掌握了这个职务所提供的法定权力。社会心理学认为，社会权力是形成领导影响的基础。权力是一种制度化的力量。权力就是在个人或集团的双方或多方发生利益冲突或价值冲突的形式下执行强制性控制。在现实生活中，权力往往表现为一种“位置”或“地位”的力量，即“职权”。由于他们担任不同的职务，就执有不同程度的控制权。现代社会所有的组织结构，几乎都有一个完美的金字塔形式，每个人按位置顺序置于一个特有的位置上。权力和控制是从金字塔的顶端逐渐向下延伸的，而服从和负责是从金字塔最基层由下而上的。

总之，权力因素是领导影响力的重要构成因素，是实施领导的重要手段。任何领导都必须合理、恰当地运用它。否则，滥用权力，将会事与愿违。

(3) 资历因素。领导者影响力的大小，与他自身的资历是密切相关的。领导人物的光荣历史、非凡精力，往往能使被领导者产生一种敬重感。资历是资格和经历的合成。在一定程度上能够反映出一个人的实践经验和能力。所谓经验，一般是指人们在社会实践中得来的知识和技能。它既包含直接接触客观外界所得到的局部的感性认识，又包含把感性条理化、系统化以后又升华为具有普遍意义的理性认识；既包含现实的经验总结，也包含历史证明了的结论。由于人们的学习情况、工作性质和活动范围不同，他们的经历各不相同，所积累的经验也各具特色，于是在人们心目中，形成了充任某种“社会角色”的资格。

由于“资历”与一个人的实践经验有关，因而是构成领导强制性影响的又一重要因素。

强制性影响力来源于领导者的职位权力。一个人掌握了这个职务所提供的法定权力，他的一言一行就与普通人有差别，就会比普通人的言行具有更大的影响力。这种影响力具有强制性，下级几乎是被动的接受影响，其影响持续的时间以该领导者居于领导者职位的时间为限。

(二)自然影响力

自然影响力，又称非权力性影响力。它与权力性影响力不同的是，它不是外界赋予的那种奖励和惩罚别人的手段，而是来自于个人的自身因素。其中包括领导者的道德品质、文化知识、工作才能和交往艺术等。正因为它不是仰仗社会所赋予领导者的职务和地位权力而获得的，而是领导者本身主观努力和自身行为所造就的。所以，它与强制性影响力不同，不仅仅属于社会结构中居于领导者角色地位的人。例如，在一个企业的车间里，一位受尊敬的老师傅的话往往会比班组长甚至车间主任还管用，其原因在于他所具有的自然影响力。

自然影响力的特点在于：它对别人所产生的心理和行为影响是自然的，是建立在信服和敬佩的基础上的，它不是靠社会权力而使被领导者被动地服从，而是以领导者自身思想修养、作风、才华去激励群众的自觉性和积极性。它可以汇集群体所有成员的潜能，巩固彼此之间的团结，形成巨大的向心力，从而使人感到可爱、可敬、可信，使人言听计从，心悦诚服，在行动上表现为自愿、主动。因此，自然影响力是领导影响力中更重要的一个方面。

自然影响力的构成因素包括品格因素、能力因素、知识因素和感情因素。

(1) 品格因素。领导者的品格因素主要是指领导者的道德、品行、个性、作风等，它反映在领导者的一切言论和行为之中。优秀的品格会给领导者带来巨大的影响力，能使人产生由衷的敬重感。例如，身先士卒的将领，廉洁奉公的上司，都会给人们表率的形象。而领导者的品格上出现了毛病，不管他的职位多高，权力多大，他也会在人们心目中出现“信任危机”。因此，领导者只有注意加强品德修养，光明正大，大公无私，全心全意为人民服务，才能成为广大群众真正拥戴的领导人。

(2) 能力因素。一个成功的领导者固然要有崇高的思想品德，但决定事情成败的关键，还在于其能力素质。曾经有人以这样的公式来表示效果、动机和能力的关系。即活动效果=动机×能力。这就说明在其他条件相同的情况下，从事相同的活动，能力高的人总比能力低的人取得更好的效果。能力总是通过实践活动表现出来，一个无能力的领导者，即使品格再高尚，其在群众中的威望也是不会高的。如果德高望重，加上智多识广，做到德才兼备，自然就会对工作产生加倍的影响力。在现实生活中，群众十分佩服那些才华横溢的领导者，而且十分愿意在其领导下工作，这样也增加了集体的向心力。

(3) 知识因素。知识就是力量，就是财富。谁掌握了知识，谁就拥有了认识和改造世界的力量，谁就可以为社会创造更多的财富。心理学研究表明，一个人所具有的能力和他所掌握的知识和技能是互相联系、互相制约的。一方面，知识和技能是能力形成的基础。任何人在某一方面所具有的能力或才干，都是经过刻苦的学习与训练获得的。而且，一个人所获得的知识，还能促进其能力的发展。另一方面，人们掌握知识和技能，要以一定的能力为前提，即掌握知识和技能的难易和速度依赖能力本身的发展。因此，作为一个领导者，如果他在科学文化或技术方面具有专长或某种特殊能力，就会对他人产生种种影响力。我们党一直要求领导者年轻化、知识化和专业化，目的就是提高领导者的自然性影响力。

(4) 感情因素。领导活动本身就是领导者与被领导者相互交往、相互作用、相互影响的过程。在这个过程中，领导者能否把全体成员团结在一起，共同为实现组织的目标而奋斗，除了与他自身的道德品质、学识才干等因素密不可分外，领导者与被领导者之间的感情因素，也是极其重要的。感情之所以重要，主要是由于它能成为人们行动的动力：一个科学工作者，只有对科学怀有满腔的热情，才能鼓励他在攀登高峰的崎岖小道上，不畏艰险，勇往直前；一个无产阶级的战士，只有对祖国和人民充满无限的热爱，才能为了大多数人的幸福，在枪林弹雨中冲锋陷阵，不惜付出生命代价。人的感情是多种多样的，常常表现为肯定和否定的两极。它可能成为人们积极行动的动力，也可能成为人们消极行动的力量。在领导活动中，当群众对领导者及其行为产生亲密的感情，并把他引为知己时，二者之间就会发生心理上的共鸣，从而使领导者的意志和决策比较容易地变成下属的决心和行动，否则，就会造成双方的心理距离，产生排斥力、对抗力。因此，领导者要密切与群众的感情，加强心理协调，因人而异，见机行事。同时，经常调整自己的心理状态，以便适应各种类型的对象，找到感情默契的途径。

自然影响力是来源于领导者个人的特质。这种影响力是领导者依靠自己的以身作则和才干形成的。因而这种影响力的实现过程是一个极其自然的过程。在这个过程中，下级是在崇敬诚服的心理基础上自觉地接受领导者的影响的，其持续的时间往往不是以领导者是否掌握法定权力为界限。

领导者影响力的构成，以及影响力发生影响的途径，可以用图 8-10 来描述。

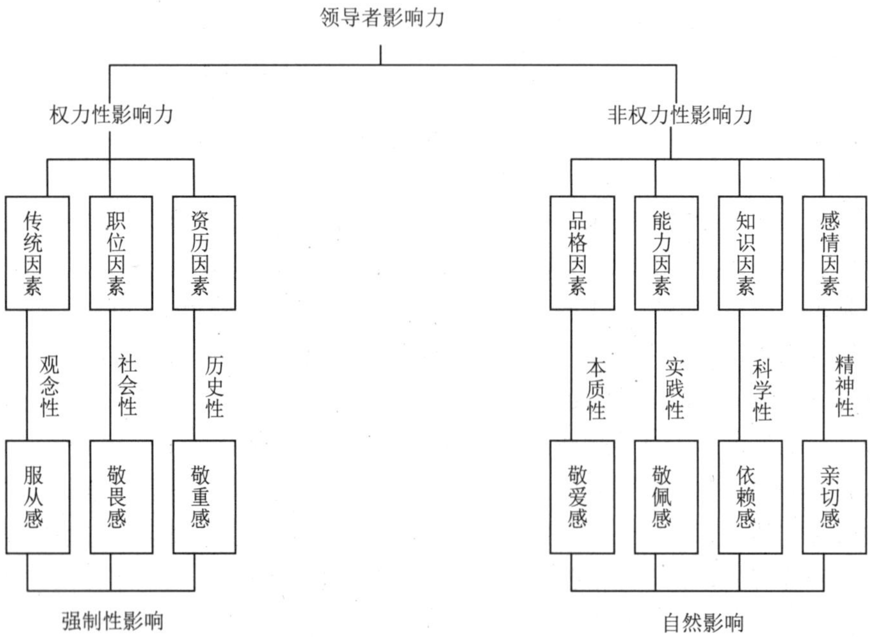

图 8-10　领导者影响力构成图

一般来说，任何一个领导者都同时拥有两种影响力，但对不同领导者来说，究竟哪种影响力占主导地位，却各不相同。对于那些成功而有效的领导来说，他不仅拥有两种不同的影响力，而且非权力性影响力占主导地位。而对于那些不成功的领导者而言，可能他所具备的两种影响力都不足以构成对他人或群体的影响，或者这两种影响力都发挥得不适当。

复习自测题

1. 解释下列概念:

(1)领导; (2)领导者; (3)正式领导者; (4)非正式领导者; (5)成熟度; (6)任务行为; (7)关系行为; (8)公仆型领导; (9)领导功效; (10)领导者影响力。

2. 简要讨论影响领导风格选择的因素，将这些因素和不同的领导风格联系起来。

3. 如果你现在是一名督导，你认为你的领导风格会处于领导方格图上的什么位置？请解释你会如何分配你对员工的关心和对生产的关心，为什么？

4. 布兰查德是如何定义成熟度的？其他领导理论中是否也包括了这一权变变量？

5. 对比英雄型督导和培育型督导的特征，你认为大多数英雄型领导风格的督导都有转变为培育型领导风格的能力吗？为什么？

6. 在你的经历中，或通过读物，见过变革型领导者吗？请列举你认为他们是变革型领导的理由。

7. 交易型领导与赫塞和布兰查德的组织和指示风格有什么不同？

8. 公仆型领导风格中什么特征或特点最吸引你？

第九章　团 队 建 设

【学习目标】

学完本章，应该能够：掌握群体和团队的概念；了解群体的类型；说明群体发展五阶段模型；解释在饭店业中为什么需要团队精神；阐述有效团队的特征；理解影响团队效率的关键因素。

【关键词】

群体(group)
协同作用(synergy)
团队(team)
简单型工作团队(simple work team)
接力型工作团队(relay work team)
一体化型工作团队(integrated work team)
解决问题型工作团队(problem-solving work team)
自我管理工作团队(self-managing work team)

饭店督导利用各种资源(员工、设备、工作程序、公司政策等)为客人提供产品和服务，并为行业创造利润。完成以上任务的最佳选择之一是创建高标准的工作团队。

本章首先为群体和团队下定义并比较二者的区别。接着，描述饭店行业中各类团队组合。然后，还将讨论影响团队效率的因素。最后，详细探讨督导作为团队领导的作用，并放眼未来，勾勒出团队发展的前景。

第一节　工作群体

一、群体的概念

关于群体的定义有很多种。我们更满意的一种定义是，群体(group)就是能够为达到一个或者数个共同目标而定期相互沟通和共同工作的两个或两个以上的人。这个定义重点突出了至少要有两个人共同工作才能构成群体。如果群体太大，成员之间相互影响就会变得困难。于是较小的群体便应运而生。但也要记住，霍索恩(Hawthorne)的一项研究发现，群体既可能支持组织的目标，也可能完全违背组织的目标。

从管理的角度来看，我们总是希望能够获得协同增效作用，并能够最大程度地利用员工的潜能，这时组织就需要有群体。协同作用(synergy)是这样一个概念：两个或两个以上的人以协作、配合的方式工作能够比他们各自行动获得更高的绩效。换句话说，协同作用意味着整体要大于部分之和。这在使用群体完成特别任务时表现得尤为明显。假设有一个五人特别任务群体要去解决一个事关整个组织的问题。如果这个群体能够获得有效的解决问题的方式，那么协同作用可以用数学方式定义为1+1+1+1+1>5。

对督导管理者来说，理解群体或者群体的发展过程至关重要，因为工作群体或者团队能够产生管理者为达到目标而需要的增效效果。

二、群体的类型

组织中的群体既有可能是正式的，也有可能是非正式的。正式的群体是由组织设定的群体。最普遍的情况是群体由一名管理者及其直接下属组成。非正式群体也是从正式组织中产生的，只不过他们不是由管理层设定的，也不会在组织的结构中体现出来。比如一个朋友式的群体，他们喜欢在午餐时讨论各类体育运动。

(一)正式群体

正式群体(formal group)是为了有利于实现组织目标而由组织建立和指导的群体。它们通过有意识的安排而把个人努力引导到一个合适的方向上。在大多数组织中，正式群体有几种基本类型。

1. 命令群体

最普遍的类型称为命令群体(command group)，或称指挥群体。命令群体由组织结构决定，它是由一名指派的管理者和其直接负责的下属组成。这样的群体很多。例如，在一家饭店中，一个命令群体可能由一个领班和12名由其直接负责的服务员所组成。又如，在一家工厂中，一个命令群体是由生产经理和6名倒班组长所组成。依次类推，以倒班组长为首的命令群体由其本人和各自的下属所组成。因此，多数组织的等级制度是一系列相互衔接的指挥群体。

2. 任务群体

还有一种类型称为任务群体(task group)，也是由组织结构决定。它是指为完成一项工作任务而在一起工作的人。但任务群体的界限并不仅仅局限于直接的上下级关系，还可能跨越直接的命令关系(隶属关系)。例如，如果一个在校大学生违反了校规，那么就需要在教务主任、学生处处长、保卫处处长、学生辅导员之间进行协调和沟通。这些人员就组成了一个任务群体。应该指出，所有的命令群体都是任务群体，但因为任务群体可以由来自组织各个部门、各个层次的人组成，因此，任务群体不一定是命令群体。

在多数组织中，正式群体还有另外几种普遍类型，其中包括特殊任务组和委员会(committee)。特殊任务组是临时组织起来的群体，它们成立是要实现特殊的目标或解决特殊的问题。它们常常从组织中的各个固定岗位上抽调成员组成。例如，一个改善工作条件的特殊任务组由一名生产工人、一名工会干事、生产经理和人事经理所组成。委员会通常是永久型的群体，它处理一般的命令群体结构范围外的经常性的任务。例如，一所商学院可能成立一个由各个系的教学行政人员组成的委员会，专门研究毕业计划政策。

(二)非正式群体

除了由组织为了实现组织目标批准的正式群体外，在所有组织中，还存在非正式的群体构成。非正式群体(informal group)是在组织成员对共同利益的反应方面自然形成的群体。它们极少得到组织批准，它们的成员资格常常和正式群体相交叉，使非正式群体产生和发展的共同利益一般包括自我防御、工作帮助和友谊等。

1. 利益群体

非正式群体常见的一种类型称为利益群体(interest group)。那些属于或不属于命令群体和任务群体的人，都可能加入利益群体。在利益群体中，大家是为了某个共同关心的特定目标而走到一起来的。比如，公司中有些员工为了修改休假日程，或为了帮助一个被解雇的伙伴，或为了增加福利，或共同为了解决一个软件问题，而结合在一起，组成一个群体，以实现他们的共同利益。

2. 友谊群体

还有一种非正式群体往往是由于其成员具有某些共同的特点而形成的，我们把这种基于成员共同特点而形成的群体称为友谊群体(friendship group)。这种群体往往是在工作情境之外形成的，它们所赖以形成的共同特点可能是年龄相近、支持某个球队、同一所大学毕业、观点相同，等等。友谊群体也有共同的利益，但是他们在本质上更加社会化一些。

尽管非正式群体并不是正式组织中的一部分，但有时也被看作一个正式的工作群体。相对于正式群体的管理者，群体的成员往往会更加忠实于非正式群体的管理者。

非正式群体通过满足其成员的社会需要而发挥着重要的作用。由于工作场地的接近和任务联系的密切而导致交往比较频繁，我们可以看到员工在一起打球，一起上下班，一起吃午餐，一起度过工休时间。应该认识到，即使员工之间的这种相互作用是非正式的，它们对员工的行为和绩效的影响也是深远的。

图 9-1 表明了一个管理者是如何成为一个组织中不同群体的成员的。

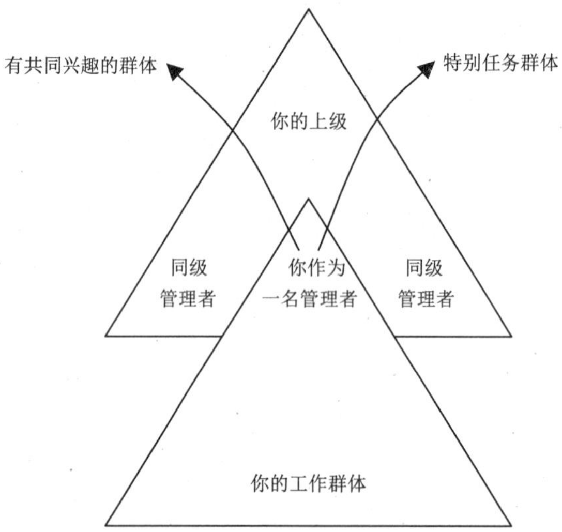

图 9-1　作为不同群体的成员的管理者

应该强调，非正式群体中的利益群体是一个以工作为目的的正式组织的自然结果。就这一点而论，这种群体的存在在本质上分不出好或坏。为了自我防御而形成的非正式群体，可能是一个使组织苦恼的事物，但是它们也可能表明组织中存在不公平的现象，这样就能够使问题易于解决而不是留下隐患。同样，在帮助完成工作方面形成非正式联盟的现象是非常普遍的，如果它们魔术般地突然消失，许多组织将无法正常运转。另一方面，这种群体构成可能会有助于个人完成自己的工作，但是却牺牲了组织的整体目标。最后，以简单的友谊为基础形成的群体可以加强正式的任务合作并提高工作满意度，减少缺勤和离职。相反，我们所有的人也观察到过这种情况，同事之间只顾畅叙友情，以至于没有抓紧时间完成任何工作。

三、群体的评价

群体，无论是正式的还是非正式的，都是组织生活中真实存在的。在前面的内容中，我们已经解决了许多与群体有关的问题。这一部分，我们将讨论群体的主要优点和局限。

(一)群体的优点

群体的主要优点有：①为员工提供了满足需要的机会；②能够比个人行为更有效。

1. 提供满足需要的机会

群体成员关系给成员提供了满足安全和社会需要的机会，并且提供了满足更高层次的尊重和自我实现需要的机会。群体的成员关系可以使其成员获得很大的满足。比如，作为一个有着很高运行效率的问题解决群体的成员，你会有很强的自豪感。有时，当在群体中和别人一起工作时，一项你原认为是苦差事的任务可能也会变得不那么讨厌。表 9-1 总结了人们加入群体所能满足的需要和利益。

表 9-1　人们加入群体满足的需要和利益

需　要	利　益
安全需要	通过加入一个群体，个人能够减少独处时的不安全感。个体加入一个群体之后，会感到自己更有力量，自我怀疑会减少，在威胁面前更有韧性
归属需要	群体可以满足其成员的社交需要。人们往往会在群体成员的相互交往中，感觉到满足。对于许多人来说，这种工作中的人际相互作用是他们满足归属需要的最基本的途径
自尊需要	群体能使其成员感到活得有价值。也就是说，群体成员的身份除了能够使群体外面的人认识到群体成员的地位之外，还能够使群体成员感到自己存在的价值
地位需要	加入一个被别人认为是很重要的群体中，个体能够体会到被别人承认的满足感
权力需要	权力需要是单个人无法实现的，只有在群体活动中才能实现
实现目标的需要	有时，为了完成某个特定的目标需要多个人的共同努力，需要集中众人的智慧和力量。这时，主管人员就要依赖正式群体来完成目标

案例

福特的金牛/紫貂项目就是一个很好的例子。尽管典型的新车项目需要计划、设计、建造和生产小组以先后次序来完成自己的任务，是一个按部就班的过程，但是福特的金牛/紫貂项目则使用了一个“群体”将从头开始的所有群体联合起来：设计者要求从过程的开始就进行生产投入；大量的能够被流水线上的工人所接受的改革也纳入这个过程，使得他们能够更高效地工作，并且取得高质量的成果。甚至供应商也成为早期计划过程的一部分。

由于金牛小组的巨大成功，福特也许不会再回到那种隔离的、独立的和连续的旧底特律体系上去了。

2. 能够比个人行为更有效

协同作用的概念就是二加二可以等于五。这是群体潜在的主要优点之一。持有不同观点、经验和技能的成员通常可以组合起来为了群体的利益而工作。此外，群体中的个人在工作时常常可以感到集体的责任，这往往会带来更高的激励和责任感。

(二)群体的局限性

群体的局限性包括：①鼓励群体性虚耗；②可能会分散职责；③可能会比不上个人行为的效率。

1. 鼓励群体性虚耗

群体性虚耗(social loafing)这个词可以用来描述和群体成员共同工作时的“搭便车”行为。我们都知道有那样的一些群体成员存在：他们不尽自己的职责，没有作为群体的一部分来完成群体的学期报告或整理班级演讲的思路。总的来说，群体性虚耗的发生是由于部分成员认为自己对于群体的影响并不是那么重要，或者他们希望搭便车。搭便车者如果还是能够和那些真正负起自己职责的人一起获得同样的奖励和认可，那么搭便车的行为就会得到进一步的强化。

2. 分散职责

职责在群体成员之间的分散同群体性虚耗有些关联，并且是它的主要成因之一。由于每人只能做项目的一部分，所以没有人会觉得要为整个项目负责任。分散的职责会导致群体的一种尴尬的状态：成员不再为自己的行为负责。那种“啊，什么东西”的态度，以及“他们会处理”的思想会致使无政府散漫主义出现。这也意味着更多平凡的、日常的以及不合意的工作会被忽略掉，每个成员时刻都在想着其他人会完成那些工作。

3. 可能不比个人运行更有效

尽管协同作用是一个吸引人的话题，但是一个令人无法回避的事实是有时二加二等于三。一个经典的研究非常明白地表明了这种效应。要求一个三人的群体拉一根绳子，其拉力应该是每个人拉力的三倍。事实完全不是这样：群体施加的拉力只是两倍半于每个人的平均拉力。

这样，由于存在群体性的不劳而获、职责分散和其他的因素，群体未必比个人更为有效和更有生产效率。

第二节　群体的形成与发展

一、影响群体形成的因素

什么因素决定一个随机的个体集合有可能呈现和保持一种群体的特性？我们在前面已经对这一问题做了某些尝试性的回答，在这一节将进行更系统的考察。在正式群体的问题上，我们的兴趣在于了解组织形成命令群体、特殊任务组和委员会的条件。在非正式群体的问题上，我们关心在正式工作环境中促使其自然形成的因素。

(一)相互作用的机会

相互作用的机会增加了群体形成的可能性。当人们同其他人相互作用时，能够认识到，他们可以通过相互依靠来达到共同目标。影响相互作用机会的一个关键因素是邻近性或身体距离。在其他条件相同的情况下，在一定时期内身体位置互相接近的人，更有可能互相吸引并形成群体。因此，像在一个办公室的工作人员、一架民航客机的机组人员等各种各样的工作人员中，工作岗位的邻近性是预见非正式群体形成的一个有效因素。

有时，身体距离和相互作用之间的关系受到所谓的心理距离的制约。换句话说，某种因素能够增加或减少同事之间可以感觉到的或者表面上的距离，因此在一定程度上影响了相互作用。这些因素之一是社会职位。心理距离也受到建筑障碍的影响。例如，一堵位置有决定性作用的不透明的墙壁或者玻璃屏障可以出人意料地减少仅仅以个人之间的距离为基础的相互作用。

回过头来，让我们看一看正式群体。管理者知道，只有其成员的相互作用达到一个必要的程度，群体才能变成并保持为一个真正的群体。因此，在正式群体中经常“引进”相互作用的手段，最经常的是加强群体成员的身体邻近性。组织也采用电话会议和面对面的会议缩短群体成员之间可能存在的身体或心理距离。但是，有时最好的加强相互作用的计划也会受到阻碍。例如，有一家富有创新精神的油漆厂，其安全规定要求建立一堵防爆墙把油漆填充和包装任务分隔开，这使既负责填充又负责包装的包装组成员常常抱怨这个有形障碍给班组工作带来的麻烦。正式的班组工作成员之间的相互作用受到必不可少的建筑障碍的限制。

(二)目标完成的可能性

即使当个人之间相互作用的机会很充分时，如果缺少有利于目标完成的可能性，群体关系也不会发展或持久。在非正式的群体关系方面，你不可能同工作中相互作用的每一个人成为朋友。同样，在最终达到目的时或认为不可能达到目的时，像特殊任务组或委员会等正式工作群体可能会被解散。这里，可以把群体目标划分为下列几种类型。

1. 物理目标

物理目标揭示了群体形成和维持的最明显的动机。当两个史前人发现他们一起行动能够移动一块独自一人不能移动的石块时，就已经认识到，群体成为一种成倍增加人力的有效手段。一个单独行动的人绝对不能建立起一座摩天大楼或者扑灭一场大火。利用群体完成物理目标的一个附带效果是社会助长效应。这是一种人们在其他人面前比单独一人时更能精神焕发地完成一项他熟练掌握的任务的倾向。因此，一名手持凿岩机的操作工在同事面前比他单独工作的时候干得更起劲。虽然有时“其他人”可能仅仅是旁观者而不是群体成员，但是，可以想到，社会助长效应的产生是因为行动者对“其他人”关于其绩效可能做出的评价十分敏感。在正常的工作环境中，这种评价特别可能来自于直接的工作群体的成员。因此，群体成员资格对目标完成既有直接的，又有间接的效果，前者通过努力的加倍，后者通过社会助长效应发生作用。

2. 智力目标

通过共同努力完成智力目标的可能性也是群体形成的一个因素。与“两个人的智慧胜过一人”的观念相一致，人们常常组织成群体来解决面临的问题和完成决策任务，例如决定政治策略、设计桥梁或者审查借贷申请等。在某些情况下，必须通过群体努力才能完成一个智力目标。例如，一个人不可能完全掌握设计一台复杂的计算机所必需的全部智力技能。而在另外一些情况下，达到一个智力目标不一定需要群体努力，但有可能利用群体努力提供思想火花或者得到对某一选择方案的赞助。例如，一名合格的建筑设计师不用帮助也有能力设计出一个切实可行的桥梁建筑方案。但是，成立设计组可以提出一个更有创造性的、第一流的方案，并且使组员确信它完美无缺。

3. 社会情感目标

取得社会情感目标的机会也影响群体的形成。这是一些同马斯洛的需要层次理论中的中间类型的需要(安全、归属和尊重)相联系的目标。如上所述，大多数人与他人交往的愿望很强烈，形成非正式的友好群体，能够使他们实现这一目标。

在安全需要层次方面，大量证据表明，当环境存在压力或存在威胁时，可能会形成群体。例如，在自然灾害期间，平素互不讲话的邻居会自发形成有效地救援和保护受难者的群体。在组织方面，罢工委员会的形成和工会组织的发展，都可以证实非正式群体的形成是压力和威胁的产物。战争期间在军事人员中形成的密切的、发自内心的友好群体也是一个典型例子。

除人们仅仅由于纯粹的恐惧或感到压力倾向于结成群体外，进一步思考提出了更合理的动机。首先，有压力的情境是过去未遇到过的、令人慌乱的情境，那些感到压力的人可能拿不准应如何反应，即什么样的情绪是适当的。当这种情况发生时，处于同样困境中的其他人可以提供某些有用的信息(“敌人将在黎明时刻到达这座山头，我的战友很镇静，因此，我也应该镇静。”)。另外，在对压力的反应方面，非正式的群体成为一种实际对抗压力来源的社会结构。例如，由于工厂倒闭的传闻而感到受到威胁的雇员，可能会联合起来弄清事实，并向他们的代表谋求帮助。

群体成员资格可以取得的另一个社会情感目标是自尊。在许多情况下，这种成员资格能够使群体成员借助群体的力量或声望提高自己。“我们改变了董事会的意见”或“我们队总是夺取大学生联谊赛冠军”等，这些说法都是通过群体力量得到自我尊重的表现。同样，一个警察宣称“我的小队总是使大多数罪犯难逃法网”，他以自己是一个有威望的群体中的成员得到了自我尊重。无论哪一种情况，群体成员资格都可以使人们得到从个人身上难以得到的社会情感报酬。甚至最不入门的新手也能从和其同事的联系中享受到自豪感。

社会情感目标也可以在正式的群体发展中起作用。例如，一名银行行长坚持主张，所有高额贷款申请都要由银行集体审查，这可以在决策失误的情况下，提供一定程度的心理安全感。同样，组织善于利用特殊标记和服装来提高自我尊重和工作群体的一致性。

(三)成员的个性

除了相互作用和目标实现的机会外，个人特性是否有助于群体形成和维持？换句话说，是不是“物以类聚，人以群分”？是不是“同性相斥，异性相吸”？当然，与这类题目相联系的民间谚语举不胜举，它们大多数是从对友谊和婚姻形式的偶然观察中得到的。

首先，让我们明确个性意味着什么。我们已经确定，在实现物理的、智力的和社会情感的目标方面，特殊的共同利益常常促使群体形成。但是，仍然存在一个问题，即态度和个性特征等更抽象的特性是否影响群体形成。

关于态度方面的证据是相当明显的——人们易于对那些具有类似态度的人发生兴趣，特别是当这些态度和他们所处的社会环境有关的时候。因此，对其工作不满意的工人可能互相吸引，并且更喜欢在一起工作。

关于个性特征和群体形成是否有关的证据较为复杂。首先，和态度与群体形成之间的关系一样，个性特征的相似有助于结成群体。因此，有高层次需要的推销员可能特别渴望与有类似特性的其他人交往。但是，在个性范围中也有“异性相吸”的例子。例如，个性很强的人可能要寻找顺从的人作为同伴，反之亦然。同样，内在控制型和外在控制型的人有时彼此之间会相互吸引。因此，个性特征和群体的形成以及维持之间的关系取决于具体特性和发生相互作用的环境。

为什么态度和个性特征对相互吸引及群体的形成和发展有影响？首先，人们会遇到思想、行为、感觉方式与自己相同的人。这种相似性告诉我们，不管我们如何孤僻，我们在世界上并不是孤立的。其次，相互吸引和相互作用可能表明，他们有具体的共同目标，这种目标可以通过建立一种关系来实现。例如，有高层次需要的推销员之间有可能相互提供有助于提高工作绩效的销售诀窍或忠告。又如，在支配型和顺从型的同事之间保持发展相互作用的关系，有可能使双方都能满足重要的个人需要。

态度和个性特征也和正式群体的形成和保持有关。管理者常常利用关于个性或态度方面的判断把类似的成员分配到某一个群体中，认为这样做能够使群体存在一致性。当然，群体中人员配置也可以利用他们态度和个性方面的差异。在一个由公司成立的、研究新产品开发的特殊任务组中，组长可能寻找一个精打细算、讲究实际的会计和一个容易冲动的、有创造力的营销代表取得平衡。可以料想，这两个人的技能能够互相补充。

二、群体发展的阶段

近 20 多年来，我们一直认为，大多数群体的发展遵循一种特定的顺序，而且我们了解这种顺序。事实上，最近的研究表明，群体的发展没有什么标准模式可言。下面，我们就对大家比较熟悉的群体发展阶段模型和最近的研究发现——间断-平衡模型进行评述。

1. 五阶段模型

从 20 世纪 60 年代中期起，人们大都认为，群体的发展要经过 5 个阶段的标准程序。这 5 个阶段是：形成阶段、震荡阶段、规范化阶段、运行阶段和中止阶段。

(1) 阶段 1：形成(forming)。形成阶段是成员刚刚聚在一起并形成最初印象的阶段。他们试图确定群体的任务和彼此的角色。在这一阶段，由于成员对于自己要完成的工作并不确定，所以他们要依靠领导者提供重要的群体体系，以便建立工作日程和准则。

(2) 阶段 2：震荡(storming)。震荡阶段是一个典型的冲突时期——在观念上的和组织上的冲突时期。冲突源自于目标、任务行为(即谁应该为什么工作负责)和领导角色。关系行为问题出现，因为人们都有自己的强烈个性，优势会以一种敌对的方式表达自己。压制冲突是错误的：关键是要进行管理。如果一个群体成功地经过了第二个阶段，它就能够有效地组织起来，并且开始建立自己的规范、规则和标准。

(3) 阶段 3：规范化(normal)。规范化阶段是发展群体工作和增加群体凝聚力，并且通过信息共享开始沟通的阶段。成员间的关系开始变得友好，彼此间的反映积极良好，并且信任和合作的程度已经达到很高的水平。这些令人满意的群体发展的特征要归功于建立了一致的目标，并且制定了程序、标准和规则，群体可以依此而正常运转。如果前一个阶段的问题尚未得到解决，那么群体可以退回解决。本章后文会更加具体地讨论规范的问题。

(4) 阶段 4：运行(performing)。运行阶段是群体开始表明它可以多么有效率和有效果地运行以达到目标的阶段。成员可以在共同的领导下进行信息交换来解决问题。正如一名组织行为教授指出的“一些群体继续从他们的经验和新的注入中学习和发展……其他的一些组织，尤其是那些规范不充分、无法有效率和有效果地运行的组织，可能只能在维持生存的层次上运行。”这样，群体发展，像人的发展一样，也是一个连续的过程。

(5) 阶段 5：中止(adjourning)，对于长期性的工作群体而言，运行阶段是最后一个发展阶段，而对暂时性的委员会、团队、任务群体等工作群体而言，因为这类群体要完成的任务是有限的，因此，还有一个中止阶段。在这个阶段中，群体开始准备解散，高绩效不再是压倒一切的首要任务，注意力放到了群体的收尾工作。这个阶段，群体成员的反应差异很大，有的很乐观，沉浸于群体的成就中，有的则很悲观，惋惜在共同的工作群体中建立起的友谊关系，不能再像以前那样继续下去。

五阶段模型的许多解释者都带有这样的假设：随着群体从第一阶段发展到第四阶段，群体会变得越来越有效。虽然这种假设在一般意义上可能是成立的，但使群体有效的因素远比这个模型所涉及的因素来得复杂。在某些条件下，高水平的冲突可能会导致较高的群体绩效。所以，我们也可能会发现这样的情况：群体在第二阶段的绩效超过了第三和第四阶段。同样，群体并不总是明确地从一个阶段发展到下一个阶段。事实上，有时几个阶段同时进行，比如震荡和执行任务就可能同时发生。群体甚至可能回归到前一个阶段。因此，即使是这个模型的最强烈的支持者，也没有假设所有的群体都严格地按照五阶段发展或者四阶段总是最可取的。

在理解与工作有关的行为时，五阶段模型的另一个问题是它忽视了组织环境。例如，一项关于飞机驾驶员的研究发现，三个陌生人被指定同时驾驶一架飞机飞行，他们在首次合作的 10 分钟内就成为高绩效的群体。促使这种群体高速发展的因素是环绕着飞机领航员的强烈的组织环境。这个环境提供了群体完成任务所需要的规则、任务的定义、信息和资源。他们不需要五阶段模型所预测的那些过程，如形成计划，分配角色，决定和分配资源，解决冲突，建立规范等。因为组织中大多数的群体行为发生在强烈的组织环境中，因此，五阶段发展模型对于我们理解工作群体很可能没有多少实用价值。

2. 间断–平衡模型

研究人员在对 10 多个任务群体进行了现场和实验室研究之后认为，群体的发展并非都经历相同顺序的发展阶段。但在群体的形成和变革运作方式的时间阶段上是高度一致的。应该特别指出的是，研究发现：①群体成员的第一次会议决定群体的发展方向；②第一阶段的群体活动依惯性进行；③在第一阶段结束时，群体发生一次转变，这个转变正好发生在群体生命周期的中间阶段；④这个转变会激起群体的重大变革；⑤在转变之后，群体的活动又会依惯性进行；⑥群体的最后一次会议的特点是，活动速度明显加快。这些发现如图 9-2 所示。

群体成员的第一次会议决定群体的发展方向。在第一次会议上，群体成员完成其项目所要求的行为模式和假设的基本框架。这种框架在群体存在的最初几秒钟之内就可能出现。

一旦这种框架确定，群体的方向就变成了白纸黑字，而且在群体生命周期的前半阶段不太可能重新修订。这一阶段是依惯性进行群体活动的阶段，也就是说，群体倾向于静止，或者被锁定在一种固定的活动上。即使获得对初始模式和假设形式挑战的新创意，群体也不可能在第一阶段实施这些创意。

在这些研究中，一个更有趣的发现是，每个群体都在其生命周期的同一时间点上发生转变——正好在群体的第一次会议和正式结束的中间阶段——尽管有些群体完成一个项目只用一个小时，而有些群体要用 6 个月。看起来，好像每个群体在其存在时间的中间阶段都要经历“中年危机”。这个危机点似乎起着警钟的作用，促使群体成员认识到，时间是有限的，必须迅速行动。

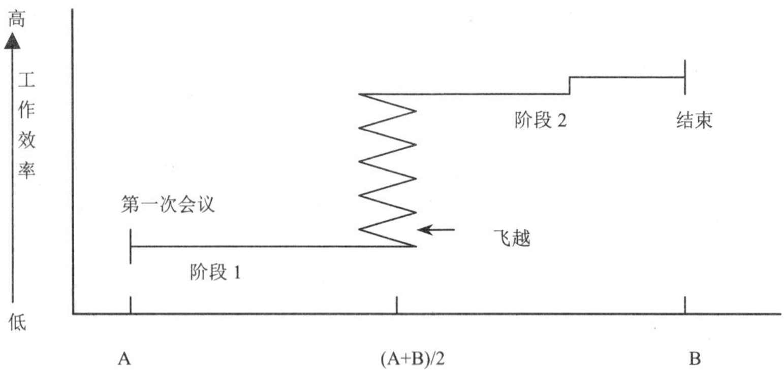

图 9-2　间断-平衡模型

这个转变标志着第一阶段的结束，其特征是集中于迅速的变革，抛弃旧的模式，采纳新的观点。转变调整了第二阶段的发展方向。

第二阶段是一个新的平衡阶段，或者说又是一个依惯性运行的阶段。在这个阶段中，群体开始实施在其转变时期创造出来的新计划。

群体的最后一次会议以迅速的活动来完成工作任务为特征。

假如你有过参加学生群体的经历，我们可以用这种模型来描绘你的经历。在第一次会议上，基本的时间表就能制定出来。群体成员进行相互了解，并一致同意，完成项目的全部时间为 9 个星期。群体成员对教师的要求进行讨论和辩论。从这时起，群体成员开始定期相聚，以保证活动的顺利进行。但是，大约在项目进行到第 4 周和第 5 周时，问题出现了。群体开始重视批评意见，讨论变得更加开放，群体重新定位，并采取一些积极的行动，试图进行变革。如果群体进行了正确的变革，那么在接下来的 4、5 周中，群体完成项目的水平肯定是一流的。群体的最后一次会议，一般在项目将近结束时召开，会议时间比平时的会议时间都要长。在这次会议上，群体成员就最后的所有遗留问题进行讨论，并做出决定。

总之，群体的间断-平衡模型的特点是，群体在其长期的依惯性运行的存在过程中，会有一个短暂的变革时期，这一时期的到来，主要是由于群体成员意识到他们完成任务的时间期限和紧迫感而引发的。如果运用群体形成的五阶段模型的术语，即群体通过其形成和规范化阶段的结合而开始存在，接着经历一个效率较低的运行阶段，随后是震荡阶段，然后是一个高绩效阶段，最后是结束阶段。

第三节 团队建设

一、团队和群体

对群体及其成长过程有一些了解之后，下面要把重点放在团队和团队建设上。许多督导管理者都在向团队领导者的角色转换，所以我们在本章会一直使用团队领导者这个词。

群体与团队不是一回事。在本节中，我们要定义和澄清工作群体与工作团队的差异。

工作团队有各种不同的定义。IBM 把工作团队视为“通过协作的决策，组成工作群体达到共同的商业目的”。另一定义来自约翰·R. 卡兹巴赫和道格拉斯·K. 史密斯所著的《团队智慧》：“团队是拥有不同技巧的人员的组合，他们致力于共同的目的、(共同的)工作目标和(共同的)相互负责的处事方法。”

另一种看待团队的方式是观察三种元素：碳、氢和氧。它们各自毫无味道，但通过正确的组合方式，它们能变得非常可口：糖。这一切的转变都是三者之间工作团队巧妙结合的表现。如果员工不知如何共同协作或没有正确地组合，他们个人的技巧则会受到极大的局限。然而，一旦他们组成为有机的团队，他们能通过相互沟通、相互信任，致力于共同的目标，这个团队就能有所作为。在这种团队中，整体的力量已大大超过松散的个人力量的组合。

在本书中，我们把团队定义为：一个团队(team)是指必须依靠团队协作才能发挥最大潜能并且达到目标的一队人的集合。经验表明，一个成功的团队是可以被授权建立一些或者全部的团队目标，能够决定达到目标的方式，承担需要承担的任务，并共同对结果负责。

在本章第一节，我们把群体定义为：能够为一个或者数个共同目标而定期相互沟通和共同工作的两个或两个以上的人。在工作群体中，成员通过相互作用来共享信息、做出决策，帮助每个成员更好地承担起自己的责任。在工作群体中，不存在一种积极的协同作用，能够使群体的总体绩效水平大于个人绩效之和。图 9-3 明确展示了工作群体与工作团队的区别。

这些定义有助于澄清为什么现在许多组织围绕工作团队重新组织工作过程。管理人员这样做的目的是通过工作团队的积极协同作用，提高组织绩效。团队的广泛使用为组织创造了一种潜力，能够使组织在不增加投入的情况下，提高产出水平。不过，应该注意，我们说的是“潜力”。建立团队不是变戏法，并不能保证一定产生积极的协同作用。仅仅把工作群体换种称呼，改称为工作团队，不能自动地提高组织绩效。在这一节，我们将论证，成功的或高绩效的工作团队具有一些共同特征，如果管理人员希望通过运用工作团队来提高组织绩效，就要先保证他们的工作团队具有这些特点。

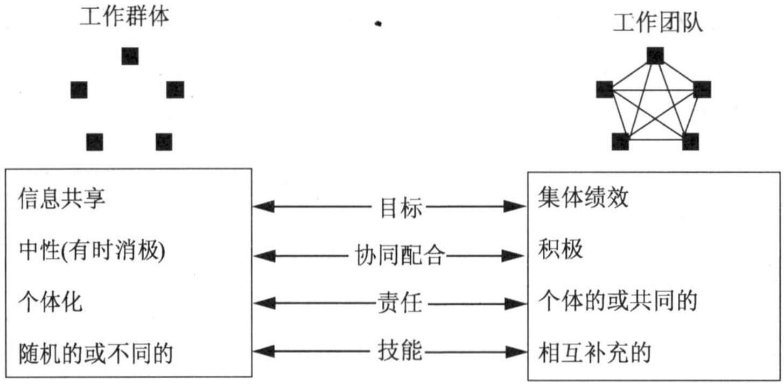

图 9-3　工作群体与工作团队的对比

在饭店业中，有两个重要原因需要团队精神：行业要求和客人要求(图 9-4)。这些要求由来已久。一般认为，行业经营的目的是最大限度地赢利(降低成本和/或提高价格)，而客人则要求物有所值(造成成本上涨和价格下降)。督导和员工则位于这两项要求之间，而且要满足双方的要求："我如何才能完成本周、本月、本季度或本年的营业计划？"同时，"如何才能使客人满意，使他们成为回头客(才能完成我的营业计划)？"

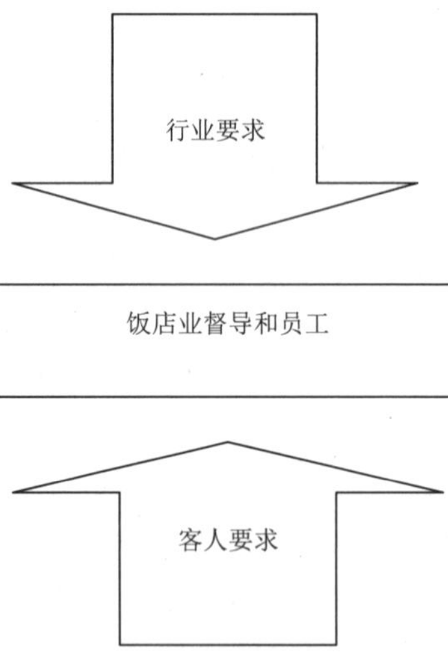

图 9-4　为什么督导需要团队精神

督导需得到各方面的帮助以协调和满足行业和客人的不同需求。督导可采取的一条成功的并较为轻松地完成自己的职业工作的途径即组成工作团队，以工作团队的力量去有效地满足日常工作中的方方面面，以及有时使督导倍感头疼的不同需求。

二、有效团队的特征

遗憾的是，许多团队并没有获得应有的成功，没有发挥其潜能。这通常可能是由团队领导者的领导风格造成的，在管理团队时，要么太专制，要么太放任。结果是，一个有效团队的许多必备特点都欠缺。这些特点如表 9-2 所示。

表 9-2 有效团队的特征

特 征	说 明
明确的目标	团队的目标、任务和使命都已经得到明确规定和所有人的接受，也有了行动计划
非正式性	氛围是非正式的、舒适和放松的，没有明显的紧张和厌烦迹象
参与	有很多的讨论机会，鼓励每个人积极参与
倾听	成员使用有效的倾听技巧，比如询问问题、解释和总结来使对方说出想法
宽容异议	尽管存在着不同意见，但是团队能够接纳它，并且不回避、消除或压制冲突
一致决策	对于重要的决定，这个要求是重要的，但是并不一定要全体一致的同意，只要每个人都充分地表达了自己的看法，讨论充分就可以了。避免正式投票或轻易地折衷
开放的沟通	团队成员可以自由表达对团队任务和运作的看法。很少有幕后动机。在会议之外大家也可以交流沟通
明确的角色和任务分配	每名成员都明确地知道自己的角色定位。但采取行动时，工作的分配、接受和执行清楚明确。成员之间的工作分配公平
共有的领导	尽管团队有一名正式的领导，但领导职能不时地转换，这取决于环境的变化、团队的需要和成员的技能。正式的领导塑造恰当的行为，并有助于建立积极的规范
外部关系	团队花费时间来经营关键的外部关系，动员各种资源，并且与该组织其他部门的关键人员建立互信关系
风格差异	团队应该存在多种类型的成员，有些人重视任务和目标设定，有些人重视方式和如何发挥团队的职能
自我评估	团队定期停下来检查自己的运作情况和影响自己效能的因素

三、团队的分类

划分工作团队有各种不同的方式，其中一种划分方式是依据他们的目的或组成。基于这一点，团队可被分为简单型、接力型、一体化型以及解决问题型团队。我们将在后文详细分析每一种组合方式。

(一)简单型工作团队

简单型工作团队(simple work team)是把有相似技巧的员工组织在一起，以在规定时间内完成所有工作。例如，一名前台员工在淡季完全可以负责全部入住登记工作，但当一辆旅游车送来150名客人时，他是无论如何也不可能在规定的时间内完成全部工作的。这时，督导可能会召集其他前台员工组成简单的团队来完成眼前的工作。其他简单工作团队包括餐饮员工、厨房厨师、客房部员工等。可以看出，简单型工作团队一般都来自同一工作地点或部门。

当团队中每名成员都训练有素时，简单型工作团队的工作效率便会极大地提高。如果前例中的一名前台员工工作效率低下，在他面前登记入住的客人就要排起长队等待。如果其他员工放下工作过来帮助他，整个入住运营工作就会受到影响。这要求督导有责任确保所有员工都十分熟悉自己的工作！能够运用简单型工作团队以提高工作效率的督导，常常能得到高层管理者的认可和奖励。

(二)接力型工作团队

在接力比赛中，队中每个运动员轮流上场，各队员都要成功地把接力棒递给下一名队员，而后者必须接到棒后方可开始比赛。

接力型工作团队(relay work team)的工作原理是一样的。在麦当劳快餐店中，其简单的团队组成常是点菜员和厨师。点菜员必须准确无误地记录客人所点的菜名，然后传给厨师去准备。厨师准备好后再把食品传送给点菜员，最后再送给客人。这种简单的接力团队中出现的错误会使客人大为恼火——试想，当客人开车回家打开自己的外卖食品袋，却发现并不是自己点的食品时，他们会是什么心情呢？

这种简单的接力型团队工作在正式餐厅中也可看到，而点菜的过程复杂(图9-5)。当迎宾员安排客人就座后，服务员就要准确地为客人点菜，记录客人的要求(“我的牛排要半熟，但中间要热！”)及特殊要求(“我选择你们的自制沙拉，但不想要其中的洋葱”)。服务员必须准确地把这些信息传送到厨房，厨师根据信息进行食品加工并及时地出菜。这样看，服务员和厨师组成的小接力团队在根据客人的要求而工作，确保达到或超过客人的期望。

在大规模的酒店经营中，这种接力关系则相对变得较为复杂，客人是由一个部门送到另一部门的(图9-5)：从停车场(如果是自己驾车到店)传送到前台，再传送到行李员——这是登记入住的最后环节。在客人住店期间，接力还在持续，从餐厅门口的迎宾员到餐厅服务员，再到健身房的工作人员和晚间送餐的服务员等。

从这些事例中可看出，所有的饭店业都有各自的接力团队，尽管称呼各不相同。每个员工都是一个或多个接力团队的一员，每个人的工作都对他人起着重要的作用。工作的好坏就像接力赛一样对全队有重要的影响。

而许多饭店行业却没有向员工讲明这种接力赛的团队精神。每个人的工作不仅对“外部客人”即客人十分重要，而且对“内部客人”——他们的同事也是十分重要的，因为客人要通过他们传送到各个部门和区域。当一名团队的成员服务周到，把一个满意的客人传送给下一个队员，后者可能会较容易地与客人建立良好关系。例如：在停车场受到礼貌欢迎和高效服务的客人，面对前台工作人员的心情肯定与受到怠慢接待的客人不一样。当团队成员冷淡客人时，他们把烦恼、愤怒或失望的客人传送给同伴，而使其工作极为难做。

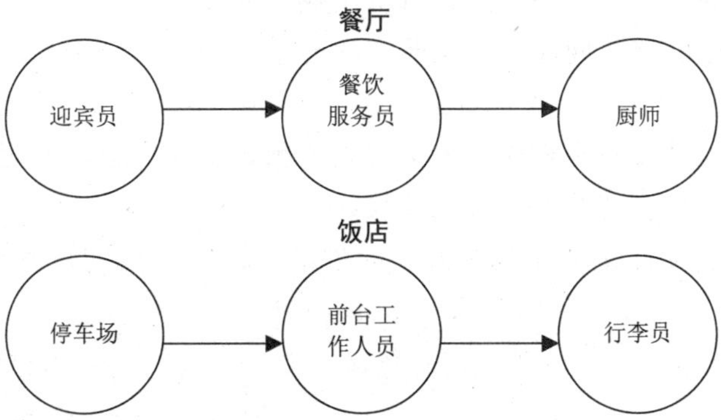

图 9-5　饭店行业中的接力型工作团队

应提示的是后台员工或不接触客人的员工也是整个接力团队的成员。比如，客房部的员工也是团队的一部分，因为客房的清洁整齐也是客人对整个饭店印象的一个重要组成部分，也影响着客人对饭店的态度。

这也表明员工虽然工作于简单型工作团队(客房服务员)，但也是接力型团队的一部分。拿停车场工作的员工为例，他们是简单工作团队的成员——“代客泊车”，但也是整个由车场员工、前台接待和行李员组成的接力型团队的一部分。简单地说，在餐厅、饭店或其他饭店业工作的所有员工都可视为大的接力团队的成员，因为每个人都直接或间接地影响着客人的入住经历。

(三)一体化型工作团队

在简单型工作团队中的成员往往从事同样的工作任务，他们掌握着同样的技巧；而在一体化型工作团队(integrated work team)中，具有不同专业技艺的成员组合在一起来完成工作任务(图 9-6)。例如饭店中为客人安排会议的全体员工，这个团队中有销售经理、餐饮总监、客房部经理和工程部经理。他们汇集在一起，目的是计划并协调各个部门和员工的行动，确保会议取得圆满成功。销售部经理首先要与员工沟通，传送客人的要求并确保其他成员都能达到这一要求；餐饮部总监必须使用自己的专业技艺计划会议期间的餐饮和休息期间的茶点；客房部经理应为团队到来做好准备，保证预留房间并特别关照重要人士房间客用品的布置；工程部经理可能要安排视听设备，并安排布置各个会议室的音响设置。在这种一体化操作中，团队成员不仅要熟悉自己工作范围的技巧，还要有良好的沟通能力。

(四)解决问题型工作团队

如同名称所示，解决问题型工作团队(problem-solving work team)的组建目的是要解决问题。组成团队的目的是因为面对的问题非常严重，已超出个人解决的能力范围。问题的起因大多是简单型、接力型或一体化型工作团队在行业运营中产生的难题。有时问题的症结难以确定，因此团队的首要任务是要确定问题的起因。采取的方式包括集思广益。列举所有面对的困难，并观察是否可从中找出问题的共性或问题的起因。

有些行业有自己固定的问题解决团队，并有规律地集思广益来解决各类问题，在饭店业中，里兹-卡尔顿公司是一个很好的范例。而其他行业常常是出现了问题，再去设法组织解决。如果到达前台办理入住的大量客人的预订出现问题，饭店可能会召集前台人员、预订部人员和信息系统专家来共同查找问题的起因。

不论解决问题的团队是固定的还是临时性的，解决问题的过程通常是一样的(参见图 9-7)。

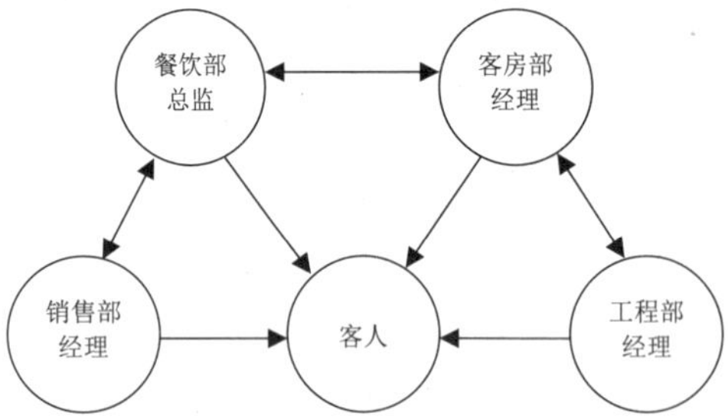

图 9-6　一体化型团队把具有各种技巧的员工组合在一起

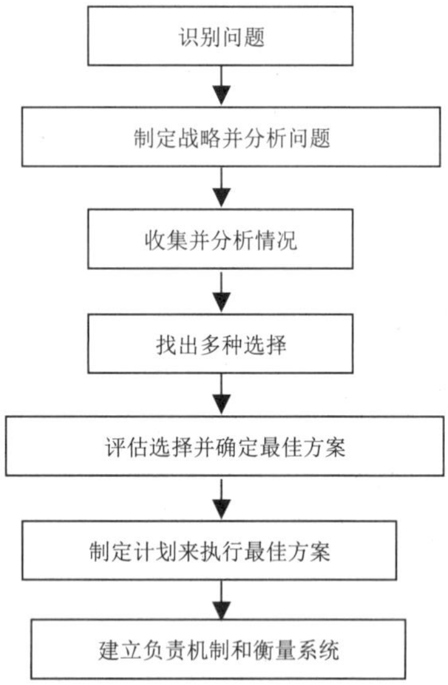

图 9-7　解决问题的过程

四、团队的形成与发展

卡兹巴赫和史密斯采用与群体发展五阶段模型相似的工作表现曲线来描述团队的全部发展过程，但没有使用形成、震荡、规范化和运行为团队发展阶段命名，而使用工作群体、模拟团队、潜在团队、真正团队和成功团队等名称，如图 9-8 所示。

在讨论之前，首先应指出的是每一团队(简单、接力、一体化和解决问题型)的构成都要经历这一发展阶段。还应指出的是，并非所有团队在发展中都要陷入长期的衰退。有些团队能迅速经过各个发展阶段到达鼎盛，而另一些团队则发展缓慢，需要较长的时间发挥最终的效益。最终，督导有责任决定并识别团队在发展曲线中存在的问题，同时决定采取有效措施来帮助团队尽快达到工作的高峰。督导还应准备帮助那些永远踏步于第一阶段的团队，与其浪费时间去帮助团队攀升工作曲线，还不如解散这类团队使他们重新开始组建工作。

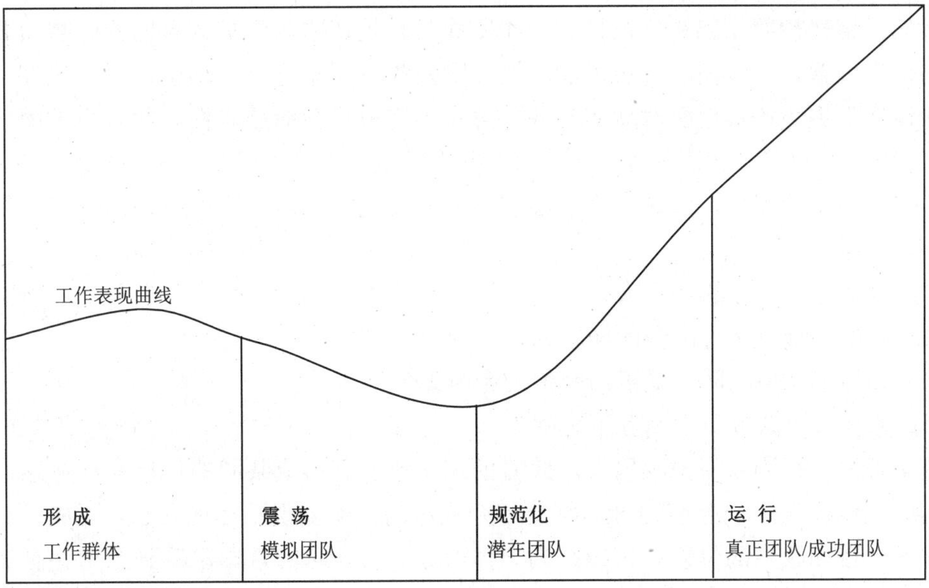

图 9-8 团队发展阶段和工作表现曲线

(一)形成

“形成”是团队发展阶段中人员的首次聚集阶段。在这一阶段，团队成员关注的是如何能适应团队的工作及自己在团队中的作用。有些成员担心自己能否对团队带来贡献。新成员面对的其他问题包括：

(1) 我为什么参加此团队？

(2) 我能否信任团队中的其他成员？

(3) 团队的规则是什么？

(4) 团队的重要性是什么？

在团队发展的第一阶段，团队成员都在尝试各种习惯做法，他们更为关注的是与其他成员建立关系和“整个团队的构成”，而无暇去顾及考虑团队组建的目的和应完成的工作任务。人际之间的沟通也较为和气，大家都谨慎行事。在团队发展的第一阶段，人们常伴有焦虑的心情，工作效率普遍较低。

这个阶段相当于卡兹和道格拉斯的“工作小组”阶段。这时的“团队”不是真实意义上的团队，因为这时的组合缺少凝聚力，不能致力于共同的目标。

督导在这个阶段的责任，是设法帮助员工尽快从个体过渡到团队成员。可采取的方法是多样的。有的督导可能会要求团队成员制定自己的行为准则。其他督导鼓励员工起草团队的任务使命。指定行政方面的具体步骤——讨论团队议事日程并制定团队会议记录都有助于团队的初始建设。

(二)震荡

“震荡”是团队成员尽力明确团队目标和价值的阶段，各种冲突正是在这一“震荡”

期出现的。组建初期礼貌礼仪被打破，团队成员开始在团队中扩大自己的影响力并寻找自己的恰当位置。一些团队成员可能在这一阶段失去原来抱有的幻想，他们放弃了早期的美好憧憬而更为务实地面对现实，并且意识到完成目标的严峻性。此时由于团队的规定还未制定，很可能会出现一两名成员来控制团队活动的局面。团队成员中会出现戒备、试探和相互指责的现象，或是因进展缓慢而灰心丧气。在这一阶段中，团队成员常常自问的问题包括：

(1) 到底谁是团队的负责人？

(2) 应如何解决所有出现的问题？

(3) 如何才能使团队不受部门官僚的影响？

(4) 为什么团队成员之间互不理睬？

这个阶段可视为“模拟阶段”。此时的团队还没有形成共同的目标和任务感而且常发生团队工作表现的下滑(图 9-8)，甚至每个成员的工作表现不尽如人意，而成员们则由于确定各自在团队中的位置和试图结为一体而分心。此时的督导常感到绝望并有放弃组建团队的设想，最终使团队失去团结和成功的可能性。督导在这一工作效率的暂时低谷时应保持冷静，并设法解决各种冲突(但不应压制)，以避免导致更为严重的工作效率下滑或彻底崩溃的后果(此时不妨采取修改团队行为准则的方式)。督导还应鼓励团队成员间开诚布公地沟通交流。对于建设性的言行要认可表扬，并强调团队的总任务和目标，这样督导才有可能引导团队步出震荡期。

(三)规范化

在“规范化”的过程中，团队成员逐渐度过震荡期而开始以团队面目出现。在这一阶段，团队建立自己的规范准则、经营方式和沟通渠道及行为规范。同时，团队成员更能相互容纳对方，更为了解团队内不同的思维方式和人员特性，成员各司其职，团队的目的和目标更为明确，人们确定了自己在团队中的位置，相互之间的关系更加融洽。团队形成了真正的凝聚力。

由于这些特点，在这一阶段的团队称为潜在团队。团队成员各就其位，团队的整体性建立起来并做好完成工作的准备和实现既定目标的决心。而这时的督导则应逐步减少在团队形成期和震荡期所承担的领导作用，把自己融入团队之中。

(四)运行

在“运行”阶段，团队开始有效地解决问题并积极工作，生产率极大地提高。由于经历了震荡阶段和规范化阶段的各种准备工作，团队成员此时建立了极强的信任感，大家畅所欲言，并避免冲突的发生。此时，由于团队成员能亲眼目睹成功的运营，因此他们更珍视团队的作用。也正在这个阶段，团队成员能得到个人和职业的发展，这时的团队称为“真正的团队”。团队的成员都致力于共同的目标并为此而相互负责。在此基础上，有些团队发展成为卡兹巴赫和史密斯称之为的“成功团队”，即团队成员都“极为关注并承担相互发展和成功的义务”。这类团队能取得惊人的成就。如果督导想判定自身的团队是否属于这一范畴，可通过表 9-3 来进行自我检测。

表 9-3　判断是否为成功团队的检测

督导：根据团队具体情况回答下列问题(每套题只检测一个团队)		
是	否	1．我们经常性地讨论共同的目标、解决问题或共同完成团队工作
是	否	2．我们为团队创建舒适和轻松的环境
是	否	3．我们致力于共同的目的
是	否	4．我们努力完成共同的目标
是	否	5．我们共同分享成功的自豪感
是	否	6．我们坦诚相待、畅所欲言
是	否	7．我们彼此交换意见
是	否	8．我们采用有效的聆听技巧
是	否	9．我们相互尊重和支持
是	否	10．我们感谢相互的支持
是	否	11．我们共同致力于创建有信任感的氛围
是	否	12．我们公开坦诚地表示自己不同的看法
是	否	13．我们相互忠诚
是	否	14．我们鼓励思维见解的多样性
是	否	15．我们鼓励首创精神和勇于冒险的精神
是	否	16．我们持续学习新知识
是	否	17．我们寻求完善自我的机会
是	否	18．我们保持灵活和多变的姿态
答案：如果你的答案出现“否”，你的团队就不是成功的团队。尽管你的团队可能成功，但团队成员还没有承担起团队使命的义务，团队成员仍需努力。		

督导在此时的作用是保证行业向团队提供各项运营资源的支持，协调团队与行业之间的沟通关系。许多过去由督导从事的工作现在则由团队成员承担。

(五)中止

在当今的饭店业，团队的中止和它的消极影响是不可避免的。所谓“中止”是指团队成员的离开改变了团队的活力，并对团队的工作造成负面影响。在所有团队发展过程中，人们常避而不谈中止阶段，但这个现实是督导应该有心理准备面对的。

从团队的观点看，有两种团队的中止：“功能调节性”和“功能失调性”。功能调节性中止是指尽管会引起临时性的团队生产率降低，但团队成员的离开最终有益整个团队。离开的原因可能是成员不喜欢自己的工作、团队或整个行业，或尽管有督导的帮助可仍达不到工作要求。大多数成员是自愿离开的，有时督导要参与并迫使这些人员离开。在功能性调节中，团队其他成员的反应可能是“多谢上帝！他/她终于走了！”

功能失调性中止却是对团队极为不利的。离开的成员常是团队骨干、团队的核心人物或最佳的团队成员。这会给团队带来恐慌。如同芝加哥公牛队几年前要面对的现实：“天啊！迈克尔·乔丹走了！我们该如何是好？”一般来说，团队成员的离开是因为：①他们得到行业内部的提升；②他们接受了另一行业的工作；③如同乔丹，他们决定退役。

失去这样的骨干对团队肯定是重大打击，但正如前面提到的，即便是一般人物的离开也会给团队带来影响。团队需要时间来弥补由于失去成员而造成的损失。新的成员不仅要在工作上尽快达到规章制度的要求和明确团队工作目标，也要学会与团队其他成员建立相互的信任感。这会使团队的效率暂时处于低谷，重振团队效率所需的时间取决于许多因素，新成员的能力和人品是其中原因之一。

团队成员的离去还会造成对整个行业的影响。因为这种负面影响会波及整个4种团队组合。对行业来说，人员的离去不仅使简单型团队，而且使接力型团队受到影响(他们可能是多种成员构成)。他们也可能还是一体化型团队甚至是解决问题型团队成员。例如，乔是ABC饭店的酒吧服务领班，他去了另一家饭店。不仅他的简单型团队受到损失(其他投入时间培训过他的酒吧服务员和督导)，他的接力型团队也遭受了损失(鸡尾酒服务员、服务员助理、餐厅和酒廊服务员、送餐部服务员、前台员工和保安部人员)，他的一体化型团队(他是向客人提供酒水服务的团队成员之一)和解决问题型团队(他是提高酒水服务员销售计划的策划者之一)都会因此蒙受损失。

因此，你可看到为什么员工流失如此具有破坏性；一个人的离开给其他团队带来一系列的影响。以上诸多因素乘以许多饭店行业中员工的流失率，你就会了解到为什么员工流失对饭店业而言是一个极为严峻的问题。

五、团队的效率

什么是决定团队效率的关键因素？图9-9表明的是影响群体的满意度、目标实现和生产效率等的主要变量。正如这个模型所表明的，在领导(原因变量)、团队特征(中间变量)和结果变量之间有一个因果关系。

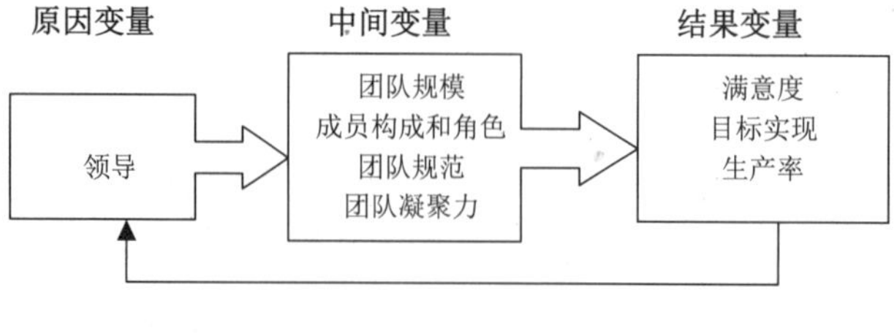

图9-9　团队效率模型

影响团队效率的变量有：①团队规模；②成员构成和角色；③团队规范；④团队凝聚力。

1. 团队规模

毫无疑问，工作团队的规模会影响团队的效果。团队规模在很大程度上取决于它的目的。组织采用权变的方式来决定管理者的控制幅度，这自然就会影响到团队的规模。但是随着对各种委员会、任务团队、质量圈和自我管理团队的不断使用，我们需要额外的指导来确定这些类型的团队的规模。表 9-4 就表明了团队规模通过影响团队领导、成员和团队运作来影响团队效果的情况。

一般来讲，问题解决型团队的理想人数是 5～7 名成员。表 9-4 表明，在这个数目下，领导者和成员之间很少有差异出现，也很少会出现少数员工主导的情况，达成决策也只需要较少的时间。一项研究发现，在专题讨论会上，通常使用 5～7 人的特别任务团队来研究问题，并向较大的团队汇报所建议的行动计划。几乎没有例外，行动计划总是很少被修改就被采纳了。

表 9-4　团队规模对于团队绩效的可能影响

影　响	团队规模		
	2～7 名成员	8～12 名成员	13～16 名成员
领导			
1. 对领导者的要求	低	中等	高
2. 领导者和成员之间的差距	低	中等偏低	中等偏高
3. 领导的指导力	低	中等偏低	中等偏高
成员			
4. 对于领导的指导的容忍度	低与高之间	中等偏高	高
5. 部分成员对团队的主导力	低	中等偏高	高
6. 普通成员的参与	低	中等	高
团队运作			
7. 规则和程序的格式化	低	中等偏低	中等偏高
8. 达成决策所需要的时间	中等偏低	中等	中等偏高
9. 团队中间形成小团队的倾向	低	中等偏高	高

研究还发现，使用一个较大的 14 人团队来制定一项计划时，遇到了麻烦。那一次，汇报上来的计划被否定了，他们抱怨那项计划是 2 名主导成员强行通过的。另一方面，一项研究发现 14 个人是发现事实的团队最理想的人数。这再次表明理想的团队人数是由团队的目的所决定的。

2. 成员构成和角色

团队成员构成情况对于团队效率有很大的影响。至少，成员完成任务的能力是一个主要因素。成员在年龄、背景、价值体系、受教育程度、个性类型等方面越为接近，他们看待问题的方式就会越相似。文献资料认为，对于那些需要最大程度合作的简单任务而言，同质化的团队是较好的选择。相反，对那些复杂的任务，背景差异很大的成员组成的团队是较好的选择，因为这样可以产生更多的不同想法，增加创造性工作的可能性。

无论团队的构成怎样，只要团队是有效的，就必须执行自己的关键任务和履行维护团队的职能(见表 9-5)。在执行团队的行动时，成员倾向于自然地来回摆动于各类角色间。这种情况在问题解决型团队和日常工作团队中尤为明显，其中的正式领导者会非常熟练地让每个人都参与到团队的工作中。问题解决型团队中许多成员会肩负数种任务和日常角色。遗憾的是，通常会有一些无效的角色或者行为，比如主导，这些都会对团队的运作效果产生消极的影响(见表 9-5)。这些技能是要领导者运作的，所以只有分享领导角色，无效的行为才会最小化。表 9-6 是一个调查问卷，让团队的成员评价自己在帮助团队达到目标和最大程度地减少无效行为上做得怎么样。

表 9-5 团队中的任务和团队维护的角色

有效的角色		无效的角色
工作或任务职能	团队维护*职能	
启动。计划任务或提出目标；规定行动的需要；建议某一行动过程中的程序 **提供信息**。给出事实；提供相关的信息；说出自己的观点 **寻求信息**。要去获得信息；寻求相关的信息；核对含义；请教建议或想法 **阐明**。解释想法或意见；定义术语；在团队面前阐明问题；澄清误会 **总结**。整理相关的思想；团队讨论完后复述建议；给出决定或结论让团队去考虑 **现实性检验**。对想法进行必要分析；检验想法；用一些资料来检验某个想法，考虑这个想法是否能够奏效	**一致性检验**。群体一起核对达成了多少一致意见；或者离统一的结论还有多远 **协调**。尽量使不同看法得以统一；减少紧张关系；让成员一起探讨差异所在 **敞开大门**。尽量使沟通渠道敞开，促进其他人参与建立能够广开言路的程序 **鼓励**。友好、温和、礼貌地对待别人；通过面部表情或者言语表明对他人成绩的接受；给予他人被认可的机会 **妥协**。当某人的观点或者立场卷入冲突中，放弃争执；承认错误；为维护团队凝聚力而惩戒自己 **共享感情**。感受团队中的情绪、感情和关系。与其他成员分享感情；商讨对团队过程的看法	**表现出挑衅的态度**。挫败对方的观点；攻击团队或其价值观；以尖刻的话语开玩笑 **阻碍**。无理反对；为了个人的原因顽固地抵制团队的意愿；幕后安排来阻碍团队的行动 **主宰团队**。独揽权力来操纵团队或者成员；妨碍他人实现成就；通过谄媚或其他方式控制 **花花公子的行为**。当人还身在团队时就“抛弃”团队；以与团队无关的方式寻求认可躲避的行为；兴趣点不在工作上；游离于工作之外以防负责任；妨碍团队的论辩；阻碍议案通过 **傲慢无礼**。通过言语或行动奚落别人的观点或想法；人身攻击

*“工作任务”和“团队维护”之间的差异有时并不明显。有些内容实际上也可以归于另一栏中。

3. 团队规范

规范(norm)通常认为是由团队成员制定的用来指导团队行为的规则。规范、标准和行动计划在一个有效的团队中都是相互高度关联的，并且有助于实现组织目标。但是，如果一个团队没能被很好地领导，那么消极的规范就可能会出现，与组织的目标背道而驰。一个消极规范的例子是，一名非正式领导在一个建筑团队上说：“不用急着完工，他们会给你们更多的工作。”

表 9-6 评估你作为团队成员的行为

行 为	发生频率			
	从不	很少	经常	总是
任务导向的行为：在团队中，我……				
1. 提出看法或开始行动	1	2	3	4
2. 促进事实和信息的介绍	1	2	3	4
3. 阐明问题	1	2	3	4
4. 评估	1	2	3	4
5. 总结并整理不同的思想	1	2	3	4
6. 使团队围绕着任务运转	1	2	3	4
7. 要求查看团队是否接近统一的决定(达成一致)	1	2	3	4
8. 要求更多的信息	1	2	3	4
关系导向的行为：在团队中，我……				
9. 支持并鼓励他人	1	2	3	4
10. 减少紧张关系	1	2	3	4
11. 协调关系(维持和睦)	1	2	3	4
12. 妥协(寻找共同点)	1	2	3	4
13. 鼓励参与	1	2	3	4
自我导向的行为：在团队中，我……				
14. 表现出敌意	1	2	3	4
15. 寻求认可	1	2	3	4
16. 避免参与	1	2	3	4
17. 主宰团队	1	2	3	4
18. 吹毛求疵	1	2	3	4

在影响积极的规范上，领导的角色显得尤为重要。一个积极规范的例子是，一名市场团队的非正式领导者说：“保证它看起来很好——我们要为工作而骄傲。”商业伦理准则和规范的相同之处就在于它们都提供了行为指导。一个组织的最高领导者对于团队和个人的伦理价值观都有重要的影响。

4. 团队凝聚力

团队中彼此的一致程度和对于组织怀有的感情称为团队凝聚力(team cohesiveness)。正如我们所看到的，团队的规模对于团队凝聚力有很大的影响。在我们举办的讨论会上，交流的内容通常都是问题导向的，这会增强团队的凝聚力。在总体目标上的一致观点，以及达到这些目标的过程和计划都会增强团队的凝聚力。

相反，破坏团队凝聚力的因素有功能的冲突、内部的权力斗争和没有实现目标。但有时，团队成员也会志趣相投，在目标上也可以达成一致，感觉也像是一个团队，但就是不能完成自己的使命。

还有另外三种概念也在健康团队发展中起到关键作用：聆听、支持和分歧。你曾经多少次参与团队讨论并且发言被中途打断？你曾经多少次自己思考来做出判断而不是听别人的？第六章中涉及的聆听的思想也非常适用于团队。有时我们发现自己对他人的想法或者建议是这样反应的："这真是一个伟大的想法——我恐怕永远也提不出来。"那些时候，如果我们打算为想法的产生创造一个支持型的孕育环境，通过积极的反馈来支持那些建议就是重要的。最后，对于团队的创造性来说最重要的是创造一个人们可以在观点上有所分歧，但是又不会招致不愉快的环境。在技能训练中，首先要自己解决一个不熟悉的问题，然后和你的团队一起解决。在一个团队中工作时，有意识地去聆听、支持和产生分歧。

六、作为团队领导者的督导

督导必须把自己视为团队的领导。这并不是指所有的工作都要由你一个人来承担。首先，没有任何督导能靠自我的力量去完成一切任务。尝试过此类做法的督导最终累得筋疲力尽，反而对员工和客人产生厌倦的感觉。由此可见，督导应极大地发挥团队的力量和每一名队员的潜力来完成工作任务，而不是事事都由督导做出决策。这当然不是指督导可以放弃对团队的监控，而躲进自己的办公室回避繁杂的运营工作。在简单团队的日常运营中，督导必然熟知整个团队的运营，在必要的时候还要参与整个团队的工作——帮助餐厅服务员清洁台面或在极其繁忙的情况下帮助洗碗工工作。有效的团队组合意味着督导尽全力使团队按时完成各项布置的任务，而其本人也能从中受益，因为高效的团队组合能减轻督导的日常工作压力，使其拥有更多的时间去关注其他事物。

作为团队的领导者，督导应做到以下几点。

1. 凭借专业知识建立权力

许多督导认为，他们每天要在一线部门"勤勤恳恳地工作"，但认为自己在行业中却没有任何可行使的权力。

权力可分为两种类型。等级权力，即随着职位的升高而获得的权力；个人权力，即因为具有知识、技艺和个人特质而孕育产生的权力。督导都具有相当量的个人权力，因为他们了解工作的程序，清楚行业运营和可依赖的工作中的骨干。合格的督导完全了解这些或知道如何了解这些。

"知识就是力量"这句话对于饭店行业的一线部门是再正确不过了。督导可凭借自己的行业知识来建立自己的权力。实际工作中，由于各种原因，许多督导都要等候集团总部下达的指令和信息或听候上司的教诲，而不去亲自主动地寻求解决问题的方案。督导应主动寻求各种解决问题的方案并以专业化的标准要求自己。

由于知识面的扩大，督导对团队的贡献也随之增大。督导起着团队队员的教练和导师的作用，这不仅因为你是他们的上司，而且因为你掌握了更多的知识，这正是他们需要也是你应该与他们共享的资源。

增强知识不仅有助于你当前的工作，还能使你关注并营建行业中更大的成功机会。

2. 模范作用

有效的团队领导还必须向客人提供无比愉悦的服务，这也是行业经营的最终目的。身为团队领导者，要精力充沛地去开始每一天的工作。督导每天工作的第一件事应是查询问题。一个不断抱怨行业、上司、本职工作或客人的督导是不可能培养起团队精神的。权力的另一部分来自团队成员的敬仰和尊敬。人们总是敬重那些全心关注工作、积极努力、精力充沛和事业心强的人。

督导并不比员工强多少，但他们要勇于负责，为团队制定基调。许多督导难以贯彻行业的价值观和企业文化，他们不理解为什么员工“不明白这些价值观”。有些督导得到其他员工诚心汇报的问题后，总不理解为什么这些人总是喜欢“传言”。即使是最简单的事情，只要处理得当，都能树立督导的威信。例如，如果行业中有员工不得吸烟的规定，督导应以身作则，决不可在工作场所违反规定当众吸烟。如果行业中有着装要求，督导必须首先遵守。如果行业中有规定员工下班后必须离开饭店，督导也就不可下班后在酒吧进餐畅饮。

规范作用的另一层次是掌握各种庆祝活动的分寸。团队的成功当然值得庆祝，但决不应演变成为迪斯科舞厅的喧闹之夜。由于督导已充分了解手下的员工，因此应在庆祝之前详细把握庆祝的尺度和最佳的庆祝方式。在公园和比萨店举行各种庆祝活动是常用的两种得体方式。

3. 人际关系技巧

由于饭店业是人员密集型行业，督导不仅要与客人搞好关系，还要与自己的员工协调好关系。

(1) 充分了解员工。只有真正了解员工，督导才能有效地协调整个团队的工作。与员工建立起一种诚挚的个人关系，能得到员工真诚的工作投入。这是需要反复强调的原则：在与团队成员结成职业关系之前，督导还须首先与他们建立起个人的诚挚关系。

督导如果有机会在员工就业前面试对方，就可以从面试起建立这种个人间的关系。如果督导没有招聘的职责或被调到其他的饭店(这意味着身边的员工都是新人)，他们必须努力去花时间结识每位员工，而不应找任何借口忽视这一要求。

充分了解员工并非指督导要与每位员工称兄道弟，或总是与员工形影不离或与员工外出娱乐。这种了解必须是以真诚的对话为基础，并以此了解员工个人的性格，以确定如何激励员工更好地工作。

对于那些不断抱怨员工流失率太大而又感觉不值得花精力去了解员工的督导，唯一的回答是：如果建立起这种相互了解的关系，员工流失率可能就不会这样居高不下。

(2) 让员工自己解决自己的问题。是否应招聘那些成熟并对你(或行业)有责任心的员工，然后把他作为你的随从呢？这当然是不可取的。督导不应每天对员工不断地吩咐："过来见我"或"你应先向我请示"或"这件工作应得到我允许"。因为有些事情或情况根本不需要督导的介入。

有些督导还浪费很多时间和精力去调查员工之间的口角，而他们应该在必要时放权让员工自己解决相关的问题。督导应仔细聆听员工的投诉(给员工发泄怨恨的机会)，然后把球传回给他们。以下的督导提问和回答几乎能用于任何身陷问题的员工：

"你认为问题出在什么地方？"(这种提问能促使员工考虑问题。)

"你还可以通过哪些方式解决这个问题？"(这种提问能鼓励员工提出自己的解决方案。)

"那样好极了！"(这种口吻能肯定员工的解决方案。这种简单的肯定正是员工需要得到的，并能增强他们解决问题的信心。)

"采用你认为最佳的选择，工作完成后来告诉我结果。"(这意味着你相信员工有能力选择最佳方案，并使员工确信你对问题的最终结果很关注。)

以上的方案并非鼓励督导在工作中采取避重就轻的态度。如果员工在工作中出现奇怪的举止——自言自语，或对工作的压力表现反常，这时则需要督导的直接介入。但员工之间的细微分歧并不需要督导的介入，除非事态失去控制并开始影响到对客人的服务。在99%的情况中，最好让员工自己解决自己的问题。

4. 以积极、前瞻的态度面对工作

组建团队，起模范作用，每日面对棘手问题，激励员工，让上级满意，这对督导来说是沉重的负担。这就要求督导必须保持旺盛的精力和高昂的斗志。督导必须自我调整以创建并保持他们工作所需的一些要素，从而引导他的团队走向成功。

督导不仅需要才智上的支持，他们还需要感情上的支持：来自上层的支持，来自同僚们的支持，来自行业之外的人士及各种活动的支持。在工作中应充分采用各种措施使自己保持旺盛的精力和高昂的斗志，以积极、前瞻的态度去面对工作中的所有难题。

督导要完成每日的超长工时，回到家已经疲惫不堪，只想一头倒在沙发上。如果是深夜，则随便吃口东西，倒头入睡。而这对督导只是一种短时的权宜之计，对身心健康毫无益处。他们必须在生活中取得平衡，即不仅只是投身于工作，还要关注自己的生活质量，闲暇时参与各种有益健康的活动来陶冶自我，任何能使他们感到欣悦、感到生机鲜活并有利于个人发展的活动都值得提倡，而不仅限于只从事与职业相关的活动。自我关心是保持机敏才智的最好方式之一，也能使你带着充沛的精力回到工作中去。

七、工作团队的未来

现在，发达国家的管理层正在经历一场变革，其中部分是因为自我管理工作团队

(self-managing work team)的出现。

通常，早期的“工作团队”几乎没有任何决策权，也根本称不上是真正的团队。但在过去的十几年中，不少行业开始改变团队的组成概念，并赋予团队真正的“权力”：工作团队在设立自我目标或解决自身矛盾时(非管理层)，有权做出决策。未来工作中，一些行业会更加致力于团队的自身建设和自我管理素质的提高。在这方面，里兹-卡尔顿是饭店行业中的先驱。

何谓自我管理型工作团队呢？定义是团队下达自己的工作指令，包括雇用和辞退团队成员，设置工资等级并建议工资的调整基数，安排团队的工作时间并确保成员完全遵守，批准成员的假期，制定相关的工作政策，评估和调整工作程序。总之，团队将取代过去的督导和经理而成为自我决策的实体。团队还要完成自己的“数目”，也就是完成行业中团队自己所承担经营目标额度的组成部分。

显然，自我管理型团队完全不同于以往的操作模式，也会给行业带来巨大变革。如行业的宏观调控力度将大大削弱，自我管理型团队将调整行业的宏观指令，甚至完全取消这种指令。工作程序将发生重大改变。督导和经理认可的工作程序可能完全不符合该团队的经营运作，团队可能会重新调整工作的程序，对其做出归纳和去除。

这些对督导意味着什么呢？在未来自我管理型团队的世界中，他们是否还能找到工作？答案是肯定的。但工作的性质则发生巨变。明天的督导可能要靠团队的成员来确定自己的作用和工作职责！几乎可以肯定地预测，督导将不会过多地关注指令和检查工作的安排。工作重点将发生重大改变：督导将主要从事辅导和传带，外加小量的政策指导；而团队则主要负责自己的管理。回到我们早期谈论的议题“知识就是力量”。在当今的饭店业中，不断地学习是督导在竞争中取胜的出路，在明天的饭店业运营中，继续学习对督导是必备的要求，他们必须获取新的知识以成为团队的信息咨询来源。

今天的督导有权雇用团队成员；明天的督导可能要受雇于团队，为团队展开招聘和面试活动。团队也不一定完全依靠督导来做最后雇用的决策，但督导必须拥有相关的知识和经验做出招聘的选择。当团队内部出现冲突而又难以自行解决时，督导可能被要求进行调解。虽然团队有权做出加薪决策，但可能还要咨询督导，平衡个别成员的加薪对其他成员的影响和对整个团队工作的影响。自我管理型团队在审视其工作效率后(可能在督导的帮助下)，可能决定购买新的设备，团队可能要求督导审视设备的各种情况数据，并向团队汇报，为团队决策提供支持。

上述的改变并非一帆风顺。试行这一做法的行业声称遇到了不少障碍：每个人都失去自己的舒适区域；一些督导和经理感觉到来自员工独立的威胁；有的员工面对新的职责不知所措。但总体上是利大于弊：降低了行政开支；增加督导、经理和员工的工作满意度；提高了服务质量。里兹-卡尔顿集团质量控制部副总裁帕特里克·迈恩谈到，他还未见到自我管理型团队回复到过去传统的模式中去。他说：“这就像民主进程一样，虽然还不完善，但比其他方式还是要好得多。”

复习自测题

1. 解释下列概念：

(1)群体；(2)协同作用；(3)正式群体；(4)命令群体；(5)任务群体；(6)非正式群体；(7)利益群体；(8)友谊群体；(9)团队；(10)团队凝聚力。

2. 简述群体的主要优点和局限性。

3. 影响群体形成的因素有哪些？

4. 工作团队与工作群体有哪些区别？

5. 影响团队效率的因素有哪些？你认为它们的重要性是否有先后次序？如果有，请排出它们的次序，并解释为什么选择这样的次序排列。

6. 督导如何与自己的员工协调好关系？

第十章　实施控制

【学习目标】

学完本章，应该能够：定义控制并解释它与计划的关系；说明三种类型的控制系统；掌握控制过程的 4 个步骤；说明不同类型的标准；解释例外管理；阐述技术对于控制的影响。

【关键词】

控制(control)
墨菲法则(Murphy's Laws)
前馈控制(feedforward control)
同步控制(concurrent control)
反馈控制(feedback control)
标准(standard)
例外管理(management by exception)
生产率(productivity)

本章着重讨论督导如何实施控制。首先明确控制的概念，描述控制系统的特征和类型。其次，着重讨论饭店如何提高生产率和控制成本。最后，本章将讨论全面质量管理和质量控制，展示督导在质量控制中的作用。

第一节　控制

一、控制的概念

中高层管理者和督导管理者常常处于同样的困境—— 他们不知道事情是不是按照计划的方式进行着。遗憾的是，常常是当一切都无法挽回时，管理者才发现事情并没有按计划发展。出现这种情况的原因在于管理者没有制定阶段性的反馈或者用预警灯来告诉他们是否一切正常。因此控制是实现绩效的重要组成部分，它会告诉管理者一切是否按照正确的方向进行。

在第一章中，我们将控制(control)定义为一种管理职能，它将实际的绩效和计划的绩效进行比较，并在必要时采取恰当的措施保证目标的实现。控制基本上有三个阶段：①预测到事情可能会出问题，并且采取措施来确保问题不会发生；②通过某种方式监控和衡量绩效，一次来比较已完成的工作与计划完成的工作之间的差异；③改正出现的绩效问题，这属于事后控制的方面。

计划和控制之间的关系非常密切，计划“确定了轮船的航线”，而控制则“保证其在正确的航线上运行”。当一艘轮船偏离了航线，导航员就会发现，并且建议把方向转到正确的航线上去，这就是督导管理者的控制方式。制定了目标，就要时时搜集信息，确定目标是不是可以按照计划得以实现。如果不行，就要做出必要的调整来实现目标。

因此，控制可以被认为是督导管理者用来帮助实现计划的过程。

控制对于督导来说是非常重要的。也许你听过这样一句谚语“变化总比计划快”，这个事实也是督导管理者需要有效进行控制的主要原因。由于存在着能够使工作脱离原有轨道的因素，所以控制是重要的。墨菲法则(Murphy’s Laws)看上去适用于任何地方。因为涉及人的任何事情都不是完美的，督导管理者必须使用控制来监控进程，并在必要时进行明智的调整。

以下是墨菲法则的部分内容。

(1) 如果顺其自然，事情通常会由糟糕的局面变得更加糟糕。

(2) 从来都不可能做到完美，但是却可以反复地去做。

(3) 如果事情有歧路可入的话，那么它们很可能会走进歧途。

(4) 在那些可能出错的事情中，真正出错的往往是那些能够造成最严重损失的事情。

(5) 如果你认为一切都很正常，那么显然忽略了一些事情。

(6) 在那些“不会”出错的事情中，最不可能出错的恰恰会出错。

(7) 任何大的差错中都包含着很多蠢蠢欲动的小错误。

(8) 任何物体都会掉下来，它所砸到的地方就是损害最严重的地方。

二、控制系统的特征和类型

(一)有效控制系统的特征

有效的控制系统必须具备特定的特征，以下是最为重要的方面。

(1) 控制的重点在于恰当的行为。有效的控制必须着重于那些影响个人和组织目标实现的能力等关键因素。这些关键因素包括生产的关键区域和员工行为以及相关的成本。

(2) 控制应该及时。比较和控制需要的信息应该掌握在督导管理者的手中，以保证他们可以采取有效的修正行动。因此，在生成、搜集或者发布信息的过程中出现的任何延迟都会延长工作背离目标的时间，或者加大背离的程度。

(3) 控制必须是节约成本的。控制带来的收益一定要超过建立和运作控制系统的成本。但是太多的控制比太少的控制更为糟糕。问题的关键在于控制应该合乎需要，并且其耗费的成本要低于带来的收益。

(4) 控制应该准确和精确。控制中必须能够提供高质量和足够数量的员工和运作信息，做出有意义的比较。对于控制来说，太多的信息比太少的信息还要糟糕。

(5) 控制应该让被控制的对象所接受。控制以及它们对于特定情况的适用性应该及时明确地和有关人员沟通，这其中包括那些负责控制的人和那些被控制的人。

尽管所有这些特征都很重要，但是一个特定的控制体系未必需要具备全部的特点。

(二)控制系统的类型

本质上讲，存在三种类型的控制系统：①前馈控制；②同步控制；③反馈控制。

1. 前馈控制

前馈控制(feedforward control)是预防性的控制，试图预测问题并且在其发生之前采取矫正行动。这种类型的控制要使矫正工作在真正的问题发生之前就进行。比如 Hart Schaffner & Marx——品牌服饰的首要生产商，会在裁剪之前检查每一块布的质量，因为它们将会用来生产做工讲究的衣服。以下是建立预防性控制的一些措施。请注意第一步是要确定目标和计划，这里再次证明了计划和控制之间的关系是多么密切。

建立预防性控制的方法如下所述。

(1) 确定部门的主要目标。

(2) 确定对实现组织主要目标至关重要的因素。这些因素可能包括恰当运行的机器设备，有效地利用原材料和关键人员，或是对所在部门服务的平衡需求。

(3) 确定最有可能阻碍(2)中那些项目实现的问题或情况。比如机器故障或关键员工缺席。

(4) 制定一个预防第三个问题的计划。在该预防性控制计划中可以考虑进员工、参谋人员、上司、同级以及其他一些人的参与和帮助。

2. 同步控制

同步控制(concurrent control)或称为甄别控制(screening control)指控制发生在行为正在发生的时候。这样，检查者可以直接在流水线上检查各类项目是否符合标准。例如，在许多先进的日本工厂中，如果一名工人发现生产的产品存在问题，他就可以把整个流水线停下来。

3. 反馈控制

反馈控制(feedback control)评估已经完成的行为。这样，在行为完成之后控制矫正行为才会发生。这种控制类型的例子有财务和预算的调整。

三、控制过程

控制过程的步骤可以参见图 10-1。请注意第(4)步可能需要回到前三步的任何一步中。可以是修正最初的标准，或是改变衡量绩效的频率和方式，也可能是更多地了解造成问题的原因。我们一起看看每个步骤的具体情况。

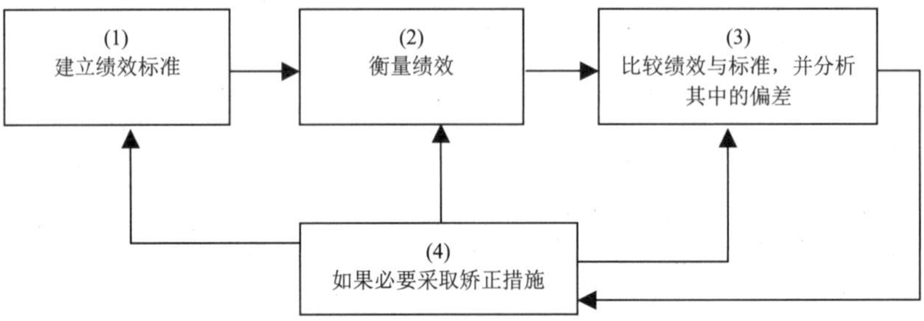

图 10-1 控制的过程

1. 建立绩效标准

控制过程的第一步实际上是一个计划的过程。你会把视角放在所希望完成的事情上。作为一名督导管理者，往往通过比较绩效同若干标准或目标的差异来实施控制。标准(standard)是一组度量标尺，它们可以作为评价结果的参考体系。如果能够进行恰当的沟通，并且员工们能够接受这些标准，那么它们能够成为督导管理者控制行为的基础。

(1) 标准的类型

标准可以分为有形的和无形的。有形标准(tangible standard)是那些非常清楚、明确、具体和大致可以测量的标准。比如“我希望机器下午三点能够在线上”，这个目标非常明确和具体。机器三点时要么在线上，要么不在。

有形的标准可以进一步分为数字的、货币的、物质的或者与时间相关的标准。数字标准(numerical standard)是以数字表达的标准。比如生产产品的数目、缺席数、成功销售的电话比例，或者顺利通过培训的员工数目等。货币标准(monetary standard)是以人民币的元、角、分或以美元或者美分表示的。货币标准的例子有事前确定的利润额、工资支出、折旧费用和维护费用等。物质标准(physical standard)指质量、耐久性、尺寸、重量和其他与物质成分有关的标准。时间标准(time standard)指工作应该完成的速度。时间标准的例子有最后期限、计划的项目完成日期以及生产效率。

请注意有形的标准之间会有一些重合之处。比如，当你说“我要求机器下午三点在线上”时，你很明显地表达了一个时间的标准，但同时这个标准是以数字的形式表达出来的。货币标准同样也会以数字形式表现出来，一些物质标准也是如此。

与有形的标准相比，无形标准(intangible standard)是不以数字、货币、物质的量或者时间表现的，因为它们与人的性格相关，是很难衡量的。无形标准的例子有良好的态度、高昂的士气、高尚的道德和融洽的合作。无形的标准是对督导管理者的特别挑战，正如下例所示。

案例

职业办公室的督导管理者曼德·莱顿无意中听到她的下属，一名新的职业咨询顾问大卫·霍夫曼在斥责一名应聘者。他的语调非常霸道，好像在训斥一个孩子，而这名申请者要比他大 30 岁。曼德听到大卫最后说道：“现在你不要再回来烦我了，等你找个人帮你正确地填完这张表再说吧。你没有付给我帮你做那些事情的报酬！”

这名应聘者离开后，曼德要听大卫关于刚才事情的解释。大卫认为自己每天的压力太大，所以变得很不耐烦，他也承认自己对于应聘者的粗鲁。曼德告诉他，他并没有把自己放在一个正确的职业位置上，并和他讨论了哪些是他应该改正的。后来，就在当天大卫把应聘者请了回来，向他道歉并且主动提出要继续帮助他。

明白地说明一个无形的标准会很困难，比如“会见者必须遵守对待客户的职业规范标准”，就要比告诉某人“每天处理 6 台出现故障的电脑系统”要困难得多。什么是职业规范？就是耐心、友好、礼貌、保持冷静的头脑吗？当然比不上“每天处理 6 台电脑”来得具体。尽管它可能很困难，但是每名督导管理者都必须建立、传达和控制一些无形的工作标准。

(2) 如何确定标准

标准可以通过多种方式确定。督导管理者确定标准是要建立在熟悉员工工作的基础上的。总的来说督导管理者都会了解完成工作的时间、必须到达的质量和期望的员工行为。这对于那些从普通员工提拔上来的督导管理者而言更是如此。如果你在技术上并不非常了解部门的工作，你还可以有很多方法熟悉这些标准。如果可能，可以从过去的绩效纪录中了解情况，还可以从统计督导管理者、员工和上司那里了解情况。表 10-1 就给出了不同职位的标准的类型。

对于许多工作，不同的部门标准也会非常不同。例如，工业机械部门会通过系统化地调查员工运作速度来设定质量和时间标准。质量控制部门会建立关于抛光、光泽和精密度的标准。财务部门可能建立关于物资成本或消耗的标准。这样，许多标准已经建立起来了。

参谋部门也会帮助督导管理者设定标准。例如，预算部门会帮助确定类似物资成本和薪金成本的标准。人事部门会建立起有关部门中人员更替的数量和质量情况的标准。反过来说，你有多大的能力达到部门的标准要求，决定了上司对你进行怎样的控制。

表 10-1　各种职位的标准类型

职　位	标准的类型
银行出纳	货币的(平衡)、时间的(速度)、物质的(工作区的条理状况)
邮递员	时间的(全部投递过程所需的时间)
大饭店的服务员	货币的(数量)、数字的(结账和清单的数目)
橄榄球教练	数字的(每场比赛带球的码数)、无形的(对球员的领导)
制造工厂的零部件制造者	数字的(完成的部件数)、物质的(部件的质量)
三年级的老师	无形的(外表、教室里的行为)、物质的(教学计划的质量)

2. 衡量绩效

确定标准是控制的第一步，但只有这一点远远不够。督导管理者必须监控绩效以保证达到预先设定的标准。督导管理者必须处理两个问题：①绩效衡量的频率；②如何衡量绩效。

(1) 绩效衡量的频率。确定衡量绩效的标准是督导管理者必须要做的一项重要决定。有时这种决定实际上已经由系统做出了，比如下面两个例子。

案例

凯·戴维斯是酒店的销售部主管，他只需要看一眼办公室外面销售园地里的销售表就可以知道每个销售人员做得怎么样。这个表列举了本周和本月卖出去的所有客房的数量以及餐饮销售情况。

里兹-卡尔顿酒店的客房管理系统能够不间断地提供每间客房的数据。客房部的督导管理者随时都可以进入此系统，获得一份有关客房的房态和员工工作情况的打印资料。

绩效都是被督导的，不过这并不意味着督导管理者应该将所有的时间都用于绩效监控。实际上，督导管理者应该建立战略控制点。正如图 10-2 所示，一个战略控制点(strategic control point)就是一个绩效衡量点，它必须是一项工作中较早期的部分。无论什么工作，都应该问自己：我应该在哪些点上了解工作的进展情况，并且做出必要的调整以保证工作按计划完成。

特定类型的工作，例如维护、人事和销售，并不需要频繁地进行衡量。衡量需要时间，除非是有自动的系统来进行。此外，一些工作对于有效的监控要求更为严格。例如，比起销售代表或行政人员的工作，急诊室的护士工作就需要更为细致的监控。

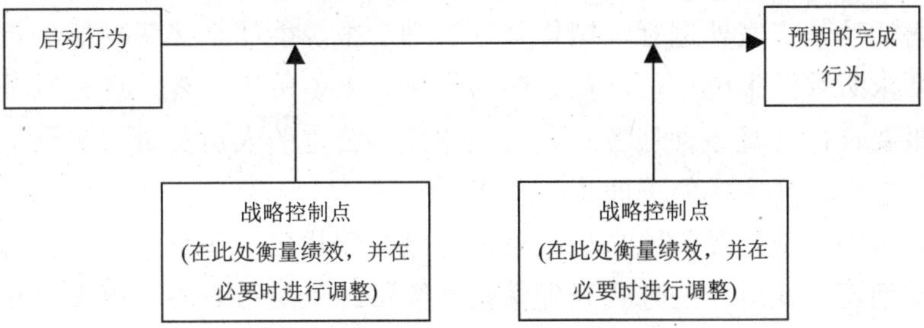

图 10-2　确定控制过程中的战略控制点

(2) 如何进行衡量。对督导管理者来说，有几种方式可以用来衡量绩效：

① 个人的观察；

② 由员工做出的或者关于员工的书面或口头汇报；

③ 自动系统的方式；

④ 检查、测试或者抽样调查。

图 10-3 就是第二种方式的例子，可以经常使用，成本也非常小。请注意其陈述必要信息的详细程度。

管理层欢迎您的意见

日期____________________

服务员____

请圈出餐次　　　早餐　　　午餐　　　晚餐

	是	不
1. 您是否受到了服务员及时和热忱的欢迎？	____	____
2. 您是否得到了迅速、热情和有用的服务？	____	____
3. 食物的质量是否达到了您的期望？	____	____
4. 餐桌布置和整个饭店的外观情况是否令人愉快，并具有较高品位？	____	____
5. 您是否会再次光临我们的饭店？	____	____
6. 您会向您的朋友和同事推荐我们的饭店吗？	____	____

意见

____

____

____

姓名和地址(如果您乐意)

____

____

请将此表投入出口处的“质量改进箱”中。非常感谢，并祝一天好运！

图 10-3　书面调查员工工作情况的例子

(Leon C. Megginson, Donald C. Mosley, and Paul N. Pietri, Jr., 1989)

如果销售活动是在室外进行，销售督导管理者很少能够直接督导他的员工。结果，销售人员被要求必须汇报电话访问量、销售结果、出差费用、客户意见以及其他许多事项。这些汇报要直接对督导管理者或者其他总部办公室的人员负责。实际上，有许多销售人员都在抱怨他们要完成的书面工作太多了。

督导管理者如果不能经常地与员工联系，就必须找出一些有意义的、有效的方式来衡量结果。他们还要找出一些方式来确保这些衡量结果是可靠的。由于存在着必须达到标准的压力，员工可能会试图伪造报告以使结果看起来更好一点。

对于许多工作而言，督导管理者和他们的员工都是在同一区域内工作的，督导管理者可以很容易地在工人们中间走动，查看他们的绩效。不过，有些部门督导管理者所要监管的员工则分布在不同的区域内，这使直接查看变得不太现实。

换一种说法，你在试图信任控制体系时，一定要小心谨慎。人们可以敲诈金钱、伪造文件或者扭曲口头报告。例如，如果要求一名员工向你汇报一项工作的进展情况，他可能会告诉你“所有的事情都很好，老板”，而事实上，一切都是另一个样子。

3. 比较绩效与标准，分析其中的偏差

遗憾的是，许多督导管理者尽管已经知道工作中存在着严重的偏差，但还是没有尽力搞明白是什么原因致使计划和实际绩效存在差异。达不到标准可能是有很多原因引起的。督导管理者需要明白是什么造成了绩效水平在一般水平之下。许多督导管理者不假思索就判断问题的原因，结果造成矫正措施无效。

案例

假设生产特定零部件的质量控制标准为 99/100。这意味着工人生产的每 100 件产品中最多只允许有 1 件次品存在。你刚刚接到质量部门的通知，员工凯文·雷生产的 200 件产品中几乎有 13%是次品。

什么原因造成了这个结果？是因为不好的原材料吗？还是雷的设备是罪魁祸首？雷一向都是这样吗？你会怎么处理这件事？你会有好多问题。仅仅是给雷一个口头或者书面的警告并不是非常合适，也不可能解决问题！

有一点也是很重要的，那就是比较那些完全在标准之上的结果，并依次确定为什么它们会不同于标准。督导管理者应该进行检查以保证所有的运作程序都被很好地遵循，或者操作中出现了一些改进，这应该被纳入确定性标准的考虑中。

征询那些与特定工作紧密联系的员工的意见对于确定为什么没有达到标准是非常重要的。比如，督导管理者应该获得员工或者同级督导管理者的解释。通常情况下，其他部门人员的建议往往可以加深我们对问题的看法。

4．如果必要采取矫正措施

控制过程的最后一步是在必要的时候采取矫正的措施。我们常常会看到许多体育比赛在中场休息之后格局往往会发生逆转。这种变化通常是源于教练采取的矫正措

施——修正、调整、调节以使问题能够尽早得到解决。

督导管理者的工作与教练的工作很相似。调整、调节甚至有时要进行大的改变，这些对于完成重要的任务或者坚持标准都是必要的。督导管理者进行的矫正活动举例如下。

(1) 重新培训一名绩效总达不到预定标准的新操作员。

(2) 将数名员工调离自己的岗位去帮助完成那些限期进行的工作。

(3) 指导那些绩效一直在标准之下的员工。

(4) 严责没有遵守安全规章的员工。

(5) 在发现次品出自某台机器后，关闭这台机器进行维修。

四、例外管理

即使在最好的情况下，偏离绩效标准的情况也肯定会出现。假设督导管理者实施控制的范围是一块很大的区域，区分重要的和次重要的偏离就是重要的。事实上许多绩效偏离是由于平常操作中的技术变异，这意味着管理者必须有足够的判断力，能够区分那些相关的和不太相关的技术变异。

在例外管理(management by exception)中，督导管理者的重点应该放在关键的控制需要上，允许员工自行处理大多数日常偏离标准的情况。图 10-4 说明关键问题在于一项偏离是不是例外的，而关键思想在于依据行动的重要性给行动排定先后次序，把重点放在最重要的项目上。例外管理本质上都是按照同样的方式起作用的。督导管理者的注意力应该放在例外的而不是常规的问题上。

例外管理既可适用于好的标准背离也可适用于不好的标准背离。

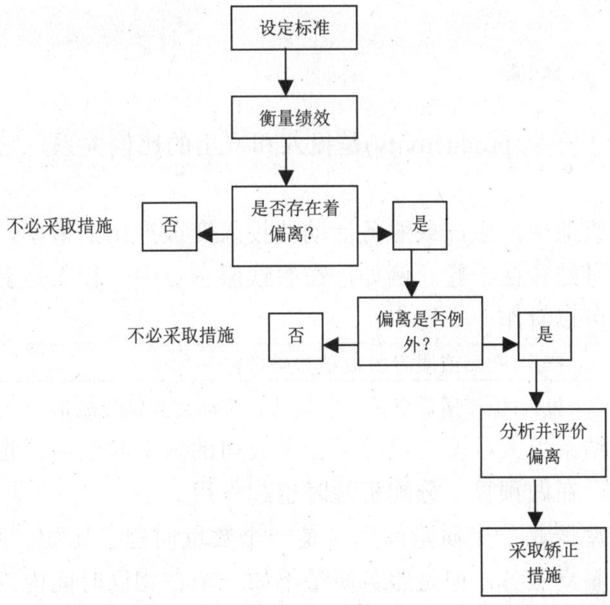

图 10-4 例外管理

五、技术对控制的影响

由于全球经济和环境变得更加动态化和复杂化，管理者(包括督导管理者)必须获得、组织和使用大量信息来制定决策并实施控制。领先的管理者还必须意识到如今是由一个高效的信息处理系统来应对各种类型经济行为的快速运转。

“信息革命”的一个后果是在先进的组织中权力进行了再分配。比如，决策制定和控制权向下转移到较低层次的管理者手中，包括督导管理层。只要指尖轻轻按下，即使是操作工人都可以获得无限的信息，所以他们不必依靠其他人获得制定决策的资料和数据。由于网络和多媒体的应用，组织正在变得更加综合和完善。现在的组织拥有了信息和督导体系，使督导管理者在远离行为发生的地方也可以进行指导和控制。

现在的信息技术使数字督导和控制成为可能，不管它是好还是坏。

第二节　提高生产率和控制成本

饭店业是劳动密集型行业，30%多的营业额被用来负担工资的发放，因而督导的重要任务就是要管理生产率并控制劳动力成本。无疑，低下的员工生产率或浪费的劳动力工时都会阻碍饭店业的运营。

一、提高生产率

(一)什么是生产率

总体上来说，生产率(productivity)是投入和产出的比例关系。它能够揭示一个系统运行的效率情况。

在饭店业和餐饮业中，生产或服务活动使投入变成产出的效率，常常以投入产出比表示，将效率和质量结合在一起。例如，在餐饮服务业中，投入是食品和人工，产出是饭菜，生产率通常可以看作一个比率：

$$\text{生产率}=\frac{\text{产出(产品或服务的数量和质量)}}{\text{投入(生产所需资源，如食品、劳动力和供货成本)}}$$

生产率的计算结果很大程度上反映了一个公司的效率和活动，也是将你的公司与其他公司对比的基础，在做预算、分配资源时也起作用。

饭店业的生产率既是一个质量问题又是一个数量问题。比如一个上菜服务员在 20 分钟内可以为 6 张餐桌服务，但是服务质量不如一个在相同时间内为较少的顾客服务的服务员。表 10-2 列举了常用的餐饮服务业生产率计算方法。

表 10-2　餐饮服务业生产率计算方法(人工成本)

人工成本百分比=消耗工时/销售额
每工时销售额=总销售额/所用工时
劳动力成本(美元)=服务客人总数/消耗工时

(Jack Miller and David K.Hayes,1994)

生产率之所以重要有以下几个原因。从公司的角度看，生产率提高意味着价格下降，可以使公司获得更多的市场份额和利润，从而使公司的财力增强。公司较雄厚的财力又能保证对科研和发展的投入，使用新兴技术，增加工人的薪金和津贴以及改进工作环境等。

生产率对于那些小型服务型企业也是很重要的。我们来看看下面的例子。

假定你所管理的牛排餐厅正雇用着 7 名服务员，他们的报酬(包括津贴，但不包括小费)为平均每小时 10 美元。他们每小时最多可以为 5 个餐桌有效地服务。这样，每个餐桌的劳动力成本为美元 10/5，即 2 美元。假定最近生意兴隆，并且厨房可以应付得了新增的生意，而通过重新安排，餐厅内又增加了 5 张餐桌。由于过去已经达到了每个服务员每小时服务 5 个餐桌的最大极限，所以不得不再另外招聘一名服务员来应付新增的生意。不过，在聘用新的服务员之前，你可以向服务员们征求一下意见，让他们拿出一个计划来。

“如果不需要为每个餐桌布台的话，我们每个人都可以多服务一张桌子，”他们说：“难道领位的女服务员不可以布置刀叉和呈上菜单吗？并且，我们可不可以将每位服务员服务的餐桌安排得再紧凑一些？这样就可以减少我们来回走动的时间。通过这两种变化节省下来的时间就够我们每小时再多服务一个餐桌的了”。(同时，这也意味着额外增加的小费。)

你可以试试，并且注意观察，的确是很有效的。你的员工现在可以每小时有效地多服务一张餐桌了。一起来计算生产率的变化吧——生产率增加了 1/5，也就是 20%。此外，劳动力成本则从每桌 2 美元减少到每桌 1.67 美元(10 美元÷6 桌=1.67 美元/桌)。一般而言，劳动力成本占各类公司总支出的 30%～60%，所以提高劳动生产率对于组织的成功具有十分重要的意义。

从更广的角度来看，生产率的提高还促进了经济健康、快速地增长。在国际市场上，能够与其他国家进行有效地竞争。生产率的提高还使价格保持较低的水平，减少了通货膨胀的发生，提高了人们的生活水平。

(二)生产率的标准

生产率的标准指根据既定工作标准制定受过培训的人员应完成的工作量。工作标准制定的质量是应绝对遵守的。例如客房部的生产率标准决定了每名接受过培训的员工应在规定的时间内清洁每间客房并达到工作标准。餐厅工作标准则规定了接受过培训的员工应按工作标准为客人服务的量化指标。

因为每家饭店的运营部都具有其特殊性和要求，而且工作标准也不相同，因此不可能在整个饭店业建立一套完整的生产率标准。这就要求督导根据本部门的规模和服务标准平衡质量(工作标准)和数量(生产率标准)之间的关系。例如：同样是客房服务员，但其职责会因为经济型、中档或世界一流饭店的不同规模和装饰而不尽相同。生产率当然也不相同。实际上，即使在同一饭店内部，因为饭店的格局样式的不同，客房服务员的生产率也不相同。

(三)生产率标准的制定

督导在开始制定生产率标准时应首先回答一个问题：员工按照部门的工作标准完成一项具体的工作需要多长时间？

我们设想一家中档饭店，督导测定一名训练有素的客房服务员能根据工作标准在大约 27 分钟内清洁一间客房。图 10-5 是生产率标准样表，并展示在工作的 8 小时内如何确定生产率标准。表中的计算要考虑两次各为 15 分钟的休息和 40 分钟的准备时间。图例表明，客房部的一名服务员要根据生产率标准在 8 小时内清洁 15 间客房。运用相似的观察和计算就能制定出客房部其他职位如清洁检查员、公共区域或前厅人员的生产率标准。

第一步　根据部门工作标准，确定清洁一间客房所需的时间	
大约 27 分钟	
第二步　测定全部工作时间	
8 小时×60 分钟=480 分钟	
第三步　测定清洁客房可用时间	
全部时间	480 分钟
减去：	
班前准备	20 分钟
上午休息	15 分钟
班后准备	20 分钟
下午休息	15 分钟
得出	
客房清洁时间	410 分钟
第四步　第三步的结果除以第一步的结果，得出生产率的标准	
410 分钟÷27 分钟=每 8 小时的班次清洁 15.2 间客房	
*由于饭店的工作标准不同，这个参数只用来举例，并不是建议使用的参数。	

图 10-5　生产率标准工作表——客房服务员

餐厅督导也可以根据观察受过培训的员工按工作标准服务所需的时间。如同生产率标准取决于客房的规模和装饰一样，餐厅的生产率标准会因为服务式样、菜单品种及用餐时间不同而发生变化。

图 10-6 展示督导如何决定餐厅服务员的生产率标准。工作表中列有记录和观察栏，记录一名服务员的 5 个午餐工作情况，对每一个午餐工作，督导都应记录：

(1) 服务的客人数目；

(2) 员工工作小时数；

(3) 员工每小时平均服务的客人数；

(4) 评注员工是否按照工作标准来工作。

岗位工作分析

职务：餐厅服务员　　　　员工姓名：A

班次：早班—午餐

日期	4/14	4/15	4/16	4/17	4/18
客人数	38	60	25	45	50
工时	4	4	4	4	3.5
客人/工时	9.5	15	6.3	11.3	14.3
测评	工作顺利，正常	太紧张，不能提供良好的服务	太空闲，低效率	正常，合理	整个班次工作过重，客人数过多

综合评语

A 为中上的服务员。根据餐厅的全部工作，一个服务员每小时可服务大约 10 名客人。当客人数目增加时，服务质量会下降。当 A 很忙时，许多客人等待时间过长；当客人人数低于每小时客人数时，时间被浪费，工作效率低。

建议　餐位/小时

(本职位)：10　　　　工作观察：B/餐厅经理

图 10-6　生产率标准工作表——餐厅服务员

图例显示，4 月 14 日，服务员在 4 小时内为 38 名客人服务，平均每小时 9.5 名客人(38 位客人÷4 小时工作)。通过 5 天的观察，督导就员工的工作效率做出判断。

为某一岗位制定生产率标准之前，督导应完成几个同样午餐服务员工的生产率表。在我们的例子中，督导测定受训员工生产率标准为每小时为 10 名客人服务，而不会降低既定的工作标准。使用同样的观察和计算方式，可为餐厅的领位人员、服务员、酒吧服务员和调酒师等职位制定出生产率标准。

稍加调整后，图例 10-6 可用来测定饭店其他职位的生产率标准，如厨师、餐具室工作人员、前台工作人员、收银员和预订部人员。例如，午餐厨师的生产率表将记录准备的餐数、工作小时数、每小时备餐数。同样，前厅部的日班工作表将罗列办理入住和离店的客人数、工作小时数及每小时办理入住和离店的客人数。

(四)质量和产量的平衡

督导必须有效地平衡工作标准和生产率标准。如果对质量的期待(工作标准)设置过高，可行的工作数量(生产率标准)就会非常低下，并要付给在职员工或其他加班人员相当高的加班费以完成应做的工作。然而根据部门的劳动力支出预算，这种做法明显行不通。

另一方面，如果对质量的期待设置过低，工作的数量就会出奇地高，劳动力支出远远低于部门的预算计划。但工作标准的低下不能满足客人的要求。客人对服务质量的投诉及营业额的下降，至少在两个方面极大地影响着运营利润。

(1) 由于客户不满而离去导致回头客减少。

(2) 由于客户不满而产生的消极口碑驱走了潜在客户而造成新的营业损失。

质量与数量的期待平衡产生了现实性的生产率标准。这些生产率标准是部门的劳动力成本和人员配备要求的基础。

二、工作安排软件

在适当的时间安排具有合格技能的员工工作，需要掌握对部门功能、员工和各种因素的详细了解，因为这些因素时刻影响着营业额。不仅如此，由于劳动力市场形势严峻的现实，员工期待工作安排能基于他们的个人爱好、资历和工会合同条款。因此在制定一份工作安排表时要考虑许多因素。工作安排软件的设计能满足督导安排员工的要求。软件的设计充分考虑了饭店的工作效率要求、团队入住、预订和其他的相关因素。这类复杂的软件与饭店的电脑管理系统(PMS)相互作用，向管理层提供即时的、持续的、真实的影响某个部门员工的情况。这种软件之所以能帮助管理者充分使用和管理劳动工时，是因为整个饭店的计算机程序化，包括预订、团队背景、预测和人力资源数据的操作。根据具体部门的情况来制定工作量的预测的能力，使督导在软件的帮助下充分掌握了工作安排这一有力工具。

在软件的帮助下安排劳动力的第一步，是管理者部门选择适当的生产率标准。例如，客房部经理可以选择30分钟作为一名员工清洁客房的时间。其次，经理选择相关因素来预测员工要求。在听取了客房部督导的建议后，经理可选择的相关因素包括：

(1) 每周到店/离店/入住的数量；

(2) 每间客房的客人数目；

(3) 预测下周员工工作量时的客房类型。

图10-7是生产率标准的样例，也是饭店的餐厅、前台和客房部的运营关键因素。

工作安排软件系统最重要的特色之一是与饭店的计算机管理系统接轨。预测的客流量很少能与实际需求相一致，督导常要经常性地评估预订系统，以决定第二天的工作安排是否合理。软件与饭店计算机管理系统的接轨，能使软件在实际工作中监控预订的活动，并在预测的数据与实际需求发生较大差距而需要重新调整员工安排时，自动提示督导。

部门	生产率和工作标准	相关因素
餐厅		
• 服务员	• 客人就餐数	• 入住率
• 酒吧服务员	• 翻台率	• 客房数
• 服务员助理	• 平均消费	• 到店/离店/住店
		• 团队类型/背景
		• 天气
		• 城市活动
		• 饭店活动
前台		
• 客户服务	• 入住和离店人数	• 到店/离店人数
• 前厅服务		• 到店/离店时间
• 迎宾员		• 客人类型
• 行李员		• 天气
客房部		
• 客房清洁员	• 清洁客房所需要的时间	• 入住率
• 客房服务员	• 客房清洁的标准检测	• 客房数
楼层督导		• 到店/离店/住店
		• 每间客房的入住数
		• 客房清洁员工的熟练程度
		• 天气
		• 饭店活动

图 10-7 生产率标准和部门相关因素

其他的关键因素也被设计为程序来考虑团队的种类及历史背景、对员工人数的要求。举行关注饮食健康的医生聚会可能会意味着酒吧销售的下降，但能提高餐厅的健康食品的销售额。在另一方面，组织兄弟会的会议能导致酒吧的销售额上升，但又会使饮食的销售下降。这些不同背景的团队能导致酒吧和餐厅劳动力安排的必要调整。

以往的经验还显示，不能只依靠到店和离店的客人数作为前台员工工作安排的依据。如果一个 200 名客人的团队在早晨 9∶00—9∶45 离店，要比同样人数但离店时间分布于整个上午时段需要安排更多的员工工作。客人类型的构成(游客、团队等)也会对前台员工的工作安排造成影响，对于团队客人而言，前台员工办理离店客人手续的人数比为 1∶50，而办理散客手续的人数比则为 1∶30。原因是商务客人常利用快捷离店方式并直接划账，而散客则非如此。如果不考虑这些因素，就会导致不必要的人员过多或人员不足的工作安排。通过与饭店计算机管理系统的接轨，工作安排的软件能迅速准确地捕捉到预测人员工作安排时所需的数据。

选择好相关的生产率标准并考虑到相关的因素后，只需用鼠标轻轻点击，电脑就会为督导制定出本部门的员工工作安排。电脑还可根据员工的个人爱好、工作资历、工会的合同、工资成本和工作效率来安排员工从事具体的工作。这些能使饭店提高员工士气，降低员工流失率，并最大限度地灵活使用人力这一宝贵资源。如果软件提示督导应增加人员安排，它会逐项展示可安排工作的员工名单，通过点击鼠标，督导能把需要的员工放入员工待命栏而重新修改工作安排。

这种方法的重要特点是利用软件自动显示劳动力成本的构成，使督导能比较每周的工时成本和预算的工时成本之间的差异。采用这种方式，督导能在公布工作安排前了解自己工作安排的劳动力预算的含义。一旦工作安排得到了督导的认可，就可为每名员工印制其未来一周的工作安排。

工作安排软件还与工资、工时和出勤及二线部门的财务相接轨，去除了把数据从一套软件系统向另一套软件系统输入的繁琐步骤，从而为管理层既节省了时间又节省了开支。管理者可从软件报告中选取相关的信息做出商业决策。挑选的报告可根据员工、日期、班次、部门、工会合同或其他选择标准格式化。另一重要特色是工作安排、工资和其他劳动力的数据库可被集团层次的审计管理人员用来进行网上操作。通过这种简便的操作，审计管理人员能迅速找出解决具体问题的答案，并根据管理层的要求设计他们各自单位或饭店的报告。

三、监控并评估生产率水平

评估督导们的标准常常是看他们对部门员工的生产率管理水平如何。务实性的程序可以使督导们：

(1) 根据既定的工作标准制定生产率标准；

(2) 根据生产率制定人员配备指南；

(3) 根据人员配备指南并结合营业预测，制定员工工作时间表。

然而，即使督导认真地遵循这些程序，员工实际的生产率也很难完全地与既定的标准保持一致。这是因为，营业预测本身是难以琢磨的，所以生产率中的可变因素就自然存在了。例如，当实际营业量大于预测量时，生产率则下降——但只是因为部门中人浮于事。

督导的职责是在部门出现人手缺乏或人浮于事时，不论其原因如何，都要减少生产率中可变因素的产生。督导必须进行周密的计划，以应付可能产生的上述各种情况。例如，当部门人手不足时，督导可根据人数需求征召目前不在班上的正式员工或小时工。为避免正式员工加班，小时工更有可能参加进来。当部门出现人浮于事的现象时，督导可检查是否有员工愿意休假或缩短工时。

这些是督导每天都应进行调整的工作，目的是确保本部门员工的生产效率。所有饭店业的督导和管理者面临的挑战都是寻求提高员工生产率的方式。极力削减部门的员工数量并不是提高生产率的有效手段。

督导们面临的最艰巨、挑战最大的任务之一是在本部门中寻求全新的工作模式。但通常督导们总是被日常的琐事缠绕而无暇顾及创新措施。提高生产率的最佳方式是不断地审视和修改工作标准。以下介绍通过修改工作标准而提高生产率的 5 个步骤。

1. 收集并分析目前工作标准的信息

通过一般的观察便可以完成这一步。如果你深知如何才能达到目前的工作标准，你应观察现在是如何做的，并记录有何差异。当分析部门职位的工作标准时，督导可询问以下问题。

(1) 某一具体工作能否被去除？在探讨如何修改一项工作时，督导首先应该询问是否有必要去做这一项工作。

(2) 某一具体工作是否能由他人来完成？例如，客房部服务员在班前备车的工作能否由夜班的客房清洁员来做。这样可以提高日班客房服务员的生产率，使他们多清洁半间客房。

(3) 另一部门的工作标准是否在影响本部门员工的生产率？例如，饭店内的洗衣房可能没有充分满足你的部门所需要的干净布巾时，本部门的生产率当然就会受到影响。

2. 创建完成工作的新思维

通常当工作问题出现后，解决的方法不止一种。对于饭店业，工作标准是复杂的，而且准确测定目前问题的症结不是一件易事，找出新的解决办法更是谈何容易。

员工、其他督导和客人都是重要的信息来源，他们有助于督导找出问题的改进方法。由于员工每天置身于实际工作中，他们往往是改进措施的良好源泉。其他督导也能把自己在本部门应用过的提高生产率的成功经验传授给你。同时，与同事的广泛接触也能带来你可选用的创新型技巧。客人所填写的评注卡或与某些客人的交谈，也能启迪督导可能忽视了的本部门工作的方方面面。

3. 评估每一观念并选择最佳方案

你所选择的方案可能是几个合理化建议的综合。当找出最佳方式来修改目前的工作标准时，必须确定有足够的时间来完成任务。如果只有一名员工能在特定的时间内清洁客房，或在规定时间内为客人登记入住，那他可能被称为“超级员工”，但即使通过培训并有督导监控，我们也不能指望一名普通员工能非常有效地完成这项任务。应牢记，工作标准必须是能够完成的目的，只有这样才能被视为行之有效。

4. 监测修改过的工作标准

指派几名员工在特定的时间使用修改过的工作标准以利于督导的审视，并决定新的措施是否的确提高了生产率。但记住，陈旧的习俗是不易改变的。因此在正式评估修改过的工作标准之前，应给员工熟悉新工作和适应新措施的时间。

5. 贯彻实行修改后的工作标准

当测试证明新的工作标准确实能提高生产率时，员工必须接受新的培训。在整个过渡期，应对员工不断进行监控、帮助和辅导。特别应注意的是，如果生产率大幅提高，你有必要修改部门的人员配备指南，并根据新的工作标准制定工作时间表。这将确保降低劳动成本，提高生产率，带来利润的增收。

第三节　控制质量

最近这些年来，如何提高质量受到了空前的关注，或许没有任何其他管理领域能与之媲美。也许你还能想起，是戴明第一个公开表述了质量提高同生产率提高和利润提高之间的关系。尽管质量是所有管理层都关心的问题，但是操作层显然最为关注它，因为职能部门的基本工作就是从质量管理开始的。过去的服务业如银行、医院和饭店中的质量运动曾经落后于制造业，但是现在情况已经不同于从前了。

一、全面质量管理和质量控制

有时全面质量管理和质量控制这两个词是可以互相通用的，但是它们是不同的。全面质量管理(Total Management Control，TQM)指的是一个组织整个的质量努力。它包括上级管理层的责任，产品和过程设计，员工培训，同客户和供应商的关系，质量和管理的衡量以及员工对于质量的态度。而另一方面，质量控制(quality control)确定特定的衡量标准以检查既定的标准是否得以实现。质量控制是一个较为狭窄的过程，它包括衡量和分析质量绩效，以及采取纠正质量问题的措施。质量控制通常在工作过程中或完成后进行，其中包括检查、测试、抽样和数据分析。

二、了解质量控制中的偏差

所有的产品或服务都是某一过程的产出或结果。可以把过程看作为实现目标而设计的一系列相关活动的集合。过程的实质是表现偏离，比如同一机器或同一制造过程生产的产品往往并不是完全相同的。一些可测量的尺度，比如长度、直径或重量可能是不同的。这些差异可能非常小，通过肉眼几乎不能测量，但是一些尖端的量具或者测试设备能够揭示出其中的差异。同样，服务过程也是有差异的。快餐消费者等待服务的时间是不同的。一些商用飞机运送的行李并不能和它的主人一起到达目的地。在牛排餐厅中，“半熟”牛排的品质也会有很大差异。

存在着两种类型的偏差：普遍原因的偏差和特别原因的偏差。我们可以使用一个经典的例子来表现过程偏差：书法。请注意下面的这些手写字母之间存在着怎样的差异，尽管每个字母都是出自同一个人之手，并且都是认真写下的，如图 10-8 所示。

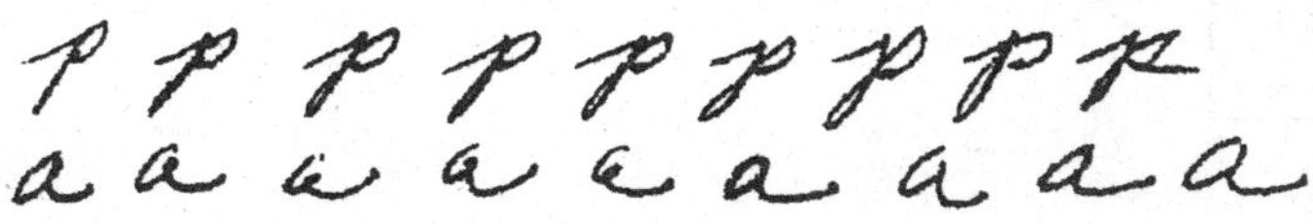

图 10-8　过程偏差的一个经典例子

不必使用放大镜来分辨其中存在的差异。每个“p”的差异都是普通的，都是可以预期的。我们把这种差异称作普遍原因的差异。现在看看那些“a”，可以注意到中间的那个“a”与其他的明显不同。也许这个书写者被撞了一下，或者这个点上纸的质地有所不同，或者使用了一支不同的笔。(实际上，这是同一个人写的，只不过是用了另一只手。)这种差异并不是正常的或者能够预料到的。显然，这里存在着过大的差异，或者说是特别原因差异。特别原因的差异并不是连续发生的，是同特别的事件相联系的。

有效的质量控制有两个重点：①减少普遍原因差异；②减少特别原因差异。正如戴明和其他一些质量专家指出的，特别原因有时可以通过个体员工解决，但是普遍原因通常只能通过采取管理行动，改进过程得以解决，比如改进原材料、使用更为尖端的设备、进行额外的员工培训等。重要的是，组织采取的许多不断提高质量的方法，实际上是在通过改进过程减少普遍原因造成的差异。

减少特别原因意味着辨别特殊问题，并隔离出来，然后检查原因，最后进行矫正。这好比替换一台反复无常的设备，或重新安排人员处理顶级客户的需要。了解这些差异，并且分辨出不同层次的质量问题在多大程度上归因于普遍原因差异或特别原因差异，对一名督导管理者来说很重要。数据分析在处理这个问题上是有用的工具，但是这已经超出本书讨论的范围。不过，我们还会提到其他一些重要工具。

三、质量控制的工具

许多工具可以辅助有效的质量控制。通常，特别问题解决小组或质量提高小组的成员会用到这些工具。我们将要讨论的工具有流程图、柱状图、运行图、佩瑞多图、控制图和因果(鱼骨)图。有一些图如柱状图、运行图和控制图反映了实际的绩效数据。需要记住的一点是，这些工具不仅适用于制造过程中的质量问题(尽管这也许是最主要的适用区域)，而且也适用于服务过程。

1. 流程图

流程图(flowchart)是完成某一过程所需步骤的直观表现。它的目的在于帮助人们理解所要控制的过程。通常当质量问题涉及过程，而过程又是由许多连续的步骤组成时，特别问题解决小组就会使用流程图来研究这些问题，如图 10-9 所示。这种过程通常超越了部门的界限。这种过程的可视表示使小组成员能够检查相关的步骤，并标注出哪里可以进行改进。下面的例子就可以反映出这个问题。

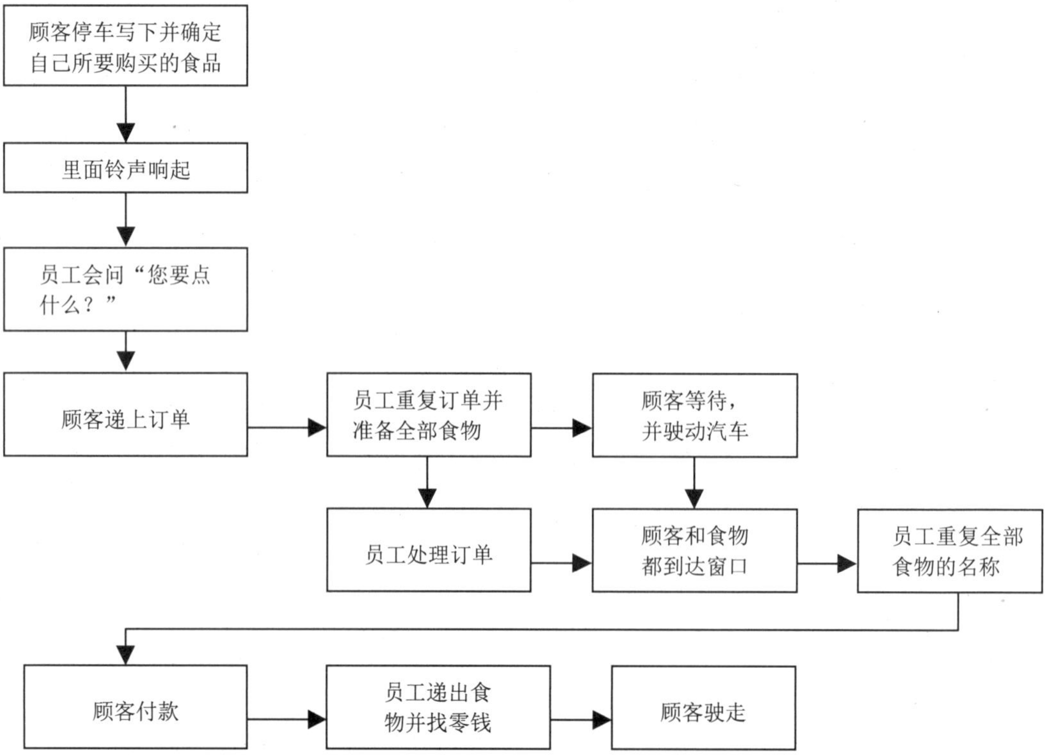

图 10-9　快餐快速通道过程流程图

2. 柱状图

柱状图(histogram)是对一组绩效数据偏离值的图形表示。它可以帮助我们了解研究对象的总体特征。这种可视的图形表示可以反映过程的产出有什么不同以及产出偏离绩效目标的可能比例。图 10-10 表示的是银行处理贷款要求的时间长度。在这个柱状图中我们能够很容易地看出这个过程的结果有怎样的差异，并且能够发现它们偏离规范界限的比例。

3. 运行图

有时一个过程在一段时间内运行是有变化的。运行图(run chart)是一个过程在一段时间内表现的数据表示。它可以用于表示每小时旅店结账离开的人数，每天缺勤的员工数或顾客等待超过一分钟的比例。注意图 10-11 中的运行图是如何表现过程中行为的特定走向的。那些不得不等待的就餐顾客的比例实际上具有某种特定的走向。每周开始时等待的客人的比例几乎最大，随着时间推移，这个比例会越来越小。

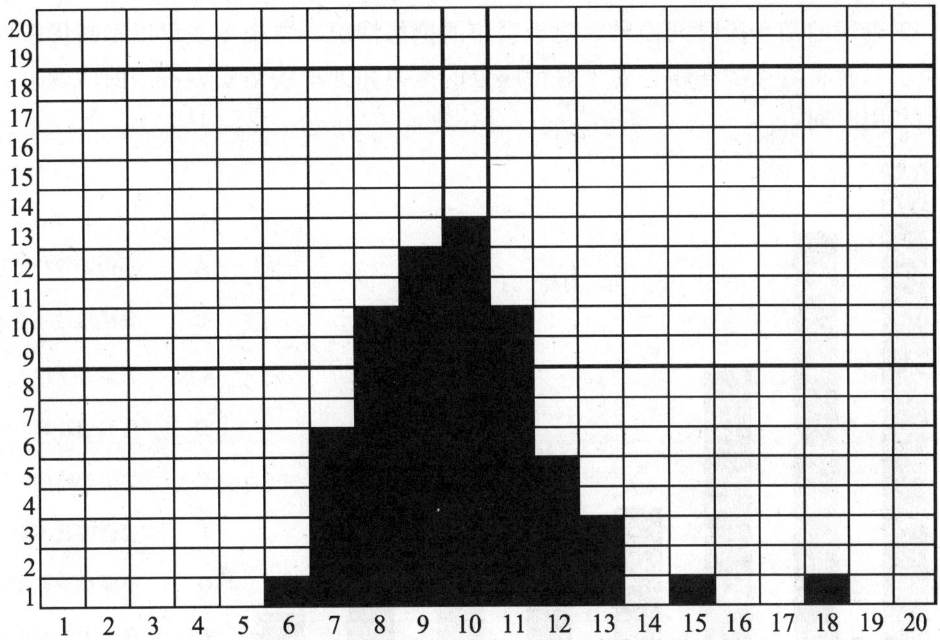

图 10-10　银行对处理贷款过程所要求的时间长度及频率

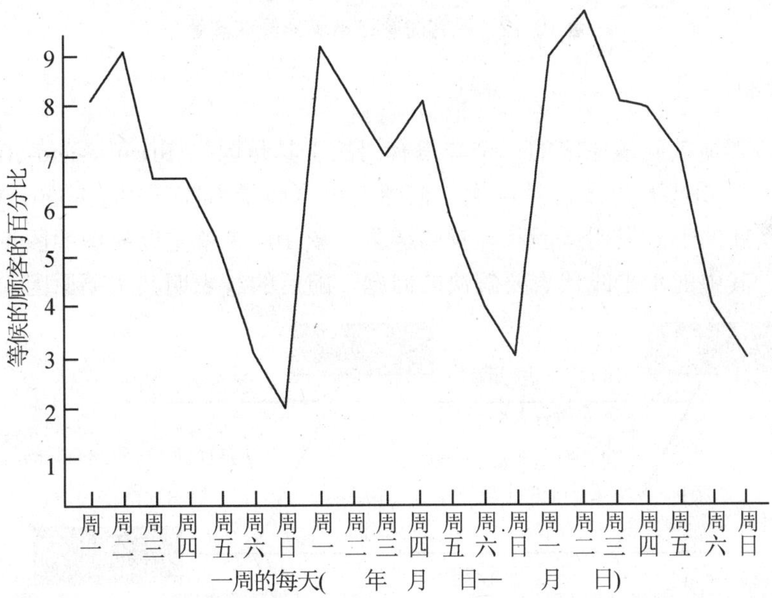

图 10-11　等待就餐时间超过 1 分钟的顾客的百分比运行图

4. 佩瑞多图

佩瑞多图(Pareto chart)是利用柱状图来图形化地表现问题缘由的图，多用于分析问题。它往往根据重要程度由左向右降次排列造成问题的原因。意大利经济学家维佛·佩瑞多(Vilfredo Pareto)是最早运用这个图分析问题的，所以佩瑞多图以他的名字命名。佩瑞多图能够帮助问题解决者专注于问题的主导因素而不是那些无足轻重的问题。比如，

图 10-12 表现的是一段时间内顾客对于餐馆的抱怨情况。这个图表可以不断提醒问题解决小组：只有将重点放在顾客对于等待座位的抱怨和处理餐桌安放不当的问题上，才能最好地利用时间。

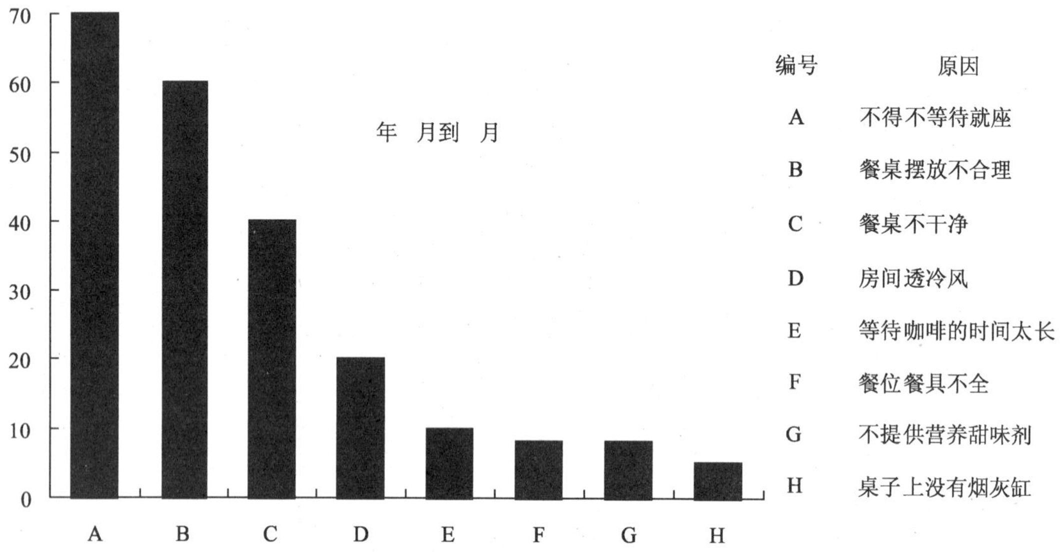

图 10-12 顾客对餐馆不满的佩瑞多图

5. 因果图

理解和辨别绩效问题原因的一个非常有用的工具是因果图(cause-and-effect chart)。它也被称为鱼骨图或石川图，是以推广该图的日本质量专家石川(Ishikawa)的名字命名的。他意图用新的形式表明原因和影响的链条。图 10-13 就是因果图的图表，看上去像是鱼的骸骨，其中的水平线代表要解决的问题，随后的线表明其主要原因和次要原因。

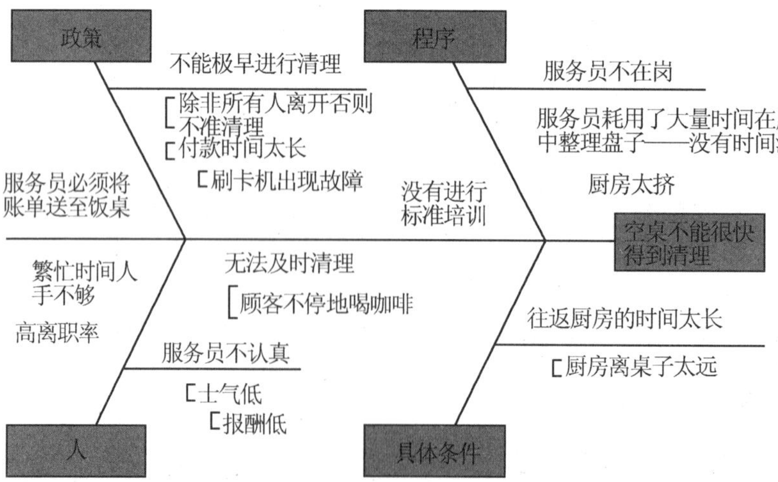

图 10-13 “为什么桌子不能迅速清理干净”的因果

6. 控制图表

控制图表(control chart)是统计过程控制(Statistical Process Control，SPC)的骨干，表现了过程的“控制状态”。如果一个过程中没有特别原因的偏离，那么这个过程就可以被认为是在控制中的。图 10-14 表现的就是一个有关控制图表的例子。横轴标出的是以天数衡量的时间，纵轴标出的是变量的值，中间的水平线表现的是所衡量特征的平均值。在这个例子中，只要数值在 97%和 89%之间，并且没有异常的走向出现(比如数值一直在下降)，那么就可以认为不存在特别原因的偏离，这个过程是“在控制中”的。

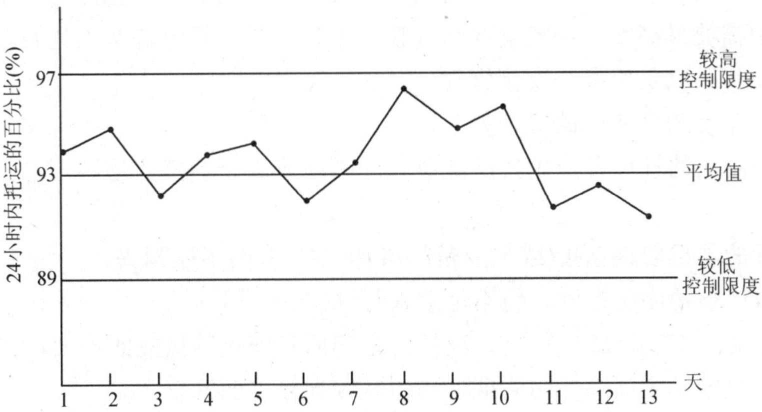

图 10-14　控制图表的例子

四、督导管理者在质量控制中的作用

督导管理者所面对的最困难的工作之一就是激励员工不断高质量地完成工作。有两种方式可以帮助他们做到这一点：①让员工知道你所期望的质量标准；②让员工参与质量控制。

1. 让员工知道你所期望的质量标准

许多企业都试图在其产品或服务中检查质量问题，而不是一开始就保证正确的生产过程。好在现在许多公司和督导管理者都开始强调从一开始就要选择正确的方式。他们宣布对于某项工作质量的期望值，并且在新员工的培训中涉及这些期望。

尽管强调质量期望的最合适时机是在培训新员工时，但是现有的员工的工作或许也存在着质量问题。这时你该怎么办呢？我们可以告诉你有一件事是不能做的——忽视最糟糕的质量情况，那会导致下面的情况。

(1) 出现质量问题的员工会以为你并不期望质量有所改观，或者认为那种质量是可以接受的。

(2) 其他员工也会认为那种劣等的质量是可以接受的。

如果员工已经知道质量的标准，下一步必须就质量实施控制。有时质量控制专家会通过运行图、柱状图或者其他统计工具帮助督导管理者确定工作的质量标准。但是，在许多部门中，督导管理者必须身兼两职。

2. 让员工参与到质量控制中

许多组织都曾争取过一线员工的支持，以改进质量。

质量团队也成为质量控制中的一支重要力量，其中包括自我指导小组、特别职能小组和个人工作团队中的小组。团队成员、团队领导者或高层管理者都可以提出问题(或机会)。许多公司允许这些小组在需要的时候邀请人事专家讲授专业知识或信息。

下面列出了有效的员工参与小组的基本特征。所讨论的这类团队是一种运行正规的团队，一般都需要最高管理层的批准和授权。不过，督导管理者个人也可以抓住员工参与的精髓，自行鼓励员工参与质量管理。

有效的员工参与型团队的特征如下。

(1) 所有层次的管理者，尤其是高层管理者应该真正地落实这种理念，并给予他们绝对的支持。

(2) 执行的项目应该直接(或至少是间接)与参与者的工作相关。

(3) 项目应该是团队行为，而不是个人行动。

(4) 参与者应该获得质量控制、决策制定和问题解决等技能的培训。

(5) 团队领导者应该接受团队推动和团队领导等方面的培训。

(6) 根据团队所提建议和解决问题的情况，应该对其有所回馈——以结果的形式。

下面的评论是一家宾馆会展中心的管理者做出的，它表明了鼓励员工参与能够获得的好处。

最好的质量建议来自于那些直接参与工作的员工。通常情况下，劣质并非是他们直接控制的事情导致的。许多客户在会议快要开始时才露面，然后抱怨房间的布置不是按照他们的要求进行的。这样，通常就要急匆匆地重新安排主席台和700多人的桌椅。这种状况搞得客户慌乱不已，而员工也同样狼狈不堪。

问题就出在联系人是用电话与客户联系的，对于会议是如何布置也是通过电话指示。事实上，客户对于自己需要的还应该有更为详细的指导说明，最后时刻的改变使每个人都很慌乱。

我们与一个由4个员工组成的小组讨论了这个问题，他们了解联系人同客户联系的过程，并且知道联系人通常都是使用电话与客户联系的。这使得布置情况与客户的实际要求有了很大出入。他们还了解到来签字预约的人通常都不是真正为这件事负责的人，可能只是他们的秘书或助手。这个人对会议室布置的要求可能并不代表整个团队的要求。于是小组就做了一个表格，以图形的形式表明会议室可以进行的布置和能够提供的视频设备。现在客户可以挑选合意的布置方案，并在表格上签字，然后交给联系人。这样我们就有了更为详细的指导，而客户也必须为自己的选择负责。当然对于他们临近会议时又提出的要求我们还是可以满足，并且做出相应的调整，但是一年来这样的情况我们只遇到过两次。

这其中的经验就是对于该如何提高工作质量，应该经常征求员工的建议。由于他们是直接参与到工作中去的，所以他们通常都会有非常好的建议。

复习自测题

1. 解释下列概念：

(1)前馈控制；(2)同步控制；(3)反馈控制；(4)标准；(5)有形标准；(6)数字标准；(7)货币标准；(8)物质标准；(9)时间标准；(10)无形标准；(11)战略控制点；(12)例外管理；(13)生产率；(14)质量控制。

2. 计划和控制在哪些方面联系？

3. 说出有效控制系统的主要特征。

4. 分辨和解释控制的 4 个步骤。

5. 给出每种标准类型的一个例子：

数字标准

货币标准

物质标准

时间标准

无形标准

6. 说出和解释控制系统的三种类型。

7. 在例外管理中，督导管理者的重点放在例外的标准偏离而不是设一个标准偏离。当员工们认识到他们可以完不成标准，但不要过分地低于标准时，会不会变得松懈下来？讨论为什么。

8. 为什么不可能设立适合所有饭店业的生产率标准？

9. 生产率标准是如何确定的？

10. 工作标准和生产率标准之间的关系是什么？

11. 通过不断修改工作标准，督导如何采取行动来提高生产率？

12. 质量控制与全面质量管理有什么差异？请解释。

13. 描述质量控制中差异的作用。

14. 区分下面的各项质量控制工具：佩瑞多图、运行图和流程图。

第十一章　冲突和压力管理

【学习目标】

学完本章，应该能够：掌握冲突和压力的概念；说明冲突管理的风格，并指出每种管理风格在什么时候是合适的；描述压力的成本和益处；解释压力的主要诱因；比较 A 型行为和 B 型行为；说明处理个人压力的方法。

【关键词】

冲突(conflict)
谈判(negotiation)
有原则的谈判(principled negotiation)
压力(stress)
生活事件(life event)
A 型行为(Type A behavior)
B 型行为(Type B behavior)
精力衰竭(burnout)

本章讨论冲突管理和压力管理。首先，概括地描述了冲突的形成，包括冲突的类型和来源。我们还将讨论冲突管理的风格。其次，本章还将详细探讨冲突管理的重要工具——谈判。最后，集中研究压力及压力管理。

第一节　冲突管理

一、冲突及其类型

(一)冲突的概念

冲突(conflict)是可感知的在两个或多个价值观、目标或需要之间的不相容性。尽管冲突总是令人感到不舒服，但是它是组织中不可避免的部分。因此，督导知道如何建设性地处理冲突将使个人、群体和组织受益。

冲突是人类本质的一部分。从孩提时代意识到自己和其他人的时候开始，我们就意识到自我利益将与其他人的有所冲撞。

饭店业是多元文化构成的行业，这种多元文化和行业价值观的不同常引起冲突。不同年龄段和不同价值观也会导致冲突。督导要确保每位员工都尊重同伴的不同信仰。

既然冲突涉及可感知的价值观、目标或需要方面的差别，而组织又必须将各种各样的人聚在一起来完成各种各样的任务，那么不同之处自然不可避免地浮出表面。但是尽管冲突一定会在任何组织中出现，但是它的形式和对组织的影响可能不同。让我们看看冲突在组织中可能出现的模式。

(二)冲突类型

冲突的最普通的画面就是人们在打仗。但是，这种看法不仅限制了我们对冲突形式的理解，也使我们不能在冲突的最初阶段就将其识别出来——在它到达破坏性水平之前。根据冲突所涉及的任何行为，甚至它是建设性的还是破坏性的，冲突的形式在组织中有所变化。

1. 个体与群体之间的冲突

为了识别可能卷入冲突的个体与群体，需要考虑价值观、目标或需要不相容的可能情况。对可能卷入的冲突，不仅个人不同，群体也不尽相同。而且个人本身也会在他们自己的价值观、目标和需要中弄出一些冲突来。

(1) 内心冲突

个人价值观、目标和需要之间的冲突称为内心冲突(intrapersonal conflict)。这类冲突的通常形式是角色冲突。例如，家庭成员和员工的角色产生了时间利用的冲突，出于对妻子和孩子的爱，那些出于责任感想加班工作以完成任务的员工可能也希望准时离开。

(2) 人际冲突

可感知的两个或多个人之间在价值观、目标或需要方面的差别是人际的冲突(interpersonal conflict)。由于文化、个性甚至在组织中职位的差别，将导致价值观的不同。当组织成员对稀缺资源进行竞争或他们有不同的目的时——比如，提高质量与节约成本，通过与合作者聊天来满足社会需要与通过客户服务来满足财务需要，就会出现对目标和需要的冲突。

记住冲突涉及可感知的不相容性领域。有时因为人们有不同的个性、文化或看法，他们对情况的理解也不同或不相容，所以冲突就出现了。如果一个人相信另一个人“根本不关心”，也会引起冲突。在这种情况下，另一个人可能事实上非常关心，但是对此保持沉默或以一种卷入该冲突中的其他人不熟悉的方式来处理。

(3) 社会群体间冲突

最后，社会群体间冲突(intergroup conflict)是两个或多个群体间可感知的价值观、目标或需要的差异。每个群体的成员都分享各自群体的价值观、目标或需要，而这些又与其他群体的有所不同。一种普遍的群体间冲突就是生产管理冲突(line-staff conflict)，由于第一线员工(直接参与产品生产和销售的人)和管理人员(在信息系统和人力资源这类后勤部门工作的人)之间可见性差异所引起的冲突。社会群体间的冲突可能在组织的级别水平间、工作班次之间或非正式群体间出现。

2. 建设性的冲突和机能失调的冲突

(1) 建设性冲突

因为冲突总是很让人不舒服的，所以人们将其视为坏事情。但是，冲突也可能是有利的。它强调了在某些情况下需要被突出的差异。如果人们通过开发创造性的解决方法来突出这些差别，那么他们会使该组织或他们自己在现有的情况下大步向前。建设性的冲突(constructive conflict)是对群体或个人的绩效有贡献的冲突。在群体过程的环境中，它是群体思考的对立面。

到目前为止的研究表明，在群体处理非日常任务时，冲突最有可能是建设性的。为了成功，处理这类任务的群体必须改革创新，而冲突可能帮助他们达到该目的。

(2) 机能失调的冲突

相对而言，机能失调的冲突(dysfunctional conflict)干涉了群体或个人的表现。以个人来看，机能失调的冲突让人分心、疲劳及感到困惑。当人们用侮辱性、攻击性和破坏性的方式表达人与人之间和社会群体间的冲突，他们通常伤害了组织和它的一些成员。很有价值的员工可能离开组织以躲开机能失调的冲突，而合作和资源分享更是不可能的。

注意，建设性的和机能失调的冲突的差别是以它们的影响为基础，而不是它们的强度或所涉及的特殊问题。所以有时很难决定一次特定的冲突究竟是建设性的还是机能失调的。诊断冲突要求将重点放在其影响上，这将为减少机能失调的冲突或使其对组织更有利扫平道路。卷入其中的人可以将他们的重点从个人所得转移到使群体和组织受益上。

在这样做的时候，他们没有清除冲突，但是他们将其重新塑造成建设性的力量。

二、冲突产生的原因

饭店行业中存在着各种冲突的原因。许多原因来自行业的特殊性或人员的特殊性格。然而，大多数饭店运营中的矛盾冲突原因都具有共性，包括：①有限的资源；②不同的目标；③角色的多重性；④工作关系；⑤个体差异；⑥组织问题；⑦沟通问题。

图 11-1 列举了这些典型的冲突原因。如图所示，督导解决冲突的能力，决定了部门是否能通过员工的协调努力来完成既定的目标，否则，冲突将恶化并失去控制，使部门丧失工作能力。

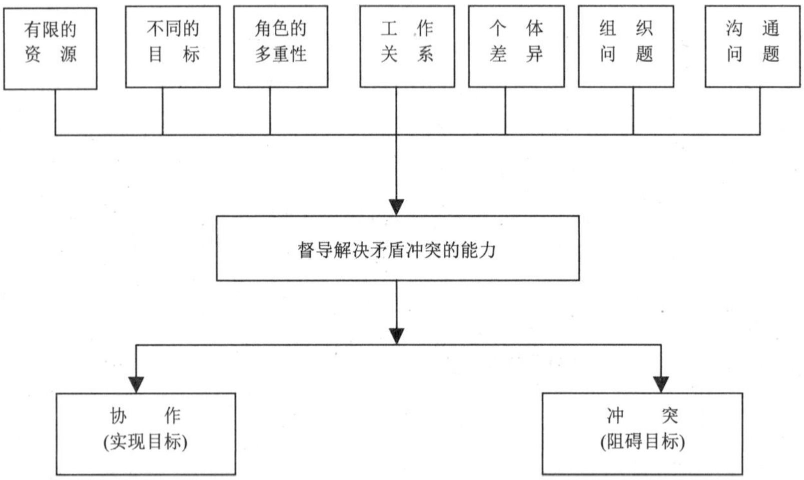

图 11-1　督导与矛盾冲突

(一)有限的资源

在任何饭店的运营中，资源的使用是十分有限的。没有任何部门可完全得到自己想使用的人力、时间、资金、设备或空间等各项资源。一般认为，一个部门额外的资源享用，是以另一个部门的资源减少为代价的。假如饭店中的两个部门都需要更新本部门的计算机系统，但饭店只为一个部门做了资金预算，这意味着另一个部门必须继续使用原有的电脑系统。这种情况很可能会引起冲突，但如同上面所述，这种冲突可能证明是有益的。有限的资源迫使每个部门根据饭店的运营目标，提出本部门更新电脑系统的理由。能够说服管理层为了饭店的经营必须更新本部门的电脑系统的经理，常常能争取到该项资源。

有限资源引起的冲突有时候是难以解决的。例如，如果饭店的两名督导同时申请一个公开的经理位置，冲突自然就由此展开。双方都认为这一公开的职位是发展的机会，是“晋升”的机会。双方都难以想象竞争失败的后果。如果这个职位最终由局外人填补，冲突还会继续下去，因为双方都会认为自己在行业中没有发展前途了。

(二)不同的目标

在同一饭店运营中的各部门和人员都有各自不同的目标，因而对于正确的标准判别和政策策略的应用，自然会产生不同的见解。如果饭店销售部想通过增加菜单上食品种类来提高饭店的餐饮销售额，就会引起与餐饮部的冲突，因为餐饮部的目标首先是要降低食品的成本。同样，总经理的目的是向入住登记的客人提供完美的服务，但这一目标与前台经理减少平均入住登记时间的目标相抵触。

督导常常卷入这类冲突中。例如，你的上司是餐饮部总监，他要求你减少服务员的数目，以减少劳动力成本支出。市场总监则关心销售额的提高，他要求配备更多的服务员，使客人享受到快捷、优质的服务。在此类冲突中，你只能遵循上司的指示，而把冲突的解决权交给上层管理者们。

(三)角色的多重性

在工作中产生的另一种冲突是角色的多重性。有些场合中，人们发现工作的角色在相互抵触。例如，你想提高前台的服务质量，但同时你的上司却要求你降低劳动力成本，这就构成了角色的矛盾冲突。如何满足这两个目标，需要创新性思维、耐心和与员工清晰沟通的能力。

另一种使人感到困惑的角色多重性体现在决策的余地。决策的余地是指你在解决问题时的决策灵活度。范围狭小的决策余地，意味着你被局限于有限的几个选择中。这种局限性使你感到压力，而且会使员工失去工作效率。授权给那些训练有素的员工，使他们有极大的决策回旋余地，往往能提高员工的工作效率。

(四)工作关系

饭店业运营的成功取决于所有部门的通力合作。通常情况下，各部门的工作存在着相互的衔接。例如，前台员工办理无预订客人的入住时，需要客房部提供最新的客房情况。而客房部的员工又需要依靠洗衣部门提供清洁的客房布巾。同时，餐饮部的员工也需要等待干净的布巾以便摆台。不论什么原因，冲突都可能由于员工、督导或经理的以下做法而产生：

(1) 未完成既定的工作；

(2) 拖延工作的完成；

(3) 未与其他部门的人员协调合作。

解决冲突的最重要一步，是在有关员工中建立信任感。充分相信同事的工作能力和相互配合的意愿，是完成工作的重要因素。

(五)个体差异

员工、督导和经理们在个人态度和见解，教育或文化背景，经历，年龄或工作责任上的差异，也会引起冲突。多元化的员工构成并不意味着冲突的必然性，但的确需要督导承担最大的责任，以确保冲突不会造成工作的瘫痪。

(六)组织问题

组织上的问题也会引起冲突，因为有的部门总认为，它们比其他部门起着更重要的作用。其他潜在的组织冲突原因包括：工作职责的改变和重设，模糊不定的工作岗位职责和其他造成工作失误的情况。员工、督导和经理常在自己工作职责划分不清时遇到各类矛盾冲突。每当督导的职责划分不清时，督导之间，督导与员工之间，督导与上司之间就会产生各种冲突。

由于组织变革，对工作保障或个人权利和利益丧失的恐惧，也可能导致冲突。

(七)沟通问题

沟通上的问题往往是许多矛盾冲突的根源。行业中的资源、目标、角色作用、工作关系、人员间的差异和组织问题等各项工作间的沟通，有助于行业内部的协调，并能避免那些阻碍工作成功的冲突。

三、冲突的最适合程度

机能失调的冲突不仅在人们选择以破坏方式处理冲突时出现，而且当人们无法有效处理严重冲突时也会出现。如图 11-2 所示，组织冲突的程度直接影响了它对组织的影响是正面的还是负面的。中等程度的冲突能够刺激创造性的出现和正面改变，因此它对组织成果有积极的效果。

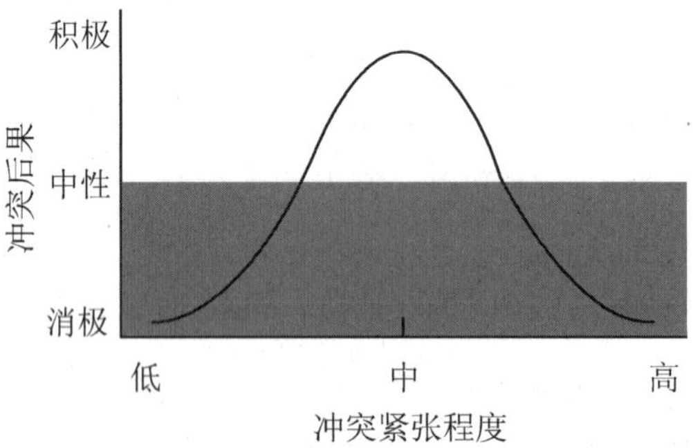

图 11-2　不同程度的冲突及产生的后果

(L.D.Brown, 1986)

其他程度的冲突是破坏性的。严重冲突将员工的责任感转移开来，并妨碍他们创造性地解决问题。而另一个极端是，没有冲突也有负面影响，因为人们趋向于接受条件本身的情况，从而错过提高的机会。这种组织因为优柔寡断和缺乏感情与兴趣而出现问题。

四、冲突的阶段

有些人不到冲突升级到一定阶段就不会重视它——当有人与他们争吵或公开拒绝合作的时候。这种管理冲突的方法不是很有洞察力或甚至没有生产性，因为它在冲突出现的最初阶段推迟了行动，通常最初阶段是采取建设性行动的最佳时机。相对而言，如果人们将冲突的所有阶段都考虑到了，他们就有管理冲突的最大策略后备，如图 11-3 所示，冲突的阶段包括：潜在的、可感知的、感觉到的、明显的冲突及冲突后果。

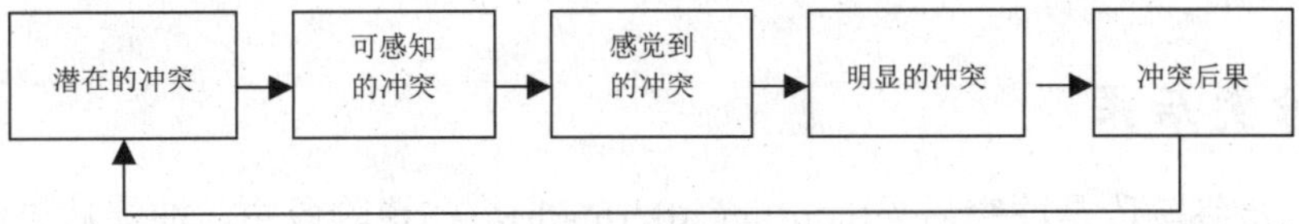

图 11-3　冲突的阶段

(一)潜在的冲突

冲突从潜在的冲突(latent conflict)开始，这是一个目标、需要、价值观或理解力的差异使人们猜测到冲突可能存在的阶段。以发展新产品为责任的团队成员可能注意到，不是每个人对同一个想法都有同样的热情。有时潜在的冲突是由组织中的一个改变引发的，公开新策略或雇用新经理可能使组织成员怀疑，这些改变是否会改变他们的地位或获取资源的途径。

组织的成员可能会忽视这个阶段的冲突，他们甚至相信实际上没有冲突。

(二)可感知的冲突

下一个阶段是可感知的冲突(perceived conflict)。卷入冲突的人们感知到冲突的存在，尽管他们可能还不能定义这项冲突。

在这个阶段中，人们可能选择调查或忽视冲突的来源。在感知冲突时采取行动可能防止冲突发展到下个阶段。

(三)感觉到的冲突

下一个阶段是感觉到的冲突(felt conflict)。在这个阶段中，涉及在内的人们不仅意识到冲突还对其有情绪反应，比如，感到紧张、生气、担忧或精力充沛。

调查显示，所经历的各种情绪影响了人们处理冲突的方式。负面情绪与过分简化问题、降低信任度及消极地解释另一团队的行为相联系。正面情绪与广泛观察冲突情况、发现各元素间潜在的联系并找出更创新的方法相联系。

(四)明显的冲突

如果冲突继续下去，就进入了明显的冲突(manifest conflict)阶段。在此阶段中，人们对冲突开始采取行动。在人与人之间或群体与群体之间冲突的案例中，他们有意挫败那些他们发现持有不同观点和目标的人。他们通过争论、采取政治手腕或拒绝合作来达到目的。一个经历着内心冲突的人会为一个决策受折磨、失眠，并对相关或不相关的事情感到气愤。

人们以破坏性的方式表达明显的冲突，因此如果冲突到达该阶段，就应该快速解决冲突。

(五)冲突后果

冲突的最终阶段是冲突后果(conflict aftermath)。在该阶段中，冲突后果创造了影响未来情况的条件。建设性地解决冲突能建立起培养更周密合作及获取共同目标的条件。如果以有利于一些参与者的标准来解决问题，这可能导致未来的冲突。如果涉及的人不喜欢这个解决方案，那么未来冲突可能使组织机能更紊乱。因此，与团队坚持忽视冲突来源相比，如果团队讨论成员的看法，可能认识到能导致更好决策的事件。但是如果有些团队成员将成功看作以牺牲其他人为代价，那么被挫败的成员会阻挠计划的施行，成员间的冲突会以新的形势升级。

同样，内心冲突也提供了学习机会。一个面临着道德两难境地的人可能突出面临的挑战，可能与其他管理者和部门成员就此进行讨论。结果，当未来道德冲突出现的时候，管理者能发展有所帮助的决策技巧。

五、冲突管理的风格

个人必须处理各种形式的人际和团队之间的冲突。正确判断冲突的情况很重要，因为只有这样才能以更为有效的方式处理冲突。图 11-4 中的方格图表明的正是 5 种不同的冲突处理类型，这种划分是建立在个人对自己和他人的不同关心情况之上的。

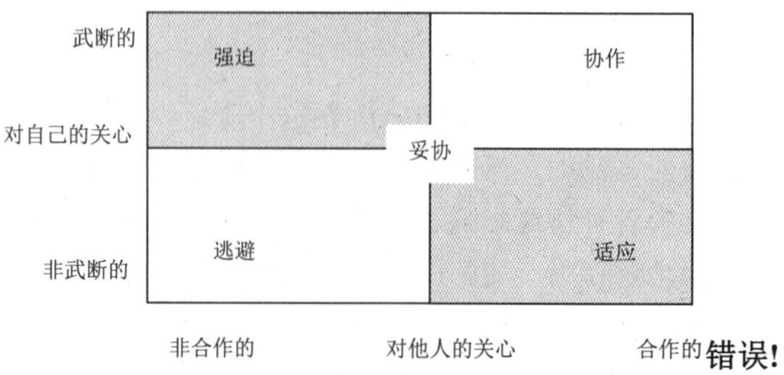

图 11-4　人际冲突管理风格

(1) 逃避(avoiding)。逃避是一种非专断的、不配合的风格，个人对自身和他人的关注程度都很低。在处理一些微不足道的问题时，或者当直面问题的负面后果超过了解决问题的正面作用时，逃避就是一种有用的风格了。

(2) 适应(accommodating)。适应是一种非专断的、配合的风格，个人对自身的关注程度很低，对他人的关注程度却很高。适应的方式是在忽略各方的差异。当问题对另一方更重要时，或者当另一方是正确的时候，这种风格就是适合的。

(3) 强迫(forcing)。强迫是一种专断的、非配合的风格，个人对自身的关注程度很高，而对他人的关注程度却很低。这种方式是使用力量来解决冲突。在紧急情况下，由于必须迅速地做出决定，所以这种风格是有用的。同时在纠正不道德的行为时这种风格也是合适的。

(4) 妥协(compromising)。妥协是一种既有点专断，又有点配合的风格，个人对于自身和他人的关注程度都较适中。这种方式的目的是寻求双方的中间立场。妥协风格在双方由于目标排外而进入对抗僵局时是适合的。

(5) 协作(collaborating)。协作是一种专断的、配合的方式，个人对自身和他人都有很高的关注程度。协作也是一种解决问题的方式，这种方式在冲突“迎面”时、试图披露所有潜在问题以及试着说明不同观点时都是有效的。

在 20 世纪 60—70 年代的大多数时间里，冲突管理理论把协作看作最好的解决冲突的方法。由于协作在很多情况下都能带来双赢的结果，所以我们很容易理解为什么协作的拥护者把这种方式看作处理冲突的“典范”。20 世纪 70—80 年代，权变理论获得了发展。这种理论的支持者认为协作并不是在所有的情况中都是适合的，如下面的案例所揭示的。

案例

紧急反应团队在一次交通事故发生后很快就出动了。紧急反应团队早就为类似的情况做好了精心准备。但是，还是有一些没有料到的事情发生了。为了挽救生命，意想不到的事情必须尽快得到处理。尽管团队的成员平时使用协作的方式解决问题，但在这种情况下他们没有时间再使用这种方式了。她说这种情况下团队经常使用的冲突管理方式是强迫的方式，因为它是最有效的。

在处理权宜的、日常的、短期的问题时，逃避、适应、强迫和妥协的冲突管理方式通常是最为有效的。而协作(在某种程度上还有妥协)最适合于处理特别事务和长期的战略问题。

第二节　谈判

一、用原则性谈判解决冲突

正如我们所看到的，某种程度的冲突在组织中是有益无害的。组织可以建立一种环境，它的员工在其中经历的冲突可以被建设性地、道德性地管理并解决。一种解决冲突的自信的方法通常涉及谈判。谈判(negotiation)是冲突的当事人就他们在交换中愿意付出并接受什么进行说明的过程。

哈佛谈判项目的罗杰·费希尔(Roger Fisher)和威廉·尤利(William Ury)提出的新理论使得冲突的管理和解决获得了真正突破。他们强调不管国家间或公司间的谈判是否能够和平地解决问题，人们还是经常进行立场谈判(positional bargaining)。立场谈判作为谈判的一般形式，通常包括提出建议，然后再一层层地放弃。它的理念就是放弃那些并非非常重要的事情。因此，最初的建议总是经过层层加码的。这种形式的谈判如果想获得成功，就必须满足三种公平谈判的准则：它应该达成明智的协议(如果可能)：它应该是有效率的；它应该能够改进，或者至少不损害谈判各方的关系。

当人们坚持各自的立场谈判时，甚至会使自己陷入绝境以捍卫自己的立场，结果只能是一方获益一方受损，或者双方都受损。此外，基于立场的谈判通常会危害到双方的关系，有时是损伤，有时甚至会粉碎双方已经建立起的关系。在婚姻中就表现为离婚，在商业上就表现为合作关系的终止。许多谈判包含的不只是两方，在这种情况下，立场的谈判使谈判的问题更加复杂，更加难以达成一致。

费希尔和尤利在他们的哈佛谈判项目中，建立了一个新的概念，他们称之为有原则的谈判(principled negotiation)，或称是非曲直基础上的谈判，以此代替立场谈判。有原则的谈判的 4 项基本要素如下。

(1) 就事论事，不论及人。

(2) 重点在于利益，而不是立场。

(3) 在决定下一步该做什么之前，预测发生各种事情的可能性。

(4) 坚持结果应该以客观标准来衡量。

合资项目的承办者以及涉及多方协作关系的项目推动者，曾指出对合资的双方进行教育，使他们接受有原则的谈判的理念，能够最大可能地在争端处理中达到双赢的结果。表 11-1 表明了立场谈判和有原则的谈判的差异。请注意在立场谈判中，一个人要么打“硬球”，要么就只能打“软球”。

表 11-1　立场谈判和有原则的谈判的对比

立场谈判		有原则的谈判
软　的	硬　的	
参与双方都是朋友 目标是达成一致	参与双方是对手 目标是胜利	参与双方都是问题解决者 目标是有效和友善地达到一个理想的结果
通过让步来维护关系 对人和事都很温和 相信他人	要求对方让步，作为维持关系的前提 对人和事都很强硬 不信赖他人	就事论事，不论及人 对人很温和 在事情上表现强硬 信任基础上的彼此独立
很容易改变立场 进行防卫 揭示出自己的底线 为了达成一致愿意接受一方受损 寻找唯一的答案：谈判方都能够接受的 坚持达成一致	坚持立场 进行进攻和威胁 误导他人对自己底线的理解 要求单方获利作为达成一致的基础 寻找唯一的答案：你能够接受的答案 坚持自己的立场	重点是利益，而不是立场 寻求利益 避免开出底线 达成双赢的结果 制定一些可供选择的双赢选择，然后决定 坚持使用客观的标准
尽量避免意愿的竞争	尽量赢得意愿的竞争	尽量达成一个独立于个人意愿的结果
屈从于压力	施加压力	屈从于原则，而不是压力

二、克服人际冲突

有原则的谈判在处理组织中部门间冲突、解决合资或协作关系中的冲突时都是非常好的方式。

也许更为常见的难题是管理人际间的冲突。由于对缩减规模、合并和组织的未来不明朗的恐惧，这个问题往往更为突出和棘手。由于恐惧而产生的工作不安定感成为冲突滋生的土壤。

工业心理学家和教练杰克·辛格(Jack Singer)认为人力资源专家和督导管理者必须学会冲突解决的策略，并应教给其他员工。他提出了一个三步方案，作为评价冲突和实施冲突解决策略的方法。下面详细介绍这一方法。

第一步，评估冲突类型。

近年来，一些自我评价调查表广为流行。它们旨在使那些被调查者了解自己在冲突的环境中会有怎样的反应。可以考虑使用这种调查表。它们还可以帮助你理解当一个人被激怒时，究竟是被触动了哪些“按钮”。作为重新评价和改进一个人行为的工具，它们还是很有用的。

第二步，分辨冲突行为。

消极的行为：对抗、支配、防卫，讽刺和敌对的幽默，压制感情、坚持认定自己是正确的、拖延、指责等。

中立行为：逃避、冷漠、道歉、让步、妥协以避免对抗。

积极的行为：积极聆听、设身处地着想、消除敌意、查究原因、使用“我感觉”的表达、认识到对话是如何影响情绪的。目标是消除消极和中立的行为、练习减少对抗的技巧，并最终使这些积极的行为成为新的习惯。

第三步，学会能有效地减少对抗的技巧。

(1) 积极聆听。所有人际沟通的关键都是真诚的聆听，它和防卫性的聆听有所不同，后者总是在其他人谈话时组织自己的反驳。真正的聆听需要一个有意扮演某种角色的环境。

首先，用你自己的话复述别人所说的东西，不要带任何判断、赞同或者不赞同的态度。聆听并且思考他人的需要和感情。

其次，询问对方你是否真正弄明白了他的意思。如果没有，请他做出解释。

再次，一旦你确信明白了对方的信息和感情，做出反应。

第四，其他人应该聆听并清楚你的意思。这个过程可以一直持续下去，直到你们双方都理解了对方的观点。

(2) 设身处地。指的是将自己放到对方的位置上，并试着从对方的角度来思考问题，其中要考虑到相互之间文化、人种、性别和经历的差异。

(3) 消除敌意。最快的解除双方争端的方式就是在对方的话中找出一些正确的内容，即便在最基本的准则上你并不赞同。比如，你可以说“我能理解你为什么对我这么生气，因为你觉得是我造的谣”，这样可以认同并平复对方愤怒的情绪，并且你也没有赞同他所说的事情。这种做法为消除冲突打开了大门。

(4) 查究原因。通过询问对方来明确其思想、需要和感情，你们就更容易达到相互的理解和妥协。

(5) “我觉得”的表达。用“你总是在逃避我，我觉得很生气”来表达你的感受要比“你让人很生气，都怪你让我今天工作得这么糟糕”的方式有效得多。在第一种情况中，你为自己的感受负责；而在第二种情况中，你抱怨对方，并将对方置于防备的境地，这必然会造成你们之间的对抗。

许多人际冲突都是由于一些人对其他人的行为感觉不舒服或者愤怒而产生的。罗伯特·布兰森(Robert Bramson)指出了那些棘手行为中的一些基本类型，其中有三种在解决冲突时显得尤为棘手。下面指出了这三种类型，并且给出了解决的建议。

(1) 敌视和挑衅的行为。敌视和挑衅的行为通常表现为用刻薄的语言攻击他人，或当事情不合己意时乱发脾气。重点就是在冲突中攻击对方。它们就是利用这种公开的情绪表露让对方感觉不舒服或者惊愕。在这些行为的背后是一种强烈的“应该”感，要求事情应该如何进行。对付敌视和挑衅行为的关键就在于认清楚这种行为，并且一定不要让自己也陷入这种情绪中。

① 坚持你自己的做法；

② 给他们时间平静下来；

③ 使用自我主张的语言；

④ 避免对抗。

(2) 抱怨者。抱怨者总是不停地抱怨，但是却从来不采取行动解决所抱怨的事情，这通常是因为他们感到自己没有力量，或是因为他们不愿意承担责任。你可以听完他们的抱怨，并让他们知道你了解他们的感受了，但是不要去同情他们。可以做出解决问题的姿态来。比如，管理者就可以说，“简，你希望我们的会议解决什么样的问题呢？你认为应该采取什么措施？”这会使抱怨者的注意力集中在解决问题上，而不是一味地抱怨。

① 专心聆听；

② 认可他们的感受；

③ 避免和他们一起抱怨；

④ 不必道歉，陈述事实。

(3) 沉默的人。沉默的人即使是在被问到意见时也保持安静，不做任何反应。他们对于冲突的反应就是闭紧嘴巴，拒绝讨论任何问题。对付沉默的人的关键在于让他们张开嘴说话。询问他们那些可以自由发挥的问题是非常重要的，同样容忍他们合理的沉默也是重要的。

① 询问可以自由发挥的问题；

② 耐心等待他们的回答；

③ 询问更多的没有限制的问题；

④ 如果仍然没有反应，那么你就告诉那些沉默的人你打算怎么办，因为你们之间没有任何讨论。

第三节　压力管理

一、什么是压力

(一)定义的概念

在过去许多年里，饭店和餐饮业并没有把压力当回事。其中一个原因就是缺乏对于压力的明确定义和对于其影响的研究。压力(stress)可以被定义为任何能够给一个人的心理或身体带来损害的外在因素。

压力的研究者指出现代社会的人对于工作和生活中的紧张情况做出的反应和远古的祖先是相似的。在石器时代，当危险出现时，身体中自然出现的化学反应使我们的远祖抗争或逃避。现代社会的人仍然以同样的方式对外界影响做出反应，这使得他们始终预备着抗争或逃避。这种焦虑类似于战争中士兵产生的焦虑，它给我们的身心带来了很大伤害。

案例

简・科尔曼早上高峰时间驱车上班。一名不负责任的司机冲入了她的单行道，险些造成交通事故。当简总算赶到办公室时，已经非常紧张了，更为火上浇油的是她的一名关键员工由于感冒而缺勤。这一天的两件事情使她一整天都疲惫不堪。

我们中的许多人都面对着类似简的状况。请注意压力可能是由于外部的刺激，比如在高速公路上驱车引起的，也可能是工作中的状况引起的。对于工作压力比较好的定义是“产生于人们的相互影响及其工作的一种状况，其特征是可以迫使他们偏离正常运转的一系列变化”。在正常情况下，人们的身体和思想都处于平衡的状态中。但是，由于工作或者工作以外的一些事情，人们的平衡可能会被破坏。在试图恢复平衡的过程中，人们的运转各不相同，并且有时会产生抗争或者逃避的化学反应。显然，作为督导管理者，无法离开自己的工作或者和他人一起逃避，但是身体里的化学反应却无论如何都会产生。

(二)压力的影响

1. 压力的成本

据估计有 2/3 的疾病都可以追溯到与压力相关的症状上来。比如，压力是心脏病、癌症、肺病、意外事故、肝硬化和自杀的主要诱因。

即便是最常见的感冒和皮疹有时都和一个人经历过的长时间或严重的压力有关。管理者非常清楚这些情况也极大地影响着缺勤、意外事故和生产率下降的发生。

当然，在严重的或长时间压力下的人们无法像正常生活中的人们那样有效地工作。但是，我们的意思并不是说压力总是负面的，因为一定的压力可以给生活增加热情。

2. 压力的积极方面

有时压力在完成一些有意义的事情上是必需的。那些在航天指挥中心中工作的团队成员肯定是有压力的，那些在大庭广众之下运动或者演讲的人肯定也是有压力的。毫无疑问，适度的压力可以改进绩效，例如，困难的却又可以达到的目标比容易的目标更能激发人们的斗志。

那些寻求各种类型的工作和能够展现其技能的活动的人们，常常会觉得生活充满激情和趣味盎然。其中的秘密就在于这种生活使人们既可以参与有挑战性的工作，又可以得到积极充分的休息。生活是充满各种刺激的，它们既可以激发、提高生产效率，又有助于促进个人的健康。我们把这些积极的压力称为有效的压力，它们是一种有力的推动，例如参加体育运动或竞赛。

二、压力的主要诱因

有很多因素导致了个人压力的产生，其中包括：①生活偶然事件；②个人的心理构成；③与组织或工作有关的因素。尤其是与组织或工作有关的压力往往使人精疲力竭。

(一)生活偶然事件

无论什么时候，只要我们面对需要改变行为和提升行为的情况时，压力都会产生。把生活中所有能给人们带来压力的情况都列举出来是不可能的，因为生活本身就会给人造成压力。但是，研究者曾经试着指出一些主要的生活意外，既包括积极的也包括消极的事情，它们需要人们做出明显的行为改变。如果在一年的时间里，这些意外中的许多状况都发生了，一个人就会非常脆弱，便会由于过大的压力而产生身体或心理上的不适。

表 11-2 列举了许多产生压力的生活意外。生活偶然事件(life event)是最主要的使人们偏离正常轨道的事情。按照对人们生活的影响，将这些事情进行了排序。配偶的死亡产生的影响最大；而轻微的违反法规，比如收到交通违规的传票产生的压力最小。

表 11-2　社会再调整等级量表(SRRS 中的生活事件)

偶然事件	影响量级
配偶死亡	100
离婚	73
分居	66
监禁	63
近亲死亡	63
个人伤害或者疾病	53
结婚	50
失业	47
婚姻和解	45
退休	45
家庭成员健康情况的变化	44
怀孕	40
性功能障碍	39
新家庭成员加入	39
公司再调整	39
财务状况变化	38
好友死亡	37
职位的层次发生变化	36
与配偶争吵次数变化	35
丧失抵押或贷款的抵押品赎回权	30
工作中职责的变化	29
儿女离开家庭	29
与亲家之间的纠纷	29
出色的个人成就	28

续表

偶然事件	影响量级
妻子开始或者离开工作	26
开始或结束读书生活	26
生活环境的变化	25
个人习惯的改变	24
与上司发生纠纷	23
工作时间或条件的变化	20
居住地的变化	20
学校的变化	20
娱乐活动的变化	19
礼拜活动的变化	19
社会活动的变化	18
睡眠习惯的变化	16
家庭聚会次数的变化	15
饮食习惯的变化	15
假期	13
圣诞节	12
轻微的违反法律	11

研究人员发现 SRRS 上的分数和关于管理者及普通大众患病的统计数字有一定联系。那些得分少于 150 分的人在未来两年中患重大疾病的可能性只有不到 33%；而那些得分在 150～300 之间的人，这种可能性则增加到 50%左右；那些得分超过 300 分的人则有 80%的可能性身患严重疾病。事先的防范措施和行动计划可以减少得高分的可能性，当然也就减少了患重病的可能性。我们在后面的部分中将进行讨论。

案例

帕特里克·郝根是一名 34 岁的督导管理员，他看上去拥有一切。他有一份好工作、幸福的婚姻、两个孩子，一切心满意足。工作中，他效率非常高，对人热忱，被公认是未来升迁的最佳人选。

而在这一年里帕特里克的生活却发生了一连串的事情，这些事情彻底打乱了他过去的生活状态。一个老朋友怂恿他投资于其开办的牛排餐厅。然而这项投资失败了，他的朋友逃离了这个小城，留下帕特里克一个人为那些投资承担责任。为了挽回自己的投资，他只好晚上在餐厅操劳，很多时候直到凌晨 1 点才能回家。

当帕特里克在为餐馆苦苦奋斗时，他的母亲由于生病却未得到及时治疗而去世。葬礼后两个星期，他的妻子又因一次意外事故卧床不起。他第一次不得不自己准备早餐、洗衣服并且照顾两个孩子，而同时他还要继续自己的工作，并且照料那个餐馆。

工作中，帕特里克的行为也发生了很大的变化。他对自己的员工开始变得不耐烦，脾气也很暴躁。他开始消沉，并发现自己已经不能像从前那样果断地做出决策了。

(二)个人心理构成

日本人长久以来都以工作努力而著称。日本被公认为是这样的一个国家：在这里，所有人都在拼命工作，创造着大量不可思议的经济奇迹。但是，有些人却陷入了这样的工作逻辑：工作成为目的本身而不是达到目的的手段了。新西兰人说："日本人活着是为了工作，而新西兰人工作是为了生活。"我们认为一些日本人的确变成了工作狂，这种超负荷的工作在很长一段时间内都会影响人的正常生活。

研究者指出有两种基本的行为类型可以概括社会中人们的行为：A 型行为和 B 型行为。

(1) A 型行为。心脏病专家梅耶·弗里德曼(Meyer Friedman)和罗伊·罗斯曼(Roy Rosenman)是最早为 A 型行为(Type A behavior)下定义的人。有 A 型行为的人总是试图在很短的时间内完成很多事情。他们缺乏耐心，不停地与时间和他人竞赛以达到自己的目标。后果是，他们变得会为一些小事而发怒。A 类型的人通常都是工作狂。由于存在着这种心理构成，他们可能会承受更大的压力。由于这个原因，A 类型的人比 B 类型的人患心脏疾病的风险要高得多。

(2) B 型行为。B 型行为(Type B behavior)的人要平静一些，会抽出更多时间用于锻炼，并且确定完成一项工作所需要的时间要比 A 类型的人现实得多。总的来说，B 类型的人较少焦虑，在工作中总是要求更多的满足。

对于 A 型行为和 B 型行为的研究表明 60%的中、高层管理者和督导管理者属于 A 类型的范畴。许多督导管理者把所有的事情似乎都当成紧急事情或生死攸关的事情。那些表现出 A 型行为特质的中、高层管理者和督导管理者更愿意事必躬亲，觉得授权是一件困难的事情。他们担心一点错误就会累及过去取得的成绩，所以非常小心，总是以任务为导向。

以下提供了一项测试，它能够使你对自己的行为模式有一个大体的了解。

为了测出你属于哪种行为类型，请圈出下面量表中最能体现你的行为特征的数字。

对约会漫不经心	1	2	3	4	5	6	7	8	9	从不迟到
没有好胜心	1	2	3	4	5	6	7	8	9	非常好强
即使有压力也从不觉得匆忙	1	2	3	4	5	6	7	8	9	总是很匆忙
一次只做一项工作	1	2	3	4	5	6	7	8	9	试图一次做很多工作，总是想着下面我该干什么了
生活节奏慢	1	2	3	4	5	6	7	8	9	快节奏(吃饭、走路等)
感情外露	1	2	3	4	5	6	7	8	9	感情内敛
兴趣广泛	1	2	3	4	5	6	7	8	9	工作之外的兴趣很少

总得分__________总得分乘以 3_____________

解释如下：

分　　值	个 性 类 型
少于 90	B
90～99	B+
100～105	A-
106～119	A
120 以上	A+

(A.P.Brief, R.S.Schuler, and M.V.Sell,1981)

(三)与组织或工作相关的因素

在本书中曾讨论过许多与组织或工作相关的因素，它们都会给人们带来很大的压力。正如下面所列出的，这些因素包括从不清楚的工作描述到或独裁或纵容的领导方式的各种因素。如果这些因素在一个组织中存在的时间过长，就会造成很大的危害，其表现有不满意、生产效率低、不能完全实现目标以及工作精力衰竭。

导致压力过大的与组织或工作相关的因素：

(1) 高度职权化的组织，决策权集中在高层手中；
(2) 组织内层次众多，管理幅度狭窄；
(3) 高层不断施压，并且压力过大；
(4) 较低层的需要相互冲突；
(5) 组织和工作目标不清晰；
(6) 独断的领导方式和紧密地督导无处不在；
(7) 很少或不能参与督导管理者及员工的决策制定；
(8) 公司政策前后不一致；
(9) 在诸如工资增长、晋升、临时停工之类的问题上有所偏倚；
(10) 工作条件差；
(11) 沟通不畅；
(12) 工作描述缺乏；
(13) 纵容的领导方式广泛存在；
(14) 计算机界面出现技术故障。

(四)精力衰竭

过大的压力带来的最普遍的后果之一就是精力衰竭。精力衰竭(burnout)是与压力相关的一种不适，它主要是在人们投入了大量时间和精力的环境中产生的。这种环境通常都是工作，不过也可能是由于家庭或其他原因造成的。

精力衰竭问题的严重性已被学者罗伯特·戈乐碧威斯基(Robert Golembiewski)和罗伯特·穆兹瑞德(Robert Munzenrider)强调过。他们曾经利用 Maslach 精力衰竭表(Maslach Burnout Inventory，MBI)的修正版调查了来自 33 个组织的 12 000 多人，其中 40%的被调查者都处于能量消耗的较高阶段。下文中解释了 MBI 使用的次级标准，并将能量消耗的过程分为 8 个阶段。

“每天早上起床时我都觉得疲倦，但又不得不面对一天的工作。”

情感的疲惫被认为最能代表精力衰竭高级阶段的特征。而非个性化则被认为是三项中最不能表征精力衰竭高级阶段的。这三个次级标准或高或低的量度确定了能量消耗过程的阶段划分，并产生了一个能量消耗的八阶段模型。

	能量消耗的累进阶段							
	Ⅰ	Ⅱ	Ⅲ	Ⅳ	Ⅴ	Ⅵ	Ⅶ	Ⅷ
非个性化	低	高	低	高	低	高	低	高
个人成就感	低	低	高	高	低	低	高	高
情感疲惫	低	低	低	低	高	高	高	高

(Robert T. Golembiewski and Robert F. Munzenrider,1998)

处于第Ⅰ阶段的人们会感到压力对他们积极的推动和促进作用。在马斯洛的理论中，这时候人们正处于满足需求层次上的尊重和自我实现需要的层次上。在一定程度上，处于第Ⅱ、Ⅲ、Ⅳ和Ⅴ阶段的人们也基本上是这样。但当人们到了第Ⅵ、Ⅶ、Ⅷ阶段，即精力衰竭的高级阶段，困难也就出现了。

工作精力衰竭的人通常都有三个特点：第一，他们的压力主要来自与工作有关的因素；第二，他们往往都是具有理想主义的或自我激励的人；第三，他们往往寻找那些达不到的目标。

尽管长期看来，解决精力衰竭问题的理想途径是消除那些带来问题的因素。但从短期来讲，可以通过使用一系列缓解压力的方法来解决精力衰竭问题。

公司用来防止或解决精力衰竭的方法有为员工提供公司内部健康中心的服务，或设立津贴项目。在美国联合信号公司(Allied Signal)，使用健康中心或健身俱乐部的员工中有 74%的人认为活动提高了他们的效率，62%的人认为这提高了他们应对压力的能力。据估计，工作压力和与此相关的问题使公司每年损失约 20 亿美元。

三、处理个人压力的方法

4 种方式可以帮助许多督导管理者处理个人压力：①进行身体锻炼；②实践放松的技巧；③获取控制感；④培育和保持良好的人际关系。

(一)体育锻炼

那些一周内至少锻炼身体两到三次的人出现由压力引起的不良症状的可能性要比不锻炼的人小得多。身体锻炼应该是有一定强度的，要达到出汗的程度。一个人的肌肉和循环系统并不是为那些不活动的人设计的。那些不断给自己的身体注入新活力的人们更少感到焦虑和不安。锻炼可以采取许多形式——网球、手球、慢跑、散步、游泳、植花种草或在健身房中锻炼。

(二)放松的技巧

下文中列举了一些简便可行并且十分有效的放松技巧。这些技巧对于督导管理者或团队领导者尤其有效，因为这些方法既不会浪费时间，又不会耗费太高成本。研究表明，如果经常进行这些放松活动，那么一个人不仅可以更有效地处理压力，还可以降低血压，并且就一般而言可以改善身体和心理的健康情况。

(1) 放松思维。最为有效的压力放松方式之一是放松思维，这个术语是20多年前由哈佛大学的医学博士赫伯特·本森(Herbert Benson)首先提出的。它的好处在于不需要特别的动作和场所。当你在参加会议的途中遇到堵车，或当你因为脑子胡思乱想而始终不能入睡时，你都可以使用这种技巧。

① 舒服地坐着或靠着。如果可以就闭上眼睛，放松自己的肌肉。

② 深呼吸。为了保证你能够深深地呼吸，将一只手放在腹部，另一只则放在胸前。通过鼻子慢慢地呼吸，同时你应该能够感觉到你的腹部(而不是胸部)一起一伏。

③ 慢慢地呼气。同时注意你的呼吸。如果在呼气时，能够静静地重复数字“一”，那么效果会更好，它能够帮助你清静思想。

④ 如果思维仍然很活跃，那么不要总是想问题，忘掉那些问题，重新集中精力在呼吸上。

你可以在感到压力的时候进行这个练习，但如果你每天都能至少做一次，每次10～20分钟，那么就能每天保持一份安静的心情，坦然面对充满压力的环境。

(2) 净化呼吸。生于美国的英国雕刻家爱泼斯坦(Epstein)曾经研究过各国文献，寻找那些被认为是非常有效的放松技巧，最后他的注意力放在了那些简单并且有用的方法上。他称它们为“珍宝”，它们可以从不同的方面达到效果，并且简单易学，在任何地方、任何时间都可以使用，生理效果也非常显著。在他列出的那些方法中，排在第一位的就是净化呼吸。

深深地吸一口气，保持3～4秒，然后慢慢地将它们呼出来。当气呼出来的时候，你身体里的紧张也会同时呼出来。

(3) 放松的姿势。“各种文献表明独自一人坐在某个位子上对于放松有显著的效果。”爱泼斯坦说。可以坐在任何地方，放松你的肩部，让它舒服，胳膊自然地垂在身体的一侧，膝部自然地弯曲，伸展你的腿，并由脚后跟来支撑你的脚，轻轻地伸出去。垂下你的颌。闭上你的眼睛，深深地呼吸1～2分钟。

(4) 松弛地伸展身体。不费任何力气地放松肌肉是可能的，重力就可以做到这一切。从颈部开始，让头自然由前向右垂下。平静地呼气和吸气。随着每次呼气，让你的头部垂下。可以同样训练你的肩部、胳膊和背部。

(5) 想象。找一种舒服的姿势，闭上眼睛。想象着一个你曾待过的最放松的地方。我们都有过这样的地方，并且在任何地方、任何时候都可以想起它。对于每个人来说这个地方是不同的。它可能是一个湖泊，也可能是一座山，亦有可能是海边的别墅。

(6) 5个小窍门。你的小口袋里可能从来就没有很多小窍门，这里有美国压力研究机构的主席保罗·罗希博士(Paul Rosch)提供的“有效减轻压力的小偏方”。

① 将你的脚趾使劲地蜷曲在你的鞋子里，15 秒后放松。依次拉紧和放松腿上、胃部、背部、肩部和颈部的肌肉。

② 想象自己躺在海滩上，听着海浪涌来的涛声，感受着温暖的阳光和轻柔的微风。或者，如果你愿意，想象将自己置身于任何让你快乐的境地。

③ 每天抽出 20～30 分钟来做自己喜欢做的事情——甚至是什么都不做。

④ 进行一次轻快的散步。

⑤ 随身携带着 Walkman，里面播放着轻松和愉快的音乐。

“减轻压力就是将自己从那种环境中移开，并歇歇气，”罗希说：“如果我发现自己身受压力，我就会问自己‘它能影响我的生活 5 年吗？’通常答案都是否定的。如果这样，为什么还要因它而激动呢？”

(三)控制感

对自己的生活有控制感的督导管理者通常都能比那些经常感到被生活的突发事件或他人操纵的人更有效地处理压力。如果督导管理者有其他兴趣，他们就更能够将工作仅仅看作生活的一个方面。获得控制感有如下方式。

(1) 计划。向前看，辨认出哪些是长期目标，哪些是短期目标，并且分辨出压力产生的原因以及减少压力的方法。

(2) 了解并且喜欢自己。指出自己的长处和兴趣，并参加那些能够增强自身优势的活动。

(3) 无论遇到什么情况都要将其看作挑战，而不是问题。

(4) 休一次长假，而不是休许多短假。

(5) 为别人做事。可以参与一些社会公益活动或志愿者活动。

(6) 当你很好地完成一项工作时，要给自己积极的鼓励。当你做完一件有意义的事情时，要给自己一份奖励。

(四)发展和保持良好的人际关系

把保持亲密的关系(家庭和朋友的关系)摆在生活的首位，这对于一个人的心理健康和心理愉快来说是非常重要的。这种关系是彼此相扶相携的基础。在亲密的关系中，人们才可以谈论成功、机遇和问题。根据心理学家亚历克斯·米开罗斯(Alex Michalos)的研究，对一个人的幸福和福利而言，良好的人际关系要比收入和外表都重要得多。当一个人面对大的挑战和问题时，能够和自己的配偶或朋友进行讨论非常有益。保持亲密的关系，并且通过谈论而不是逃避问题与自己的爱人和朋友共同面对问题也是重要的。下文中为你提供了许多让自己感觉良好的方法。

(1) 享受生活的每一分钟。本杰明·富兰克林说：“快乐更多地来源于每天的点点滴滴，而不是一大笔的财富。”

(2) 控制你的时间。我们应该设定目标和管理自己的时间。比起那些常常感到无助的人，那些能够自我控制的人在学校里会表现得更好，对于压力的处理也会更妥当，并且也常常会有更多的财富。

(3) 快乐地生活。各种研究都表明快乐的人的生活有三个特征：①他们喜欢自己；②他们积极地思考；③他们喜欢户外活动。在试验中，那些臆想着高度自我尊重的人对自己的感觉开始变得更好。

① 寻找那些能够展示你的技能的工作和消遣。那些我们能够从中找到兴趣和挑战的工作即便是报酬较低也是值得的。

② 参加运动。最近的研究表明有氧运动对于轻微的抑郁症有很大的疗效。

③ 休息。快乐的人喜欢积极的、充满活力的生活，不过他们也要留出睡眠和独处的时间。

④ 将亲密的关系放在第一位。那些有几个支持自己的密友(能够同甘共苦、荣辱与共的朋友)会生活得更健康、更快乐。

⑤ 关照自己的灵魂。那些有着虔诚的信仰的人比其他人更少地违法、滥用药物和酒精、离婚和犯罪。他们在身体上甚至也更为健康。

复习自测题

1. 解释下列概念：

(1)冲突；(2)内心冲突；(3)人际冲突；(4)社会群体间冲突；(5)建设性冲突；(6)机能失调的冲突；(7)谈判；(8)立场谈判；(9)有原则的谈判；(10)压力；(11)A 型行为；(12)B 型行为；(13)精力衰竭。

2. 冲突所带来的益处是什么？
3. 饭店行业中出现矛盾冲突的一些原因是什么？
4. 说出 5 种冲突管理风格，并描述在什么情况下哪种最为合适。
5. 讨论有原则的谈判有哪些内容，它和软的或硬的谈判有什么不同。
6. 比较 A 型行为和 B 型行为。
7. 工作中压力的主要诱因是什么？工作之外的呢？
8. 解释为什么锻炼和放松技巧对于处理压力非常有效。

第十二章　招聘和培训员工

【学习目标】

学完本章，应该能够：解释谁应该负责选拔、招聘和培训员工；区分提升、调动和晋升员工；描述选拔和招聘员工的程序；解释为什么员工的培训是必要的；描述如何进行员工培训；定义饭店业所需的三种培训；说明员工怎样才能取得最好的学习效果。

【关键词】

工作描述(job description)
工作分析(job analysis)
提升(upgrading)
调动(transferring)
提拔(promoting)
资历(seniority)
价值(merit)
在职培训(on-the-job training，OJT)

本章首先讨论饭店如何选拔和招聘员工。其次，还将明确饭店培育所需的三种类型，论述发展和实施培训计划的步骤。最后，概括介绍员工如何才能取得最好的学习效果。

第一节　选拔和招聘员工

一、计划人力资源的需要

大多数组织都不会负担多余的员工。但是他们同样也不会让员工的数目不足。因此，人事职能的首要任务就是计划人事需要。这一步骤有两个方面：①确定需要完成的任务以及具体包括的内容；②确定成功完成这些工作所需要员工的个人条件。一方面指的是工作描述，另一方面指的则是工作要求。两项都需要督导来负责，因为他们最了解具体要做的工作以及完成这些工作所需要的知识和技能。

另外，这种人事职能受高劳工离职率的影响。每次一名员工离开时——不管是自愿还是非自愿的，找人取代他们都需要有形或无形的成本。不仅需要招聘代替者，还要进行培训，这些费用通常都是非常高的。事实上，这个问题在服务业中尤为明显。

如果你知道高劳工离职率的原因，就可以寻找方法使它降低。图 12-1 为这个问题提供了部分答案。

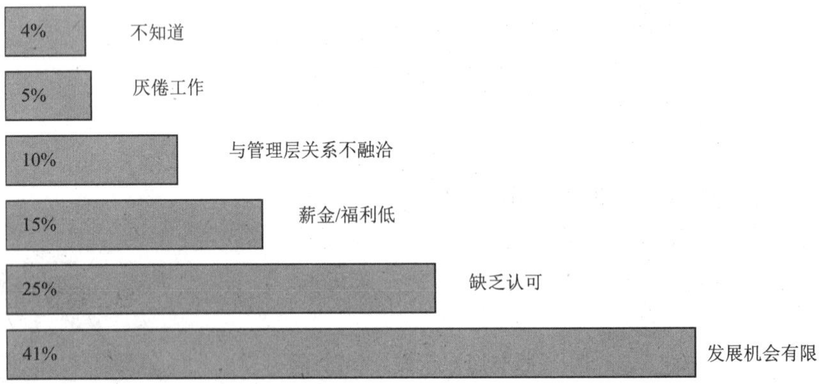

图 12-1　优秀员工离职的原因

二、督导和人力资源部

大规模的运营机制中一般都设有人力资源部，旨在帮助行业所有部门。人力资源部专家们能帮你制定、识别和招聘部门所需要的员工。事实上，人力资源部门可以了解薪资的发放、津贴、员工关系、培训项目、员工工作评审、公司政策和程序与员工激励。

作为督导，你需要了解人力资源部门招聘和选择员工时的基本政策和程序。如果你理解人力资源部是如何运作的，就会知道如何与它配合来完成你的目标。

作为督导，你指挥着员工的行动。你必须为特殊职位挑选员工，并全心关注员工加入公司的全过程。从理论上讲，这是轻松的工作，但实际上由于日常工作的压力，完成此工作不是一件易事。

督导位于一线的职位上。一线部门也称之为运营部门，它直接为客户提供产品或服务。人力资源部的职员起的是二线部门或员工支持部门的作用，即具有专业知识的员工起着顾问作用并给你或其他一线员工提供支持。

人力资源部有责任帮助你挑选最合格的人选，而对应聘的最终选择是由你和你的上司在一线部门中决定的。同样，你也有责任向人力资源部提供信息来确保其工作的质量。

假如人力资源部的成员了解了你的需要，他们就很容易在筛选过程中识别那些不称职的人选。但只有部门之间相互沟通才能做到这一点。人力资源部需要提前一定时间来招聘员工，除了紧急情况外，你应尽可能提前预测工作空缺。尽可能迅速地报知人力资源部。只要遵守本饭店要求的政策和程序，你就能确保你的要求能得到完全、有序的处理。

督导应向人力资源部门提供现行准确的工作职责和工作细则。工作职责是以文字的方式对某一确定工作的任务、责任和工作条件的概括。其格式各不相同。如果你就职于一家大的饭店，人力资源部门会帮你制定工作职责。工作细则是一种筛选应聘者的措施，主要列举了完成本工作所必须具备的个人知识、技巧、能力和经验。例如，一名厨师必须能读懂或解释菜谱，这类技巧的要求就包含在工作细则中。

由于缺乏这类最新的消息，有时人力资源部在招聘员工时，只能使用过时的工作职责和工作细则。这时招聘者得到的工作信息和实际工作就有很大出入。因此，工作职责必须准确无误。随着相关职责和必要的设备的变化，对工作人员的技巧要求也就更高。人力资源部必须了解所有这些变化以进行最佳的布置。

督导应找出本饭店使用哪些基本的招聘程序。员工招聘是选择合格人选的过程。通过这个过程找到合格应聘者来填充目前或未来的工作空缺。整个过程包括宣布或发出工作空缺的广告，评估候选人并做出决策。正如前面所述，督导应直接参与招聘和筛选过程，因为督导拥有并了解本部门每一件工作的第一手资料，而且督导还要与新员工共同工作并监督他们的工作。

人力资源部一般会约请前 10 名应聘者参加面试。当督导面试过他们后，人力资源部的成员帮督导做最后的招聘决策。督导的部门，而不是人力资源部，向应聘者提供职位。员工和督导的关系就始于此时。

除去招聘，人力资源部人员还能帮助督导进行筛选，建立员工档案并组织员工的入职教育。此外，他们能帮督导设计和完成恰当的培训项目。督导必须与他们配合从而把本部门建成一个高效率的部门。督导还应向他们推荐招聘渠道。与员工共同工作，督导会深入地了解他们，也就会知道从哪里及如何招聘员工。你可能发现某一学校或职业培训项目中的学生使你极为满意，你应向人力资源部反馈这些信息。此外，向在职的员工提供工作空缺信息。员工可能知道某些合格的人员或去哪里寻找他们。

如果饭店不具备人力资源部门，督导就应参与初次面试和其能力的查询工作，如果饭店设有人力资源部，督导和督导的上司就应共同面试二级部门推荐上来的优秀候选人。与他们共同讨论工作相关问题并回答他们对工作条件的疑问是非常重要的。

三、确定所需员工的类型和数量

(一)工作描述和工作分析

工作描述(job description)是对于一项工作的任务、职权、责任和工作环境的成文表述。督导管理者可以通过以往经验获得关于特定工作的信息，也可以通过观察他人工作，或者通过工作分析(job analysis)获得有关的信息。所谓工作分析，就是通过观察和研究来收集信息及确定工作要素的过程。

工作描述也向他人表明了被描述的工作关系。这样它不仅成为一项特定工作挑选员工的基础，而且成为进一步培训员工和奖励员工的基础。下面列出一项典型的工作描述所具备的基本要素。

(1) 工作确认：工作名称、部门、规则、薪金水平、督导管理者等。

(2) 工作描述：

① 工作对于身体素质的要求和完成工作所需要的最低身体素质要求。

② 工作条件，包括心理条件，比如与他人的关系以及对他人、资金和设备的责任心。

③ 工作任务和责任的概括。

④ 工作日的数量和每天工作小时数。

⑤ 使用的机器、工具和设备。

(3) 工作要求：

① 完成一项工作所需要的教育背景、知识、技能和技巧，培训、经验以及特别培训和发展。

② 个人性格，比如社交能力、主动性和口头表达能力。

(二)工作要求

完成一项工作所需要的个人特征可以在工作要求(job specification)中阐明，并且以此为基础为特定工作选拔合适的人员。这些条件的种类包括教育和培训、职能、气质、兴趣、身体能力、经历和态度。工作要求应该说明一个人能够令人满意地完成工作所需要满足的最低标准。

最后，完成特定工作和技能需要选拔的人员数目必须估算出来。督导管理者首先确定需要的总人数，然后减去已经雇用的人数，差额就是需要雇用的员工的数目。

一旦特定工作所需员工的数目和种类得以确定，下一步就是确定从哪里寻找这样的员工。正如图 12-2 所示，员工的基本来源渠道只有两类：组织内部和组织外部。从这两种渠道选拔员工的平衡策略比单独从一种渠道选拔要好得多。可能的情况下从内部提拔员工和在必要的情况下从外部招聘员工，这种政策既能保证公司的连续性，又能够为其提供新的思想。

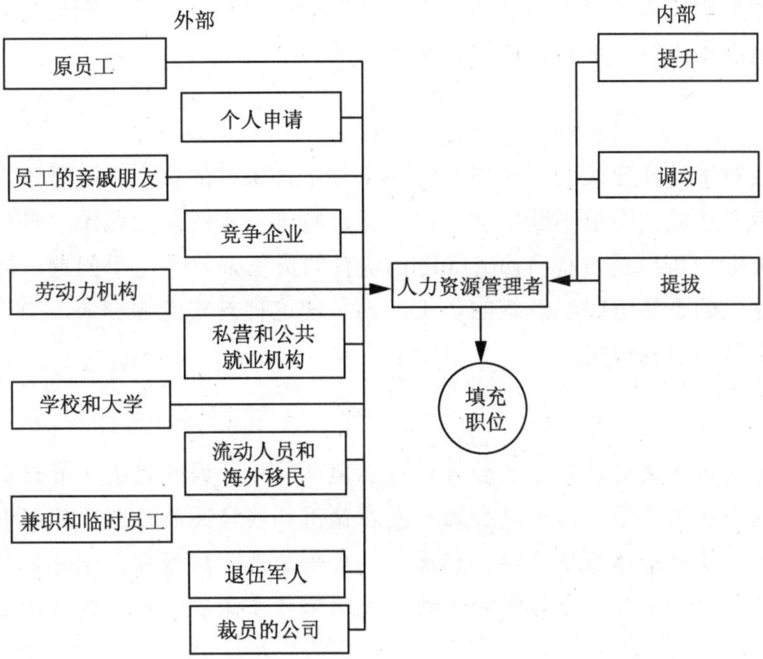

图 12-2 员工的来源

四、内部招聘

如果职位所需的个人条件已经确定了，那么必须去寻找能够提供合格员工的来源。某些来源可能比其他那些来源更费时、费钱。尽管必须要考虑寻找成本，但还是要从员工业绩的角度出发，选择那些能够提供最好业绩的员工的来源。

下面你会看到，招聘员工有许多外部来源。但是，如果可能，大多数管理者还是会尽量在内部提拔员工担任某些职能。

(一)对内部招聘的不同观点

支持使用内部员工的理由包括：①较低的成本；②了解员工的能力、强项和弱点。内部提拔可能会保证内部的连续性，加强对员工的激励，并且也可以提高其他员工的士气(那些觉得被忽视、心怀嫉妒的人除外)。反对从内部选拔员工的理由有：①缺乏有能力或愿意担任特定职位的内部员工；②过分依赖内部来源可能会导致过度的一致性；③有可能在现有员工中产生自满情绪。

(二)内部招聘的方式

内部选拔员工有三种方式：①提升那些已经在这个位子上的员工的能力；②从组织其他部门的相似职位调动员工；③从较低层次的职位上提拔员工。在提拔有能力的员工时，在整个组织内进行一次良好的培训是必要的。

1. 提升

各个领域对于技能要求的不断提高导致了许多技术性的失业，这种情况指的是由于职位对于教育和技能的要求不断增加，已经超过特定员工的能力范围，使他们无法胜任工作而导致失业。可以通过提升(upgrading)现有的员工来解决这个问题，即重新培训那些在现有位置上的不熟练或半熟练的员工。为了使这种方式能够奏效，员工必须愿意牺牲时间和付出努力来完成培训。

案例

一家大型的饭店决定对自己的会计过程实现电算化，因此过去一直记账的那个女士不再能胜任这个新工作了，因为过去她一直在使用那些传统的总账、分账和办公设施来记账。但是她并没有因此而被换掉。相反，饭店给了她一段假期，使她能够进行集中的电脑培训来学习新的系统。当她学会了新系统的操作方法后，她也就成功地完成了转变的过程。

2. 调动

选拔员工还可以通过调动(transferring)组织内其他部门同一级别的员工来实现。被调动者以前的工作可能已经无法容纳他的能力了，或者调动可能会给被调动者提供更大的发展空间和潜力。本质上讲，调动指的是职责和任务的变化，有可能带来薪水的变化。除了工资增加外，调动还需要有其他理由。

案例

范·路德维格是销售公司的采购人员。在这个职位上他为公司其他部门服务，在这个过程中他也就和这些部门，尤其是本地销售部熟悉了。他是一名优秀的员工——反应敏捷、工作有效、非常可靠。尽管在他担任这个职位的5年中，他的薪水始终在稳步增长，但他还是对自己的工作时间不满，因为他每天必须在办公室里待到下午6点或者7点。

当本地销售部有一个职位虚位以待时，范提出了申请。但是他的调动请求被拒绝了，原因是他没有和自己的督导管理员说清楚。并且，他并没有为进入销售工作做好准备。

几个月之后，范又申请了本地销售的另一个职位。这次本地销售的督导管理者向范指出他缺乏销售的经验和必备的培训。这个督导管理者还暗示在新的职位上其工资将被大幅度地削减，并且要想在本地销售部达到他在采购部的现有工资水平，必须在两年之后。最后，还要考虑到范对于公司的价值，在采购部他是一名训练有素、工作有效的员工，而在本地销售部，他只会是一名新的受训者。

3. 提拔

提拔(promoting，也称晋升)是指将员工从较低职位向较高职位调动。这样，一项工作有人来做，但是另一个职位却空了出来。被提拔的人需要有更多的技能，并且有了更多的责任，但是也会得到更高的地位、威信和收入。利用提拔的方式来填充更高的职位，其中一个重要原因是这种方式可以提高员工的士气和增进对员工的激励。

得到提拔有三个基础：①资历(seniority)，即在公司服务的时间；②价值(merit)，指的是某位员工有比他人更好的能力；③两者兼而有之。在理论上，从激励的角度讲，建立在价值基础上的提拔更为有效，因为这种提拔可以激励所有的员工更出色地工作以表现自己的价值。但是，对于较低层次的工作而言，资历就成为最普通的提拔基础。而将两者结合起来使用会带来非常大的好处：服务时间长度(资历)会让员工能够较好地理解工作和公司，而价值则可以保证员工具有有效完成工作的智力和体力。

通常，员工并不愿意做管理工作。现在许多公司都在使用双重晋升阶梯(dual promotion ladder)，通过这种方式，有技能的技术人员和学术人员的收入在不断增长，工作级别也在不断提高，同时他们却不必成为管理者。这种方式同职业体育运动中使用的方法颇为相似，出色的运动员赚的钱总是要比他们的教练或管理者多得多。

五、外部招聘

(一)外部招聘的来源

即使管理者有从内部选拔的政策，外部的招聘通常也是必需的。尽管可以通过内部提升、调动来选拔员工，但是有一些空缺职位只能从外部进行招聘，正如前面图 12-2 所示。新员工的一些外部来源有：

(1) 以前的员工；

(2) 个人亲自递交或通过邮件提出的申请；

(3) 员工的朋友或者亲戚；

(4) 竞争对手公司；

(5) 劳动力组织；

(6) 职业中介，有公共的也有私人的；

(7) 教育机构，包括中学、商业学校、职业技术学校、专科学校、大学以及制造商培训学校；

(8) 移民和进口劳工；

(9) 退役军人；

(10) 当地公司缩减规模裁减的人员；

(11) 兼职或临时员工。

使用兼职或者临时员工将来会变得越来越重要。他们的存在减少了聘用和福利的成本，也使规划变得更有弹性，这样的工人不再只是那些刚刚走出校门，希望获得额外零用钱的学生。相反，美国临时安置服务协会(National Association of Temporary and Services)的研究表明，那些年纪较大的员工——尤其是那些在公司缩减规模中被裁减的人，也加入了临时员工的行列。

临时工人大约占美国日常劳动力数量的 2%，这些工人日渐成为职业基础的必要构成部分。仅 1998 年，临时人员就满足了 2%的工作需要，而在 20 世纪 80 年代这个数字只是 0.5%。然而，尽管这些工人给督导管理者临时性地减轻了负担，但是也引发了许多事故，给督导管理者带来了很多的麻烦，因为他们经常是缺乏技巧和培训的。

(二)对外招聘员工的原因

一个不断成长的组织必须对外招聘员工，至少在最低层的工作中是这样。但是，对于较高层的工作而言，对外招聘员工也是必要的。其中很大程度上是与电脑和自动化带来的问题相关。当组织很迫切地需要新技能时，就必须从外部招聘员工，他们受过必需的教育和培训，并且有类似工作的经验。此外，即使是在采用内部选拔的政策时，也会不可避免地出现一些失误。期望能够获得将来需要的全部技能几乎就是不可能的。聘任那些具有这些技能的人在公司里担任一些低层次的工作，并且让他们只是在需要的时候获得提拔，这太困难了。

(三)外部招聘员工的方式

从外部招聘新员工的方式有：

(1) 在学校或者大学里招聘；

(2) 通过报纸、商业杂志、电台、广告牌和橱窗宣传做广告；

(3) 利用私人或者公共的职业中介；

(4) 根据员工的介绍；

(5) 利用电子职业布告栏。

选择最合适的招聘方式并不是一件容易的事情，但是却非常重要。下面的例子就表明了经常使用的这些方式中存在的一些问题。

案例

一家餐馆老板先是在橱窗上做广告，说明需要招聘员工。他发现这种方式浪费时间，因为有许多并不符合工作条件的人也来应聘。此外，每当他拒绝一份申请，他也就有可能为此失去一名顾客，而且还可能包括这个人的家庭和朋友。这个老板还发现通过报纸宣传也会使得大量应聘者蜂拥而入，其中仍然有许多不符合条件的人。如果在地址中加入本店的电话号码，电话就会每天占线，以至于影响餐馆的正常营业。

六、选拔和招聘员工的程序

图 12-3 表明的是一个选拔和招聘员工的一般程序。在特定情况下，适当地修正这个程序，可能会令人更满意，下面将对图中列出来的每一步程序做简明的解释。

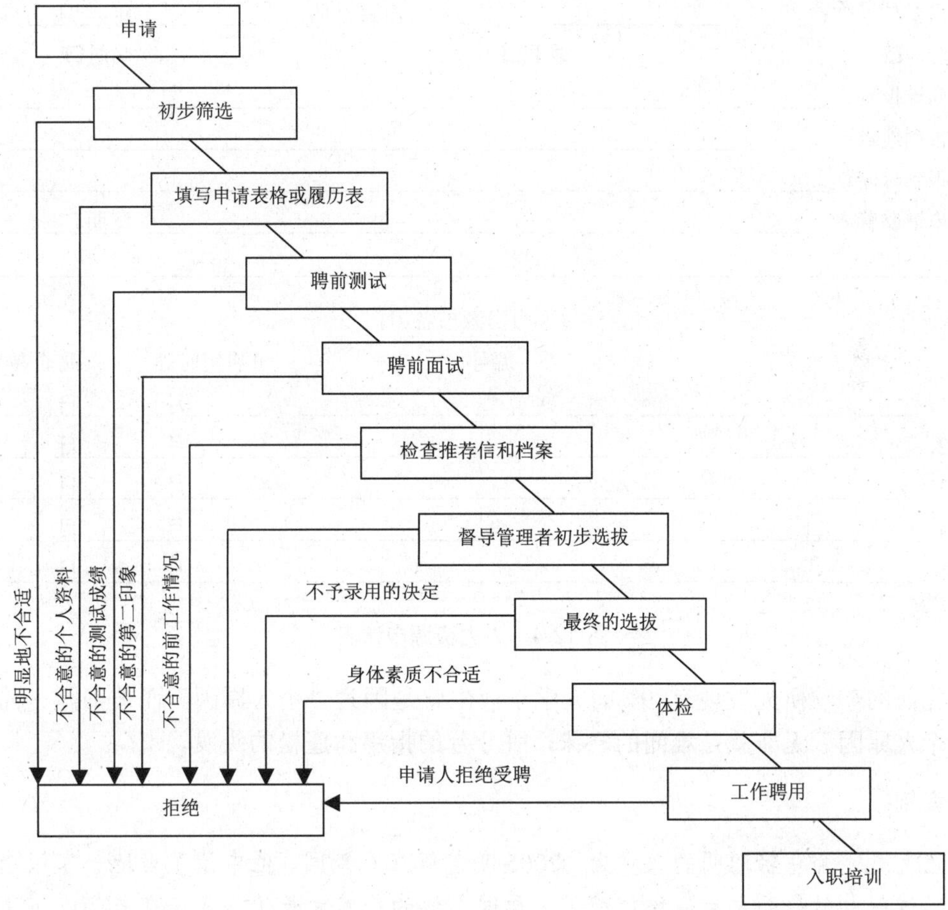

图 12-3 选拔和招聘员工的一般流程图

(一)申请

选拔员工真正开始于督导管理者向人力资源部申请所需的职位。申请(见图 12-4)是建立在已经准备的工作描述和要求上的，它能使本部门获得许可对特定职位进行招聘。在许多小规模或中等规模的公司中，申请只需要通过电话或亲自报告，非正式地向有权最终做出工作裁决的上级管理者申请即可。

(二)初步筛选

不管是否正式，初步筛选的形式还是有助于筛除那些看上去就不符合要求的人，这样既节省了他的时间，也节省了你的时间。这一步要考虑的因素有教育背景、培训情况、工作经历、仪表和谈吐(如果这些和工作业绩相关)。此外，申请人还应该了解一些有关组织以及所申请工作的事情。

人力资源申请表

职务名称：________________　　职务编码：________________

需要员工数：________________　　需要日期：________年____月____日

全职□　　兼职□　　临时□

向谁报到：________管理员________

报到地点：________________________________

报到时间：________________________________

申请监管者：________________________日期________

(人力资源部备用)

申请人姓名：	编号	可启用时间	是否聘用
1. ________	________	____月____日	____
2. ________	________	____月____日	____
3. ________	________	____月____日	____
4. ________	________	____月____日	____
5. ________	________	____月____日	____

图 12-4　人力资源申请表

先前的一项研究发现有 9%的大学毕业生就是因为“个人原因”而被筛除。而所谓的“个人原因”无非就是难闻的气味，脏兮兮的指甲和蓬松的头发。

案例

迈克是一个年轻聪明的大学生。2005 年暑假在家期间，他申请了当地一家饭店的工作。不过最初的会面之后他被拒绝了，原因是他的头发太长了，已经在衣领以下了，尽管他的头发很清爽地梳在后面。他被告知即使是地面清洁工和干洗部工人都必须将头发的长度保持在衣领之上。

2006 年，由于络腮胡的原因，他又被一家杂货店拒绝了。后来他终于在一家英式咖啡屋找到一份报酬丰厚的侍者工作——小费高，三餐还免费。

(三)填写申请表格或履历表

经过了初步的筛选，工作申请人通常都要填写一份申请表格。(在初步筛选前，有些申请书就要通过邮件传送或者本人亲自递交过来。)申请人要列出他们以前工作过的公司、工作的职衔、在每家公司工作的时间，并写出自己的背景、教育情况、兵役情况和其他有用的资料。表格一定要设计得完备、认真，以便能够提供了解申请人未来潜力的必需的信息，并且它还一定不能成为包罗万象的大杂烩。手工填写的表格还可以给你提供一些简单的测试，测试申请人的整洁、完备情况以及回答问题的能力，包括读写能力，正如下面的例子表明的。

案例

一家饭店人力资源部的管理者要求所有的申请人当场填写申请书。他说："当他们要求带回家时，我就差不多可以确定他们没有受过多少教育，他们需要别人的帮助才能阅读和填写这份表格。"

通过 E-mail 向申请者传送申请表格现在渐渐成为一种受欢迎的形式，对此招聘者却往往持否定的态度。这种方式的成功恰恰也会导致许多麻烦。一些公司的 E-mail 收件箱每天都要收到成千上万封的简历。1999 年，Internet 上差不多发送了 500 万份简历。那么多的邮件使雇主们应接不暇，更何况许多简历上的附件很难打开或者难以理解。

(四)聘前测试

评估申请人的智商(IQ)、技能、智能、职业兴趣、个性和业绩可以有各种各样的测试方法。聘前测试，尤其是"个性"或心理测试在行业中悄然兴起。这种测试能够最大程度地减少人员频繁更替的情况，因为公司都试图雇用"合适"的员工，而测试为他们提供了"合适"的保证。但是这些测试必须是法律和道德所允许的，而且必须是有效和可靠的，这里我们只讨论最常用的几种。

1. 测试的种类

IQ 测试(IQ test)是为了衡量申请者学习、解决问题和理解各类关系的能力。这种测试在选拔督导管理人员和中高级管理人员时尤为有用。适合性测试(aptitude test)用于测试一个人能否完成特定工作，最适合于选拔操作工人。职业兴趣测试(vocational interest test)用于确定申请人主要感兴趣的工作领域。尽管兴趣并不一定就能保证胜任，但至少会使员工更加努力地工作。个性测试(personality test)用来评价申请人的心理调试和态度的情况，这类测试通常用于评价人际关系情况和确定一个人能否融入组织中去。

在选拔操作人员时，督导可以使用的最有效的测试是成就、熟练或技能测试(achievement, proficiency, or skill test)。这类测试能够非常准确地衡量申请者完成给定工作的知识储备和能力。他们还可以发现那些自吹自擂的人——吹嘘自己有工作知识、能力和经验，而实际上根本就没有。熟练测试中有一种类型称为工作取样(work sampling)或工作预演(work preview)，要求候选人完成所申请工作中经常要完成的一项代表性任务，这项测试不仅能够表明候选人是否可以完成这项工作，还能够使申请人对工作本身有了一个更现实的期望。

2. 测试的效度

如果测试是用来做出选拔决策的，那么雇主就必须确定他们的正确性。效度(validity)

可以通过申请人的测试成绩和实际的工作业绩之间的高正相关关系来表明。此外，测试必须由专业人士(通常是执证的心理学家)进行设计、管理和解释。测试还必须具有信度(reliability)，即如果同一测试者在不同时间或者不同测试者对同一个人进行测试，结果应该是相同的。在解释测试结果时也应该格外注意，因为许多人擅长伪造答案。由于这些和其他问题，许多公司不再使用测试，而是采用其他一些选拔方法。

(五)聘前面试

聘前面试是选拔过程中的唯一一次双向沟通过程，督导应该先充分利用申请表格和测试结果的信息尽可能多地了解申请人。在面试前准备一些问题，它们可以帮助你避免遗漏某些重要的信息，从而防止不能全面地了解申请人。将你列出的问题同工作要求相比较，确定问题可以了解到申请人的各种与工作要求相匹配的条件，你可以提出的一些具体问题如下：

(1) 你上一份工作是什么？

(2) 你是怎么做的？

(3) 你为什么要做那份工作？

(4) 在你做过的工作中，你最喜欢哪一份工作，又最不喜欢哪一份工作？

(5) 为什么你要离开最后那份工作？

(6) 为什么你要来这里工作？

如果你在面试过程中注意观察，并且感觉敏锐的话，你会对候选人的能力、个性、外表、谈吐以及对工作的态度有一些模糊的感觉。你还应该给申请人提供一些关于公司和工作的信息。记住，申请人也需要了解一些事实，以便确定是接受还是拒绝这份工作，就像你需要申请者的信息以确定是否聘用一样。

面试可以个别进行，由督导管理者自行或者和其他人(人力资源管理人员或其他高层管理者)联合主持。它可以是高度组织化的。组织化的面试(structured interview)在询问的问题、问题的顺序、回答的解释以及最后评价时要考虑的各个因素的权重上都是标准化的，并且是进行控制的。在非组织化的面试中，询问问题的模式、询问这些问题时的情况以及评判最终成绩的基准都是由面试人员决定的。

(六)查阅推荐信和个人档案

仔细认真地检查推荐信的重要性是怎么强调都不过分的。翻阅推荐信可以了解到候选人在以往工作中的业绩。他们还可以帮助检查者确定申请表格和其他记录上信息的准确性。不过，美国著名 IT 职业猎头公司 Robert Half 的一项检查发现有 68%的前雇主由于害怕招惹诉讼，所以对于过去的员工不做任何评价或者只说好的方面。事实上，大多数前雇主只写出员工的工作期间和担任的职位。

由于前雇主有时不愿意承担由于对以前员工进行非夸赞评论而引发的责任，所以亲自拜访或者通过电话联系前雇主以了解有关候选人的情况，要比请对方写出这些信息好得多，要尽可能详细地询问关于候选人业绩的问题。你所能询问的问题类型会受到法律，比如《公平信用报告法》(Fair Credit Reporting Act)和《隐私权法》的限制。但是你可以询问受雇的时间、薪水、离职是否自愿和雇主是否打算重新雇用候选人。

许多组织现在都在使用信用检查来获得有关未来员工的信息。如果使用了这种渠道，并且以此为缘由拒绝了候选人的申请，那么他们有权力要求查看这份报告。

(七)督导管理者初步选拔

到了选拔这一步骤时，督导管理者就将候选人的人数缩小到一个人或者非常少的几个人。如果只剩下一个人，那么就可以以试用形式聘用申请人。如果还有不止一个符合条件的候选人，那么你要对收集来的各种信息进行比较分析，最终应该可以选出最为合适的一位。尽管你的初步选拔必须经过人力资源部或其他一些高级权力机构的批准，但是通常情况下，你所选出的人员会得到聘任。

(八)最终选拔

人力资源部管理人员通常会介入最后的聘用决定，因为他们拥有这方面的专业知识，他们能够确保选拔出符合所有的法律和规章以及公司政策的候选人。此外，他们还可以给诸如向申请人提供怎样的薪金和福利之类的问题提供建议。

(九)体检

以前，选拔过程的最后一步是体检，以此来确定申请者是否能做这份工作。但是，目前许多国家对此进行了修改，如《美国残疾人法》(The Americans with Disabilities Act，ADA)对这个过程进行了限制。现在，在初步聘用之前，雇主无权进行体检。这样，允许进行的体检只是用来确定员工是否能够完成其申请的工作，以及是否有疾病史。

(十)工作聘用

对于非管理和非专业的职位，人力资源部就可以做出聘用决定。聘用决定通常是书面形式的，包括雇用的期间和条件。这时，聘用可能会被申请人接受，也可能被拒绝，如果被拒绝，聘用决定就会转向下一个最符合条件的候选人。如果没有其他符合条件的申请人，那么只好重新进行一次选拔。

候选人接受了工作聘用之后，还要记住那些没有被选中的人，以便将来出现新的职位空缺时予以考虑。通知他们其他人已经被选上了是一种礼貌的行为，并且委婉的拒绝也会使他们保持善意的态度。

(十一)入职培训

开始一项新工作的第一天对任何人来说都是混乱不堪的。因此，应该给一名新员工适当的入职培训(orientation)。首先应该给他一份工作描述，并且详细地进行解释。适当的指导、培训和检查会使员工迈出正确的第一步，参观饭店的设备、浏览饭店的产品和服务会使新员工理解自己在整个工作链条中的位置。

新员工需要了解饭店的目标、政策、规则和绩效期望。在入职培训期间，还应该经常与他们讨论，回答他们的问题，保证他们不断地进步。

与新员工正式的面谈应该放在第一周的某个合适时间。其他的面谈可以安排在试用期间，一般试用期应该为3～6个月。这些面谈的目的在于纠正这些员工可能存在的任何工作上的错误想法，同时确定他们是否认为你和你的员工正在履行承诺。

入职培训结束后，新员工将核对一下自己的检查表。然后，由员工和雇主代表签字，之后该表将被放在员工的档案中，作为了解公司各类规则的证据。

如果督导管理者做得恰当和合适的话，入职培训应该能够加快培养同新员工之间的工作关系。

第二节 员工培训和发展

一、培训的重要性

督导管理者的基本职责之一就是培训和发展员工。如果督导管理者自己有相关的工作知识和技能，那么他们就是最好的培训者，不仅要对新员工(必须)进行新工作的培训，而且对于现有员工也必须进行再培训，以使他们的技能跟上快速变化的环境，并且能够不断满足工作的需要。

有效的员工培训不仅有益于督导的工作，而且有益于员工和饭店。

(一)有益于督导的工作

督导会有更多的时间用于管理。督导不必花那么多的时间站在别人身后检查，添火，灭火，为突发问题出谋划策。

旷工现象减少，员工流动率下降。因为员工知道做什么，该怎么做。他们工作顺心，督导也可以少花时间招聘新员工和帮助新员工适应工作。

督导和员工之间的紧张状态将得到缓解。督导不必时时纠正他们的错误，有更多的理由表扬他们，而表扬可以增强他们的信心，鼓舞他们的干劲。督导和老板之间的紧张状态也将得到缓解，因为员工正常工作时老板也不会找督导的麻烦。督导也不必那么忧心忡忡，工作也变得轻松一些。

产品和服务质量得到更有效的保证。督导制定了标准，并教会员工如何达到标准，那么产品和服务质量自然会达到标准。顾客相信在你的饭店可以享受到与上次同样舒适的服务、同样可口的饭菜和同样愉快的经历。

成本降低。杯盘碗碟的损耗降低，浪费减少，事故减少，食品腐败变质现象减少，成本控制提高，新员工的生产效率提高得更快。因为工作效率提高，员工数量减少。

经过培训的员工会令顾客更满意，而且会带来更多的顾客。培养回头客最重要的因素就是员工对顾客的态度。一个未受过顾客关系培训的员工一天可能得罪好几个顾客，顾客可能发誓从今天起再也不踏进你的饭店的大门。

员工培训对督导的事业有利。督导的工作表现取决于员工的成绩。如果不培训别人，你也得不到提升，因为你所在的位置永远离不开你。

(二)有益于员工

可以根除造成员工工作成绩差的 5 大原因：不知道做什么，怎么做，自己做得怎样，得不到督导的帮助，与督导不能融洽相处。好的培训帮他们度过最初难捱的日子，使他们更快地适应工作。

受过培训的员工不必总是问怎么做。他们有信心，他们可以对你说："嘿！ 我懂我的工作，我会做。"这使他们有满足感、安全感和归属感，还能得到老板的夸奖。

培训能缓解员工的紧张心理。员工不会担心老板总是跟在身后并把自己说得一无是处，不用担心自己做得如何。

培训能鼓舞员工的工作热情，提高工作满意度。员工知道老板期望自己做什么，就会感到满足，精神放松。督导不也是如此吗？

减少事故和工伤。如果受过怎样抬重行李或食品箱的培训，就不会伤着背。如果受过怎样端热汤锅的培训，就不会烫伤自己。

培训给员工提供晋升的机会。即使是最初级的培训也能发掘能力，打开通往更高级的培训、晋升和加薪的大门。

(三)有益于饭店

好的培训对整个饭店有好处。培训改善紧张关系，减少人事变动，降低成本，提高产品质量、服务水平，增加顾客总量，所有这些当然会改善饭店形象，提高利润。许多饭店都认识到这一点，制定了系统的培训方案。

二、饭店所需的三种培训

培训一词在饭店业中的意思就是教人如何工作。你教给受训者知识(如某些事实、步骤)，工作所要求的技巧(如怎样在洗碗机里放碗碟)或态度(如顾客至上的态度)。饭店需要三种培训：工作指导、再培训和入职培训。

工作指导就是对某个公司的某项工作需要做什么以及如何做进行的详细指导，培训从上班第一天开始，几天后视需要和工作的复杂程度逐渐增加分量。

再培训适用于在职员工。如果员工的工作没有达到标准，或者引进了新方法、新菜单或新设备，或者员工要求培训，即只要需要就可以进行再培训。

入职培训是对公司和工作的最初介绍，向新员工介绍如何在该公司工作，公司的设施、工作日、工作时间、规章制度和方针政策。入职培训在上班第一天进行。

三、制定培训方案

好的培训方案应由一系列书面的培训计划构成，每个计划代表某项工作的一个易学、易教的片断。一旦准备好这些计划，就可以对每个接受此项工作的新员工使用。可以根据新员工的不同情况决定使用多少个计划。

工作要求标准为某项工作的培训方案提供现成的框架：这项工作的每个单元具有一定的要求标准，为培训计划提供一个框架。这一部分将讨论如何使用要求标准发展培训方案。督导不必全盘使用这套制度，它的原理和内容适用于任何培训方案。

(一)制定培训计划的内容

要发展一个好的培训新方案，即使没有要求标准，也要经过几乎相同的步骤。首先要将某项工作作为一个整体来分析，将其分为不同的单元，并将各单元分成不同的任务。然后确定每个单元、每项任务应该怎么做，应该达到什么标准，然后写出一个工作步骤手册，或以其他的形式说明各项任务应该怎样执行。这些做完后就可以写培训计划了，一个单元写一个计划。

下面以培训酒吧招待为例，说明一项培训计划从开始到完成的过程。

酒吧招待的工作非常繁杂，包括班前准备、调酒、服务、记录、酒水销售、操作收银机等。你应为每一步骤制定培训计划。第一项应是班前准备。

步骤 1：写要求和标准。

酒吧招待在半小时或更少的时间里，按照标准的饭店工作步骤把吧台准备好。

步骤 2：写根据工作标准制定的培训目标。

经过 3 小时的指导和练习，受训者应能在 45 分钟内按照标准的饭店工作步骤把吧台准备好。

培训目标是受训者在培训之后能达到的目标。它与在职的工作目标有三点不同：

(1) 培训有时间限制；

(2) 表达的是受训者的学习成果，而不是工作表现；

(3) 学习阶段的工作标准(45 分钟)比日常工作标准低。

步骤 3：写标准步骤。

也许督导已经写好了，如果没有写好，就这样写：将所有任务按执行顺序列出，用步骤表或图片展示每项任务按标准应该怎样执行。图 12-5 是第一项任务，即准备吧台的步骤表。

所有的步骤表放在一起构成此单元的工作说明。它们既是培训的指导也是培训的标准。现在可以写培训计划了。

标准步骤	
工作：酒吧招待	第一单元：准备酒吧

任务 1：斟酒，标准的酒店工作步骤

1. 清点每种品牌满瓶或半瓶的酒，与贴在吧台里的日常存货单做比较，得出需要增加的瓶数。
2. 在领货单上填写姓名、单位、每种品牌的酒的需求量。
3. 清点每种品牌的空瓶数(吧台下面的箱子)，与领货单上的数字比较，如果不符，向督导报告。督导分析原因，告诉你怎样做。
4. 在领货单第一行签字，填写日期，请督导签字。
5. 锁上酒吧的门，持领货单，(用台车或手推车)把空瓶送到仓库。仓库人员清点空瓶，发放满瓶的酒，在领货单上签字。
6. 清点满瓶，确保数目与仓库人员在领货单上写的发放数一致。在最后一行签字，填写日期。领货单由仓库保留。
7. 把满瓶送回酒吧。擦干净，按照下面的吧台和后吧台的示意图摆放。
8. 在吧台上每一种酒应备两瓶，并准备好各种斟酒容器。
9. 检查所有的斟酒容器，如有必要，更换软木塞。

白酒	著名品牌	葡萄酒

后吧台

酒　窖

甜酒 或酸酒 橙汁 血玛丽 鸡尾酒						冰镇果汁 朗姆酒 甜味 美斯酒 白兰地
干味 美斯酒	蒸馏酒	朗姆酒	波旁酒	杜松子酒	伏特加酒	苏格兰 威士忌

图 12-5　准备酒吧的步骤的取样：一项任务的工作步骤

(选自某酒吧招待工作步骤手册)

(二)制定单元培训计划

培训计划不仅规定将培训某人做什么，而且规定怎么做、何时做、在什么地方做，需要什么材料，一次培训内容的多少。图 12-6 是一个酒吧招待培训计划的第一单元的例子。我们逐项研究一下。

培训计划
工作类别：酒吧招待
第一单元：酒吧准备
学习目标：经过 3 小时的指导和练习，受训者应能在 45 分钟内，按照标准的饭店工作步骤把酒吧准备好
培训部分：
1.斟酒(任务 1，培训时间 30 分钟)
2.倒其他饮品(任务 2～6，培训时间 30 分钟)
3.调试鲜啤酒桶，检查汽水机(任务 7～8，培训时间 20 分钟)
4.准备配料和饰菜(任务 9～13，培训时间 30 分钟)
5.调试现金出纳机(任务 14～15，培训时间 20 分钟)
6.整理冰仓、玻璃杯、洗涤槽、调酒设备(搅拌设备)、酒吧顶篷、咖啡(任务 16～21，培训时间 20 分钟)
方法：当场演示和练习(JIT)，播放调制啤酒的录像带
地点：酒吧，开业前 1 小时(酒吧须保持前一天打烊时的状态)

材料：打烊后的酒和其他饮品	鸡尾酒餐巾
前一天倒空的酒瓶	冰
正常存货单	酒吧专用刀、砧板
	酒吧专用匙、小量杯
申请领取单	搅拌杯
吧台和后吧台示意图	顾客账单
浆料倾注装置	
替换衣领	信用卡记账条
烟灰缸	现金出纳机
火柴	清点现金
牙签	台车或手推车
零食	步骤表，任务 1～21

检查点：每项任务之后

图 12-6　单元培训计划

(选自某培训手册)

首先注意标明培训目标，以便将其牢记在心并在培训中贯彻执行。

一个培训单元分几个培训部分。首要原因是避免一次给受训员工太多的学习内容。另外一个原因是避免受训时间太长造成工作不便。在此例中也是为了避免给酒吧造成不便。

工作任务按实际工作步骤的顺序教授。有的工作任务没有顺序，如服饰和仪表，所有的任务可同时进行。一个培训部分可包括几个任务，有的只需 5 分钟或 10 分钟。每部分的时间视受训员工以前的工作经验而定。例如，一个有经验的酒吧招待掌握标准的“存货—空瓶—申报”步骤，要比一个从来没有在酒吧工作过的人快得多。大多数公司愿意

雇用有工作经验的酒吧招待，因为从头培训需要的时间太长。但是，即使是一个有工作经验的酒吧招待也必须在你的酒吧，按你的步骤接受培训。

如图 12-6 所示，培训计划必须有贯穿全过程的检查点。督导可以凭此检查员工的学习进展。它们可以放在一个单元一组任务的后面，也可以放在整个单元的后面，使用要求不太高的标准(时间更宽裕，对错误更宽容)。督导可以为检查点制定专门的中期目标，也可以为整个单元的工作设定几个渐进的工作标准。

培训方法必须包括两个因素：一是展示并告诉受训者做什么、怎么做；二是让受训者实际操作并且按正确的做法做。这些因素被组合在一个广泛使用的称为岗位培训的方法中。展示并告诉受训者的方法有很多：示范，播放电影、录像带、光盘或电脑的只读存储器上的资料。

一对一的培训一般效果最好。课堂的学习效果不如一对一的培训。每个人理解和吸收培训材料的速度不同，每个人遇到的问题不同。学得慢的人跟不上，学得快的人感到厌烦。教室的环境也容易产生焦虑情绪，使员工感到拘束，除了自以为无所不知的人以外。

但是集体演示也有一定的优点。单个培训可能忽视的一般知识和背景情况，集体演示不会出现这一问题。因为集体演示更易于控制，所以它是传达公司政策，使每个人正确理解的好方法。这种方法也可以用在电影或电视材料里。

许多连锁店使用由总部制作并发给地区各个分店的视听材料，如录像带或幻灯片。比如与顾客的关系的培训就可以使用这种方法。这是一种有效的方法，而且除了传达相同的培训要求以外，还可以保证培训质量。

培训地点应该是不受打扰的安静的地方，最好是在打烊后的实际工作地点。有的公司有专门的培训设施，完全为模拟实际工作环境服务。

培训所用材料必须与实际工作中使用的工具完全相同。这些材料在培训前应准备好，以供使用。为了达到良好的培训效果，一定要提前将这一期培训所需的全部材料准备齐全。

写书面培训计划可以帮助将培训的方方面面考虑周全，并根据新员工的情况和每个细节调整培训。一份完整的培训计划是一份准备情况一览表，也是一份行动方案。

像经营有方的公司的许多优点一样，发展培训计划要花费很长时间。经理或督导可能花很长时间才能完成一个计划，一次只能完成一部分。可以按照设置总体目标和中期目标的渐进方式制定培训进度时间表，那么员工学完培训计划的每个部分时就会有一种成就感，有劲头继续学下去。当然，如果一开始就有工作分析、工作表现目标和工作步骤手册，那么一半的工作就完成了。

(三)从计划到行动

现在准备开始培训。在培训新员工之前一定要弄清楚他们实际需要多少培训，如果他们有工作经验，再教他们做已经知道怎么做的事，对双方都是浪费时间。因此，对有工作经验的人开始要进行预先测试：让他们把那个工作单元实际操作一下。如果那个单元是用洗碗机，那么就让他们操作洗碗机；如果是斟酒，就让他们斟酒；如果是准备吧台，就让他们准备吧台。

观察新员工的表现，将培训内容集中在他不懂的地方，他没有达到标准的地方，与督导的独特做法不同的地方，还要让他改掉从以前工作带来的坏习惯和错误做法。培训结束时，有经验的员工应当达到和从头学起的员工同样的标准。

不是所有的工作单位和任务都可以使用预先测试。有的太复杂，有的每一天有不同的情况。遇到这种情况，督导可以让有经验的员工描述他是怎样完成此任务的，然后根据情况调整培训。

假设现在要培训的员工没有任何工作经验，应按照培训计划(图 12-6)把每个任务的做法教给他们。然后在检查点检查他们是否能够跟上教学、连续完成各项任务并达到时间要求。最后一个单元的所有任务教完后，让员工按顺序演练全部过程，并对其进行评定。

正规的培训过程结束后，还有一项重要步骤：评定。评定是检验是否达到培训目标的重要过程。评定可以在培训中进行，也可以在培训结束之后进行。指导性评定是在培训中使用观察、面谈和调查的方式对培训进行监查。总结性评定是在培训结束后，对培训的结果进行测定，包括以下 5 个方面。

(1) 反应：员工喜欢培训吗？

(2) 知识：员工掌握所教的信息了吗？

(3) 行为：员工在工作中使用新的技巧或有新表现吗？

(4) 态度：员工的态度有改变吗？

(5) 生产力：培训提高生产力了吗？培训合算吗？

可以使用各种方法回答这些问题。受培训者填写评定表格，确定他们喜欢培训的哪些方面，不喜欢哪些方面。经常在培训部分结束后对员工进行测试，检查所授知识和技巧的掌握情况。比如，问洗碗工最后一次漂洗的正确温度，然后让他演示怎样在不弄脏盘子的前提下，把他们收拾好。通过观察员工的表现，监测重要指数，如顾客反映意见次数，回头客人数等也可以评定培训结果。培训人根据从各种渠道收集到的信息，将培训结果与培训目标进行对比，检查培训是否达到预期的效果。

四、工作指令培训

成功的培训关注学习过程的顺利进行(进度)。第二次世界大战期间，战时工厂急需培训数百万的工人，一种充分使用学习进度的方法产生了。这种方法获得了极大成功，此后各种产业、各种培训都以不同的形式采用这种方法。这就是工作指令(JIT)，又称为在职培训(on-the-job training)。

这种方法包括 4 个步骤。

(1) 帮助员工做好培训的心理准备。

(2) 示范做什么工作(演示并说明)。

(3) 让员工按示范做，重复做，直至令人满意。

(4) 继续进行：员工上岗，检查并纠正。

这 4 个步骤适用于一次一项任务的培训。图 12-7 显示了这几个步骤和它们与学习进度的关系。

第一步，帮助员工做好心理准备。你要告诉他：下面要做什么，让他放松，调动他的学习积极性。要告诉他，他的工作在整个公司中的作用，对公司的重要性。要告诉他为什么要学习。(“这对你有利。”“这能帮你干好工作。”“这样做很值。”)还要告诉他培训期间应该怎样做，表达对他一定能做好工作的信心。

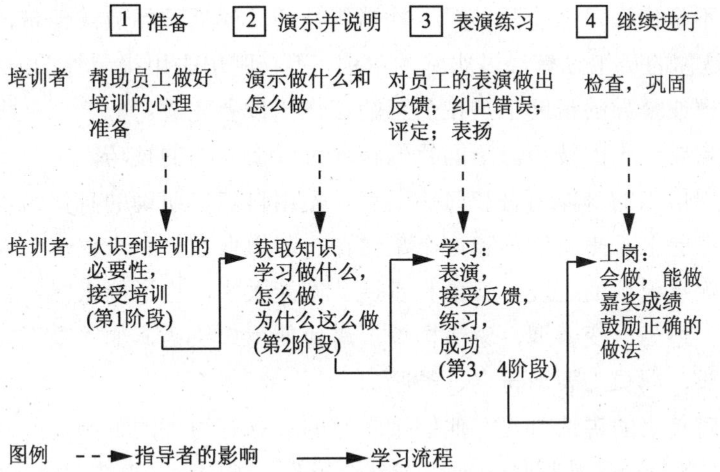

图 12-7　在职培训的学习流程

第二步，演示怎样执行任务，演示并说明：“我想让你做这个，这么做。”解释你在做什么，怎样做，为什么这样做。语言要简单，重点要突出。你只告诉他需要知道的，除非他问，不要多谈。说得太多他会糊涂。不用解释洗碗机的理论——必须达到一定的温度，必须杀死细菌，为什么杀死细菌这么重要。告诉他，“碟子一定要很热。指针必须在这个数字上。”目的很明确——不要理论，只要应用。

一定要正确地示范，因为你在教怎么做的同时还在设置标准。如果你的示范是二流的，怎么能指望你的员工做一流的工作？

第三步，让员工按你的示范做，这是培训的核心部分。第一次是经验。如果他做得对，给予鼓励。如果不行，纠正他的错误，补充他的遗漏，然后让他再做一次，如有必要再做一遍给他看。他做的时候，让他说明要点和为什么这么做，这样可以巩固所学的知识。让他体会增强理解，受到鼓舞的感受。鼓励他提出问题，不管他的问题对无所不知的你多么简单，都要认真对待。表扬他的进步，他畏缩不前或失败时，给予鼓励。让他重复练习，直到你满意，他做得和你一样，达到你的标准。让他看到你的满意和赞赏。

第四步，继续进行，意思是让员工独立工作。不是让他做单独的任务，而是一个单元或几个单元，或者整个工作。你退居幕后，观察他的工作。你时常光顾一下，如有必要，改正他的错误，让他知道自己做得怎么样。现在，简而言之，你是他成功的搭档。

你对他表扬、嘉奖，正如允诺过的。如果他能继续按照你的培训标准工作，你就可以离开，让他独立工作了。

五、课堂培训

课堂是向员工集体传授知识的合适的场所。入职培训和再培训可以在课堂中进行。比如，你想让服务员学习使用提示性销售的技巧。你把员工召集起来，解释提示性销售技巧是什么，不是什么，描述几种提示性销售技巧，然后开始放录像带，演示怎样使用这些技巧，但是你的员工没有经过实际的培训，不会跑出去用提示性的方法向客人推销。培训可以在经理或督导的帮助下，在员工的工作岗位上完成。

课堂教学需要一定的技巧。下面我们将探讨 6 个方面的技巧。

第一，使用恰当的身体语言和口头语言。使用自然、明确的身体语言，包括好的体态，手不要放在脸上，来表明你和这个集体在一起很自在。和班里每个人进行良好的目光接触。密切注意说话的速度、音量和音调。不能太快，也不能太慢；音量适度，使每个人都能听见；适当改变音调，避免枯燥。避免使用口头语，如“嗯”，“你知道”。经常微笑、点头，向员工表示肯定、鼓励。

第二，你对员工的讲话方式对他们接受你的领导有很大的影响，所以要按下面的要求做。用“谢谢各位今天从百忙中抽空来到这里”之类的话，表达对员工的尊敬和感谢。与员工共享知识、技巧或苦恼等。用非正式、亲切的语言，指令的措辞要委婉，例如“今天我们首先来做练习”。鼓励员工发表评论，无论正面的，还是反面的，多赞扬，多支持。员工有不同看法时，给予肯定，如“听到一些不同看法总是很有意思”。最后，纠正错误要用平静、鼓励和友好的态度。

第三，正确处理员工的错误行为。例如，某个员工有不同意见，抱怨或和你争论时，不要把这当成个人之间的矛盾，不要恼怒。即使你不同意他的看法也要说“你的想法很好”，或者请他课后讨论这个问题。一定要用温和但是公事公办的口吻。遇到这种情况，还可以幽默一下，只要不用讥讽或居高临下的口吻。如果有员工似乎垄断了课堂，可以把他或她的话简要概括一下，继续下一个问题。另一种方法是请其他同学参加讨论。如果有员工上课交头接耳，就用目光示意，向他们走近，或让他们其中一人回答问题。这些方法经常能很有效地阻止那些分散注意力的谈话。

第四，避免浪费时间的做法，坚持准时上课，不偏离正题。有时候上课会跑题，这时务必将全班的注意力引回你的提纲。另一件浪费时间的事就是在课上发材料。这可以很容易地避免，就是在员工刚来或要走的时候发。

第五，用以下方法促进员工参与和讨论。问题不要太容易，也不要太难。对提出问题或看法的员工，尤其是提出很有趣或有启示性的问题或看法的员工，给予表扬。对他们的发言进行评价，比如说“谢谢你谈到这点，引起我的注意”。不要批评任何参与讨论的人。解释某个员工的话，让他确信大家听懂自己想表达的意思，让其他人听到那个员工的发言的概括总结。让没有参与讨论的员工加入讨论。用风趣的话号召员工更多地参与，使讨论变得生动。你和其他员工不明白发言员工的话时，请他进一步阐述。概括总结主要论点和不同意见。

第六，使用视觉辅助手段以避免经常翻看笔记。有效使用视觉辅助手段有一定的规则。首先，不要挡住视觉辅助手段，使用它们时，不要背对着员工；其次，不要对着视觉辅助手段讲话，要对着员工讲话。不要照章宣读，要解释。解释完毕，将其移到员工视线以外。使用投影仪时，不用时关掉灯，用钢笔指点幻灯片的一部分以引起员工的注意，在幻灯片上铺一张纸，一次只显示一点内容。使用活动挂图时，面向听众，用离挂图最近的手翻页。不用挂图时，将其翻至空白页。

六、再培训

对员工的工作培训有时不能满足培训的需要。有些情况下还有必要进行进一步培训。

工作发生变化时，有必要进行再培训。也许菜单有改动；也许引进了一种新的现金出纳机；也许老板决定用纸和塑料代替瓷器和玻璃餐具；也许食品和饮料主管决定在所有的吧台安装自动售货系统。

当这些变化对员工的工作造成影响时，你有责任告知他们并对他们进行培训，以适应变化。如果变化很多，就需要制定新的工作标准、工作步骤细则和培训计划，并对员工进行额外培训。如果变化很小，比如说，使用新的咖啡壶，新的餐巾，供应商带来不同的工作惯例和送货时间，但是这些变化仍然会影响员工的工作，而在每日繁忙的工作中，很容易忘记通知员工，或者想当然地认为他们自己会发现，知道怎么做，即使贴通知指示也不够，就应当进行当面的传达和示范说明。

更新员工的知识和技术与培训员工同样重要。工作发生了变化，他们不可能干好。如果他们知道没有人想过通知他们这些变化，教他们怎样做，心情就会很糟。

第二种需要再培训的情况是某个员工的表现不佳——他连最低的工作标准也达不到。

这可能由各种原因造成：工作本身的困难，其他员工造成的困难，工作以外的个人问题，或者是对工作失去兴趣——日复一日地重复做一件事，缺乏干好工作的动力。

假设一名鸡尾酒女招待在过去几个星期里的服务质量显著下降，顾客抱怨她服务差、脾气坏、行为粗野。旧式的经理当然会对她大喊大叫，让她规矩些，但是威胁、强迫都不会有用，不闻不问也不行。一个以前的工作达到标准的人知道自己在做什么。如果你容忍她的表现，就是对你、对她自己、对工作的不敬。

这种情况要求积极的、面对面的通常被称为个别辅导的解决方法。个别辅导是由两个部分构成的过程，包括对员工表现的观察，经理与员工之间就工作表现问题进行的沟通。

还有其他一些情况也需要再培训。例如，你发现一个员工一直没有掌握某种技术(比如，清扫房间角落)或者恢复了坏习惯(比如拿干净的玻璃杯时把手指伸进杯口里)。这种情况下，你只就涉及的技巧对他进行再培训。

还有一些情况，员工自己要求进一步培训。如果你和员工有融洽的关系，他们会随时要求再培训，当然你应该遵从。员工能随时提出要求，希望改进工作表现是你和员工关系融洽的证明。

七、入职培训

入职培训是入职前的培训工作。员工报到后就向他介绍工作和工作地点。在饭店业，员工未经任何入职培训，直接上岗的现象并不少见。员工甚至不知道从哪个门进，从哪个门出，卫生间在哪里。发工资的时候，其他人都拿到工资，只有他没有，他想是不是自己被解雇了，甚至他被解雇了也不知道。

入职培训的主要目的是告诉新员工：第一，他们需要知道什么；第二，公司想让他们知道什么。像任何培训一样，入职培训也要花费时间——新员工的时间，督导的时间，从 30 分钟至大半天不等。

但是，入职培训值得做，而且值得做好，因为它可以缓解员工的焦虑和困惑情绪，帮助他们适应工作，对最初的关键的几天里做是去还是留的选择起重要作用。另外，入职培训还是培养员工对公司、对工作的积极态度的好机会。

入职培训有两个目标。

(1) 传递信息——向员工传达信息。

(2) 培养员工对公司和工作良性的反应。

我们先看第二个目标，因为达到第二个目标，再达到第一个目标就容易多了，而且第二个目标更容易被忽视。

如果督导不对新员工做入职培训，有人会做，就是其他老员工。他们的“培训”和督导的大相径庭，会造成消极影响。他们会告诉新员工公司内幕、底细，他们把自己的满腹牢骚和对公司的种种不满发泄一通，告诫他小心提防这、提防那，新员工听完后会觉得这个公司不是一个好的工作场所。员工通常更乐意相信同事的话，而不是老板的话，所以督导一定要抢先一步。培训之后，督导自己必须遵循各项制度，以身作则，否则老员工会削弱督导给新员工留下的印象。

督导应当把公司描述成一个理想的工作场所。应当给新员工灌输这样的思想：公司需要他们；他们的工作很重要。要让新员工开始有一种归属感，一种与公司融合的感觉。要缓解员工的焦虑情绪，增强他们对公司、对工作、对自己能力的信心和安全感。这正是培养良性工作环境的开端。

达到这些目的不仅需要通过言辞，还要通过讲话的方式，甚至态度来辅助。对员工讲话要以一个人对另一个人的平等态度进行，而不是站在高处、发号施令。要认为对方是一个值得关心、注意，能够而且愿意为你努力工作的个体。不是强制性地宣布规章，而是告知员工规章，应当把入职培训看成一种满足员工要求、解答他们问题的途径，而不是一种满足督导的要求、让员工遵守制度的途径(虽然实际情况也是如此)。要强调正面效果。

如果入职培训能够产生好的影响，减轻新员工的焦虑，培养积极的态度和情绪，新员工可能经过最初关键的 7 天后留下来。以后的培训将会容易得多，他们将在更短的时间里进行必要情况的沟通。

员工需要知道工资待遇，加班情况，工作日和工作时间，洗手间在哪里，停车场在哪里，从哪里出入，电话在哪里，能不能打电话或接电话，自己的工作岗位在哪里，向谁报告，休息时间，用餐情况，圣诞晚会他们的兄弟姐妹可不可以参加，等等。公司也想让他们知道这些情况，另外他们还应知道：所有的规章制度；公司有关节假日、病假、福利等方面的政策；服饰规范和仪表仪容；怎样使用考勤钟；紧急措施；代扣所得税以及其他乏味而令人困惑的事情。他们还要填写必要的表格，领取胸牌，还要领他们参观各种设备，与未来的同事见面。

要知道的东西太多，最好能一个一个地教给他们，而不是等到几个员工都来问过了才发表一个集体讲话。讲话的形式太正式，让员工等几天，时间也太长了。

还可以把所有需要知道的东西印在一本小册子里发给每个人，这种小册子通常称为“员工手册”。但是不能把小册子发给员工，并指望他们自己去读，而且记住里面的条条框框。如果你一开始就让他们读一本讲他们不会做的事的书，他们肯定会兴趣索然。应讲给他们听，让他们把小册子拿回家。

入职培训一览表(如图 12-8 所示)是帮助员工检查自己应该知道哪些内容的有力工具。一览表列举入职培训方案涉及的主题，如怎样请一天假。这些主题分为三类：部门介绍，政策和工作步骤，新工作。使用一览表的好处之一是保证经理和督导的入职培训的一致性，不至于漏掉某个主题。

同样，不能指望他们把你说的话全部记住。正如第六章所讲，沟通是一个双向的过程，你可以接连不断地发送信息，但是你无法控制接收的一方，员工会有选择地听，挑选令他们感兴趣的东西。所以，尽力把每一项内容和他们的利益联系起来。比如说：“员工停车场是唯一不拥挤的地方。”“如果你从厨房穿进来，厨师就会在你的午饭里下毒。”

要解释为什么。(“扣除的所得税上交政府。”)措辞要委婉。(“休息时间你可以在员工休息室吸烟。”而不是“工作时禁止吸烟。”)

仔细观察员工，确保他们听懂你的话，如果有必要，重复讲过的话。鼓励员工提问题。(“需要我澄清什么吗？”)一定不要漏掉内容(用一览表)。即使这样做，几天后还需要把讲过的某些东西再重复一遍。

花点功夫把开头做好，以后的培训就容易多了。员工更乐观、更自信，焦虑情绪减轻，更乐于接受以后的培训。

饭店简介

——致欢迎辞

——简要介绍饭店的历史、运行(菜单种类、服务、上班时间等)和目标(务必强调优质服务的重要性)

——展示公司结构或组织

饭店的政策和工作步骤

——着装要求，制服供应

——停车地点

——签到和签离的方式和时间

——分派更衣橱，讲解使用方法

——适当重复病假时间、节假日时间、私人时间和休假时间的情况

——重复公司给予的津贴

——如果不能来上班，怎样请假

——重复薪水标准，发薪日期和地点，谁负责发薪，如有必要，解释加班政策和小费申报政策

——私人用电话的规章

——吸烟制度

——用餐制度，包括时间、地点

——重复奖惩原则

——与顾客关系的政策

——重复协作配合的方针

——员工免职政策

——必要时，解释酒类服务的责任

——同等就业机会政策

——升职、调职机会

——经营专业化的方针

——食品经营安全，厨房安全，火情处理的原则

——离开工作岗位必须报告的制度

新工作

——重复工作细则介绍，工作要求标准

——重复每日工作表(包括休息时间)

——重复工作时间和休息日。指明工作表张贴的位置

——员工评定方法和时间

——试用期规定

——培训方案(包括时间长短)

——解释发展机会

——带领新员工参观了解饭店运营情况，介绍其他经理和同事

图 12-8　入职培训一览表样本

八、员工怎样取得最好的学习效果

培训是一种沟通形式，正如所有的沟通形式一样，信息发出者(培训人)只控制沟通的前半部分。后半部分，即信息接收或称学习，依赖于受培训者。学习是知识、技能或态度的获得。成年人怎样达到最好的学习效果？下面这些帮助员工学习的方法有许多来自成人学习理论。

1. 积极参与学习过程

员工参与培训时能记住更多所教的概念。为使员工参与培训，需要采用合适的教学方法。教学方法是我们传达信息的方法。你对讲座的方法一定不陌生，因为它已盛行多年。使用讲座的方法时，内容主要是单向地从培训者向受训者传递，培训者和受训者之间很少或没有沟通。讲座的方法对向员工传授必要的信息十分有效，但是对教会员工使用信息却无能为力。表 12-1 列举了能使员工更积极地参与培训的教学方法。

表 12-1　提高员工参与培训积极性的教学方法

方　法	方　法
讨论	模拟练习
展示	改编成为相应的剧作品
实践和技术演练	教育性游戏
案例学习	集思广益式讨论
邀请嘉宾座谈	实地考察
角色练习	

2. 培训内容与自己相关且实用

成年学习者对所需要花时间学习的内容很挑剔。他们经常是为了应付有重大意义的事件(如改换工作)才参加学习。学习内容必须与他们密切相关而且有益、值得。

3. 培训内容安排有序，分割成易于掌握的知识块

培训内容除了与员工密切相关外，还要安排有序，分割成易于掌握的小“知识块”，成年人学习新技巧不能太快，否则他们不能掌握所学的知识。成年人与儿童不同，他们带着许多先前的经验来到课堂，所以他们需要将新旧知识结合起来。在培训中使用视觉辅助手段，例如招贴画，有助于成年人集中注意力，强调要点，节省时间，增强理解和记忆。

4. 员工的最佳学习环境是非正式的、安静的、舒适的环境

你在选择良好的培训环境方面做出的努力向员工表明了你对培训的重视程度。如果让员工挤在办公室里或站在乱糟糟的厨房一角接受培训，或者在培训过程中接电话，你传达的信息就是，培训不是那么重要。员工喜欢特殊的感觉，所以找一个隐蔽的房间，考虑准备一些饮料或食品。

5. 优秀的培训人才

除了要有合适的培训环境外，优秀的培训人员也很重要。表 12-2 列举了成功培训者的特点，其中一些我们已经探讨过。从表 12-2 中你可以发现这些特点也适用于成功的督导。优秀的督导往往都是优秀的培训者。

表 12-2 成功培训者的特点

特 点	特 点
1.知识渊博	9.有组织、有条理
2.富有热情	10.保持良好的自制力和密切的目光接触
3.有幽默感	11.善于聆听
4.沟通方式清楚、简洁并且直截了当	12.友好而且性格外向
5.对员工真诚、爱护、尊重并且有问必答	13.时刻保持冷静
6.鼓励员工学以致用	14.善于发动所有员工
7.富有耐心	15.主动地从正面肯定员工的良好表现
8.树立模范形象	

6. 培训将要结束时，一般要对受训者进行评定

如果员工得到对自己表现的反馈或因为成绩好受到嘉奖(可以颁发证书或奖章)，学习效果会最好。

复习自测题

1. 解释下列概念：
(1)工作描述；(2)工作分析；(3)工作要求；(4)提升；(5)调动；(6)提拔。
2. 区分提升、调动和提拔员工。
3. 描述选拔和招聘员工的程序。
4. 列举督导培训员工的益处。
5. 定义饭店业所需的三种培训。
6. 论述发展和实行培训计划的步骤。
7. 如果由你来教一名员工怎样打扫饭店的房间，你怎样使用岗位培训方法？
8. 列举 10 项课堂(集体)培训的窍门。
9. 什么时候有必要进行再培训？
10. 为什么入职培训很重要？入职培训中要做什么？
11. 员工怎样才能取得最好的学习效果？

第十三章 绩效评估和纪律管理

【学习目标】

学完本章，应该能够：掌握绩效评估和纪律管理的概念；描述绩效评估的方法；解释积极和消极的纪律管理之间的差异；说明在正当程序下，处罚是如何进行的。

【关键词】

绩效评估(performance appraisal)
晕轮效应(halo effect)
号角效应(horn effect)
积极的纪律管理(positive discipline)
消极的纪律管理(negative discipline)
建设性的批评(constructive criticism)
渐进处罚(progressive discipline)
热炉规则(hot-stove rule)

本章探讨饭店员工的绩效评估和纪律管理。首先描述绩效评估对员工、督导和饭店的益处，并讨论绩效评估的方式和方法。然后，本文还将明确纪律的定义，讨论积极和消极的纪律管理之间的差异。最后，描述在正当程序下，处罚是如何进行的，解释督导在纪律管理中的角色。

第一节　绩效评估在督导管理工作中的作用

一、绩效评估的概念

(一)什么是绩效评估

所有的督导都会面对一个实际问题——评估员工的工作绩效，这也是督导工作中最棘手的方面之一。不过，不管怎样，员工的工作绩效还是需要评估，无论正式还是非正式，好还是坏。无论一个员工是被表扬还是被惩罚，是加薪还是不加薪，是晋升还是不晋升，或者调职，或者被解雇，甚至被开除，他的工作绩效都要得到评估和价值判断。

督导的另外一件苦差事(但却是必需的)是约束惩戒，以下内容将详细讨论这个问题。

由于绩效评估在管理过程中的重要作用，先进的管理者正在努力改进他们的评估系统。大部分雇主已经建立了正式的评估系统，并以此提高员工的工作绩效，促进其成长和发展。

应该着重强调的是绩效评估，当其被正确地制定、实施并且实现与被评估人的沟通时，对员工和整个机构都有益。一句话，如果是本着提高员工绩效和帮助每位员工最大限度地挖掘自身潜力的话，那么评估应该是积极的和具有激励作用的。我们姑且不讨论评估的方法，只是无论如何都应该保证这种评估应该是建设性的和以未来为导向的。

绩效评估(performance appraisal)是用来确定一个员工在多大程度上完成特定工作的过程。这个过程中通常用到的词语有：价值评级、效率评级、服务评级还有员工评估。无论哪一个术语，评估的目的都是要看员工的实际工作绩效和理想的情况或标准的接近程度。

(二)绩效评估的目标

绩效评估能给员工、督导和饭店的管理层带来益处。

1. 防止员工的猜疑和误解

绩效评估向员工提供了反馈意见，经常性地向他们提供工作情况的信息。通过这种经常性的情况沟通方式，督导能防止员工的猜疑和误解。否则员工常会认为“我肯定干得不好”或“我的工作一定很出色”。策划周密的绩效评估能帮助员工识别自己的优点和需要改进的方面。在一对一的评估中，督导具体地指出员工的优点并表扬员工的积极投入。这种表扬能增强员工的自重感。相反，如果督导指出员工的缺点，评估者应重点指出员工需要改进的地方，以使员工在下次评估之前做出改进。

2. 有助于员工的职业发展

通过绩效评估，督导能识别并认可员工个人对工作的改进和对其他专业发展做出的贡献及良好的建议。对工作表现的合理、公正的评估在某种程度上有助于员工的职业发展计划。督导能鼓励员工考虑长期的发展计划并能提供有益的建议。在这种情况下，评估能强调员工制定具体的职业发展战略和进程。

3. 有助于改善督导与员工的关系

督导受益主要集中在与员工的关系大为改观。因为督导和员工必须在绩效评估中密切合作，他们可以在这一过程中增进互相了解。绩效评估的诚挚对话能在合理公正的氛围中导致督导与员工的互相了解，尽管有时绩效评估得出对员工的评价是消极的。员工能认识到工作标准是“真正”的发展尺度，虽然设置得很高，但是能达到的。员工们有机会理解督导有义务监控员工工作达到的相关的尺度，并认识到督导有义务就员工的工作提供反馈并制定行动计划来帮助员工改进工作。

4. 有助于饭店管理层获得大量信息

饭店业的管理层通过评估过程获得大量信息，饭店在有关报酬、工作和培训计划的决策上都依赖于这些信息。员工的薪资、提升和奖金都和绩效评估挂钩。虽然员工工会极为关心报酬等问题，但薪资的调整主要依据工作表现。员工通过评估显示出并记录在案的能力能导致员工的晋升、横向调动和其他积极的工作机会。相反，不能达到饭店所设置的标准的行为会导致降级、辞退或者其他负面消极的工作反应。显而易见，经常地、客观地评估员工能力是至关重要的。

5. 有助于制定培训计划

评估中得到的信息有助于培训员工的督导策划全酒店的培训需要或评估已制定的培训项目的可行性。如果工作评估显示个别员工在不同技巧层次上有欠缺，饭店可以重新制定培训计划。同样，饭店可以授权督导制定个人的培训或辅导项目来解决员工个人的问题。

二、绩效评估的过程

如果员工的工作成果可以进行物质化的衡量，那么他们的报酬就可以根据实际成果确定，也就没有必要制定正式的评估机制了。可是，今天的许多工作大都无法进行物质化的衡量。所以，督导必须确定要取得令人满意的工作业绩，员工必须具备的个人素质。

评估的程序如图 13-1 所示：一个员工的个人素质(1)，决定了其工作的行为(2)，工作行为又决定工作绩效(3)，从而影响到管理者的评估(4)，评估结果则会影响人事的变动(5)。

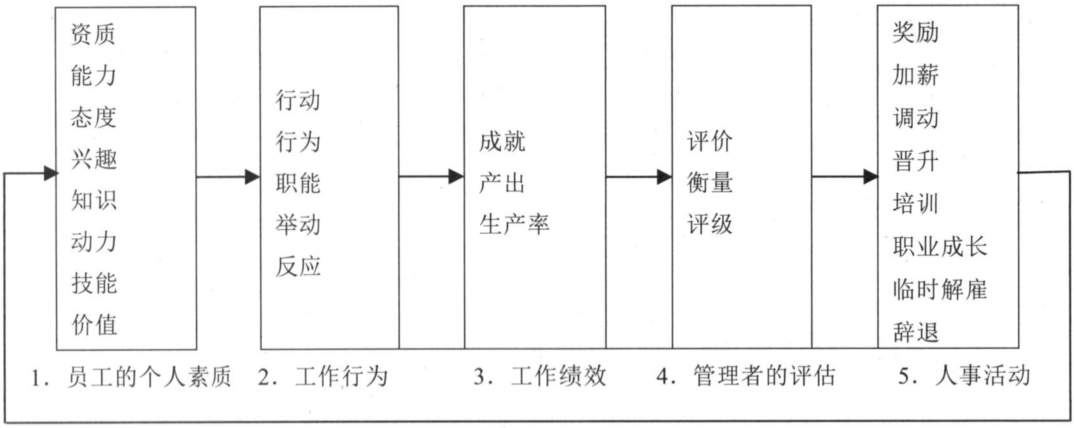

图 13-1 绩效评估的过程

员工的素质包括了能力、态度、兴趣、技能、知识和价值。这些素质使员工在工作中会实施某种行为，而这种行为则直接影响产出和生产效率。当管理者赞赏员工的工作绩效时，就会通过加薪、调职、晋升、培训和发展等来予以奖励。

现在的绝大多数人力资源部门都已使用计算机来处理员工的各类资料。这些人事管理和发展的项目应该包括评估的标准和等级，同时也要包括对技能、经验水平和行为能力提高的要求。

三、绩效评估的方式

有许多个人和团体可以做绩效评估。但是大部分评估还是通过以下渠道完成的：①员工自我评估；②员工对督导进行评估；③同级之间相互评估；④督导直接评估其下属。在一些面向大众服务的机构里，甚至可以请顾客对员工进行评估。尽管下面将一一讨论以上所有方式，但直接由督导实行的绩效评估对我们来说是最为重要的一种。

(一)员工自我评估

在一些先进的组织中，让员工尤其是管理者自我评估逐渐成为一种趋势。这些评估，通常不作为定期绩效评估的组成部分，只是鼓励员工做个人职业生涯规划。

案例

在花旗银行，高级经理会交给员工一份评估表，让他们填上自我评估，显然这种方法非常有效。该公司的一位经理说，“真是令人惊奇，人们是如此诚实。他们甚至将那些对他们进步和晋升有害的东西也填进了表格。”无论如何，作为护航者，高级经理将会给出评估的最终结果。

(二)员工对督导进行评估

假如绩效评估的一个主要目的是改善雇主和员工关系的话，那么让员工评估自己的督导将会大有帮助。这种方法对于那些真心想改善自己的工作绩效，尤其是人际关系的督导来说很有帮助。

(三)同级之间互相评估

这里的同级评估(peer rating)，是指员工之间互相评估。在这种方法下，每个员工都可以匿名对本工作团队中其他成员的工作绩效进行评估。督导再将每个员工的评估结果列示成表。这种方法通常称为互相评估系统。

(四)督导评估员工

最经常使用的绩效评估方法是由督导对其员工进行评估，这是每个督导所负职责中不可逃避的一部分。尽管员工自我评估和同级评估可能对督导很有帮助，但是督导仍然是最终鉴定人。直接督导既了解工作岗位需求，又了解员工是否满足这些要求，并且知道应该采取什么措施才能更好地提高绩效。

一项经典研究发现有95%的被调查者曾被他们的直接督导赞扬。最新的一项研究表明，80%以上的美国公司除了包括对办公室人员、专业人员、技术人员和非工会生产工人的评估系统之外，还有对督导以及中级管理人员的评估系统。

四、绩效评估的方法

我们很早就发现员工的工作绩效总是被评估，无论是正式还是非正式的。由于先前讨论过的那些目的，所以大部分管理者都更青睐于正式评估。这种方式能够提供一些记录，可以用来处理因评估而产生的问题。因此，现在大部分公司每隔6个月或者一年就会进行一次正式的绩效评估。对于新员工，评估通常是在第一个90天之后进行。

(一)传统的绩效评估方法

有许多传统的绩效评估方法。其中，大多数的目标都是争取更为客观地评估和减少个别事件的影响。这里只介绍最为盛行的两种传统方法：等级评估法和员工对比法。

(1) 等级评估。最早也是最盛行的绩效评估程序使用的就是等级评估(rating scale)，基于一个固定等级的一系列特征对员工进行评估。图13-2列出了等级评估的例子。每6个月或者每12个月，就会根据组织认为重要的若干特征，比如工作质量、工作态度、沟通能力和判断等来对员工进行评估。等级点通常由5级工作绩效“杰出的”下降到1级工作绩效“很差”。合计等级点，其结果用来对员工的工作绩效进行比较，并且指出哪里是需要改进的。

员工评估表格

员工姓名＿＿＿＿＿＿＿＿＿＿＿　职位＿＿＿＿＿＿＿＿＿＿＿

评估时间段：　从＿＿＿＿＿＿到＿＿＿＿＿＿

	很差(1)	达到最低标准(2)	一般(3)	一般以上(4)	杰出的(5)
1．工作质量及完成情况					
2．工作量					
3．工作知识、方法和程序					
4．首创性和智谋					
5．配合、态度和协作					
6．快速学习的适应性和能力					
7．在演讲和写作中清楚表达自己的能力					
8．计划、组织与工作分配					
9．选拔和发展下属					
10．下属士气和忠诚度					

这名员工可以采取哪些措施来改进工作？　　总分

评估标准：

10～15 很差

16～25 达到最低标准

26～35 一般

36～45 一般以上

46～50 杰出的

督导管理者签名：＿＿＿＿＿＿＿＿

职务＿＿＿＿＿＿＿＿

员工签名＿＿＿＿＿＿＿＿

批准者＿＿＿＿＿＿＿＿

职务＿＿＿＿＿＿＿＿

图 13-2　一张典型的等级评估表

优质评估表的绩效标准，使用可以度量的、可以观察到的术语描述。定义每个工作表现的方面(如图 13-3 所示)，尽量使用标准、可以度量的或可以观察到的标准，以使评估更加客观。不幸的是，如果有员工指控你有歧视行为而和你对簿公堂时，主观的评定在法律上不具辩护能力。为了在法律上有效地为自己辩护，你的评定应当以事先告知员工的、可以度量的、可以观察到的标准为基础。

表面上看起来以绩效标准为基础的评估很复杂，难以操作，但是在培训中和日常的非正式的评估中已经使用了绩效标准的督导觉得这是一种非常简便的评估绩效的方法。通常他们不必对员工进行测试，他们凭经验辨别员工的绩效等级。

可能许多公司没有这样的制度，有的工作无法使用这种评估。这种评估最适合于重复性的工作和许多人做同一种工作的情况——而这正是饭店业中最常见的情况。

姓名：______________________________

职位：______________________________

到岗日期：______________________________

部门：______________________________

如需填写“优秀”或“不合格”时，请使用“评语”栏。分数：优秀—5，合格—3，不合格—0。

绩效标准		优秀	合格	不合格
1. 在10分钟或者更少的时间内，按《服务岗位规定》要求，正确地把一个服务岗位上一个用餐区，一次用餐所需的全部餐具准备好	评语：			
2. 在3分钟以内，按《餐桌摆台表》所示，正确地摆台或重新摆台	评语：			
3. 客人落座5分钟之内热情接待客人。如果时间容许，请客人点菜；如果太忙，告知他们将尽快回来	评语：			
4. 向顾客解释菜单：准确描述当天的特色菜；如果客人问，应准确地回答关于分量、配料成分、口味和制作方法的任何问题	评语：			
5. 依照《客人点单规定》要求，准确、清楚地记录一桌客人点的食品、酒、饮料，价格和总账单要求达到100%准确	评语：			
6. 取菜，按照《餐桌服务规定》要求完成对客人的上餐服务	评语：			
7. 按照《上菜服务规定》要求，在1小时的时间内，在指定的区域，对餐桌的每一位客人进行完整的服务	评语：			
8. 如果有客人要求，应按照《食品与酒类搭配表》要求，正确地推荐与客人所选的菜匹配的酒并按照《酒类服务表》所示正确地进行酒类服务	评语：			
9. 按照《账单付款规定表》要求，100%准确地收款	评语：			
10. 按照《附带工作任务表》要求，根据客人要求，正确完成附带工作	评语：			
11. 按照《安全工作手册》要求，在指定位置操作机器设备	评语：			
12. 无论何时都符合《着装规定》的要求	评语：			
13. 无论何时都遵守《卫生手册》上对上菜服务员的卫生规定，保持工作岗位地区《卫生清单》规定的90分或以上的清洁度	评语：			

图 13-3　餐厅服务员绩效评定表

优秀　　合格　　不合格

14. 保持《与顾客关系清单》中的“好”或更好的级别，将顾客投诉率保持在 1/200　　评语：

15. 保持午餐每人平均消费不少于 7 美元，晚餐每人平均消费不少于 15 美元　　评语：

16. 每年缺勤时间少于 12 天　　评语：

17. 每年迟到次数小于 12 次　　评语：

18. 工作时间不脱岗，或督导知道他在什么地方　　评语：

19. 参加或弥补所有要求参加的会议和培训　　评语：

20. 督导从同事那里听到正面的反馈，很少有不满　　评语：

总评：

优秀：70～100 分(必须达到或超过所有标准)

良好：50～69 分

不合格，60 天后再次评定：50 分以下

评定人评语：

员工意见：请对该评定自由发表意见

员工目标：此后 12 个月你想达到什么目标？

此后 12 个月员工的目标：

(请设定具体、实际、可以度量的目标并设定达标日期)

签名：

员工：__________

日期：__________　　评定人：__________　　审评人：__________

图 13-3 (续)

等级评估系统的主要优点是简单易行，但也有几处明显的不足。存在这样的事实：一个得到 35 分的员工不一定意味着他的工作效率高于另外一个只得到 32 分的员工。而且不同的督导可能会对工作绩效“一般”或“合格”有不同的标准。另外，督导可能倾向于对自己人评级偏高，因为那样可以使他们看上去更好，或者因为他们确实感觉到他

们的员工是“一般以上”或需要加薪。

案例

一家酒店在整整一年半没有进行总的工资调整之后，其人力资源委员会宣布实行一次幅度最大为 6%的加薪。经理和督导管理者被告知：每一位员工的加薪状况将根据其督导管理者对其进行的评估(这一评估每 6 个月进行一次)。

在从客房部收到的评估中，97%的员工是“显著突出”。这些评估表被返还给客房部经理，并要求给予解释。她的回答是：“我们的督导管理者认为他们的服务员在 18 个月没有加薪一次的情况下应该加薪。”

(2) 员工对比法。为了克服等级评估法的不足，可以进行员工之间的对比。员工对比法(employee comparison method)与等级评估法的不同之处在于，评估者被要求将每位员工的工作绩效和对集体的价值贡献对比其他员工进行排列。这样，有人会居于首位，有人排在其次，以此类推，直到最差的员工。一些管理者已经修正了这一方法，比如选出团队的前三名、中间三名和后三名，并且将每位员工都置于这些团队之中。

员工对比法的一个变种就是成对比较法(paired-comparison technique)。成对比较法就是将每位员工依次与该工作团队的其他员工进行对比。假设一个督导管理 5 名员工，如果督导想评估其中一名员工，督导就可以分别将他同其他 4 名员工进行两两对比。这一过程将重复进行直至每一名员工和其他所有员工都进行了对比为止。根据谁得到了最多票，第二多数票，产生一个总的排名。这种方法相对上述其他方法而言，提供了一个更为现实的评估体系，但是当督导的员工数量众多时，这一方法就相对复杂并难以运用。

在这里值得一提的是，员工对比法应当审慎进行。当所有的都说了(和都)做了以后，员工的工作绩效还应当根据工作职责和其成果的数量及质量而定，而非仅仅对比其他员工进行评估。

(二)绩效评估的新方法

近些年来，传统的评估员工工作的方法已经被目标管理和行为定位评分法等方法所补充和修正。

(1) 使用目标管理。目标管理(management by objectives，MBO)是这样一个过程：上级管理者和其下属管理者共同设定组织的总目标，根据既定目标规定每个员工的职责范围，并且利用这些目标来指导团队运作和评价每名成员的贡献。MBO 还被看作共同目标设置或效果评估。在这种方法中，督导的角色就是帮助员工逐步接近并契合他们的个人目标，乃至督导的更宽目标，最终实现整个机构的目标。这种方法的效果是积极性大于消极性，建设性大于破坏性。

应用 MBO，员工可以看到朝向他们已设定目标的基于每周甚至每天的发展进度。他们由此积极地参加自我评估过程：建立自己的目标，评估自己的优点和缺点，以及阶段性地评估自己的进步。

(2) 使用行为定位评分法。行为定位评分法(behaviorally anchored rating scale，BARS)用来更为客观地具体说明被评估者的实际工作绩效。这种方法往往建立在对有效率和无效率工作绩效更为充分的描述上。评估表格通常由几个价值等级构成。每一工作单元(job dimension)，即组成一项工作的一组义务、活动和责任，都需要一个价值等级。定位(anchor)就是对工作中员工实际行为的简要陈述，它显示工作绩效水平的具体等级，包括从最好、上等到最差、最末。

在应用这一系统衡量员工时，评估人应当选择那些最能描述员工实际绩效的工作作为定位。那些反映价值的定位等级应该是循环封闭的。在所有的工作单元已经被评估之后，封闭的价值等级被合计和平均，得出的结果数字就是对员工的评估。

BARS 被用来发展一个 MBO 系统时最为有效，因为它们建立在工作分析的基础之上，这使得它们更具有工作相关性。它们提供了对需要达到目标的员工行为的描述。图 13-4 就是这种等级评估的例子。

收银工作的知识、判断力和组织能力

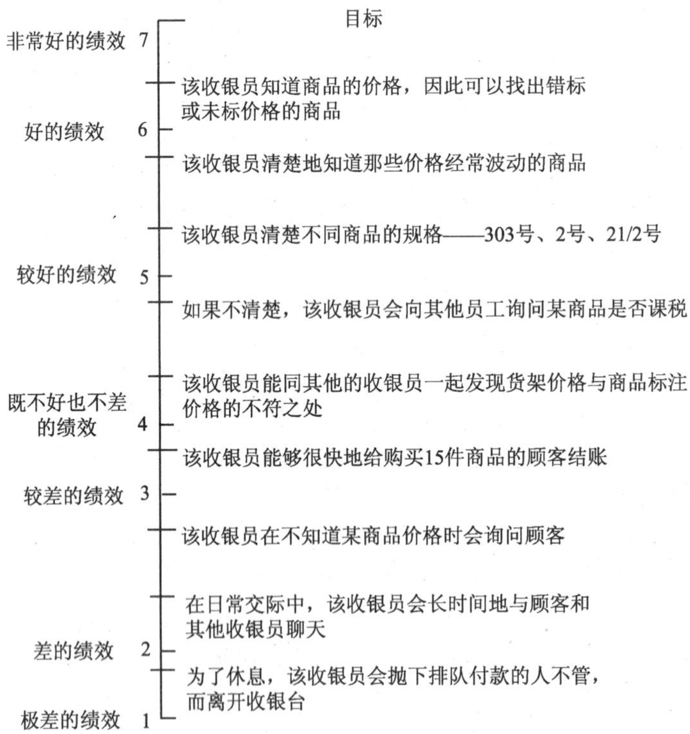

图 13-4　行为定位评分法的例子

五、有效评估的障碍

正如其他人力资源方法一样，绩效评估也存在有效性和可靠性问题。当评估要用来评估员工表现和潜力时，由于使用上的各种局限，它们可能不会如此有效。产生谬误的最常见原因有：①督导不情愿对员工进行评估；②评估者偏爱；③晕轮和号角效应；④中庸倾向。

1. 督导不情愿对员工进行评估

总的来说，督导不愿意对员工进行评估。事实上，这是督导管理者们最不愿做的工作之一。他们倾向于推迟进行或者寻找理由不去进行。正如你将看到的，评估会面是督导最不愿进行的活动之一。

2. 评估者偏爱

一个有效的评估系统很可能由于评估者偏爱(appraiser bias)而变得无效，评估者的偏爱可能源于多种原因，比如对种族、教育和人际问题的有意识或无意识的认识。偏爱还可能是由于时间的原因，因为最近的印象更可能影响评估。比起那些已经久远的事情，我们往往会记住并更多地依赖最近发生的事件做出评估。

夸大评级是另外一种偏爱。有时，督导在一段时间的评级都有夸大的倾向。此外，一些人可能会有意无意地比其他评级者的评级要高。有时，督导故意抬高对其员工的评级，因为其他督导也是这么做的，或者他们认为员工需要涨工资，使这种倾向最小化的一种方法就是在一段时间内(比如 6 个月)将评估结果同工资调整脱钩。

要想完全避免这种倾向是很困难的。但是，员工比较的方法要比等级评定方法更能减弱这种倾向。

3. 晕轮效应和号角效应

晕轮效应(halo effect)指的是评级者给员工在其被评估的所有方面都评级为优的倾向。它的对应方是号角效应(horn effect)，指的是评级者给员工在其被评估的所有方面都评级为劣的倾向。如果评估者喜欢这名员工，他就在所有方面都给其评级为优，而全然没有考虑到没有人能在所有的方面都是完美的。相反地，如果评级者不喜欢这个人，他就在所有的方面都给他很低的评估。

4. 中庸倾向

中庸倾向(central tendency)是由于评估者不愿意给员工极好或者极坏的评级造成的。这样，评级结果往往就会集中于中间的级别。这种倾向反映出人们不愿意进行极端评估的偏好。

六、评估会面

(一)评估会面

大多数组织都不能接受糟糕的工作业绩，而大多数的员工也无法接收到自己不好的评估。满足双方需要的一个办法就是由督导来主持评估会面(appraisal interview)以向员工通报其特定工作绩效评估的结果。这种方法既能够为员工的成绩提供反馈，又能够鼓励其在工作中不断进步。但是，举行这样的评估会面大概是督导最不喜欢做的事情了。厌恶的态度，以及评估会面实际进行的方式通常会使这类会面遭受抨击，因为它往往损害了督导和员工的关系。这种会面的主要问题之一就是它背负的期望太高。但就会面本身来说是不可能改进绩效的，也不可能说明培训的需要，并且无法作为提薪、晋升等活动的基础——当然它能够提供帮助！

评估会面是督导最不愿意完成的任务之一。这样的会面常常这样开始："叫乔进来，告诉他什么应该改正和什么需要完成。"不过，会面的目标应该是协作、建设性和更好的理解。来看看典型的会面是怎样的，即便它是根据良好绩效评估会面的规则进行的。

案例

一家饭店餐厅的主管每年都会招集她的员工进行评估会面。双方都为这次会面铆足了劲。这名主管筹划着自己该说什么，而员工则差不多知道自己将要听到什么。她希望能够让员工感觉轻松自在，所以一开始她会讨论天气，讨论足球联赛的最新比赛，或者讨论员工的家庭。员工们也很清楚这只不过是序幕，很快就会转到严肃的问题上去——他们很不喜欢这种拖延。

然后这名主管就会大体上解释一下她整个的评估情况。首先她会提及员工绩效好的方面 ，并且给员工一个表达自己观点的机会。接下来，她就会列举员工的不足和失败之处。她允许员工对此做出解释。她会说明员工需要采取哪些措施改进自己的绩效。这时，她会征询员工对绩效改进的想法。

这个程序还可以有一些小的变动，比如允许员工进行自我评估，然后再与主管的评估做比较。

无论对于督导管理者还是对于员工，这种传统的评估会面方式都是让人难受的。毫无疑问，在员工的意识里，他们觉得自己处于水深火热之中，并且也根本不可能反对督导对他们的评估。他们所能做的最简单的事情就是表示服从、接受批评，即使他们心里并不赞同。

同样地，督导对于这样的绩效评估也深感难受。正如管理学家道格拉斯·麦格雷戈(Douglas McGregor)指出的：

"当管理者处在扮演上帝的角色时，他们也感觉很不舒服。当我们必须判断一名员工的个人价值时，我们也感觉很无奈。然而传统的绩效评估方式不仅要求我们做出这样的判断，并看着其发挥作用，而且还要求我们直接告诉被评估人评估结果。"

雇主要求管理者同员工直接讨论对他们的评估结果，这是一件非常普遍的事情。许多督导讨论过这一问题，他们遭受的是这种绩效评估方式的双重损害。这些督导不喜欢被自己的上司评估，他们也不喜欢评估自己的员工——或者至少不愿意告诉他们评估结果。而所有这些都会造成评估膨胀。比如，在某公司中政策要求督导向员工通报评估结果，这时督导对于员工的评估就会暴涨。

绩效评估的另一个重要问题是它应当包括员工的职业规划。换句话说，评估应该能够帮助员工为将来制定计划。

总之，评估会面既给督导提供了机会，也给他们带来了潜在的危险，因为他们既要表扬员工，又要提出建设性的批评。我们应该更强调员工绩效积极的方面，当然同时也要讨论进行必要改进的方法。一项经典研究表明，一个员工团队在评估会面之后采取了一些积极的行动，他们之所以这样做，正是因为他们的督导所举行的评估会面和讨论也是建设性和积极的。表 13-1 为举行一个更为有效的会面提供了一些有用的启示。

表 13-1 评估会面的一些提示

要做的事情	不要做的事情
事先准备 着眼于绩效和发展 具体说明改进的具体步骤 考虑自己在员工绩效中的作用 强化那些令你满意的行为 着眼于未来绩效	说教员工 将绩效评估和薪金及晋升等问题混为一谈 只看到绩效的不好方面 一直是自己说话 过分批评或者对员工的缺点“喋喋不休” 认为你们需要在所有的方面都达成一致 在员工之间进行比较

(二)评估会面的后续工作

评估会面使员工知道自己做得怎样，为其指出改进工作的方向。如果面谈做得好，那么积极响应的员工已经有了改进工作的动力。督导知道员工在什么地方需要帮助和支持，也知道在哪些员工身上不必浪费精力，因为他们不愿改正或无法达到工作要求。因此，评估会面标志着一个旧阶段的结束和一个新阶段的开始。后面做什么呢？

第一件要做的事就是务必将奖励落实到人。许诺的奖励务必实现，比如加薪，调更好的班，更好的工作岗位，等等。如果安排这些事情有困难，就设计几种可供选择的方案，马上与相关的员工商讨。绝不能让员工以为已经把他们忘记了。

给那些需要更多培训的员工安排培训。对那些自己能够改进工作的员工不要徘徊观望或盯着不放，应当审慎地观察他们的进步。这时需要个别辅导——日常的指导。记住，督导的评估面谈中强调过将给予帮助和支持。个别辅导不需要太多时间——经常来看看，让员工知道督导不食言，经常表扬他们的进步，随时准备与员工讨论问题。尽量让他们各司其职，但是不要忽视他们。

有的员工你确信根本不想改进，依然故我，表现极差。在心里把他们重新评定一番：你的评定公正吗？面谈处理得当吗？这样对待他们有什么错误吗？你是否怀有敌意或只是心不在焉？他们能改好吗？或者他们最好也只能做到这种糟糕的地步吗？换一个工作他们会干得好一些吗？他们是否在工作要求的重要方面(与顾客关系，旷工，卫生，质量标准)做得太差，需要纪律制裁？他们是否需要再培训？是否应该辞退他们(极不情愿干或者根本干不了)？如果遇到自以为是或者漫不经心的员工，除非你有办法激励他们，你也可以放弃让他们改进的努力。如果遇到有敌对情绪的员工，你应当考虑怎样扭转他们的态度，或者至少休战。他们继续工作，继续领薪水但不会扰乱整个部门。

后续有两种重要的情况。一是实行你的措施。如果做完面谈后就把它们丢到一边，一直等到下一次评定的日子到来，那么你会白白丢失它们可能带来的好处。第二种情况是把你对员工和自己的发现运用到改善你和你督导的每一位员工的工作关系中去。这是一个不断扩展、不断充实自我的过程。它会提高员工士气，使你作为领导者得到发展。

第二节　纪律管理

一、什么是纪律

良好工作业绩的取得有赖于管理以及非管理人员对于纪律的遵守。大多数员工希望能够在一个组织良好、培训有道、纪律严明的组织中任职。员工会从纪律中受益，而从无序中只会受损。早期的一项研究发现：尽管员工并不一定希望受到处罚，但是他们却希望受到“既不过多，也不过少”的监管。成功的督导知道如何找到这个“中间道路”，从而使员工准确地知道可以做什么、不可以做什么。如果“什么是纪律”的问题得不到解答，那么这些一般意义的抽象概括可能就会引起混乱和迷惑。

首先我们要强调一个问题，那就是良好的纪律源于良好的领导方式。建立在这个结论之上，本节中使用的纪律一词的含义指的是以下三种意义中的任何一种：①自我控制；②能够带来有序工作行为的约束条件；③对不当行为的惩罚。在许多公司的纪律政策中，纪律的含义是一种培训，它能够改正、塑造或完美员工的行为、态度或操行。我们赞同这种全面的定义。

1. 作为自我控制的纪律

自我控制意味着一个人有序地成长和发展的过程，它能使人根据特定需要做出调整。比如，当运动员在为大赛做准备时，他们就是受到纪律约束的。宇航员年复一年地进行各种培训，直到他们知道自己应该怎样做，这样他们就能够在真正进行太空探索的时候正确地做出各种反应。如果你为了通过课程而进行集中学习，或者为其他必须做的事情而努力时，你也是受到约束的。自我约束通常都源于督导管理者或更高级别的管理者的行动——而不是语言，下面的例子就说明了这一点。

案例

一家公司的管理者对员工每次午餐时间过长感到很生气。当他向下属的督导抱怨时，其中的一位督导大胆地说“如果您每顿午餐不是耗用两个小时的时间，我们就会很容易改正这个问题。”

2. 作为有序行为需要的纪律

纪律的第二种含义指的是在组织中进行有序行为所必需的条件。保持纪律意味着全体员工要遵守规章，并通过鼓舞士气和团队精神的方式控制员工。有一点应该很清楚，那就是为了营造一个纪律严明的工作环境，应该更多地聘任那些具有自我约束能力的员工。

3. 用于惩罚的纪律

纪律的第三种含义——惩罚(punishment)，指的是人们由于不适合的行为而受到的否定的处理。惩罚的功能并不是为了改变过去的行为，而是为了防止不合适的行为再次发生。

二、纪律管理的方式

(一)积极和消极的纪律管理

纪律管理可以是积极的和建设性的，也可以是消极的和抑制性的。无论哪一种情况，纪律都是一种力量，可以促使个人或团队遵守政策、规则、规章和程序的要求，以达到组织的既定目标。

1. 积极的纪律管理

积极的纪律管理(positive discipline)通过激活内部的动力来促进情感上的满足而不是情感上的抵触。它能给员工提供更大的自由，同时在最少地动用正式权威的情况下带来协作和和谐。当团队目标和程序为员工所共知，并且已经成为个人行为的基础时，积极的纪律管理就可以最大限度地发挥作用。它往往是督导管理者有效应用激励、领导和沟通的结果。积极的纪律管理还会有意识甚至是无意识地使用同级的压力。

2. 消极的纪律管理

消极的纪律管理(negative discipline)指的是依靠外部的力量或影响。这种力量也可以使一个人的外在表现发生变化，但是却并非是精神和情感上的变化。或者说它对于人的变化只会发生在一段时间内不断进行惩罚的情况下。事实上，有时消极的纪律管理会导致恶意服从(malicious obedience)，在这种情况下，即便员工知道这个命令是错误的并且会导致事情一塌糊涂，他们也会按照要求的去做。

消极的纪律管理不能过度使用，并且最好是在积极的纪律管理失效时使用。但遗憾的是，许多组织几乎只使用消极的纪律管理。每名督导都必须选择使用的纪律管理类型，并且有效的督导会根据员工情况的不同选择不同的纪律管理类型。

不管你用的是积极的纪律管理、消极的纪律管理还是仅仅是同组织中的其他成员进行讨论，你的任何批评都应该是建设性的，而不仅仅是否定的。作为一名督导管理者，只要环境允许，对于任何行为和思想都应该使用建设性的批评(constructive criticism)。当一项赞同某种行为的意见提出时，你发现了该方案的不足之处而它的支持者却没有发现，那么你就应该指出这一点。当你的上司或其他任何人在你面前提出一项建议时，他们通常都会希望你能够给出真实的看法。忠诚意味着在可能的情况下，要尽最大努力来防止他人犯错或者遭受耻辱。不要拒绝给你的员工、同级或者上司这样的帮助，只要你有能力提供这样的帮助。

(二)纪律管理方式的转变

1. 积极的纪律管理方式的优点

使用积极的纪律管理方式一开始就比消极的方式优越许多。由于教导的作用，简单的错误，违反规章、政策和制度很早就被排除在员工的工作习惯之外，不会发展成严重问题，从根本上杜绝了许多纪律方面的问题。惩罚造成的消极后果也不会破坏工作气氛。员工没有报复之心，上司与员工不会变成对头。

消极管理方式下的员工会把督导看作一个应当回避的、可怕的人。在积极的管理方式下，上司是以助人的面目出现，是帮助员工工作的训导者、顾问。两者有机会发展良好的关系。即使问题严重到员工必须休假做去、留决定的地步，他回来后也不会充满敌意，因为他没有丢什么面子。

使用积极的纪律管理方式的督导更易于较早地处理问题，管理过程中也能始终如一。提醒员工马上可以做而且容易做。批评需要时间而且令人不快，你工作忙，要顾及其他事情，这样很快大家都开始捉弄你。

积极的纪律管理方式能减少成本，这种方式能减少违纪事件，降低人员流动率，减少错误，提高工作水平，营造有利于提高生产效率、鼓舞员工工作热情的井然有序的工作环境和良好的工作氛围，这些作用的经济价值难以估量。惩罚式的纪律管理方式会增加成本。它增加人员流动率，削弱员工的工作积极性，引起敌对情绪和破坏行动。这些后果导致的成本增加同样难以估量。

积极的纪律管理是一种把充满敌意的员工转变为负责、能干的员工的方法。这对成功的督导非常有意义。

2. 从消极的纪律管理方式转向积极的纪律管理方式

采用纪律管理方式的最大问题就是从一种方式向另外一种方式转变。如果你初次做督导，可能不会有这个问题，而习惯处罚、惩罚员工的督导常常很难改变自己的管理方式。首先，他们很难接受让员工在家思过并付给其工资的做法。这好像是对坏行为的奖励，好像对遵守规章、努力工作的员工不公平。

第二个问题是改掉以惩罚来严格纪律的习惯思维方式，代之以教导、帮助员工避免违规的态度。督导可能信奉惩罚。他们从小就是在家长、老师的这种纪律管理方式下长大的。你一直对违纪的员工采取训斥、警告、威吓、惩罚的方式，现在要变为教育、帮助、发展他的方式，非常困难。除了要改变讲话音调，还要采取一系列新态度。

督导要掌握积极的纪律管理方式至少要花一天的时间接受强化培训和练习，但是收效显著。采用积极的纪律管理方式的公司，人员流动、旷工和纪律问题明显减少。

三、受惩处事件类型

受惩处事件可以根据两种基本的依据进行分类：①根据受惩处事件发生的数目和频率；②根据事件后果的严重程度。不管哪种情况，我们所关注的是问题的程度，而不是一个绝对的因素。实例参见表 13-2。

1. 事件发生的数量和频率

美国国民事务署的人事政策论坛曾经研究过制造业、非制造业以及非商业组织中的大多数受惩处的事件。这一经典研究发现：从事件的频率和数目的角度看，在所调查的79%的组织中最为严重的受惩处问题是缺勤和工作拖沓，11%的组织认为是缺乏生产效率和不良的工作习惯或态度，还有 16%的组织认为是其他的问题。

2. 后果的严重程度

根据问题的严重性，受惩处问题可以分为三等：①较小的违纪；②较大的违规；③不可容忍的违法。

(1) 较小的违纪。较小的违纪(minor infraction)是那些单独发生时危害较小或后果较轻的受惩处事件。但是当它们经常发生或者和其他违纪事件一起发生时就会造成比较严重的后果。

缺勤和工作拖沓是最经常发生的较小违纪问题。这些问题还包括当需要时员工不在岗位和对于其他人存在明显的漠视。其他较小的违纪问题还包括休息时间过长、早退、乱扔杂物、生产过慢、高声喊叫或洋相百出分散他人注意力以及粗心大意等。操作员、体力劳动者和服务人员发生较小违纪的几率最大；而技术人员、专业人员和管理人员发生此类违纪的几率最小。

(2) 较大的违规。那些对有序的运作产生重大影响的受惩处问题被称为较大的违规(major violation)。最为常见的较大违规行为包括说谎、欺骗、偷盗、工作时间睡觉、故意替他人打卡、违反安全条例、工作时间处理私人事务以及不执行命令。

(3) 不能容忍的过错甚至是违法行为。当受惩处事件本质是激烈的、危险的甚至是违法的，并能够严重地损伤或威胁员工关系时，它们就被称为不能容忍的过错(intolerable offense)。这些问题非常危险，后果也非常严重，所以通常的结果就是立刻解雇过错当事人。特定的情况和组织运作的特点决定了什么是不能容忍的过错。换句话说，一时或在一个企业中能够被接受的过错在另一时间或另一企业中就不能被接受。

不能容忍的过错包括：对他人造成严重伤害的斗殴；严重的偷窃行为，包括工作时间利用公司财产为私人谋利益；故意损坏公司财产；在标有“禁止吸烟”的易燃易爆品区吸烟；以及任何形式的违法行为。

表 13-2 渐进处罚的程序实例

过 错	实施的处罚			
较小的违纪	**第一次违纪**	**第二次违纪**	**第三次违纪**	**第四次违纪**
那些单独发生时危害较小或后果较轻的受惩处事件，但是当它们经常发生或者同其他违纪事件一起发生时就会造成比较严重的后果。	督导的教育和非正式警告	督导在工会代表在场的情况下提出警告	更高层的管理者在工会代表在场的情况下提出警告或进行书面通报，甚至实行 2 天以下的停工	成为较大的过错，将给予相应的处理(还没有必要采取立即停工的措施)
较大的违规	**第一次违规**	**第二次违规**	**第三次违规**	
违规行为干扰了生产活动，并损害了员工士气；或违规的严重程度在正常人看来非常明显；或是较小的违纪的累计	步骤 1： 立即将员工从岗位上调离，并向上级管理者汇报 步骤 2： 处以 5 天以下的停工，如果必要，进行书面通报或下最后通牒	步骤 1： 立即将员工从岗位上调离，并向上级管理者汇报 步骤 2： 下书面的最后通牒。处以 10 天以下的停工；如果第一次违纪已经给出最后通牒，那么予以辞退	步骤 1： 立即将员工从岗位上调离，并向上级管理者汇报 步骤 2： 辞退	
不能容忽的过错甚至是违法行为	**第一次违法**			
受惩处事件本质是激烈的、危险的甚至违法的，并能够严重地损伤或威胁员工关系	步骤 1： 立即将员工从岗位上调离，并向企业人事部门汇报 步骤 2： 辞退			

注意：

1. 经济处罚(比如停工、调离、辞退)只有在高层管理者和企业人事部门合议后才能实施。
2. 书面的最后通牒要和经济处罚一同进行。
3. 所谓第二次违规的违规事件要和第一次违规在同一年内发生。

(Walter Collins and Herman Harrow, 1958)

3. 性骚扰

管理层一度并没有重视督导及员工中存在的有性取向的玩笑。不用说，现在这已经不太可能了！这样的语言行为现在差不多也被认为是性骚扰。

性骚扰(sexual harassment)可以定义为一种由异性做出的不受欢迎的性挑逗、性要求以及其他身体或语言的行为，并且这些行为通常都会造成一系列后果。这些后果包括：①屈从于这种行为已经或明或暗地成为就业的条件；②屈从或拒绝这类行为会影响到关于员工的一些决策的制定；③这种行为的目的或者影响严重干扰了员工的工作绩效，并造成了一个充满敌意、挑衅和威胁的工作环境。

督导和他们的管理者应该采取强有力的、迅速和积极的措施来阻止性骚扰，因为雇主必须为其员工进行的或遭受的性骚扰负责。这些措施应该包括定期地并且明确地向所有员工表达反对性骚扰的声明，并且这些声明必须尽快有效地付诸实施。此外，应该建立并广为推行有效的组织内部程序，进行迅速、全面和公正的调查。保证这种调查公正的一种方式是让外部人员——例如律师或就业专家，来主持调查的进行。

现在一些国家非常认真和严肃地对待有关性骚扰的控诉。一旦罪行确定，处罚将是非常严厉的。

四、惩罚的正当程序

正如前面所说明的，惩罚的正当程序包括三个步骤。第一，规则是既定的。第二，每种违反法规的行为都对应着固定的处罚(根据违法行为的严重程度和频率，处罚的情况也往往有所不同，这一点在表 13-2 中已经说明了)。第三，只有员工申诉完毕才能对其实施处罚。

(一)建立规则

如果员工进行自我约束，那么他们必须知道能做什么和不能做什么，并且必须事先知道这些。因此，大多数管理先进的组织通常都会将规则印制在员工手册上。

(二)确定处罚

处罚的类型以及实施的方式总的来说是经过与工会的磋商予以确定的。我们常常使用渐进处罚(progressive discipline)这个词，因为处罚的程度是累进的。也就是违法行为每重复一次，对其惩罚就更为严厉一些。如果组织中没有工会，那么处罚就依靠管理层关于如何对待员工的哲学来确定，同时也会考虑到其他工会或者政府行动的干预。

渐进处罚政策通常的实施步骤如下。

(1) 口头警告，不写进员工档案。

(2) 口头警告，写进员工档案。

(3) 书面批评，通常由督导管理者以上级别的管理者做出。

(4) 暂停工作，通常是持续时间为一天到数月的临时解雇。

(5) 辞退，这是最终的处罚，意味着在此公司的服务终止，并且员工的资历也会被消除。大多数督导并不愿意使用这种处罚方式，因为这种处罚在经济上给员工判了死刑，这不仅会影响到员工个人，还会影响到他的家庭。这种处罚的理由必须正当，因为辞退是受申诉程序和仲裁制约的。

其他一些不经常使用的处罚有降职、调职和停发福利(比如停发奖金、停止增加工资和红利)等。

工会、人事管理人员以及大多数督导都赞同使用处罚程度累进(graduated scale of penalties)，含义是违法行为每重复一次，对其的惩罚就更为严厉一些。比如：第一次处罚可以是口头警告；第二次则是书面警告；第三次，暂停工作；第四次就予以辞退。但是对于不能容忍的过错没有什么累进可言，即使是第一次犯错，员工也会被辞退。

(三)公正地听讼后再实施处罚

督导在采取任何对员工不利的行为时都必须依照正确的程序进行。换句话说，处罚必须依照既定的规则和程序进行。处罚必须建立在具体指控的基础上，而且在管理层采取处罚措施之前要通知员工和工会。指控及其原因必须是确切的、可证明的。还应该准备听取员工意见、证言、抗辩和上诉。最后，如果处罚显失公平，那么就要付给员工足够的赔偿。

总的来说，一个恰当的处罚程序要求：①指控要明确；②要通知员工(和工会)；③要给员工提供机会，使其能够通过抗辩或上诉对指控做出答辩。

五、督导和纪律管理

无论督导所在的饭店是否存在工会，在对员工实施处罚时，都必须进行相应的判断。在对待错误时，督导必须考虑错误是什么，以及错误是在怎样的情况下出现的。对于粗心而导致的错误必须进行处罚，对于正当的错误则应该通过商议和积极的约束，而不是通过惩罚予以纠正。错误纠正的方式应该立足于帮助员工从错误中吸取教训，变得更加熟练、更富有价值。

(一)督导在纪律管理中的作用

如今督导的主要任务之一就是对员工进行纪律管理。高级管理者希望并且也依靠他们的督导管理者不仅制定纪律条例，而且要实施它们。只有这样，一个组织才能有效地运作。

为了达到这个目标，督导必须给员工树立自我约束的意识。如果不要求员工面对其工作的现实情况、目标、资源和他们的潜能，他们就会处于一种运转糟糕的境地，也就不可能为公司最大程度地做出贡献。令人非常吃惊的是，当人与人之间坦诚相待时，许多组织的问题就会消失得无影无踪。

当管理者进行纪律约束时，他们必须考虑到以下几点。

(1) 每项工作都应该有一个特定的误差幅度。

(2) 过分希望避免错误往往会抑制员工的动力，并且促使他们推延决定的时间。

(3) 一种不同的做事方法不应该被错误地认为是错误的方法。

比起较高层管理者，督导管理者更不愿意实行严格的纪律，因为过于严格的纪律会产生不良的后果。其他管理者，包括一些人事管理人员，在纪律的问题上则倾向于更为激烈——也许是更具惩罚性的立场。一个可能的解释就是比起高层管理者，督导往往会更多地考虑到个人环境和行为的因素。此外，督导之所以不太愿意严格地执行规则，也是因为害怕如果过分严格，就会失去员工的支持和协作。

(二)有效纪律管理的原则

这一部分我们将讨论有效纪律管理的 4 种重要原则。这些原则通常称为热炉规则(hot-stove rule)，因为触摸热炉同实施纪律的原则之间可以进行比较。下面就是 4 项重要的原则。

(1) 如果你触摸一个热炉，你知道会发生什么事情(有一个明确的警示)。

(2) 如果你触摸一个热炉，它会立刻灼烧你(非常迅速)。

(3) 只要你触摸它，它就会灼烧你(始终如一)。

(4) 热炉并不关心它灼烧的是谁(非特定某个人)。

1. 实行纪律要有一个明确的警示

员工应该知道什么是应该做的，什么是不应该做的。这意味着必须有一个明确的警示，告诉他们哪种过错会导致处罚，并且还要有明确的警示告诉他们对于一项过错会实施多少处罚。

案例

督导管理者 C. D. 伊特兹忽略某项安全规则很久了，那项规则要求员工在运作机器时必须身穿无袖衬衣。事实上，过去的一年里，他们部门中有许多员工经常身穿长袖衬衫。当伊特兹得知其他部门的一名员工因为长袖衬衫卷入传送带而受伤的消息后，他立刻对他的 5 名员工进行了书面警告，因为那天他们正穿着长袖衬衫。

2. 处罚必须是立刻进行的

督导在发现了违规行为时，应该尽可能地立即开始处罚的程序。这一点是非常重要的，因为：

(1) 员工会认为自己“成功地瞒过了督导”，或许会变本加厉地违反其他规则。

(2) 员工可能会认为督导实在是太软弱了，根本就没有能力实施这些规则。

(3) 员工可能会认为这项规则对督导来说并不重要、不值得实施。这样，其他员工也会被鼓励来违反这项规定。你不必惊奇于员工有这样的反应：“我这样做已经很多天(或星期)了，以前从来没有人告诉我这样有什么不对的。”

3. 处罚是始终如一的

这项原则的含义是对于同样的情况应该进行同样的处罚。如果两个人在同样的情况下犯下了同样的错误，那么他们应该受到同样的惩罚。

案例

海伦的缺勤记录非常高。最近没有任何正当理由，她又有两天没来工作了。考虑到她以前缺勤的情况，这样的过错应该给予停止工作一周的处罚。但是，由于她所在的部门正在赶做一批大单订货，督导管理者现在非常需要她的工作。结果海伦只受到了口头警告。

如果是另一名员工在没有正当理由的情况下旷工两天，那么海伦的督导管理者会怎样处理？如果督导管理者不能做到始终如一，那么他们就会在员工中丧失威信。这是否意味着督导管理者必须对同样的过失始终处以相同的惩罚呢？请注意我们说的是在同样的环境下，督导管理者的政策必须是始终如一的。员工过去的表现也是应该考虑的因素。

两名员工在上班时间被抓住喝含有酒精的饮料。这种行为是被明令禁止的。其中有一个员工是第一次犯这种错误，而另一个员工在一年内已经是第三次犯这种错误了。如果督导管理者给后者更重的处罚，你认为是否公平呢？答案是肯定的。

4. 处罚是非个人的

作为督导管理者，在实施处罚时，不应该涉及具体的个人。你所要做的只是尽可能地客观。此外，处罚完员工后，与他们尽量保持正常的关系。在进行惩罚的过程中，督导常犯的两个错误是向员工道歉和训斥员工。惩罚的是行为，而不是人。你的重点应该放在使员工的工作行为符合规则的要求上。

(三)实施处罚

督导工作中最能引起非议的两个方面是：①因处罚而暂停员工的工作；②辞退不合要求的员工。

1. 因处罚而暂停员工的工作

如果员工多次犯下同样的错误，并且多次警告无效，那么实施惩罚性的停工(disciplinary layoff)或临时解雇(suspension)就是不可避免的了。这种停工会使员工不仅损失几天的时间，而且这些天内没有任何报酬。这种形式的处罚通常能够极大地震动员工，也能引起他们的重视！一般来说，它能让员工谨记遵守组织的规则和规章。

因为这种形式的处罚非常严重，并且会带来物质上的惩罚——损失工资，所以大多数组织限制使用它的权力，只有第二层以上的管理者才能够动用它，通常情况下人力资源部门的经理也有权使用。不过督导有权建议实施这种处罚。

并不是所有的管理者都认为停工是有效的，有些人很少将其作为处罚的方法。首先，他们需要员工维持生产活动。其次，他们认为员工回来后情绪会更加抵触。不过，如果能够加以合理使用，这种方式仍然不失为一种有效的处罚工具。

2. 解雇员工

在大多数情况下，解雇一名员工是运营中实行纪律管理的最后步骤。大多数运营行业都设有应严格遵守的解雇面谈步骤。这种面谈由经理主持并有见证者在场，通常是另一位经理或人力资源代表。

不论由谁来主持解雇面谈，必须慎重处理员工的解雇问题。以下问题可作为检测题来确保做出恰当的解雇决策。对于任何一个为“否定”的答案都必须做出进一步的调查。虽然问题中提及的因素可能与相关法律无牵连，但日常员工管理工作中必须仔细考虑。

(1) 员工是否知道自己应做的一切？

(2) 是否清楚公正地向员工讲明了规章制度？

(3) 管理层是否解释过规章制度的重要性？

(4) 被违反的规章制度对行业是否合理并重要？

(5) 解雇的理由是否充分并可靠？

(6) 采取的纪律措施是否与违纪的严重性相符？

(7) 管理层是否真正努力地确认员工工作中的错误并加以改正？

(8) 对于这次违纪的处理是否适用于其他所有员工？

由于解雇是非常严重的惩罚，所以督导只能提出建议。只有高级管理层才能辞退员工——通常都是采纳人力资源部的建议，或征得其赞同。

复习自测题

1. 解释下列概念：

(1)绩效评估；(2)等级评估；(3)员工对比法；(4)成对比较法；(5)目标管理；(6)定位评分法；(7)晕轮效应和号角效应；(8)评估会面；(9)积极的纪律管理；(10)消极的纪律管理；(11)渐进处罚；(12)处罚程度累进。

2. 为什么绩效评估是管理过程中的一个重要部分？

3. 什么是绩效评估？它的其他称谓有哪些？

4. 绩效评估的目标有哪些？请具体解释。

5. 至少说出能够进行绩效评估的 4 类人或者团队，并且解释为什么他们可以进行评估？

6. 描述绩效评估的方法。

7. 什么是纪律？至少用三种方式对其进行解释。

8. 在实施处罚时应该遵循哪些程序？

9. 为什么进行惩罚性的停工和解聘的权力必须限定在较高层管理者手中？

第十四章　教练活动和变化管理

【学习目标】

学完本章，应该能够：解释教练的含义；说明教练与绩效的关系；描述教练的职能；掌握核心的教练技能；认识到变化对于组织和个人的影响；比较被动反应变化的方式和先发制人的变化方式。

【关键词】

教练(coaching)
辅导(tutoring)
指导(mentoring)
挑战(challenging)
建议(counseling)
员工援助项目(Employee Assistance Programs，EAP)
变化管理(change management)
被动反应变化的方式(reactive process of change)
先发制人的变化方式(proactive process of change)
组织效能(organization effectiveness)

本章讨论教练活动和变化管理两个内容。首先为教练下定义并描述教练的主要职能。其次，本文还将详细探讨教练的建议职能。最后，概括介绍管理组织的变化，包括变化对于个人和组织的影响，应对变化的方式以及计划的变化。

第一节　提高绩效的教练活动

一、教练活动

(一)什么是教练

你曾经参加过有组织的活动，比如足球、篮球、排球或乒乓球吗？或者学过钢琴、武术和外语之类的个人课程吗？任何情况下，你都会有一个教练，他的目标就是要提高你的成绩。督导管理的教练职能，实质是帮助个人更加有效地行动。本节的目标和任务就是：帮助你更多地了解教练以及有效进行教练所必需的技能。

教练(coaching)可以认为是一个人与人作用的过程，是督导管理者和高中层管理者用来帮助个人达到其最高绩效水平的过程。它是一个个人行为以及一对一的关系，从一个新员工加入团队开始，一直持续到他离开这个团队为止。看起来好像新员工会是被教练的重点。但是，情况已经不是这样了，因为如今的目标是业绩水平的不断提高。督导的工作是持续地教练员工，帮助他们在整个职业生涯中不断达到更高的绩效水平。正如，著名的教练专家丹尼尔·金劳(Dannis C. Kinlaw)所言：

“教练是一个过程，通过这个过程管理者和他们的下属一直保持联系。世界上所有的行动都不能帮助管理者最好地使用员工，除非他们能够对下属进行教练。教练是‘眼球对眼球’的管理。管理者和员工的每次交谈都有可能是一次教练交谈。它可以是一次辨明目标、优先次序和绩效标准的机会，也可以是一次重申和强化团队核心价值观的机会，还可以是一次听取建议和使用员工参与计划和问题解决过程的机会。”

(二)教练与绩效的关系

教练交谈的重点是员工绩效。其潜在的假定是通过有效的教练，督导可以帮助员工不断增加工作效率，正如图 14-1 所示。如果一个话题可以对员工的绩效在现在或将来产生影响，那么它就应该被认为是适合于教练情况的。一些状况更为明显地与绩效相联系，比如帮助员工学习新的技能或者解决不合格工作中的问题。而有些情况则与绩效联系较为间接，比如，帮助员工进步或者更好地理解和克服不安全感。请注意下文中列出的教练的例子，并且注意它们是如何同绩效相联系的，这是一个非常宽泛的列表。

教练活动举例如下。

(1) 分配一份新的具有挑战性的工作，检查结果。

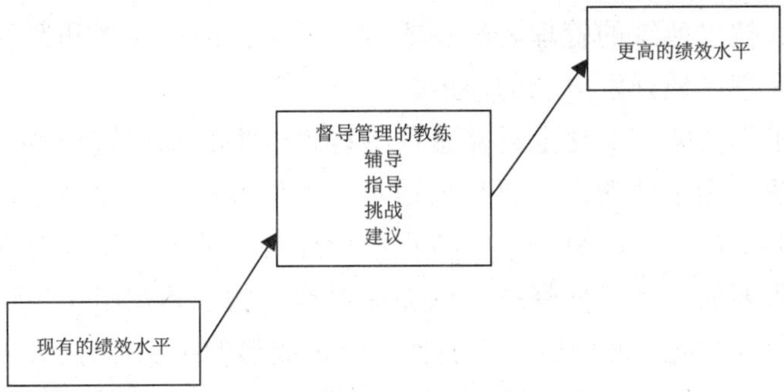

图 14-1　与绩效相关的教练

(2) 确定员工的培训需要。

(3) 向员工演示一项任务应该如何完成。

(4) 讨论员工的职业生涯设计。

(5) 倾听员工对于裁员的恐惧心情。

(6) 帮助员工理解公司的管理。

(7) 帮助员工在心理上适应工作中的变化。

(8) 讨论员工不好的绩效。

(9) 帮助员工减轻压力。

(10) 讨论出色的员工应该如何在绩效上更上一层楼。

(11) 主持惩戒面谈。

(12) 讨论糟糕的工作情况，或违反组织规章的问题。

(13) 负责绩效评估。

(14) 允许员工倾吐不满的情绪。

在 20 世纪 40 年代，许多大型组织尝试雇用专业人员担任组织的顾问。他们的工作并不是提出建议，本质上是作为组织的主要媒介听取员工与工作相关的、私人的和情感上的问题。本意是帮助员工宣泄他们在工作中的挫败感和冲突以及个人的问题，但是这些项目的成功却受到了限制。如今，尽管许多大型组织中聘任了全职的咨询人员，但是督导仍被认为是“第一线”的咨询人员。他们被员工认为是最能帮助自己适应工作环境、减轻工作压力和负担以及协调员工和管理者关系的人。一名团队成员的问题往往会影响到他的工作绩效(以及他人的工作绩效)、出勤情况和与工作的关系。因此，督导必须紧密关注这些问题，并且担任适合的角色来解决这些问题。督导无法解决私人问题，比如糟糕的个人健康状况和财务危机。但是，他们至少应该了解这些问题，并且当这些问题有可能给员工的工作带来负面的影响时，劝说他们寻求足够的帮助。

(三)目前教练活动的重点

教练只是在最近几年才被认可为一项关键的督导行为。它出现在 20 世纪 70 年代中期，在 80 年代获得了发展，直到现在才被广泛地应用于组织中。督导的角色已经从一个专制的、严肃的、技术熟练的管理者转变成为一个员工的培育者和帮助者，他的任务是帮助团队成员最大程度地开发自己的潜能。

由于组织和工作团队在文化上日益呈现多样性，中、高层管理者和督导管理者必须将他们的员工理解成为单独的人，要充分地考虑他们的需要、能力、目标、态度、不安全感以及所关注的事情。了解每个人的特点可以使督导的教练工作有的放矢。反过来，教练也成为一项重要的工具，使督导可以加深对员工的了解。组织也认为教练必须适合于被教练的人的个人情况。面向较为年轻的、较不成熟的员工(他们必须学习许多工作要点)的教练非常显著地不同于面对资深员工的教练，资深员工的教练目标是要使其向更高的层次迈进。

(四)督导对教练活动的态度

教练看上去是一项很自然的行为，实际情况却是督导有忽略教练角色的倾向。

第一，许多人缺乏信心，他们觉得指导员工不是很舒服，而讨论员工不合格的绩效则很为难。总有这样的风险存在，那就是和员工共同面对绩效问题时所产生的问题往往比解决的问题更多。督导不得不应付员工的借口，愤怒或者痛苦等感情，甚至良好的关系也会被破坏掉。忽略绩效问题，希望其能够自行解决通常被视为一种更为合意的选择。

第二，许多督导管理者都把教练看作一个被动的过程。他们倾向于通过经验，或者是他们的管理者的期望，用现成的方式来对待每个人的问题并迅速地处理绩效问题。

案例

一名督导曾在一次教练研修班上提到过：“听了这些东西，我觉得教练好像只不过是一种薄弱的、难以把握的督导方式，它对员工太温柔了一点。如果有人不认真做自己的工作，你就催促他、鞭策他，他就能做得好一点。我无法想象我无所事事地坐在那里说着‘哦，真的？’。我的上司会认为我失职。我对待员工非常直接简单——确定地告诉他们该做什么，监督他们做，如果他们不做的话我就催促他们。”

人的现状都由其过去的经历而定。小的时候，家长告诉我们该做什么，老师也是这样。对那些有从军经历的人来说，班长、排长则成为教导者。当我们工作时，上司又告诉我们该做什么。当我们成为督导管理者时，我们就成了“教导者”，很自然地会认为手下的人被自己监督是一个主动、快速地处理事情的方式。

但是，正如本文所指出的，现在的督导管理环境发生了显著的变化。支持性的关系需要有效的教练，其包含更加开放的双向的沟通，并且对于督导的聆听技能提出了更高的要求。正如你在本节所看到的，教练行为确实总是能够不断地改进绩效。

第三，教练需要相当多的时间。督导面对着许多压力，他们并不打算放弃其英雄救火的角色。许多人沉浸于管理“细节”，他们不能有效地进行个人的、面对面的教练。

二、教练的职能

有很多不同的方式可以理解有效的教练。一个是探讨为什么人们要进行教练活动，也就是说，教练的职能是什么；另一个是探讨教练过程中需要的技能。在此，首先探讨教练的职能，然后讨论所需要的技能。教练有 4 项基本的职能：①辅导；②指导；③挑战；④建议。

(一)辅导

辅导(tutoring)包括很多教练行为，它们帮助团队成员获得知识、技能和能力。辅导鼓励团队成员学习、成长和发展。目标是使员工避免自满于现有的技能水平，使他们产生不断学习的责任感，并鼓励成员将他们所学的运用于实践。

(二)指导

指导(mentoring)是一项重要的教练职能，“指导”指的是督导管理者提供引导来帮助员工掌握完成工作所必需的技能。指导可以帮助别人设计职业生涯，可以增强人们的政治敏感性，加深对于组织文化的理解，学会发展一个人职业生涯的方法。它也意味着：

(1) 帮助员工认识他所打算采取的行为的潜在负面作用。

(2) 明白如何接近组织中有影响的成员。

(3) 了解在特定的情况下，关键人物是谁。

(4) 理解相关的过去或现在的事件应该怎样影响团队成员的行动和行为。

成功的督导管理的教练行动帮助其团队成员进行关键的组织联系和发展其关系网。他们给员工进行职业设计的指导，并且密切关注员工职业生涯的发展情况。

据估计，在《电脑世界》(Computer World)列出的“最适合工作的 100 个地方”中，有 75%的公司的督导进行正式的指导。在哈拉斯娱乐公司(Harrah’s Entertainment)、林肯电气公司(Lincoln Electric)和雅芳化妆品公司之类的公司中，员工们会受到非常多的培训以使他们接受挑战、得到满足。指导比培训更加私人化、实际化和具体化。或者，正如一名管理者所说的，指导为人们指出石块和地雷在哪里——怎样在通向职业目标的路上绕过地雷和跳过石块。

(三)挑战

挑战(challenging)的教练职能与绩效联系最为紧密。督导管理的教练职能建立了明确的绩效标准，将实际的团队成员绩效与这些标准相比较，并且解决那些不能达到标准的绩效问题。通过挑战，成功的教练帮助那些不太成功的人变得成功，并且给那些成功的人以挑战，使他们达到更高的层次。

尽管督导可能是出色的、敏锐的倾听者和有效的辅导者与指导者，但是他们常常也会在挑战员工绩效方面感到困难。他们可能会认为建立明确、具体的绩效标准和直接讨论绩效问题是一件不舒服的事情。当一名员工落后于标准时，他们并不乐意直接解决这个问题。即使最后做了，这个过程往往也是表面化的、道歉性的，并且常常会绕过那些不太好的绩效问题。这一章的稍后部分将更详细地讨论问题。

(四)建议

建议(counseling)也是一项教练职能，由此督导帮助个人认识、讨论、理解和解决真正存在或已经察觉到的影响绩效的问题。管理者的角色实质上是帮助个人确定他们的行动过程。许多督导觉得在对待员工的个人问题上不是很胜任，并且自身没有经过良好的培训。也许最平常的错误就是督导倾向给出建议，而不是帮助员工自己思考、理解和发现解决问题的方法。

在进行建议的过程中，尤为重要的是要表现出对问题的敏锐性，帮助团队成员理解个人问题是怎样影响工作绩效的以及影响的程度。帮助员工树立解决问题的信心也是很重要的。在一些严重的情况下(比如滥用药物、个人理财危机和健康问题)给出建议，就意味着建议个人通过公司的员工援助项目或者外部的专业人士来寻求帮助。

督导可以通过每种职能所能够带来的结果更好地理解这 4 项职能，如表 14-1 所示。

表 14-1　4 种教练职能所带来的结果

辅导	指导
1. 技术技能得到提高	1. 发掘出政治理性
2. 对于过程和系统的理解得到提高	2. 培养出对于组织文化的敏感性
3. 学习的速度得到提高	3. 扩展了个人的交际网
4. 不断向专家的地位前进	4. 提高了对关键人物喜恶的敏感性
5. 不断学习的责任感增强	5. 提高了个人职业生涯管理的主动性
挑战	**建议**
1. 阐明了绩效的期望值	1. 明确问题及其原因
2. 说明了绩效存在的问题	2. 了解技术和组织
3. 接受更为困难的工作	3. 发泄一些强烈的感情
4. 制定提高未来绩效的战略	4. 对自己的感情和行为有了更深入的理解，改变了一些观点
5. 不断提高绩效的责任感	

这 4 项职能有很多相同的地方，并且常常共同体现在一个教练的过程中。比如，当一名新员工开始工作时，教练的过程可能包括挑战、建议和辅导。这 4 项职能中包括的很多技能和方法都是相似的—— 需要敏锐性、聆听并最终以某种形式结束。

三、教练的技能

当一名督导开始正式的教练时，应该有一个明确的目标并且为这个教练过程建立一个基本的框架，以适应教练的职能和外部环境。但是，教练需要许多不自觉的沟通，这就要在一个轻松的个人环境中进行。许多的沟通教练都是首先从团队成员开始的，而不是督导，这些沟通可能包括要求帮助、建议或者对于与工作相关的问题的非正式讨论。在一些情况下，比如由于个性的原因，有关工作的问题可能并不会直接涉及。

督导必须创造一个鼓励沟通的支持性环境。他必须营造一种氛围，使员工感到自己是受欢迎的，尊重他们的想法和感情以及在沟通时表现出耐心。支持性的氛围非常重要，只有在这种条件下督导才能更好地理解团队成员想做的事情，而团队成员才会受到鼓励而没有后顾之忧地试用新的方法。有效的聆听也是一项重要的教练职能。对于许多员工来说，接近督导并向他们寻求建议以及承认自己工作和个人的问题是很困难的事情。督导必须建立一个开放的、接纳的沟通环境。

接下来的部分就要讨论核心的教练技能。一个教练的过程未必需要全部的、甚至大部分的这些技能。当你通读这些技能时，请注意一个充满尊重的环境、理解和有明确教练效果的目标的重要性。

1. 认可

认可(acknowledging)是通过一些非评论性的语言表明你对员工所叙述事情的反应。这些话语可以是简短的“啊哈”、“哎哟”或者“知道了”，也可以是较长的句子，比如“我能够理解”或者“所以这些就发生了”。这些认可技能是为了能够将沟通的主动权返还给员工，使他们能够继续说下去。

2. 参与

参与(attending)是通过非语言性的行为来表明你正在以一种开放的、没有价值判断的方式聆听。你的身体语言，比如注意的姿态、点头、眼睛接触和面部表情都传递着你充分的兴趣和注意。非参与性的行为包括神不守舍的眼神、昏昏欲睡的表情、漫不经心的姿态，不停地看表或者其他身体语言，这都表明你对所讨论话题的不安或者不赞同。有效的参与行为明确地表达了“我很有兴趣，我正在听”的意思。

3. 肯定

肯定(affirming)告诉员工他的价值、优势、贡献以及其他积极的方面。比如“你在对新系统的学习上进步很大”或者“你总是能很快地赶上，这让我很惊喜”或者“我非常珍惜你对我的信任，你总是乐意把你的感受和我分享”。

4. 确定

确定(confirming)是确保员工理解那些说过的和赞同的事情。教练可以通过概括和重复要点或者要求被教练的人这样做来达到确定的效果。教练会问：“可不可以用你自己的话复述这些步骤，并且告诉我你会怎么做？”确定还会着眼于将来：“根据我们讨论的结果修改一下你的估价，把质量最高的原材料考虑进去，明天下午 3 点再来讨论。”

5. 准确指明

准确指明(pinpointing)提供了具体、有形的信息。比如说“你的报道做得很不好”是一个模糊的、笼统的评价，范围很广，不如说“你的报道使用的是 3 年以前的数字，里面有超过 20 处的拼写错误，并且缺少具体的建议”更为明确。

6. 探究

探究(probing)是提问问题以便获得更多信息或者更深入地探讨某个话题，比如“所以你认为你的团队能担当更多的责任，在哪些方面能够表现出来？”或者“下一次你的做法会不同于现在，你会怎么做呢？”

7. 反应

反应(reflecting)是用你自己的话来解释你对于员工的话或感受的理解。比如“所以你觉得在这个问题上你应该从同事那里得到更多的帮助？”或者“看上去你好像对于没有能协助他们度过难关感到很不安。”

8. 提供资源

教练应成为其团队成员的资源来源。提供资源(resourcing)意味着提供信息、帮助和建议：“讲给人力资源部门的人听，他们应该能够帮助你回答这个问题”或者“我来告诉你该怎么做”。

9. 回顾

在教练过程的结束部分，强调要点以保证彼此的理解需要回顾(reviewing)的技能。“让我们把这些联系起来吧。我们讲到了对于调查数据你必须做的三件事情。首先，你要呈给你的督导关于你个人和整个公司的结果。其次，你要和他们进行一对一的会面，讨论该结果。最后，他们要制定一份你能够接受的关于未来改进的书面计划。”或者“确定一下我们大家在这个问题上的一致吧。概括一下你们将会怎样处理这些调查结果，好不好？”

10. 总结

总结(summarizing)是在教练谈话过程中暂停下来总结关键要点。“确定一下我是否理解你的意思了。你认为三个要素影响了你的销售绩效：①我们改变了晋升策略；②额外的委员会工作耗费了你的销售团队的大量时间；③由于住院做手术你最出色的销售代表有两个星期未到了。”

请注意一些技能，比如认可和参与技能，都同教练过程的氛围或者环境有关——它的开放性和教练的兴趣程度和聆听情况。其他技能比如准确指明、探究和提供资源都同教练的内容和涉及的问题密切相关。

四、提高绩效的教练

督导必须做但又经常做不好的事情之一，就是解决绩效的问题。许多督导态度生硬，充满火药味，必然会招致员工的反感和抵制。最为常见的情况是，他们责备、训诫、羞辱、警告或者强制员工，试图使他们提高业绩，结果常常是要么没有变化，要么缺乏热情的改变，或者员工会以“正在考虑中”予以抵制。另一些督导则避免正视不好的绩效，结果只能是发现绩效在迅速下滑，这时才不可避免地进行教练工作，而其中包含的利害冲突比起早些时候要严重得多。不好的绩效不仅与实际工作绩效有关，还与其他类型的行为有关，比如出勤率、安全、态度和对于不同的公司规章和政策的遵守情况。

尽管每个人的情况都有所不同，但下面列出的那些处理低于绩效标准的问题的方法还是有效的。

(1) 详细描述绩效的情况。

(2) 征求和聆听成员的意见和观点。

(3) 在这个问题上达成一致。

(4) 员工参与到制定解决方法中来。

(5) 在改进绩效的行动方案上达成一致。

(6) 总结讨论结果，并且强调要改变的行为。

(7) 如果需要，计划以后的工作。

督导要早一点在会面中解决绩效不佳的问题，这是非常重要的。督导要具体明确地指明问题，而不是告诉员工“你的工作绩效很糟糕”，应该更为具体地说：“你只达到了工作目标的75%”或“前两周你缺勤了三次”。通过这种方式，员工获得的信息就比较具体。表14-2表明笼统的语言如何变得更为准确具体。

表14-2　在挑战与绩效相关的行为过程中，笼统和准确指明的陈述

笼统的陈述	准确指明的陈述
你的出勤率很低	过去的4周你每周都有一天缺勤
你要更好地与部门经理协作	公司政策规定当部门经理要求获得成本数据时，你必须提供给他
你要尊重我们的安全规则	今年早晨我看见你工作时没有带护目安全镜
你没有达到你所承诺的进展	你曾经对我承诺到今天为止你要完成第一期的设计草图，但是你现在却告诉我你还需要两天

著名的领导和人际关系问题专家汤姆·戈登(Tom Gordon)提倡使用被他称作“我”信息的方式来有效改变其他人的行为。他说“我”信息(“I” message)中存在三个主要的部分(描述一个“我”信息)。

(1) 感情：说明你对于行为结果的感受(生气、尴尬、挫败感、高兴等)；

(2) 行为：指明具体的行为(缺席率、没有守约、没能完成定额等)；

(3) 结果：详细说明行为的最终结果(没有给他人做好的榜样、使工作团队没有效率、给团队的其他人带来不便等)。

当你发出“我”信息时，是在呼吁而不是在要求别人做出改变。请注意在表 14-3 的例子中，重点是行为、后果以及你对此的感受。尽管没有人喜欢自己的行为被别人认为带来了什么麻烦，但是将你的不满融进“我”信息却能够更公开、得体地提出这个问题，并且有可能因此而以客观、支持的方式解决这个问题。

表 14-3 “你”信息与“我”信息

“你”信息	“我”信息
你忽略了对那篇汇报的校对。你不应该让那篇汇报是那副样子	当我发现这篇汇报中有这么多印刷错误时，我觉得很生气。这使我们的团队看上去粗心和不够专业
你知道我希望你能参加我们的例会。从现在开始你要参加会议	你没有参加例会，没能听到你的见解和了解你的专业水准，我觉得很可惜

使用“我”信息时，重要的是要记住前面部分曾讨论过的教练技能。督导的目标在于改变不尽如人意的绩效情况，同时还要保护员工的自尊，并且维护督导和员工之间的良好关系。这样，这个过程应当关注员工的绩效，而不是员工的个性——换句话说，是这个问题而不是这个人。使用“我”信息就是一个非常重要的工具，它的重点在于检查员工的行为而不会伤害员工的自尊。

五、建议职能

前面已经指出，建议是 4 项教练职能之一。

建议涵盖了很大范围的情感区域，从员工的挫败感、不安全感、愤怒、不满到缺乏责任感。产生这些情感的原因可归于已经存在的或察觉到的因素，可以是与工作相关的，也可以是私人的。基本上说，建议的目标在于帮助员工更好地了解自己，并且在必要的时候，制定行动计划来解决这些问题。教练的工作是帮助个人更加充分地讨论和理解正在经历的问题。感受、感情和态度都是可以改变的。正如图 14-2 所表现的，建议的职能试图分辨并帮助督导和员工双方更好地理解那些“水面以下的”因素，因为它们可能正在影响或者未来将影响团队的绩效。在建议中，与聆听有关的技能如参与、肯定、反应和探究都是非常重要的。

教练的工作常常预料到什么时候需要建议；这些教练的机会反而通常都是团队成员主动创造的。另一种情况是，当需要建议时，团队领导者会计划进行教练的某项其他职能，例如辅导或者挑战。领导者必须具有充分的弹性，能够在建议过程中不断做出调整，正如下面的案例中表现出来的。

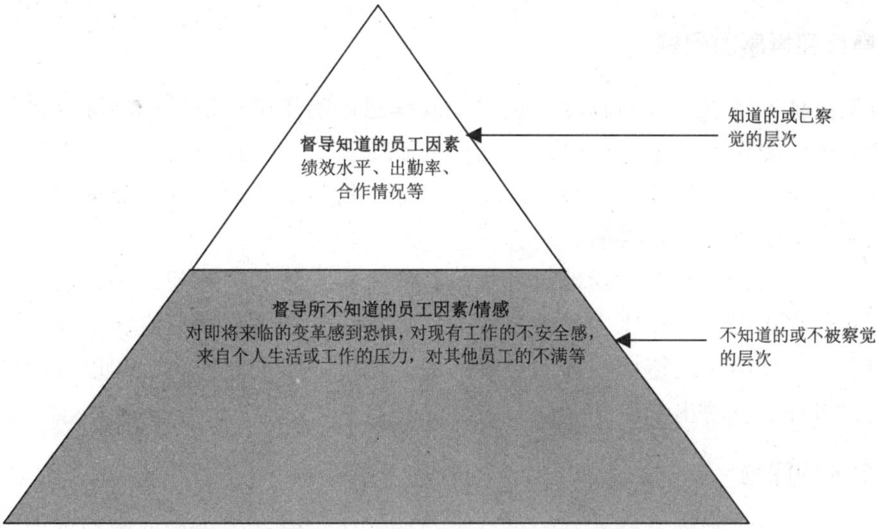

图 14-2 建议职能的冰山模型

案例

督导管理者罗莎·班德准备对新技术员鲁迪·克鲁秋特进行例行的辅导会谈，但当她得知鲁迪·克鲁秋特正在为被老员工所轻视而苦恼时，她决定改变会谈的部分内容。班德先暂时放下辅导工作，抽出 10 分钟时间来探究为什么克鲁秋特——团队中最年轻、资历也最浅的员工，会有这样的感受。原来克鲁秋特是因为老员工很少主动帮她，就觉得自己受到了轻视。班德告诉她这些资深的员工都是各自独立的，他们要全身心地投入到自己的工作中。尽管他们没有主动提出要帮助她，但是如果她提出请求，他们还是很乐意帮助她的。克鲁秋特答应如果以后需要帮助的话就会开口向老员工请教，并且随时向班德汇报自己的工作进展。班德看到解决了这个问题，完成了自己作为建议者的职能，感到很满意。然后她就开始了原本计划好的辅导会谈。

(一)向员工提供建议的范围

建议的范围实质上包含督导和员工关系的所有方面。从被聘任即开始，一直延续到员工离开公司为止。不过，一些特定的区域比其他区域更需要来自督导的建议。

1. 工作绩效

前面已经说明了建议通常要与其他三项教练职能共同作用，在工作绩效这个区域中它尤为重要。大量因素影响了员工的工作绩效，而这其中还有许多是督导不知道的。在处理低于标准的绩效问题时，尤其是处理那些过去没有绩效问题，或者只是最近才出现了不太好的工作行为的员工时，方法应该是一直准备着的。这包括质量和数量上的绩效变化，缺勤率，遵守政策和规章的情况，协作中的变化和与他人的关系——包括与督导管理者。

2. 身体和情感的问题

当员工身体或情感出现问题时，也需要发挥建议的作用。在一些情况下这是由督导作为绩效问题而提出的，但更多时候，这些问题是员工主动提出的。尽管团队领导者必须在建议中充当一个支持性的、聆听的角色，但是使员工清楚地看到这些问题对于绩效和对于未来的影响是非常紧要的。

基于以上原因，督导要不断地对各种形式的员工身体和情感问题进行建议。这些问题的范围从药物滥用和工作压力到各种疾病比如癌症、心脏病和艾滋病。此外，公司缩减规模和合并也会给员工造成空前的心理焦虑，这可以从现有的员工和以前的员工暴力侵害老板的事件中反映出来。

3. 个人的问题

督导应该在多大程度上涉及员工的私人问题，比如财务困难、健康和婚姻问题，答案很大程度上取决于这些问题对于现在的或者未来工作绩效的影响程度。如果它们影响工作绩效，督导进行建议来理解问题的实质就是重要的。如果依然是徒劳的，那么就需要帮助员工接受专业人士的帮助。不过，督导在涉入私人问题时应该谨慎，原因如下。

(1) 员工在被“公开”或者揭开自己高度私人的问题后会感到愤怒和尴尬。这会损害他们与督导未来的工作关系。

(2) 如果督导过于探究员工不乐意揭露的事情，会引起对方的抵制。

(3) 如果督导在个人问题上提供建议，比如离婚、孩子的问题或者买卖财产，但结果让人不满，督导就会遭到责备。并且，督导或公司会招致法律纠纷。

总的来说，建议应该局限于那些会影响工作的因素上。督导努力工作来发展信任的、支持的关系，并且在那些与工作绩效相关的问题上对员工进行建议。完全拒绝对员工建议会被认为是缺乏人情味，督导可以一直仔细地聆听，并由此确定员工问题的实质，然后指导个人向专业人士或者其他方面请求帮助。

(二)EAP 在建议职能中的作用

自从 20 世纪 40 年代出现为解决酒精中毒问题而开始的一些援助项目后，员工援助项目(Employee Assistance Programs，EAP)开始对那些有个人或工作问题的员工提供专业咨询和医疗服务。一项对大型和中型公司的调查表明，超过 70%的公司都拥有了 EAP。下文中就给出了很好的关于 EAP 能够提供(的)帮助的例子。

EAP 通过以专业的方式处理问题给督导管理者提供了很大的帮助，EAP 还可以帮助员工解决他们的问题，这其中有许多会影响到其未来的工作。

案例

大多数时候我们都喜欢控制着自己生活的感觉。但是，所有人不经意中都可能碰到一些危机，让我们感到失去了对自己的控制。这些危机可能源于健康问题、财务困难或感情问题。出于对员工的关心，我们启动了员工援助项目(EAP)。EAP 可以向寻求个人问题帮助的员工提供保密性的专业咨询和指导。由于认识到员工可能受到家庭成员个人问题的困扰，所以EAP也向员工的家属提供服务。

什么是EAP?

(1) 自愿的：员工及其家属可以直接同EAP项目联系，参与完全是自愿的。

(2) 独立的：EAP由人力事务有限公司管理，其为一个全国性的公司，为遍布各地的许多公司提供援助项目。

(3) 保密的：由于上面提到的两种因素，所以EAP的任何参与者都会得到保证，向EAP反映的任何信息都会限定在专业秘密的范围内。

(4) 专业的：EAP的所有成员都必须是执证的具有硕士或同等学位的临床医师和咨询员。

(5) 免费的：所有面向员工及其家属的咨询和指导服务都是免费的。如果EAP的咨询员建议员工咨询外部的机构，那么他就必须让员工清楚这种服务的哪一部分是医疗津贴中所涵盖的。

(6) 易得的：EAP的咨询员一天24小时，一周7天都要工作以应付紧急事件。非常紧急情况也可以在白天或者晚上进行咨询。

(7) 一种有价值的资源：EAP作为一种资源，可以为员工、督导管理者和员工家属提供建议、信息和管理咨询。

EAP不是什么？

(8) 人力资源的一个分支：EAP并不是用来代替任何个人或者管理的程序。

(9) 糟糕的工作绩效的避难所：EAP的咨询活动并不能使员工免受惩罚。

程序：

(10) 自己联系。员工或者其直系亲属可以与人力事务公司直接联系，完全以私人的形式进行咨询。自己联系可以是匿名的和完全秘密的。自己联系不会影响工作和晋升机会。

(11) 督导管理者或其他管理者引荐。如果工作绩效或员工行为的问题已经超过了督导的能力范围，督导可以建议员工和人力事务公司联系。不管员工是否决定向人力事务公司咨询，这样做都是督导的责任。如果问题仍然得不到解决，员工的绩效继续恶化，那么就可以进行惩罚甚至解职。向EAP咨询并不意味着这些问题不会继续发生，但是只有解决了问题才能改进绩效。

公司真诚地希望那些可能会从这项服务中获益的员工及其亲属都能够很好地利用它的价值。

第二节 变化管理

变化被认为是管理生活中每天都存在的一部分。变化有很多形式。内部的变化可能包括新技术、新工艺、不同的员工态度、新产品或服务以及新的组织结构等。外部的变化则包括全球竞争或者国内竞争带来的挑战、立法机构通过的新规章、经济的周期性波动，或者成为新的劳动力资源的年轻一代不同的工作观念等。

下面介绍里兹-卡尔顿酒店变化管理的案例。

本案例分析完全可以放在第 8 章关于领导的内容中，因为它包含了变革型领导的内容。选择把它放在本节中是因为这个例子是关于变化管理和组织发展的典型“教科书”案例。

案例

1850 年，恺撒·里兹(Cesar Ritz)生于瑞士 Niederwald。“天生就野心勃勃、充满自信且举止得体的里兹在任何方面都表现得非常出色。进入酒店业后，他的许多想法再也不需要折衷或者妥协了。”

在巴黎最舒适的 Voisin 酒店做过一段时间服务生后，里兹与有名的法国厨师奥格斯特·埃斯克菲(Auguste Escoffier)搭档共同在欧洲其他著名酒店工作。他们一起在伦敦的卡尔顿酒店工作时，里兹去巴黎考察店址，准备自己开一家酒店。他在巴黎选择了一处非常合适的店址后，就与马尼尔·珀斯特勒(Marnier La Postolle)联系——一个老朋友同时也是 Grand Marnier 烈酒的发明人，他很愉快地贷款给里兹让他开自己的酒店。

1898 年 6 月，巴黎的里兹酒店开业。当然，埃斯克菲成为首席厨师，由里兹根据自己完美标准构想的这个酒店开创了欧洲豪华酒店业的先河。里兹的理念是不仅要创造一个“大的酒店”，而且要成为新颖的和具有开创性的酒店，成为一个家，成为舒适、安全和一视同仁的服务的代名词。

恺撒·里兹始终坚持特定的准则，这也是巴黎里兹和未来以里兹名字命名的其他分店的原则：店址设在一个中心的位置，适合俯瞰公园或者广场；舒适、吸引人的室内装饰；首屈一指的食品和饮料；能够吸引最好的品酒家的贮酒室。集合了所有这些元素，里兹仍然考虑他的“完美”酒店服务中还应有的其他方面。为了能够提供最好的服务质量，酒店雇员人数比客人还多。

无论是里兹还是埃斯克菲都对伦敦的卡尔顿酒店很有兴趣。他们联合卡尔顿，终于建立起里兹-卡尔顿公司，并使其名扬世界。在恺撒·里兹的领导下，酒店在全世界发展起来了，在纽约也有了以里兹-卡尔顿命名的酒店，但是很少能通过里兹所制定的严厉而苛刻的标准。

最后这句话说明了主要问题。许多以里兹-卡尔顿命名的酒店不顾其传统，并没有坚持创始人所要求的标准和始终一贯性。

这一切在 1983 年发生了变化，现在的里兹-卡尔顿酒店公司获得了“里兹-卡尔顿”这个商标的所有权，并且买下了波士顿的里兹-卡尔顿。里兹-卡尔顿酒店公司现在只拥有这个连锁酒店中部分分店的所有权，但是依靠特许经营和输出管理，公司的 11 500 名员工却管理着全球范围内所有的 30 家里兹-卡尔顿连锁店。在霍斯特·A. 舒尔策(Horst A. Schulze)——里兹-卡尔顿的主席兼首席执行官变革型的领导下，公司的 30 家分店现在已经达到或者超过了创始人所定下的标准。下面的荣誉就可以反映出其取得的成就。

(1) 1992 年，里兹-卡尔顿酒店被 Zagat(美国旅游服务协会)评选为美国最好的连锁酒店。

(2) 1992 年，霍斯特・A. 舒尔策被 Hotels Magazine 评为世界最佳酒店经营者(Corporate Hotelier of the World)。

(3) 1992 年，里兹-卡尔顿成为第一家赢得波德里奇质量奖(1987 年美国国会为促进质量管理建立的奖项)的酒店集团。

(4) 1994 年，公司被《消费者报告》(Consumer Reports)列为世界豪华酒店的第一名。

目前，大多数里兹-卡尔顿酒店都在美国，不过将有 10 或 12 家新店在美国以外建成。

1994 年 6 月我们在火奴鲁鲁完成了一次咨询工作之后休假一周，住在毛伊岛的里兹-卡尔顿酒店里。我们还从未下榻过里兹-卡尔顿酒店，非常急切地想知道它是不是真的名副其实。如果以 10 为满分，我们给这次下榻的酒店评了 10^{+}。以下列出的仅是部分理由。

我们一到房间，就已经有一篮水果摆放在里面了。

小的问题就可以交给普通员工去解决，他很快就可以不动声色地解决。后来我们发现任何一个员工，只要客人要求他的帮助，他就有权利解决问题。

有两次我们问起酒店 32 英亩区域内一处地址的方向，结果他们不仅给我们指清楚了方向，还亲自带领我们过去。

酒店三个餐厅的饭菜都始终如一地可口。

霍斯特・A. 舒尔策由于提高了连锁酒店的质量和服务水平而获得广泛的赞誉。提到所获得的奖励，舒尔策说："我们并没有止步于这些瞬间即逝的荣誉以及这些奖励带来的满足。在过去的 3 年里，我们兢兢业业地工作，小心翼翼地投资。我们的管理方式是全面质量管理(TQM)。我们知道通过 TQM 能够不断地改进我们的产品和服务。我们的目标是不仅要为客人提供悉心的照顾和舒适的感觉，而且要满足客人在我们酒店里的所有需要，并且始终为客人提供完全优质的服务。"

"现在我们的每一个员工，从保洁员到服务生到管理者，都有一个共同的梦想，都在为一个目标努力，那就是：100%让顾客满意。"

尽管酒店的管理者也聘请了顾问，如著名质量管理专家朱兰博士(Joseph M. Juran)和斯蒂文・柯维(Steven Covey)，但是他们对于全面质量管理也有自己的看法。休・穆塞尔曼——负责质量管理的副总裁助理认为，对于波德里奇质量奖的角逐也使组织在质量和过程提高上迈了一大步。里兹-卡尔顿酒店对于质量、服务和客人满意的关注表现在很多细致的方面，下面就列举其中的一小部分。

(1) 每当新分店成立时，舒尔策主席都会亲自参与员工定位的方案。

(2) 在为期两天的新员工定位培训时，丽贝卡・鲍威尔——酒店培训部的经理强调："你们在服务，但你们不是仆人，更确切地说，你们是绅士和淑女，同时服务于绅士和淑女。"

(3) 除了员工定位的方案外，还有 100 多个小时的员工培训。

(4) 如果连锁店中的一家酒店实行了流程改进或者再造，那么其他所有分店都可以共享其中的经验和理念。

(5) 每个员工都有权支配2000美元用于解决顾客遇到的任何问题。质量主管帕特里克·曼尼说员工从来不滥用这项特权。“当你给予他们信任时，他们也会对自己的行动负责。”

员工们达到了酒店主席舒尔策所设定的让客人100%满意的目标了吗？在一名顾客的眼中，他们做到了。“他们不仅在我们举行最高层次的会议时给予我们元首级的待遇，而且从来没有丝毫的抱怨。”韦恩·斯泰森(Wayne Stetson)——华盛顿住宅建造商协会会议分部的副总裁如是说。

里兹-卡尔顿的信条(见图14-3)，每个员工都要遵守，这从更深的层次解释了这个连锁酒店的成功。这家酒店创建了自己的企业文化，员工们要履行自己的信条。他们做得非常出色，在1999年又第二次获得波德里奇质量奖，并成为第一个两次获得该奖项的服务业公司，正如商界所流传的“他们做到了他们所说的”。

里兹-卡尔顿酒店的信条

服务的三个步骤	座右铭	员工承诺	宗旨
1. 温暖和真诚的问候。在必要和可能时，称呼客人的名字。 2. 想客人所急，急客人所急。 3. 温和的道别。给客人一个温暖的再见，在可能或必要时，称呼客人的名字。	“我们是绅士和淑女，我们在为绅士和淑女服务”。	在里兹-卡尔顿，我们是最重要的资源，我们竭诚为客人提供服务。 我们遵循信任、诚实、尊重、正直和负责的原则，为了每个人以及公司的利益，我们要培养和尽可能地开发自身的潜能。 里兹-卡尔顿营造了一个好的工作环境，在这儿员工差异得到了认可，生活质量得到了满足，个人欲望得到了提高，而里兹-卡尔顿的魅力也在不断增长。	里兹-卡尔顿酒店的最高目标是为客人提供真诚的关心和舒适的环境。 我们承诺：为我们的客人提供最完美的个人服务和设施，我们要让他们享受到一个温暖、轻松而又优雅的环境。 里兹-卡尔顿之旅能够提供舒适和精神愉悦，甚至满足客人不曾表达的愿望和要求。

图14-3 里兹-卡尔顿酒店的信条

里兹-卡尔顿酒店的信条如下。

(1) 这些信条是我们公司的基本信仰。所有的人都必须了解、掌握并身体力行。

(2) 我们的座右铭是“我们是绅士和淑女，我们在为绅士和淑女服务”。服务是我们的职业，我们要用尊重和尊严来对待我们的客人以及我们彼此之间的关系。

(3) 服务的三个步骤是里兹-卡尔顿友好的基础。在任何的场合中都要使用这三个步骤，只有这样，才能保证顾客的满意和忠诚。

(4) 员工承诺是里兹-卡尔顿氛围的基础。所有的员工都必须谨守。

(5) 所有的员工都必须顺利通过一年一度的职位资格培训。

(6) 所有的员工都要了解公司的目标，支持它是每个人的责任。

(7) 为了创造一个自豪和快乐的工作环境，所有的员工都有权参与影响他们的计划的制定。

(8) 每名员工都要不断地识别整个酒店存在的缺陷。

(9) 创造一个协作的工作环境以便满足客人和我们彼此的需要是每名员工的责任。

(10) 每名员工都有处理具体问题的权力。比如，当一名客人有一些具体的问题和需要时，员工应该放下手边的日常工作，来解决他的问题。

(11) 每名员工都有责任保持无可争议的清洁度。

(12) 为了给我们的客人提供完美的服务，每名员工都有责任问清并记录客人的爱好。

(13) 永远不要失掉一个客人。不管是谁遭到客人的抱怨，他都要为此负责，为客户解决问题，直到其满意，并且要将此事记录下来。

(14) “微笑——我们站在舞台上。”永远保持亲切的眼神接触。与客人以及相互之间要使用恰当的词语(使用类似的语言：“早上好”、“当然”、“我很高兴能”和“很荣幸”)。

(15) 无论是在工作区内还是在工作区外，都要做酒店的使者。永远保持优雅的谈吐。向恰当的人反映存在的问题。

(16) 陪同客人到酒店的另一个地方而不是仅仅指给客人方向。

(17) 使用里兹-卡尔顿的电话礼节。在电话铃响三次之前就要“微笑”着接听。可能时要称呼客人的名字。必要时，询问打电话者“要给您？”尽量减少转电话的可能。声音符合语音邮件的标准。

(18) 注重自己的仪表。每个人都要遵守里兹-卡尔顿的着装和化妆标准，给客人职业化的印象。

(19) 首先要考虑安全。每名员工都有责任为所有的客人创造一个安全的、可靠的和无事故的环境。了解火灾和所有其他的安全紧急程序，对于任何安全隐患都要立即上报。

(20) 保护里兹-卡尔顿的资产是每一名员工的责任。节约能源，维护我们的酒店，并且要保护环境。

一、导致变化的影响力

大量因素影响着一个组织。导致变化的影响力量可以由组织外部，也可以由组织内部而生，如图 14-4 所示。你可以把组织的这种情况和你自身相比较。外部的刺激需要你做出反应，比如天气状况、每天工作日程的要求、每天不同的需要等。内部的刺激也需要反应，比如饥饿的程度、健康水平或者态度。同样，可以以此推至组织，情况也是一样。

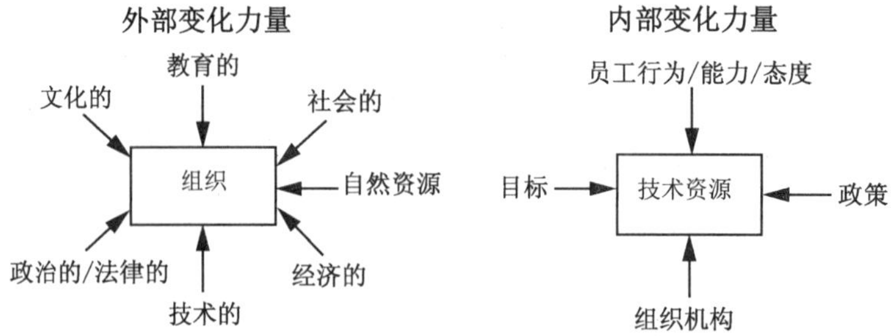

图 14-4　外部和内部的变化力量

1. 外部变化力量

管理层很难控制大量外部变化力量的影响。外部变化力量(external change force)是指能够深刻影响组织变化的组织外部影响力。管理者很难对这些大量的外部影响力实施控制。不过一个组织如果想生存，就必须依赖于外部环境，并与其相互作用。具体来说，无论生产产品还是提供服务，其中的资源、利润和客户都来自于外部环境。因此，任何影响和改变外部环境的力量都会影响组织的运转，并且带来要求组织内部发生变化的压力。外部的力量——从技术进步到顾客需要的改变——会促使组织改变自己的目标、结构和管理事物的方式。

2. 内部变化力量

变化力量也可能来自于内部。内部变化力量(internal change force)是指组织内部的变化(比如文化和目标的变化)所带来的压力。内部变化力量可能来自于不同的组织目标和文化，正如我们在里兹-卡尔顿酒店集团的例子中看到的。它们可能是由新的质量要求、变化的技术或者员工态度引起的。比如，将目标由短期利润改为长期成长将直接影响大多数部门的日常工作，并且可以促进组织重组，使整个公司的运作更富有效率。用自动设备和机器人代替人来完成工作会带来工作程序和准时供应的变化。改变激励因素和人力政策及程序会带来雇用和选拔程序的变化。员工对于照顾孩子和父母、保险的需要或有弹性的工作时间的态度会改变日常的工作情况。

外部和内部的变化力量通常都是互相联系的，而不是彼此孤立的。有时，这种联系来自于系统内影响人们的价值观和态度的变化。这些内部变化的一部分是来自于刚刚进入组织中的人们的。比如，现在组织中发生的许多变化是源于内部劳动力受教育水平的不断提高，其中包括不断增加的对于弹性的需要，和组织对员工需求反应的需要，以及促进组织结构的扁平化，以便使一线员工也可以拥有更大的职责。

二、忽视变化的结果

商业的和其他一些制度通过保存许多价值观及社会的、文化的和技术的创新，来帮助我们维持传统。这是重要的，无论对于联系过去、现在和将来，还是对于建立和保持较高生活水准连续性的基础来说都是重要的。但是，在保护它们免受进一步变化影响的过程中，这些制度也通过创造格式化的规矩、习惯和传统强化了它们对于变化的抵制。这种抵制会导致组织无力应对新的变化力量，并且带来停滞、下降和失败。有效地应对变化，并且对于成长的变化进行计划，对于组织的未来发展是必要的。对于员工和管理者个人而言，这些推理甚至更加重要，因为他们面对着更加快速的变化。

三、应对变化的方式

有两种主要方法来应对变化：被动反应的方式和先发制人的方式。在被动反应的过程中，管理层应对问题的方式是随着问题的出现，一步步地进行解决。而先发制人的方式则是要采取有目的的行动来修正。

1. 被动反应的变化方式

管理者采用被动反应的变化方式(reactive process of change)时，就是要随着问题的出现解决问题，使组织保持在一个平稳的状态上。变革是用来应付已经发生的事情的。比如，如果你是一个商店的部门经理，在抱怨最近顾客服务量突然大增，一种选择就是给销售员开设一个短期培训班解决这个问题。如果你的某一主要产品质量变差，你可能会寻找其他供应商的类似产品暂时代替。如果新的政府规则要求商店增加方便残疾人的入口，你就要调查并做适应性的改变。

被动反应的方式几乎是没有计划的，旨在解决一个紧急的、可以看得到的问题。而一系列小的、递增反应累加起来可能会成为组织一个很大的变化。这些“快速的反应”可能彼此还是不相容的、矛盾的——有时可能会带来难以预料的后果。

2. 先发制人的(计划的)变化方式

先发制人的(计划的)变化方式。管理层采用先发制人或计划的变化方式[proactive(planned)process of change]，就是要试图预测到来自外部和内部的变化力量，找到相应的、和谐的方法应对这些预测中的新情况。管理层的目标就是建立一个新状况，而不是改正现在的问题。由于当今世界变化的快速性和复杂性，我们认为管理者必须理解和实施计划的变化方式。

四、计划的变化

管理层要为变化做计划，就必须确定组织中什么是需要变化的。总的来说，管理层总是试图改变那些能够避免更大组织效能的事情。组织效能(organization effectiveness)是为达到组织目标而改进组织机构、技术和人员的行为所带来的后果。

使组织达不到理想有效性的问题的实质决定了特定变化方式的选择。从选择的角度讲，管理层必须决定哪一种方式最能产生预期的效果。判断这个问题就是要确定某种变化中可能带来的预期的效果。总的来说，预期的效果要么是改进员工行为，要么是能够提高绩效的活动。这可以通过改变组织的结构、技术和人员三种组织要素来实现(见图 14-5)。

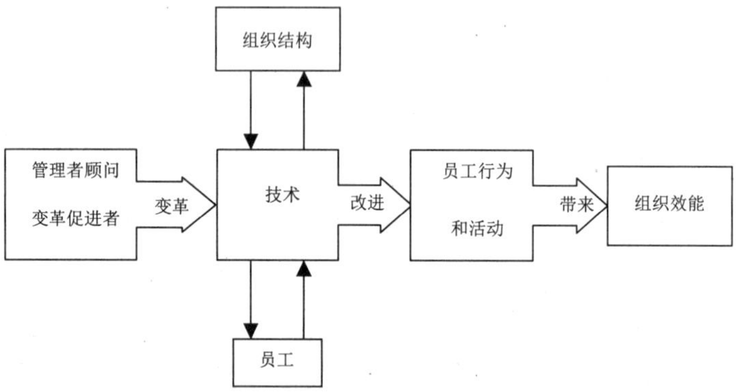

图 14-5　由于组织结构、技术和员工的变革而带来的组织效能

组织要素的这三种分类绝不意味着它们之间存在着明显的分界线。根据系统的概念，一种要素的改变很有可能会影响另一种要素。总的来说，需要的变动越大，管理层越有可能改变所有的三种要素。

管理层必须首先确定预期的结果，以及改变特定组织要素的变化项目的类型——包括那些能够使工作有效完成的行为(见图 14-5)。

改变组织的结构是要修正和再造组织的内部关系。这包括诸如职权-职责关系、沟通体系、工作流程以及工作群体的规模和构成等内容。

改变组织的技术需要改革诸如工具、设备和机器，研究方向和技术，操作过程以及生产体系等内容。改变技术可能源于要改变所实现任务的需要，也可能有助于改变要实现的任务。产品和其他的原材料可能也会随之改变。比如，机械化就改变了工作的性质。

改变组织的人员包括改革招聘和选拔的政策和程序，培训和发展的计划，奖励体制，管理者的领导和沟通方式。

如果督导和员工认识到变化是解决问题的真正症结的需要，并且能够成为有效的解决方式，不会给自己带来负面的影响，那么他们就有可能支持变革。最重要的是，那些可以参与变革过程的人和那些只能接受变革影响的人对于变革的态度是完全不同的。

图 14-6 就说明了这些人对于变化的不同反应。

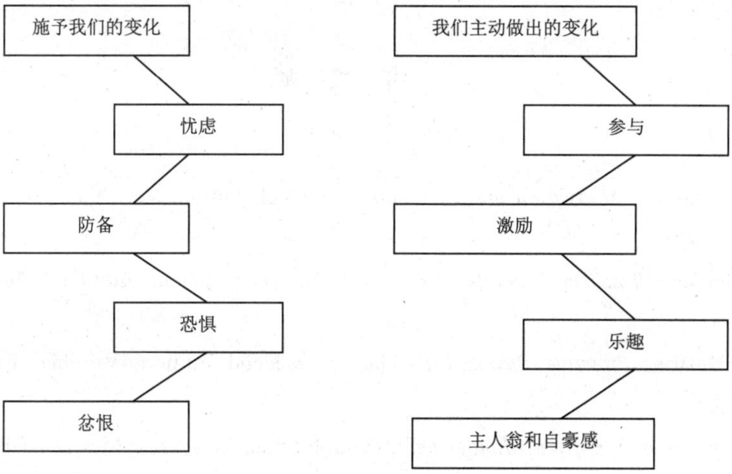

图 14-6　对变化的不同反应

复习自测题

1. 解释下列概念：

(1)教练；(2)辅导；(3)指导；(4)挑战；(5)建议；(6)“我”信息；(7)员工援助项目；(8)外部变化力量；(9)内部变化力量；(10)组织效能。

2. 在 4 项主要的教练职能——辅导、指导、对抗/挑战和建议中，你认为哪一项是最困难的？为什么？

3. 描述下面的教练技能，并举出例子。

(1)参与；(2)肯定；(3)提供资源；(4)回顾。

4. 给出一个“笼统的”教练陈述的例子，并给出相应的“准确指明”的教练陈述。哪一种更为有效？为什么？

5. 什么是“我”信息？为什么它是一种有效的指明某些人行为的方式？举出一个例子。

6. 督导在多大程度上能够对员工的私人问题提出建议？

7. 描述导致变化的影响力量。

8. 比较被动反应的变化方式和先发制人或计划的变化方式。

参考文献

1. Abraham H. Maslow. *Motivation and Personality*. Second Edition. New York: Harper & Row, Inc., 1970

3. Robert W. Mclntosh. *Tourism Principles, Practics, Philosophies*. Second Edition, Columbus, Ohio:Grid, Inc., 1977

6. Andrew J. DuBrin. *Effective Business Psychology*. Second Edition. Virginia: Reston Publishing Compony, 1985

7. Harold Koontz, Heinz Weihrich. *Management*. Tenth Edition. New York: McGraw-Hill,Inc., 1993

8. Stephen P. Robbins. *Management*. Fourth Edition. New York: Prentice-Hall Inc., 1994

9. Pal Yale. *The Business of Tour Operation*. Longman Group Limited, 1995

10. Michael R. Solomon. *Consumer Behavior*. Third Edition. New York: Prentice-Hall Inc., 1996

11. Philip Kotler, Fary Armstrong. *Principles of Marketing*. Seventh Edition. New York: Prentice-Hall International, Inc.,1996

12. Stephen P. Robbins. *Organizational Behavior: Concepts, Controversies and Applications*. Seventh Editon. New York: Prentice-Hall Inc., 1996

13. Conlow, Rick. *Excellence in Management*. Menlo Park, CA: Crisp Publications, 1997

14. Johnson, Spencer. *Who Moved My Cheese?* New York, NY: G. P. Putnam's Sons, 1998

15. James A. Fitzsimmons, Mona J. Fitzsimmons. *Service Management: Operations, Strategy and Information Technology*, Second Edition. New York: McGraw-Hill Company, Inc., 1998

16. Henry Assael. *Consumer Behavior and Marketing Action*. Sixth Edition. South-Western College Publications, 1998

17. Buckinghaj, Marus, and Curt Coffman. *First, Break All the Rules*. New York, NY: Simon Schuster, 1999

18. Philip Kotler, *Marketing Management*. Millennium Edition, Tenth Edition. New York: Pearson Education North Asia Limited, 2000

19. Lioyd L.Byars, Leslie W. Rue. *Human Resource Management*. Sixth Edition. New York: McGraw-Hill, Inc., 2000

20. Kitty O. Locker. *Business and Administrative Communication*. Fifth Edition. New York: McGraw-Hill, Inc., 2000

21. Haynes,Marion E.*Personal Time Management*. Menlo Park, CA: Crisp Publications, 2000

22. Jack E. Miller, Mary Porter, Karen Eich Drummond. *Supervision In The Hospitality Industry*. New York: John Wiley & Sons, Inc., 2001

23. Richard L. Daft, Raymond A. Noe. *Organization Behavior*. New York: Harcourt, Inc., 2001

24. Donald C. Mosley, Leon C. Megginson , Paul H. Pietri. *Supervisory Management-The Art of*

Empowering and Developing People. New York: South-Western College Publications, 2001

25. Rick Conlow. *Excellence In Supervision*. Revised Edition. New York: Crisp Publications, Inc., 2001
26. Bonet, Diana. *The Business of Listening*. Menlo Park, CA: Crisp Publications, 2001
27. H. T. 利维特著. 方展画，刘纯译. 现代管理心理学. 上海：远东出版社，1988
28. 约翰 • P. 戴希勒著. 饭店业督导原理. 北京：旅游教育出版社，1993
29. 杰克 • E. 米勒等著. 宿荣江等译. 酒店督导. 辽宁：大连理工大学，2002
30. Raphael R. Kavanaugh，Jack D. Ninemeier 著. 宿荣江等译. 饭店业督导. 北京：中国旅游出版社，2002
31. Rick Conlow. 成功的督导工作. 上海：上海远东出版社，2002
32. 刘纯. 略论旅游者的投诉心理及对策. 北京：旅游学刊，1988；(3)
33. 刘纯. 旅游饭店现代管理心理学. 上海：远东出版社，1990
34. 刘纯. 论旅游饭店领导者的基本素质和科技决策的基本品质. 上海：旅游科学 1990；(1)
35. 刘纯. 试论旅游饭店员工挫折行为. 桂林：社会科学家，1990；(2)
36. 刘纯. 饭店员工疲劳心理刍议. 北京：旅游学刊 1992；(3)
37. 刘纯. 饭店运转与管理. 上海：学林出版社，1997
38. 刘纯. 我国旅游饭店业人力资源开发战略. 杭州：商业经济管理，1999；(1)
39. 刘纯. 旅游服务标准化的研究. 北京：中国标准化，1999；(3)
40. 刘纯. 激励理论及其在企业中的运用. 北京：经济理论与经济管理，2001；(1)
41. 刘纯. 饭店学习型组织刍议. 石家庄：产业与科技论坛，2003；(1)
42. 刘纯. 激励的动态分析与评价. 杭州：管理工程学报，2003；17(1)
43. 刘纯. 关于饭店绩效管理体系的研究. 上海：旅游科学，2003；(2)
44. 刘纯. 客户关系管理的应用. 上海：饭店世界，2004(3)
45. 刘纯. 旅游心理学. 第 2 版. 北京：高等教育出版社，2004
46. 刘纯. 饭店督导原理与实务. 北京：科学出版社，2004